Stefan Seiler • Strafrecht Allgemeiner Teil I

Strafrecht
Allgemeiner Teil I

Grundlagen und Lehre von der Straftat

von

Dr. Stefan Seiler
ao. Universitätsprofessor für Strafrecht und Strafverfahrensrecht

5., überarbeitete Auflage

Wien 2024

facultas

Bibliografische Information Der Deutschen Nationalbibliothek

Die Deutsche Nationalbibliothek verzeichnet diese Publikation in der Deutschen Nationalbibliografie; detaillierte bibliografische Daten sind im Internet über http://dnb.d-nb.de abrufbar.

facultas, Stolberggasse 26, 1050 Wien, Österreich

Satz: Wandl Multimedia-Agentur
Druck: Facultas Verlags- und Buchhandels AG
Printed in Austria
ISBN 978-3-7089-2515-8

Vorwort

Das vorliegende Studienbuch zum Strafrecht Allgemeiner Teil I vermittelt das Grundlagenwissen zum Strafrecht. Es werden die Aufbauelemente des Verbrechensbegriffs erläutert. Der Umfang trägt den aktuellen Studienplänen Rechnung. Die Ausführungen zu den einzelnen Bereichen (Tatbestand, Rechtswidrigkeit, Schuld, Vorsatz, Fahrlässigkeit, Irrtum, Versuch, Beteiligung ua) stützen sich auf die herrschende Rechtsprechung. Beispiele, die der Veranschaulichung dienen, werden durch graue Unterlegung hervorgehoben. Zu strittigen Punkten werden die einschlägigen Lehrmeinungen zitiert, auf weiterführende Literatur zu Detailproblemen wird am Anfang der jeweiligen Kapitel hingewiesen.

Nach jedem Kapitel findet sich in Form von Schemata eine Zusammenfassung der behandelten Bereiche. In systematischer Abfolge werden jene Punkte aufgelistet, die bei der strafrechtlichen Beurteilung einer Sachverhaltskonstellation zu beachten und gegebenenfalls näher zu prüfen sind. Studierenden wird damit gleichzeitig ein Leitfaden bei der Bearbeitung von Diplomklausurfällen in die Hand gegeben. Die Judikatur wurde durchgehend mit der gerichtlichen Geschäftszahl zitiert. Mit dieser Zahl ist die angeführte Entscheidung dann auch leicht kostenfrei im RIS, dem Rechtsinformationssystem des Bundes (https://ris.bka.gv.at) zu finden und kann nachgelesen werden. Literatur und Rechtsprechung sind bis Juli 2024 eingearbeitet worden. Das Sanktionensystem, die Lehre von den Strafen und Maßnahmen, erfährt eine Darstellung im „Allgemeinen Teil II" (*Seiler* AT II[11], 2024).

Zitierte §§ ohne nähere Bezeichnung sind solche des StGB.

Salzburg, im Juli, 2024 *Stefan Seiler*

Inhaltsverzeichnis

3. Kapitel
Der Geltungsbereich von Strafgesetzen

Abkürzungsverzeichnis

Abs	Absatz
aEam	Ende
ÄrzteG	Ärztegesetz 1998, BGBl I 1998/169 idgF
aF	alte Fassung
aM	anderer Meinung
AnwBl	Österreichisches Anwaltsblatt (Jahr, Seite bzw Jahr/Nummer)
ARHG	Auslieferungs- und Rechtshilfegesetz, BGBl 1979/529 idgF
Art	Artikel
AT	Allgemeiner Teil
Aufl	Auflage
AVG	Allgemeines Verwaltungsverfahrensgesetz, BGBl 1991/51 idgF
Bd	Band
BDG	Beamten-Dienstrechtsgesetz 1979, BGBl 1979, 333 idgF
BG	Bezirksgericht
BGBl	Bundesgesetzblatt (Jahr/Nummer)
BGHSt	Entscheidungen des Bundesgerichtshofes in Strafsachen der Bundesrepublik Deutschland (Band, Seite)
BlgNR	Beilage(n) zu den Stenographischen Protokollen des Nationalrates
BMJ	Bundesminister(-ium) für Justiz
BT	Besonderer Teil
B-VG	Bundes-Verfassungsgesetz 1920 idF von 1929
BWG	Bankwesengesetz, BGBl 1993/532 idgF
bzw	beziehungsweise
d	deutsch,-e,-er,-es (vor einer Abkürzung)
ders	derselbe
dh	das heißt
dies	dieselbe(n)
DSG	Datenschutzgesetz
E	Entscheidung
EGMR	Europäischer Gerichtshof für Menschenrechte
EMRK	Europäische Menschenrechtskonvention, BGBl 1958/210
EGVG	Einführungsgesetz zu den Verwaltungsverfahrensgesetzen (BGBl 1991/50, Wiederverlautbarung)
Entw	Entwurf
Erl	Erläuterung
etc	et cetera
EuGRZ	Europäische Grundrechte-Zeitschrift (Jahr, Seite)
EU-JZG	Justizielle Zusammenarbeit in Strafsachen mit Mitgliedstaaten der EU, BGBl I 2004/36 idgF
ev	eventuell
EvBl	Evidenzblatt der Rechtsmittelentscheidungen der ÖJZ (Jahr/Nummer)
f, ff	und der/die folgenden

FinStrG	Finanzstrafgesetz, BGBl 1958/129 idgF
FN	Fußnote
FS	Festschrift
gem	gemäß
GesRZ	Der Gesellschafter (Jahr, Seite)
GH	Gerichtshof
GP	Gesetzgebungsperiode
GS	Gedächtnisschrift
GZ	Allgemeine Österreichische Gerichtszeitung (Jahr, Seite)
hM	herrschende Meinung
Hrsg	Herausgeber
ICC	International Criminal Court
idF	in der Fassung
idgF	in der geltenden Fassung
idS	in diesem Sinne
insb	insbesondere
iS	im Sinne
iVm	in Verbindung mit
JAB	Bericht des Justizausschusses
JABl	Amtsblatt der österreichischen Justizverwaltung (Jahr/Nummer, Seite)
JBl	Juristische Blätter (Jahr, Seite)
JGG	Jugendgerichtsgesetz 1988, BGBl 1988/599 idgF
JSt	Journal für Strafrecht (Jahr, Seite)
JRP	Journal für Rechtspolitik (Jahr, Seite)
Kap	Kapitel
KFG	Kraftfahrgesetz, BGBl 1967/267 idgF
KH	Plenarbeschlüsse und Entscheidungen des kk Obersten Gerichtshofes als Kassationshof (Nummer)
krit	kritisch
leg cit	legis citatae
LG	Landesgericht
LJZ	Liechtensteinische Juristen-Zeitung (Jahr, Seite)
lit	litera
mA	mit Anmerkung
MedienG	Mediengesetz, BGBl 1981/314 idgF
MilStG	Militärstrafgesetz, BGBl 1970/344 idgF
MR	Medien und Recht (Jahr, Seite)
MRK	Europäische Menschenrechtskonvention, BGBl 1958/210
M/R/L	*Medigovic/Reindl-Krauskopf/Luef-Kölbl* Allgemeiner Teil II, 3. Aufl (2023)
mwN	mit weiteren Nachweisen
Nachw	Nachweise
NB	Nichtigkeitsbeschwerde
nF	neue Fassung

NJW	Neue Juristische Wochenschrift (Jahr, Seite)
NR	Nationalrat
NRsp	Neue Rechtsprechung (Beilage in der ÖJZ)
NStZ	Neue Zeitschrift für Strafrecht (Jahr, Seite)
NZ	Österreichische Notariatszeitung (Jahr, Seite)
ö	österreichisch, -e,-er,-es (vor einer Abkürzung)
ÖJK	Österreichische Juristenkommission
ÖJT	Österreichischer Juristentag
ÖJZ	Österreichische Juristenzeitung (Jahr, Seite bzw Jahr/Nummer)
ÖJZ-LSK	Leitsatzkartei der ÖJZ (Jahr/Nummer)
ÖJZ-MRK	Entscheidungen zur MRK in der ÖJZ (Jahr, Seite/Nummer)
OGH	Oberster Gerichtshof
OLG	Oberlandesgericht
ÖStZ	Österreichische Steuer-Zeitung (Jahr, Seite)
ÖStZB	Beilage zur Österreichischen Steuer-Zeitung (Jahr, Seite bzw Jahr/Nummer)
ÖVA	Österreichisches Verwaltungsarchiv (Jahr, Seite)
PA	Privatankläger
PersFrG	Bundesverfassungsgesetz zum Schutz der persönlichen Freiheit, BGBl 1988/684
PornoG	Pornographiegesetz, BGBl 1950/97 idgF
RA	Rechtsanwalt
RdM	Recht der Medizin (Jahr, Seite)
RdW	Österreichisches Recht der Wirtschaft (Jahr, Seite)
RFG	Recht und Finanzen für Gemeinden (Jahr/Nummer)
RGBl	Reichsgesetzblatt (Jahr/Nummer)
RIS	Rechtsinformationssystem des Bundes (https://ris.bka.gv.at)
RM	Rechtsmittel
Rsp	Rechtsprechung
RV	Regierungsvorlage
Rz	Randzahl
RZ	Österreichische Richterzeitung (Jahr, Seite bzw Jahr/Nummer)
s	siehe
SbgK	Salzburger Kommentar zum Strafgesetzbuch, Hrsg: *Hinterhofer*
SDÜ	Schengener Durchführungsübereinkommen, BGBl III 1997/90
SMG	Suchtmittelgesetz, BGBl I 1997/112
sog	so genannt
SPG	Sicherheitspolizeigesetz, BGBl 1991/566 idgF
SSt	Entscheidungen des Obersten Gerichtshofes in Strafsachen und Disziplinarangelegenheiten (Band/Nummer bzw Jahr/Nummer)
St	Strafsachen
StA	Staatsanwalt(-schaft)
StGB	Strafgesetzbuch, BGBl 1975/60 idgF
StGBl	Staatsgesetzblatt für die Republik Österreich

StGG	Staatsgrundgesetz über die allgemeinen Rechte der Staatsbürger, RGBl 1867/142
StPdG	Strafrechtliche Probleme der Gegenwart (Jahr, Seite)
StPO	Strafprozeßordnung, BGBl 1975/631 idgF
StV	Strafverteidiger (Jahr, Seite)
StVG	Strafvollzugsgesetz, BGBl 1969/144 idgF
StVO	Straßenverkehrsordnung, BGBl 1960/159 idgF
SV	Sachverständiger
TKG	Telekommunikationsgesetz, BGBl I 1997/100 idgF
u	und
ua	und andere
U-Haft	Untersuchungshaft
UStG	Umsatzsteuergesetz 1994, BGBl 1994/663 idgF
UVS	Unabhängiger Verwaltungssenat
VbVG	Verbandsverantwortlichkeitsgesetz, BGBl I 2005/151 idgF
VerbotsG	Verbotsgesetz, StGBl 1945/13 idgF
verst	verstärkter
VfGH	Verfassungsgerichtshof
VfSlg	Sammlung der Erkenntnisse und wichtigsten Beschlüsse des Verfassungsgerichtshofes (Nummer)
vgl	vergleiche
VStG	Verwaltungsstrafgesetz, BGBl 1991/52 idgF
VwGH	Verwaltungsgerichtshof
WaffGG	Waffengebrauchsgesetz 1969, BGBl 1969/149 idgF
WK-StGB	Wiener Kommentar zum Strafgesetzbuch, 2.Aufl, Hrsg: *Höpfel/ Ratz*
zB	zum Beispiel
ZfRV	Zeitschrift für Rechtsvergleichung (Jahr, Seite)
ZfV	Zeitschrift für Verwaltung (Jahr, Seite)
ZfVB	Die administrativrechtlichen Entscheidungen des VwGH und die verwaltungsrechtlich relevanten Entscheidungen des VfGH in lückenloser Folge (Beilage zur ZfV)
ZPEMRK	Zusatzprotokoll zur EMRK
ZStW	Zeitschrift für die gesamte Strafrechtswissenschaft [Band (Jahr), Seite]
ZVR	Zeitschrift für Verkehrsrecht (Jahr, Seite bzw Jahr/Nummer)

1. Kapitel

EINFÜHRUNG

§ 1. Die Aufgabe des Strafrechts

Sautner Ordre public aus der Perspektive des Strafrechts, RZ 2012, 222; *Schmoller* Ethische Dispute im Strafrecht, in: Rechtsethik, Hrsg *Fischer/Strasser* (2007), 203; *Zehetgruber* Islamisches Strafrecht versus europäische Werteordnung (2010).

I. Die Aufgabe des Strafrechts liegt darin, das **Zusammenleben von Menschen** in einer Gemeinschaft zu **schützen**. Jede Gesellschaft verlangt nach gesetzlichen Regelungen, die ein möglichst konfliktfreies gemeinschaftliches Leben ermöglichen sollen. Die Rechtsordnung regelt das gesellschaftliche Leben und dient damit der Aufrechterhaltung des **Friedens innerhalb der Gemeinschaft**. Es ist Aufgabe des Staates, mit Hilfe der Rechtsordnung seinen Rechtsunterworfenen einen Rechtsschutz zu geben und so Gerechtigkeit und sozialen Frieden zu gewährleisten. Um diesen Anforderungen gerecht zu werden, muss dafür Sorge getragen werden, dass gesetzliche Bestimmungen von den Normadressaten eingehalten werden. Die Strafe als Reaktion auf einen Normverstoß stellt ein Mittel zum Erreichen dieses Zieles dar. Nur schwerwiegende Verstöße gegen die Gemeinschaftsordnung sind mit einer Sanktion bedroht. Das Recht zu strafen (**ius puniendi)**, kommt ausschließlich dem **Staat** zu. Das Strafrecht ist daher ein **Teil** des **öffentlichen Rechts**. 1

In der Verurteilung und Bestrafung durch ein Strafgericht wird das schärfste Instrument zur Wiederherstellung des sozialen Friedens gesehen. Das **gerichtliche Strafrecht**, auch **Justizstrafrecht** genannt, soll daher nur Bereiche erfassen, in denen das Gewicht des Normverstoßes eine so schwerwiegende Reaktion verlangt. Der weite Bereich der im Verwaltungsrecht normierten Übertretungen kommt ohne gerichtliche Sanktion aus. Verwaltungsübertretungen ziehen regelmäßig nur ein Verwaltungsstrafverfahren nach sich (vgl **Verwaltungsstrafgesetz**, VStG, BGBl 1991/52 idgF). Der Entscheidung des Gesetzgebers, wann eine Materie dem Verwaltungsstrafrecht und wann dem gerichtlichen Strafrecht zugewiesen wird, liegen regelmäßig kriminalpolitische Erwägungen zugrunde *(M/R/L*, AT II^3, 2): 2

a) Durch ein angeregtes Gespräch mit seinem Beifahrer abgelenkt fährt A an der roten Ampel dem vor ihm stehenden PKW auf. Die Folge ist ein erheblicher **Sachschaden** an beiden Fahrzeugen. Als schuldhafter Unfallverursacher hat A bzw seine Haftpflichtversicherung den Schaden am gegnerischen Fahrzeug nach den Regeln des Zivilrechtes zu ersetzen. Ein strafgerichtliches Nachspiel wird dieser Unfall mit reinem Sachschaden für

A jedoch nicht haben und auch verwaltungsstrafrechtlich (eventuell überhöhte Geschwindigkeit) werden derartige Unfälle mangels entsprechender Anzeige regelmäßig nicht verfolgt.

b) A fährt im Ortsgebiet mit seinem PKW 60 km/h und überschreitet damit die zulässige Geschwindigkeit. Auch wenn durch das reine zu schnell Fahren niemand einen Schaden erleidet, begeht A eine Verwaltungsübertretung und wird dafür bestraft, wenn ihn die Polizei im Zuge einer Radarmessung dabei erwischt. Selbst wenn es sich um eine schwerwiegendere Geschwindigkeitsübertretung handelt, die A womöglich sogar den Führerschein kostet, hat dieser nur ein Verwaltungsstrafverfahren zu befürchten, nicht jedoch ein gerichtliches Strafverfahren.

c) Wirklich unangenehm wird es für A, wenn er aufgrund der überhöhten Geschwindigkeit nicht rechtzeitig bremsen kann und einen Passanten, der am Zebrastreifen die Fahrbahn überquert, niederfährt und schwer verletzt. In diesem Fall handelt es sich um einen Unfall mit **Personenschaden** und A hat als Unfallverursacher eine strafgerichtliche Verfolgung und Bestrafung zu befürchten. Er hat dann den im **Strafgesetzbuch (StGB)** zum Schutz vor solchen Verletzungen normierten Tatbestand der fahrlässigen Körperverletzung (§ 88) verwirklicht.

3 Welche Folgen ein Rechtsbruch hat, ob er zivilrechtliche Konsequenzen, eine Verwaltungsstrafe oder gar eine gerichtliche Sanktion nach sich zieht, hängt demnach von der Art des Normverstoßes ab. Maßgeblich sind dabei der Handlungsunwert bzw der Erfolgsunwert des Verhaltens einer Person:

4 Teilweise ist der Schaden, den der Normverstoß herbeigeführt hat, maßgeblich (**Erfolgsunwert)** dafür, ob eine verwaltungsbehördliche oder gerichtliche Strafbarkeit droht, wie das oben angeführte Verkehrsunfallbeispiel zeigt. Hat die Geschwindigkeitsübertretung von A „nur" einen Sachschaden (Erfolg) zur Folge, befassen sich mit dieser Angelegenheit regelmäßig bloß die Versicherungen bzw Zivilgerichte. Besteht der Schaden (Erfolg) hingegen in der Verletzung eines Passanten (Personenschaden), werden sich die Strafgerichte damit zu befassen haben.

5 Als Beispiel kann auch das Finanzstrafrecht dienen. Hier entscheidet grundsätzlich die Höhe des hinterzogenen Steuerbetrages und damit das Ausmaß des Schadens darüber, ob das Strafgericht (Steuerhinterziehung über 150.000 Euro) oder die Finanzstrafbehörde für die Verfolgung und Bestrafung des Steuersünders zuständig ist (§ 53 Finanzstrafgesetz, FinStrG).

6 Es kann auch die Handlungsweise, die zum Schaden geführt hat, ausschlaggebend dafür sein, ob dem Handelnden eine strafgerichtliche Verurteilung droht oder nicht (**Handlungsunwert)**:

Eine sehr umfangreiche Schadenersatzforderung aus einer **Vertragsverletzung** hat im Regelfall nur ein zivilgerichtliches Nachspiel, fällt jedoch nicht in den Aufgabenbereich der Strafgerichte: Eine Baufirma, die ein Bauwerk nicht termingerecht fertigstellt, wird für den Verzug regelmäßig Schadenersatz zu leisten haben.

Wer ein Darlehen aufgenommen hat und plötzlich seine Raten nicht mehr bezahlen kann, weil er seinen Arbeitsplatz verloren hat, macht sich grundsätzlich ebenfalls nicht gerichtlich strafbar. Kam es jedoch zur Darlehensgewährung nur aufgrund einer betrügerischen Irreführung, weil der Darlehensnehmer falsche Angaben über seine Einkommens- und Vermögensverhältnisse gemacht hat, werden die Strafgerichte das Vorliegen eines Betruges (§§ 146f) prüfen müssen. Der besondere Handlungsunwert liegt hier in der betrügerischen Irreführung beim Vertragsabschluss.

Dieser Gesichtspunkt erlangt vor allem im Bereich der Wirtschaftskriminalität Bedeutung, da der Handlungsunwert, nämlich die betrügerische Irreführung, oft nur schwer nachweisbar ist. Ein Vermögensberater verspricht zB verlockende Renditen, verschweigt aber das damit verbundene hohe Verlustrisiko.

II. Es stellt sich die Frage, welche Rechtsgüter das Strafrecht schützen soll? In unserem Kulturkreis werden weitgehend übereinstimmend **Angriffe auf Leib** und **Leben, körperliche Integrität, Ehre, Freiheit und Vermögen** als gerichtlich strafbare Handlungen angesehen. Die gesellschaftliche Entwicklung greift hier jedoch immer wieder modifizierend ein. Viele Verhaltensweisen, welche früher ein gerichtlich strafbares Unrecht darstellten, werden heute von der Gesellschaft nicht mehr als strafwürdiges Unrecht gewertet. Meist braucht der Gesetzgeber lange, um geänderten gesellschaftlichen Entwicklungen Rechnung zu tragen: Die Strafbarkeit des Ehebruchs (§ 194 StGB) wurde zB erst 1997 aufgehoben (BGBl 1996/762). 7

Auf der anderen Seite werden immer wieder **neue Straftatbestände** geschaffen, mit denen strafwürdiges Verhalten erfasst werden soll. Meist geben gesellschaftliche oder technische Entwicklungen, die mit neuen Gefahren für die Gemeinschaft verbunden sind, dafür einen Anlass. Dies zeigt sich zB in den neuen Straftatbeständen der „Zwangsheirat" (§ 106a, eingefügt durch BGBl I 2015/112), der „Betrügerischen Anmeldung zur Sozialversicherung oder Bauarbeiter-Urlaubs- und Abfertigungskasse" (§ 153d StGB, eingefügt durch BGBl I 2015/112), der „Verletzung der sexuellen Selbstbestimmung" (§ 205a, eingefügt durch BGBl I 2015/112); „Mandatskauf" (§ 265a, eingefügt durch BGBl I 2023/100) etc. Die Ansichten darüber, welche Rechtsgüter durch das Strafrecht zu schützen sind, gehen jedoch weit auseinander und sind vielfach 8 auch vom jeweiligen Kulturkreis abhängig. So wird zB in islamischen Kulturkreisen die Steinigung der untreuen Ehegattin bei einem Ehebruch als legitime Strafe angesehen (illustrativ *Zehetgruber* 73ff). Es obliegt vor allem dem Gesetzgeber und der Rechtsprechung, ein Rechts- und Unrechtsverständnis zu kultivieren, welches dem allgemeinen gesellschaftlichen Konsens entspricht. Unter diesem Gesichtspunkt ist zB die Schaffung des Straftatbestandes der „Zwangsheirat" (§ 106a) oder die Einschränkung des Rechtfertigungsgrundes der Einwilligung des Verletzten (§ 90 Abs 3, Genitalverstümmelung) zu sehen.

9 Es gibt jedoch auch viele Bereiche, in denen es schwer ist, einen gesellschaftlichen Konsens darüber zu finden, was als strafwürdiges Unrecht anzusehen ist und was nicht: Ob bzw unter welchen Voraussetzungen ein Schwangerschaftsabbruch strafbar sein soll, ist zB sehr umstritten und in den einzelnen nationalen Strafrechtsordnungen gänzlich unterschiedlich geregelt. Im Strafrecht kommen vielfach auch politische Grundanschauungen zum Ausdruck. Die unterschiedlichen Strafrechtsordnungen in einzelnen Staaten oder Kulturkreisen und auch die heftig geführten Diskussionen im Zuge der Schaffung bzw Aufhebung einzelner Strafbestimmungen dokumentieren dies deutlich:

Ist es notwendig, einen enttäuschten Verehrer, der über mehrere Wochen 20-mal am Tag seine Angebetete mit Telefonanrufen nervt, vor das Strafgericht zu zitieren? Über Jahrzehnte kam das Strafrecht ohne eine einschlägige Strafbestimmung aus. Dann sah der Gesetzgeber einen Handlungsbedarf und hat mit dem Anti-Stalking-Gesetz (BGBl I 2006/56) dies im Jahre 2006 geändert und den Tatbestand des § 107a StGB geschaffen.

10 **III. Nullum crimen sine lege:** Über all dem steht jedoch immer ein, in einem Rechtsstaat unverrückbares Grundprinzip. **Strafbar** darf nur ein Verhalten **sein**, welches vom Strafgesetz **ausdrücklich unter gerichtliche Sanktion gestellt** wurde (**Gesetzlichkeitsprinzip**). Darin dokumentiert sich der alte Grundsatz „nullum crimen sine lege", welcher in **§ 1 StGB** ausdrücklich verankert ist. Für Fälle, die den im Gesetz geregelten nur ähnlich sind, besteht keine gesetzlich normierte Strafbarkeit. Das Gesetzlichkeitsprinzip verbietet eine analoge Anwendung von Strafbestimmungen (**Analogieverbot**).

11 Dieser Grundpfeiler unseres Strafgesetzes hat die Garantiefunktion, dass nur jener bestraft werden kann, der gegen eine positive Norm verstoßen hat. Es ist nicht maßgebend, ob die Rechtsgemeinschaft darüber hinaus ein Verhalten als strafwürdig empfindet oder nicht. Solange vom Gesetzgeber nicht ein bestimmtes Verhalten für strafbar erklärt wird, indem er dieses mit einem Straftatbestand erfasst, kann keine Sanktion dafür verhängt werden. Der Formulierung der einzelnen Tatbestände des Strafgesetzbuches und der Nebengesetze kommt daher große Bedeutung für die Rechtssicherheit zu. Der geschick-

te Täter, der sein Handeln auf die einschlägigen Straftatbestände so abstimmt, dass es diesen nicht subsumiert werden kann, ist strafrechtlich nicht belangbar, auch wenn seine Vorgangsweise strafwürdig erscheint. Ein **vertraglicher Ausschluss** oder eine **Übertragung strafgesetzlicher Verantwortung** ist **nicht möglich** (OGH 12 Os 69/88).

Tatstrafrecht: Das StGB geht von einem Tatstrafrecht aus. Es werden nur bestimmte **Verhaltensweisen** für strafbar erklärt, **nicht** aber eine möglicherweise ablehnungswürdige **Gesinnung**. Die Handlung oder das Unterlassen eines Menschen ist das auslösende Moment für eine Bestrafung. 12

A ist von den Ideen des Nationalsozialismus begeistert und liest eifrig einschlägige Literatur dazu, was ihn in seinen Ansichten nur noch bestärkt. Den Nationalsozialismus bloß im Geiste hochzuhalten ist nicht strafbar. Für seine Gesinnung kann niemand bestraft werden.

A würde sich jedoch strafbar machen, wenn er darüber hinaus versucht, in Vorträgen oder Druckwerken seine Mitmenschen von seiner Sicht der Geschichte zu überzeugen (zB durch Leugnung des nationalsozialistischen Völkermordes). Darin wäre eine strafbare „Wiederbetätigung" iSd Verbotsgesetzes zu sehen (StGBl 1945/13 idgF). Die Grenze zwischen Gesinnungsstrafrecht und Tatstrafrecht kann natürlich mitunter schwierig zu ziehen sein.

Eine Typisierung nach Verhaltensweisen war aus Gründen der Rechtssicherheit notwendig. Ein Täterstrafrecht, welches allein an der Gesinnung und damit an der möglichen Gefährlichkeit des Täters anknüpft, wäre mit zu großer Rechtsunsicherheit verbunden. Darin läge eine zu ungenaue Umschreibung der Voraussetzung, wann das Strafrecht einzugreifen hat und wann nicht: Ein durch Arbeitsplatzverlust und Scheidung schwer depressiver Familienvater gibt sich seiner Alkoholsucht hin. Die Familie befürchtet, dass er in alkoholisiertem Zustand einmal ausrasten könnte und alle umbringt. Bevor dies (Mord, § 75) jedoch nicht passiert oder zumindest versucht wurde, könnte das Strafrecht nicht eingreifen. Selbst wenn der Familienvater bereits dahingehende Drohungen geäußert hat, könnte er nur für die geäußerte gefährliche Drohung (§ 107), nicht aber für das was er angedroht hat (Mord, § 75) zur Verantwortung gezogen werden. In der Praxis kann dies häufig zu gefährlichen Situationen führen. 13

IV. Im Rahmen des rechtswissenschaftlichen Studiums findet vorwiegend nur eine Auseinandersetzung mit der normativen Seite des Strafrechts statt. Mit der tatsächlichen Seite der Straftat, den **Ursachen für kriminelles Verhal-** 14

ten, der **Persönlichkeit eines Täters**, den Erscheinungsformen von Straftaten **befasst** sich die **Kriminologie** (aktuelle praxisorientierte Einführung in die Kriminologie: zB *Schwind* Kriminologie[24]). Auch die Verbrechensbekämpfung, die **wissenschaftliche Technik der Aufklärung** von Straftaten und des Beweises (**Kriminalistik**) ist ein Teilbereich der Kriminologie.

§ 2. Die Sanktion

Graßberger Die Strafe, ÖJZ 1961, 169; *Jescheck* Wandlungen des strafrechtlichen Schuldbegriffs in Deutschland und Österreich, JBl 1998, 609; *Karollus* Zur verfassungsrechtlichen Verankerung des strafrechtlichen Schuldprinzips, ÖJZ 1987, 677; *Moos* Der Schuldbegriff im österreichischen StGB, in: *Triffterer*-FS (1996), 169; *Sautner* Überlegungen zur Einführung einer Wiedergutmachungsstrafe in das österreichische Strafrecht, JBl 2010, 341; *Seiler* Strafrecht Allgemeiner Teil II[11], 2024; *Zipf* Der strafrechtliche Schuldbegriff, JBl 1980, 186.

I. Strafarten

15 Sanktionen greifen vielfach tief in die Persönlichkeitssphäre des Betroffenen ein. Dies gilt insbesondere für Freiheitsstrafen. Doch auch an Freiheitsstrafen führt kein Weg vorbei, solange es nicht gelingt, Alternativen zu finden, welche besser geeignet erscheinen, Straftaten entgegenzuwirken und damit den Frieden in der Rechtsgemeinschaft zu sichern. Die Strafe als Reaktionsform auf einen Rechtsbruch sollte nur dann als letztes Mittel herangezogen werden, wenn darin der einzige Weg gesehen wird, den Täter von weiteren Straftaten abzuhalten und die Normtreue innerhalb der Rechtsgemeinschaft zu gewährleisten. Die Konsequenzen eines Rechtsbruchs müssen den Gesichtspunkten der **Gerechtigkeit** und **Verhältnismäßigkeit** entsprechen, will man eine entsprechend positive Wirkung beim Betroffenen erwarten. Es wird auch nur eine der Gerechtigkeit und Verhältnismäßigkeit entsprechende Sanktion auf allgemeine Akzeptanz in der Rechtsgemeinschaft stoßen und so ein Zeichen der **Bewährung der Rechtsordnung zur Abschreckung potenzieller Täter** setzen können.

16 **Sanktionensystem:** Das Sanktionensystem des StGB ist verhältnismäßig einfach aufgebaut. Es unterscheidet zwischen zwei Hauptstrafarten: Der **Freiheitsstrafe** (§ 18) und der **Geldstrafe** (§ 19). Zusätzlich können den Verurteilten sonstige **Rechtsfolgen** treffen (zB Amtsverlust, § 27). Neben den Strafen kennt das Gesetz die Möglichkeit der **Maßnahmenverhängung** (§§ 21ff). Unabhängig von diesen Sanktionsformen können zudem **vermögensrechtliche Anordnungen**, wie die Konfiskation (§ 19a) oder der Verfall (§ 20) getroffen werden.

Alternative Wege im Umgang mit Straftaten eröffnet die Möglichkeit, ein Verfahren diversionell zu erledigen (§§ 198ff Strafprozessordnung, StPO). **Diversionsmaßnahmen**, wie gemeinnützige Leistungen bei einer sozialen Einrichtung (§ 201 StPO) oder ein Tatausgleich zwischen Täter und Opfer (§ 204 StPO), zu denen sich ein Tatverdächtiger bereit erklärt, bilden in vielen Fällen der leichten und mittelschweren Kriminalität eine sinnvolle Alternative zur herkömmlichen Sanktionspraxis (vgl *Seiler* Strafprozessrecht[20] Rz 685ff). 17

II. Die Voraussetzungen für das Verhängen von Strafen

A. Anlasstat

Eine Strafe darf nur als Reaktion auf eine geschehene Straftat verhängt werden. Anknüpfungspunkt für die Strafe ist daher eine kriminelle Anlasstat und nicht eine bloße verbrecherische Gesinnung. Eine verbrecherische Gesinnung muss sich zumindest in Form einer Anlasstat geäußert haben: 18

X wachsen seit längerer Zeit seine Schulden über den Kopf. Im Freundeskreis denkt er daher laut darüber nach, wie er durch Einbrüche seine finanzielle Situation verbessern könnte. Für seine „kriminellen Pläne" kann X noch nicht zur Verantwortung gezogen werden. Erst wenn er seinen Entschluss zur Straftat zumindest durch einen strafbaren Einbruchsversuch dokumentiert hat, greift das Strafrecht ein (§ 129 iVm § 15 Abs 2).

Der Rechtsgüterschutz durch die Mittel des Strafrechts kann erst erfolgen, wenn ein strafrechtlich geschütztes Rechtsgut bereits einer konkreten oder zumindest abstrakten Gefährdung ausgesetzt worden ist. Die Wahrung der **Rechtssicherheit** verlangt aber als Voraussetzung für die Bestrafung das Vorliegen einer Anlasstat. Nur so kann den **Gefahren eines Gesinnungsstrafrechts** in ausreichendem Maße entgegengewirkt werden. 19

B. Schuldprinzip

Schuld als Voraussetzung für die Strafbarkeit: Strafbar ist nur, wer schuldhaft handelt (**§ 4**). Mit § 4 wird programmatisch festgelegt, dass unser Strafrecht ein Schuldstrafrecht und kein Erfolgsstrafrecht ist. Allein die Tat als objektives Ereignis macht den Verursacher noch nicht strafbar. Die einzelnen Straftatbestände des StGB lassen erkennen, dass der Täter seine Tat entweder vorsätzlich (§ 5) oder zumindest fahrlässig (§ 6) begangen haben muss, um dafür strafrechtlich belangt werden zu können: 20

Ein Autolenker fährt einen Fußgänger an und verletzt diesen dabei. Allein die Tatsache, dass ein PKW-Lenker einen Fußgänger angefahren und verletzt hat, führt noch nicht zur strafrechtlichen Verantwortlichkeit des PKW-Lenkers wegen fahrlässiger Körperverletzung (§ 88). Dem Fahrzeuglenker muss ein Verschulden zum Vorwurf gemacht werden können. Im konkreten Fall könnte dieses in einer Unaufmerksamkeit bzw Fahrlässigkeit liegen. Diese könnte zB darin bestehen, dass er die vorgeschriebene Geschwindigkeitsbeschränkung nicht beachtet hat und mit überhöhter Geschwindigkeit auf einen Fußgängerübergang zugefahren ist und nicht mehr rechtzeitig vor dem Fußgänger, der darauf die Straße überqueren wollte, bremsen konnte.

Am Verschulden des PKW-Lenkers mangelt es jedoch, wenn dieser nicht mehr rechtzeitig bremsen konnte, weil der Passant vollkommen unerwartet, abseits eines Fußgängerüberganges, ohne auf den Verkehr zu achten vom Gehsteig auf die Fahrbahn getreten ist.

21 Eine Bestrafung kann auch grundsätzlich nur für Handlungsweisen erfolgen, die im Zustand der **Zurechnungsfähigkeit** (§ 11) gesetzt wurden: Ein Rechtsbrecher mit einer schwerwiegenden und nachhaltigen psychischen Störung, die so weit geht, dass ihm jegliche Unrechtseinsicht fehlt, könnte nicht bestraft werden.

22 **Schuld als Kriterium für die Höhe der Strafe:** Die Schuld des Täters hat im Strafrecht auch noch eine zweite Bedeutung: Das Maß der Schuld ist ein wesentliches Kriterium für die Bemessung der Höhe der Strafe (§ 32 Abs 1). Neben die Schuld tritt im Rahmen der Strafbemessung als zweite relevante Komponente der Unrechtsgehalt der Tat (OLG Wien 27 Bs 2093/78). Beide Kriterien hängen eng miteinander zusammen, denn ein höheres Unrecht der Tat ist ein Indiz für eine darauf gerichtete höhere Schuld des Täters (OGH 13 Os 58/79). Man spricht vom sog Tatschuldprinzip.

- Wer zum ersten Mal einen Ladendiebstahl begangen hat und dabei erwischt wurde, wird eine niedrigere Strafe bekommen als jener, der bereits zum fünften Mal bei einem Ladendiebstahl erwischt wurde. Dem Wiederholungstäter wird eine höhere Schuld bei der Tatbegehung unterstellt.
- Der Unrechtsgehalt eines Raubes (§ 142) ist höher einzustufen als der Unrechtsgehalt eines Ladendiebstahls (§ 127), weil beim Raub eine Sache mit dem Mittel der Gewalt oder Drohung weggenommen wird. Für Raub nach § 142 Abs 1 kann daher eine Freiheitsstrafstrafe von 1 bis 10 Jahren verhängt werden. Die Strafdrohung für den Ladendiebstahl ist viel geringer.

Die höchstmögliche Freiheitsstrafe nach § 127 beträgt regelmäßig sechs Monate. Meist wird bei einem einfachen Diebstahl sogar nur eine Geldstrafe verhängt.

Beide Komponenten, der Unrechtsgehalt der Tat und die individuelle Schuld des Täters, sind Ausgangspunkte für die Bemessung der Strafe. Deutlich macht dies ua § 32 Abs 3, wenn als Zumessungskriterien neben der Schuld die Größe der Schädigung oder Gefährdung und die Anzahl der Pflichtverletzungen genannt werden. 23

C. Maßnahmen an Stelle von Strafen

Eder-Rieder Die freiheitsentziehenden vorbeugenden Maßnahmen (1985); *Medigovic* Freiheitsentziehende vorbeugende Maßnahmen in Österreich (1986).

Das StGB sieht eine **Zweispurigkeit** im **Sanktionensystem** vor: Den **Strafen** werden die **Maßnahmen** zur Seite gestellt. Da sich die Strafe an der Schuld orientiert, könnte ein Täter, der zB aufgrund seiner schwerwiegenden und nachhaltigen psychischen Störung ein Delikt begeht (**§ 21**), nur milder bzw gar nicht bestraft werden. Diese Täter sind jedoch für die Gemeinschaft gerade wegen ihrer Unberechenbarkeit sehr gefährlich. Dem soll durch das Verhängen von Maßnahmen zum Schutz der Gemeinschaft vorgebeugt werden. **Maßnahmen** orientieren sich nicht an der Schuld, sondern an der **Gefährlichkeit des Täters**. Das Schuldprinzip wird dabei durchbrochen. 24

Ein **Mörder mit einer schwerwiegenden und nachhaltigen psychischen Störung**, der im Zustand der Zurechnungsunfähigkeit, in dem ihm jegliche Unrechts- und Schuldeinsicht fehlt, einen Mord begangen hat, könnte nicht zu einer Haftstrafe verurteilt werden. Es besteht nur die Möglichkeit, ihn in ein forensisch-therapeutisches Zentrum einzuweisen (§ 21 Abs 1), um die Gemeinschaft vor ihm zu schützen. Für den Betroffenen macht dies im Ergebnis kaum einen Unterschied. Daher könnte man auch von einem Etikettenschwindel sprechen.

Es wäre jedoch auch hier der Rechtssicherheit abträglich, würde allein die (potenzielle) Gefährlichkeit einer Person ausreichen, eine Maßnahme zu verhängen. Auf eine Straftat als **Anlasstat**, kann daher auch beim Verhängen einer Maßnahme nicht verzichtet werden. Maßnahmen sollten ihrer Natur nach keinen Strafcharakter besitzen, wenngleich die damit verbundene Freiheitsbeschränkung in der Wirkung einer Strafe gleichkommt (dazu *Seiler* AT II[11] Rz 430ff). 25

III. Welchem Zweck dient die Strafe?

Bertel Die Generalprävention, in: *Pallin*-FS (1989), 31; *Delle-Karth* Die Fiktion der Generalprävention, RZ 1985, 146; *Hartmann* Prävention und Strafe, RZ 1980, 69; *Hauptmann* Sozialpsychologische Aspekte der Generalprävention, RZ 1977, 113; *ders* Strafzumessung und Sanktionsempfindlichkeit, StPdG 2001, 271; *Miklau* Nochmals: Zur „Fiktion der Generalprävention" bei Trunkenheitsdelikten, RZ 1985, 219; *Miklau/Schroll* (Hrsg) Diversion. Ein anderer Umgang mit Straftaten (1999); *Moos* Positive Generalprävention und Vergeltung, in: *Pallin*-FS (1989), 283; *Nowakowski* Freiheit, Schuld, Vergeltung, in: *Rittler*-FS (1957), 55; *Nurscher/Schmid* Zum Artikel: „Die Fiktion der Generalprävention", RZ 1985, 180; *Platzgummer* Strafe, Schuld und Persönlichkeitsadäquanz, in: *Pallin*-FS (1989), 319; *Sautner/Hirtenlehner* Was wollen Opfer?, RZ 2009, 209; *Schmidhäuser* Vom Sinn der Strafe[2] (1971); *Eb.Schmidt* Vergeltung, Sühne und Spezialprävention, ZStW Bd 67 (1955), 177.

26 **Vergeltung:** Die Strafe sollte einem bestimmten Zweck dienen, um ihre Verhängung zu rechtfertigen. Man kann den alleinigen Zweck einer Strafe in der Vergeltung für geschehenes Unrecht sehen. Der Strafe würde dann nur die Funktion zukommen, geschehenes Unrecht auszugleichen. Weiterreichende Zielsetzungen, wie zB die Besserung des Täters oder die Abschreckung potenzieller Täter werden dann mit ihrer Verhängung nicht verfolgt. Der reinen Vergeltung haftet viel an **archaischem Rachebedürfnis** an. Dies scheint heutigen Anschauungen nicht mehr zu entsprechen, wenngleich sich kaum leugnen lässt, dass jeder Strafe auch eine Vergeltung für begangenes Unrecht innewohnt und die Allgemeinheit die verhängte Strafe oft auch als bloße Vergeltung versteht.

27 **Sühne:** In Ablehnung des Vergeltungsgedankens wird zum Teil die Funktion der Strafe auch in der gerechten Sühne für die Tatschuld erblickt. Ob der Täter die Strafe als Sühne empfindet, hängt jedoch einzig und allein von seiner individuellen Einstellung ab und kann nicht erzwungen werden. Ein religiöser Fanatiker, der einen terroristischen Anschlag auf „Ungläubige" verübt hat, wird als Überzeugungstäter die Strafe wohl kaum als gerechte Sühne empfinden.

28 Gesetzesentwicklung und Judikatur lassen die Tendenz erkennen, dass der Zweck einer Strafe verstärkt darin gesehen wird, eine **positive Wirkung für die Zukunft** zu entfalten. Die Strafe soll einerseits eine Änderung des Täters dahingehend einleiten, dass er in Zukunft keine weiteren Straftaten mehr begeht (**Spezialprävention**) und andererseits der Allgemeinheit vor Augen führen, dass ein Gesetzesbruch nicht ohne Sanktion bleibt. Damit sollen potenzielle Rechtsbrecher abgeschreckt werden, Straftaten zu begehen (**Generalprävention**):

29 **Spezialprävention:** Wenngleich die **Besserung des Täters** als Zweck der Strafe heute im Vordergrund steht, können rein spezialpräventive Kriterien die

Zielsetzung einer Bestrafung nicht hinreichend wiedergeben. Sieht man den Zweck einer Strafe ausschließlich in der Spezialprävention, müsste ein Täter ohne jede Sanktion bleiben, der in einer einmaligen Ausnahmesituation eine schwere Tat begangen hat und inzwischen wieder resozialisiert ist, so dass es keiner Reaktion der Rechtsordnung mehr bedarf, um ihn von weiteren Straftaten abzuhalten. Dies machen vor allem Fälle deutlich, bei denen sich die Situation, welche zur Begehung der Tat geführt hatte, kaum wiederholen wird.

- Ein Kriegsverbrecher, der seit Jahrzehnten, ohne straffällig geworden zu sein, in der Rechtsgemeinschaft lebt, dürfte aus rein spezialpräventiven Gesichtspunkten nicht bestraft werden. Es bedarf bei ihm offensichtlich keiner Bestrafung, um ihn zu resozialisieren. Dennoch erscheint es nicht angebracht, Kriegsverbrecher nach Jahren vollkommener Wiedereingliederung in die Gemeinschaft von jeder Strafe freigehen zu lassen. Die Strafe hat hier einerseits Vergeltungsfunktion, andererseits soll sie auch generalpräventiv wirken.
- Ein pensionierter Bankmanager, der durch Missbrauch seiner Befugnis der Bank einen Schaden in Millionenhöhe zugefügt hat (§ 153), bedarf keiner Strafe zu Besserung, da er nicht mehr in eine berufliche Position kommen wird, in der er vergleichbare Delikte begehen kann. Ihn straffrei gehen zu lassen, könnte jedoch andere Bankmanager zu ähnlichen Taten animieren. Die Strafe hat hier vor allem eine generalpräventive Funktion.
- Bei Straftätern, die keine Besserungsansätze zeigen, würde hingegen das ausschließliche Zugrunde legen spezialpräventiver Zielsetzungen zu unverhältnismäßigen Strafen führen. Ein Kleptomane, der sich als nicht resozialisierbar erweist und auf freiem Fuße immer wieder Ladendiebstähle begehen wird, müsste konsequent auf unbestimmte Zeit eingesperrt werden, was in keinem Verhältnis zum Unrechts- und Schuldgehalt der Tat steht.

Den resozialisierenden Zweck einer Strafe wird der Täter in vielen Fällen auch nicht erkennen können. Gerade der Vollzug von Freiheitsstrafen bewirkt häufig Gegenteiliges. Nach Verbüßung einer Haftstrafe ist dem Straftäter der Weg zurück in ein normales gesellschaftliches Leben meist versperrt, indem ihm zB eine Arbeit und damit verbunden eine redliche Einkunftsquelle verweigert wird. Die Strafe wird dann nicht resozialisieren, sondern aufgrund ihrer Folgewirkungen dem Abgleiten in die Kriminalität eher förderlich sein. Ein Erfolg versprechendes Rezept zur Resozialisierung von Straftätern ist bis heute nicht gefunden worden. Die Betonung der spezialpräventiven Zielsetzung einer Strafe mag zwar in der Theorie überzeugen, die Praxis erweist sich jedoch regelmäßig als ernüchternd. 30

31 **Generalprävention:** Der Zweck einer Strafe wird auch noch darin erblickt, potenzielle Täter davon abzuhalten, vergleichbare Delikte zu begehen (negative Generalprävention). Es wäre aber bedenklich, generalpräventiven Kriterien bei der Strafverhängung das Hauptgewicht zuzugestehen, denn damit würde gleichzeitig zum Ausdruck gebracht, dass am Einzelnen ein abschreckendes Beispiel für die Allgemeinheit statuiert werden soll. Die individuelle Schuld des Täters muss immer die oberste Grenze bei der Strafzumessung bilden. Es scheint wohl auch zweifelhaft, ob das Verhängen und der Vollzug einer Strafe überhaupt eine generalpräventive Wirkung entfalten können. Die Strafrechtsgeschichte hat gelehrt, dass selbst drakonische und öffentlich vollzogene Strafen für vergleichbar harmlose Delikte keine nachweisbar **abschreckende Wirkung** besitzen. Im Zeitpunkt der Tat denkt der Täter in der Regel nicht an die angedrohte Strafe, sondern meist nur daran, wie hoch die Wahrscheinlichkeit ist, als Straftäter überführt zu werden. Eine **effektive Strafverfolgung** kann eine **weitaus höhere generalpräventive Wirkung entfalten als jede Strafe.**

32 Darüber hinaus soll durch die Strafe auch das **Vertrauen** der Allgemeinheit in den Bestand und die Durchsetzungskraft der **Rechtsordnung** gefestigt werden (positive Generalprävention).

33 **StGB:** Das StGB selbst enthält **keine ausdrückliche Aussage** über Sinn und Zweck der Strafe. Der Gesetzgeber wollte sich in dieser Frage offenbar bewusst nicht festlegen (RV 30.BlgNR 13.GP, 121). Viele Bestimmungen weisen jedoch auf die Relevanz spezial- bzw generalpräventiver Gesichtspunkte hin (§§ 37, 43, 46 etc). Nur eine **Kombination aller angeführten Kriterien** wird als brauchbare Grundlage zur Umschreibung von Ziel und Zweck der Strafe dienen können.

34 **Rechtsprechung:** Die Rechtsprechung weist der **Strafe verschiedene Zwecke** zu, die entsprechend dem jeweiligen konkreten Einzelfall unterschiedliches Gewicht erlangen können. Ihrem Kern nach soll die Strafe Sühne für geschehenes Unrecht sein (OLG Wien 27 Bs 2093/78). Ob der Täter die Strafe als Sühne empfindet, hängt jedoch von seiner individuellen Einstellung ab. Gezwungen kann er zur Sühne nicht werden. Soweit der Täter die Strafe nicht als Sühne auffasst, wird er darin nur eine Vergeltung für begangenes Unrecht erblicken. Die **Strafe muss dem Schuld- und Unrechtsgehalt der Tat und der Persönlichkeit des Täters entsprechen**, was in Urteilsbegründungen häufig zu einer reinen Floskel verkommt, da es sich dabei um Komponenten handelt, die miteinander nicht vergleichbar sind. Rational lässt sich nicht begründen, wie viele Tage Freiheitsstrafe dem Schuld- und Unrechtsgehalt eines Deliktes, zB eines Raubes, als angemessen entsprechen.

35 **Grundsätzlich** wird bei der Strafbemessung **spezialpräventiven Gesichtspunkten** der **Vorrang** einzuräumen sein (OGH 13 Os 96/89).

Im Einzelfall können jedoch bei **speziellen Deliktsbereichen** auch generalpräventive Zielsetzungen überwiegen (OGH 13 Os 96/89, 12 Os 135/94). Die **Generalprävention** steht zB in Fällen der Bestechlichkeit von Beamten (§ 304, OGH 13 Os 128/82), bei **Verkehrsunfällen**, welche in **alkoholisiertem Zustand** verursacht worden sind (OLG Wien 26 Bs 390/94) oder bei **Suchtmitteldelikten** (OGH 15 Os 182/96) im Vordergrund. Die Rechtsprechung weist dabei darauf hin, dass für geschehenes Unrecht eine Strafe verhängt werden soll, durch die das Rechtsbewusstsein der Bevölkerung gefestigt wird (OLG Wien 26 Bs 164/94). 36

Die Judikatur hat keine allzu großen Bedenken, das Maß der Strafe von generalpräventiven Gesichtspunkten bestimmen zu lassen. Der einzelne Verurteilte würde nach Ansicht der Rechtsprechung damit noch nicht zum schuldlosen Prügelknaben werden, da in seiner Schuld auch eine Verletzung gemeinschaftlicher Gesamtinteressen liege (OGH 13 Os 96/89). Überzeugend ist dieses Argument nicht, da sich das gesamte Strafrecht dadurch legitimiert, dass ein Verstoß gegen die Rechtsordnung, welcher zwangsläufig auch immer einen Verstoß gegen gemeinschaftliche Gesamtinteressen beinhaltet, sanktioniert werden soll. Daher bedarf dieser Standpunkt zumindest der Einschränkung, dass aus Gründen der Generalprävention die Strafe niemals über jenem Maß liegen darf, welches der individuellen Tatschuld des Täters entspricht, denn sonst ist der Verurteilte tatsächlich nur mehr Mittel zum Zweck, potenzielle Straftäter abzuschrecken. 37

Spezialpräventive Gesichtspunkte dürfen nie dazu führen, den Täter in einem Maß zu bestrafen, welches von seiner Schuld nicht mehr gedeckt wäre. Die **Schuld** ist Grundlage der Strafe, hat aber auch **limitierende Funktion,** was das Ausmaß der Strafe betrifft. Alle anderen Gesichtspunkte dürfen nur im Rahmen der individuellen Schuld des Täters Beachtung finden (OGH 15 Os 182/96). 38

Darüber hinaus betont die Rechtsprechung, dass die Höhe der Strafe nicht nur von der Schuld bestimmt wird, sondern dass dem **Unrechtsgehalt** der Tat dabei ebenfalls eine entscheidende Rolle zukommt (OLG Wien 27 Bs 2093/78). Die Strafe ist nicht nur Mittel der Resozialisierung, sondern dient auch der Kennzeichnung der Unwerthöhe des Delikts und der Missbilligung des Erfolgsunwertes. Die unterschiedlichen Strafrahmen, welche für die einzelnen Tatbestände vorgesehen sind, sollen dies bereits unabhängig vom konkreten Einzelfall dokumentieren. Damit ist die **Strafe** auch **Deklaration eines Unwerturteils über die Tat** und vermag in der Rechtsgemeinschaft der **Wertbildung** und der Festigung des Rechtsbewusstseins zu dienen (positive Generalprävention). 39

§ 3. Quellen des Strafrechts

Friedrich Zum Legalitätsprinzip im StGB und seinem Niederschlag in der Rechtsprechung, ÖJZ 1980, 57; *Lewisch* Verfassung und Strafrecht (1993).

I. Das Strafgesetzbuch (StGB)

40 Zentrales Gesetzeswerk im Bereich des gerichtlichen Strafrechts ist das **Strafgesetzbuch (StGB**, BGBl 1974/60 idgF). Das StGB ist unterteilt in einen **Allgemeinen Teil (AT**, §§ 1-74) und einen **Besonderen Teil (BT**, §§ 75 – 321k).

41 Der Allgemeine Teil wird in zwei Hauptbereiche gegliedert: Der **AT I** setzt sich mit den Grundlagen des Strafrechts auseinander (**Lehre von der Straftat**) und ist Gegenstand des vorliegenden Lehrbuchs. Der **AT II** befasst sich mit den Sanktionen bzw Maßnahmen, die über Straftäter verhängt werden können (**Lehre von den Folgen einer Straftat**; dazu: *Seiler* Strafrecht Allgemeiner Teil II, Strafen und Maßnahmen[11], 2024).

42 In den §§ 75 bis 321 enthält das StGB eine **Auflistung von Straftatbeständen**, die eine Vielzahl unterschiedlicher Rechtsgüter (zB Leib und Leben, Freiheit, Ehre, Vermögen etc) schützen sollen. Man spricht hierbei vom sog **Besonderen Teil**, welcher den Kern des gerichtlichen Strafrechts bildet. Bei den meisten im StGB angeführten strafbaren Verhaltensweisen kann davon ausgegangen werden, dass auch jeder Nichtjurist sich des Unrechts bewusst ist, das mit ihnen unter Strafsanktion gestellt wird.

43 Daneben gibt es auch eine Vielzahl anderer Gesetze (**Nebengesetze**), welche ebenfalls bestimmte Verhaltensweisen unter gerichtliche Strafsanktion stellen (zB Finanzstrafgesetz, BGBl 1958/129 idgF; Verbotsgesetz, StGBl 1945/13 idgF; Waffengesetz, BGBl 1997/12 idgF etc).

44 Das **StGB** hat den sog **materiellen Teil des Strafrechts** zum Inhalt. Damit ein Straftäter zur Verantwortung gezogen werden kann, bedarf es der Durchführung eines Strafverfahrens. Die Regelungen dafür finden sich insb in der **Strafprozessordnung (StPO, formelles Strafrecht**, BGBl 1975/631 idgF, dazu *Seiler* Strafprozessrecht[20], 2024). Die Vollziehung der Strafen regelt insb das **Strafvollzugsgesetz (StVG**, BGBl 1969/144 idgF, dazu *Zagler* Strafvollzugsgesetz[2], 2012).

II. Das Problem der Bestimmtheit von Normen

45 **§ 1 StGB** betont, dass eine **Strafe** oder Maßnahme **nur wegen** einer **Tat** verhängt werden darf, welche bereits im **Tatzeitpunkt unter** eine **ausdrückliche gesetzliche Strafdrohung** fiel. Dieser Grundsatz „nullum crimen et nulla

poena sine lege" ist auch in **Art 7 EMRK** verankert. Damit ist die Herrschaft der lex scripta klargestellt und jede Bildung von Straftatbeständen durch **Gewohnheitsrecht** oder **Rechtsüberzeugung ausgeschlossen**. Gerade im Strafrecht ist die strenge Bindung an das geschriebene Recht notwendig, denn ein hohes Maß an Rechtssicherheit, wie es von Verboten strafrechtlicher Natur erwartet wird, kann anders nicht erreicht werden.

§ 1 Abs 1 bezieht sich nur auf den Zeitpunkt des Schuldspruchs. Nach Rechtskraft eines Schuldspruchs sind spätere Gesetzesänderungen auch dann irrelevant, wenn das Gesetz zu Gunsten des Verurteilten geändert wurde (OGH 11 Os 95/02). Wenn eine Strafbestimmung aufgehoben wird, müssen daher nicht alle bis dahin rechtskräftig nach dieser Bestimmung Verurteilten nachträglich freigesprochen werden (OGH 11 Os 95/02). 46

Die Forderung, dass strafrechtliche Verbote nur dem geschriebenen Recht zu entnehmen sind, bietet allein noch keine hinreichende Rechtssicherheit. Die **Rechtssicherheit hängt** vor allem auch **von der Art der Gesetzesfassung ab**. Eine positive Norm, die für die Beschreibung eines als verboten erklärten Verhaltens nur vage Formulierungen wählt, schafft Rechtsunsicherheit. Neben die Forderung nach einem geschriebenen Verbot muss auch noch die Forderung nach **Bestimmtheit des Verbots** treten. Der Bestimmtheitsgrundsatz wurde jedoch nicht ausdrücklich im Gesetz verankert. Ein Tatbestand muss immer sämtliche den Unrechtsgehalt einer Deliktsart mitbestimmende Merkmale enthalten (OGH 11 Os 109/96). Ein Merkmal, welches nicht im Tatbestand enthalten ist, darf daher nicht „im Wege der Rechtsauslegung" verlangt werden, um zu einem vermeintlich billigenswerten Anwendungsbereich des Tatbestands zu gelangen. 47

Die Rechtssicherheit hängt vom Grad der Genauigkeit ab, mit dem das Gesetz zum Ausdruck bringt, was verboten ist und was nicht. Der Gesetzgeber muss bestrebt sein, die **Reichweite** eines **Verbotes** möglichst **klar** zu **formulieren**. Aus dem Wortlaut der Strafnorm muss zum einen immer deutlich der gesetzgeberische Schutzzweck ersichtlich sein. Zudem muss der Wortlaut einer Strafbestimmung so konkret gefasst sein, dass er einer beliebigen Auslegung Grenzen setzt. Eine Strafnorm, mit der pauschal „sittenwidriges Verhalten" unter Strafe gestellt wird, würde zB dem Bestimmtheitsgrundsatz widersprechen. Viele neuere Tatbestände tragen diesem Bestimmtheitsgrundsatz nur unzureichend Rechnung, da sie keine genauen Grenzen des als strafbar erfassten Bereiches erkennen lassen. Je unbestimmter eine Norm gefasst ist, umso schwerer ist es für den Normadressaten zu beurteilen, wann er sich noch im Bereich des Legalen bewegt und wann er ein bereits strafbares Verhalten setzt. Wer zum Zeitpunkt des Handelns nicht in der Lage war zu erkennen, dass sein Verhalten von den Gerichten später als Unrecht beurteilt werden würde, wird die verhängte Strafe kaum als gerecht akzeptieren. 48

Wegen **Stalking** macht sich zB strafbar, wer eine Person widerrechtlich beharrlich verfolgt (**§ 107a**). Wann von einem **„beharrlichen“ Verfolgen** auszugehen ist, versucht das Gesetz zu definieren (§ 107a Abs 2):

„Beharrlich verfolgt eine Person, wer in einer Weise, die geeignet ist, sie in ihrer Lebensführung unzumutbar zu beeinträchtigen, eine längere Zeit hindurch fortgesetzt
1. ihre räumliche Nähe aufsucht,
2. im Wege einer Telekommunikation oder unter Verwendung eines sonstigen Kommunikationsmittels oder über Dritte Kontakt zu ihr herstellt,“... etc.

Wenngleich der Gesetzgeber mit dieser Definition versucht, den Bereich strafbaren Handelns einzugrenzen, ist es für den Normadressaten dennoch kaum vorweg bestimmbar, was erlaubt ist und was nicht: Wann ist die Lebensführung einer Person „unzumutbar“ beeinträchtigt? Wann spricht man von einer „längeren“ Zeit? Wann spricht man von einer „räumlichen Nähe“?

Der glücklose Verehrer weiß damit noch nicht, wie oft er seine Angebetete anrufen, ihr Blumen schicken oder sie aufsuchen darf, ohne vom „lästigen“ Verehrer zum „strafbaren“ Verehrer zu werden. Noch schwerer wird er sein Verhalten abstimmen können, wenn er mit der Angebeteten im selben Haus wohnt oder am selben Arbeitsplatz tätig ist und aufgrund der räumlichen Nähe (gewollte bzw ungewollte) Berührungsmomente kaum vermeidbar sind.

III. Deskriptive – Normative Gesetzesbegriffe

49 Die Begriffswahl, derer sich der Gesetzgeber bei Fassung einer Norm bedient, ist von entscheidender Bedeutung für die Klarheit einer Bestimmung:

50 **Deskriptive Begriffe:** Bei deskriptiven Gesetzesbegriffen ergibt sich der **Sinngehalt** weitgehend **unmittelbar aus der Anschauung,** der **Lebenserfahrung** oder aus **festliegenden äußeren** (zB gesetzlichen) **Maßstäben**.

Wann von einer „schwangeren Person“ (§ 96, Schwangerschaftsabbruch) oder „unmündigen Person“ (§ 101 iVm § 74 Abs 1 Z 1, Entführung einer unmündigen Person), einer „beweglichen Sache“ (§ 127, Diebstahl) oder einem „Gebäude“ (§ 129, Einbruch) gesprochen werden kann, lässt sich grundsätzlich relativ leicht eindeutig feststellen. Auch Tätigkeiten, wie zB die „Wegnahme“ iSd § 127 (Diebstahl), sind für den Laien in ihrem Sinngehalt meist problemlos fassbar.

Normative Begriffe: Im Gegensatz dazu sind normative Begriffsmerkmale **ausfüllungsbedürftig** und eröffnen den Gerichten einen weiten Auslegungsspielraum. Dieser führt zwangsläufig zu einer nicht unerheblichen Rechtsunsicherheit zu Lasten des Rechtsunterworfenen, da die Beurteilung der Strafbarkeit eines Verhaltens vielfach weitgehend von der individuellen Wertung des Richters abhängt: 51

Ob eine Handlung geeignet ist, die „sittliche" oder „seelische Entwicklung" einer Person zu „gefährden" (§ 208, **Sittliche Gefährdung** von Personen unter sechzehn Jahren) lässt sich zB in den meisten Fällen kaum mit hinreichender Eindeutigkeit feststellen. Die eigenen Wertmaßstäbe des Richters werden in diesen Fällen zwangsläufig in die Urteilsentscheidung einfließen. Entsprechendes gilt für die Frage, wann ein Verhalten als „unehrenhaft" iSd § 111 (Üble Nachrede) einzustufen ist. 52

Auch die Frage, wann eine **Gemütsbewegung „allgemein begreiflich"** ist (§ 76, Totschlag), wird ein Richter nur unter Zugrundelegung seiner eigenen Sicht beurteilen können. Eine Umfrage unter der „Allgemeinheit der Rechtsunterworfenen" wäre wohl nicht praktikabel. In der Praxis stellt sich dabei ua auch die Frage, inwieweit der jeweilige Kulturkreis, dem der Täter entstammt, bei der rechtlichen Beurteilung zu berücksichtigen ist (vgl Erlass des BMJ JABl 2010/9, 33): 53

Ein in Österreich lebender Ausländer sticht zB aus Zorn mehrfach mit dem Messer auf seine Ehegattin ein, nachdem diese ihm eröffnet hatte, dass sie sich scheiden lassen möchte, was in seinem Kulturkreis eine große Schmach bedeuten würde. Auch wenn aus dem Blickwinkel des fremden Kulturkreises eine heftige Gemütsbewegung in diesem Fall verständlich erscheinen mag, ist für die Frage, ob diese Gemütsbewegung auch „allgemein" begreiflich ist, die Sicht von in Österreich lebenden und aufgewachsenen Staatsbürgern relevant. Maßgebend ist das zu erwartende Verhalten eines rechtstreuen Durchschnittsmenschen, der mit den durch die inländische Rechtsordnung geschützten Werten innerlich verbunden ist (OGH 15 Os 10/17k). Der ausländische Straftäter wird daher wegen versuchten Mordes (§§ 15, 75) zur Verantwortung zu ziehen sein. Der milder bestrafte Tatbestand des Totschlages (§ 76) kommt bei ihm nicht zur Anwendung, da die heftige Gemütsbewegung nach der herrschenden Sicht der in Österreich lebenden Staatsbürger nicht „allgemein" begreiflich wäre. Ehescheidungen sind in Österreich nämlich alltäglich (OGH 15 Os 119/10d).

Diese „herrschenden" Wertvorstellungen sind nie statisch. Entsprechend der gesellschaftlichen Entwicklung unterliegen sie einer fortlaufenden Änderung bzw Anpassung.

54 Die Rechtsprechung zu Straftatbeständen, welche sich normativer Begriffe bedienen, zeigt, dass es manchmal selbst für Juristen kaum abschätzbar ist, wie das Gericht in einem konkreten Fall entscheiden wird. Für den Rechtsunterworfenen verbindet sich damit teilweise eine Rechtsunsicherheit, die dazu führt, dass ein Beschuldigter manchmal selbst bis zum Urteil nicht sagen kann, ob er eine strafbare Handlung gesetzt hat oder nicht. Selbst wenn der Gesetzgeber sich größte Mühe gibt, auslegungsbedürftige Begriffe selbst zu definieren (Legaldefinition), wie das oben angeführte Beispiel des § 107a zeigt (Rz 48), bleibt immer ein Graubereich übrig, der Rechtsunsicherheit schafft.

55 Hinzu kommt, dass der Inhalt normativer Merkmale vielfach einer Wandlung unterworfen ist, da sich die Wertauffassungen in einer Gesellschaft fortlaufend ändern. Wann zB eine „sittliche Gefährdung" von Jugendlichen zu befürchten ist (§ 208), wird zweifellos vor 40 Jahren anders beurteilt worden sein als heute. Richter müssen sich diesen geänderten Wertauffassungen in der Rechtsgemeinschaft anpassen, was allein schon aufgrund der unterschiedlichen Altersstruktur innerhalb der Richterschaft nicht leicht realisierbar ist.

56 Die Grenzziehung zwischen deskriptiven und normativen Begriffsmerkmalen ist fließend. Auch deskriptive Begriffe können in ihren Randbereichen unscharf und daher auslegungsbedürftig sein.

§ 75 schützt zB das menschliche Leben („wer einen anderen tötet"). Der Embryo im Mutterleib gehört aber offensichtlich noch nicht dazu (§§ 96ff). Er ist noch kein „anderer" und kann daher, selbst wenn sich die Mutter bereits im 8. Schwangerschaftsmonat befindet, nicht iSd § 75 „ermordet" werden, was in großen Gesellschaftskreisen für Unmut sorgt. Das ungeborene Kind ist nur sehr eingeschränkt durch § 96 strafrechtlich geschützt.

57 **Präjudizien**: Die Möglichkeit der Höchstgerichte (Oberster Gerichtshof, OGH), bei der Auslegung von Straftatbeständen bindende Richtlinien vorzugeben, ist sehr beschränkt. **Gerichte** sind grundsätzlich an vorangegangene Entscheidungen, selbst wenn diese von einem übergeordneten Gericht stammen, **nicht gebunden**. Dies ermöglicht zwar eine gewisse Weiterentwicklung in der Entscheidungspraxis, trägt aber nicht gerade zur Voraussehbarkeit gerichtlicher Entscheidungen und damit zur Rechtssicherheit bei.

58 Die eigentliche Gefahr für den Grundsatz nullum crimen sine lege (§ 1) besteht weniger darin, dass im Wege der Analogie Strafbestimmungen auf Fälle Anwendung finden, die ihrem Wortlaut nach davon nicht erfasst werden. Die Gefahr liegt vielmehr in der Unbestimmtheit mancher Gesetzesbegriffe, welche oft dazu führt, dass gar nicht genau gesagt werden kann, welche Verhaltensweisen von einer Strafbestimmung erfasst werden und welche nicht. Erst

durch eine sich herausbildende herrschende Judikatur zu einzelnen Tatbeständen wird deren Auslegung zunehmend an Klarheit gewinnen. Gerade bei auslegungsbedürftigen Gesetzesbegriffen ist daher ein Blick auf die einschlägige höchstgerichtliche Rechtsprechung oft unverzichtbar.

Dennoch wird sich nie vermeiden lassen, dass es selbst bei klarer Geset- 59
zesformulierung oder einheitlicher Judikatur immer wieder zu Auffassungsunterschieden in der juristischen Lehre und Rechtsprechung kommt, was zur Konsequenz hat, dass Uneinigkeit darüber besteht, ob ein konkretes Verhalten als strafbar zu beurteilen ist oder nicht. Die **Rechtswissenschaft** ist eben **keine Naturwissenschaft**.

§ 4. Auslegung von Strafgesetzen

Bydlinski Grundzüge der juristischen Methodenlehre (2005); *Höpfel* Zu Sinn und Reichweite des sogenannten Analogieverbots, JBl 1979, 505, 575; *Schick* Bestimmtheitsgrundsatz und Analogieverbot, in: *Walter*-FS (1991), 625; *Schmidt* Authentische Interpretation und Verfassung, ÖJZ 1987, 428.

Im StGB (§§ 75ff) und auch in zahlreichen anderen Gesetzen finden sich 60
sog Straftatbestände. Diese stellen ein bestimmtes Verhalten ausdrücklich unter Strafe. Der **Tatbestand** ist die **gesetzliche Beschreibung eines strafrechtlich verbotenen Verhaltens**. Er setzt sich aus einzelnen Tatbestandsmerkmalen zusammen, die jeweils einer eigenen Auslegung bedürfen. Der gesetzliche Straftatbestand bildet den **Obersatz.** Durch ihn wird in abstrakter Form ein Verhalten geschildert, welches nach Meinung des Gesetzgebers strafbar ist.

zB § 88 Abs 1 StGB: „Wer fahrlässig einen anderen am Körper verletzt oder an der Gesundheit schädigt".

Ein **konkreter Sachverhalt** ist nur dann von strafrechtlicher Relevanz, 61
wenn er diesem Obersatz als **Untersatz subsumiert** werden kann.

zB: A fährt im Ortgebiet mit überhöhter Geschwindigkeit und kann nicht rechtzeitig bremsen, als ein Passant die Straße überquert. Der Passant wird durch das Auto niedergestoßen und erleidet eine Prellung.

Der Vorgang der Subsumtion besteht im Herstellen einer Verknüpfung 62
zwischen der Tat und einer mit Strafe bedrohten Handlung. Dabei wird der festgestellte (konkrete) Lebenssachverhalt (Tat) dahingehend beurteilt, ob er

unter die gesetzliche Kategorie einer strafbaren Handlung fällt. Unter „strafbarer Handlung“ versteht man hierbei ein tatbestandsmäßiges, rechtswidriges und schuldhaftes Verhaltens, das auch allfällige zusätzliche Voraussetzungen für die Strafbarkeit erfüllt (vgl Rz 94ff). Bei einer **Subsumtion müssen alle Merkmale des jeweiligen Tatbestands** (zB § 88 Abs 1) **vom konkreten Sachverhalt erfüllt** werden. Daraus ergibt sich in der Praxis folgende Vorgangsweise:

I. Erster Schritt (Sachverhaltsfeststellung)

63 Damit eine Subsumtion überhaupt vorgenommen werden kann, müssen als erster Schritt alle für den in Betracht gezogenen Straftatbestand **entscheidungsrelevanten Tatsachen prozessordnungsgemäß festgestellt** werden:

64 Wenn im eingangs erwähnten Verkehrsunfallbeispiel der Staatsanwalt einen Strafantrag (Anklage) wegen des Verdachts der fahrlässigen Körperverletzung (§ 88) einbringt, muss festgestellt werden, mit welcher Geschwindigkeit der PKW-Lenker gefahren ist. Erst auf der Basis dieser Sachverhaltsfeststellung kann in einem zweiten Schritt dann eine rechtliche Beurteilung erfolgen und eine Entscheidung (Urteil) darüber getroffen werden, ob diese Geschwindigkeit überhöht war und der PKW-Lenker sich damit fahrlässig (§ 6) verhalten hat.

Im Rahmen der Sachverhaltsfeststellung wird auch das Ausmaß der Verletzung des Passanten festzustellen sein. Dazu wird das Gericht in der Regel einen medizinischen Sachverständigen beiziehen müssen. Es handelt sich dabei ebenfalls um eine entscheidungsrelevante Tatsache, denn das Gericht wird im Rahmen der rechtlichen Beurteilung zu prüfen haben, ob es sich bei der Verletzung um eine leichte Köperverletzung iSd § 88 Abs 1 oder eine schwere Körperverletzung iSd § 88 Abs 4 handelt.

65 Die **Feststellung** der entscheidungsrelevanten Tatsachen erfolgt **im Strafverfahren**, welches nach den Bestimmungen der Strafprozessordnung (StPO) geführt wird. Was nicht mit einer an Sicherheit grenzenden Wahrscheinlichkeit als erwiesen festgestellt werden kann, darf vom Gericht nach dem Grundsatz **„in dubio pro reo“** (im Zweifel für den Angeklagten) nicht als gegeben angenommen werden (§ 14 StPO). Nur wenn alle relevanten Tatbestandsmerkmale mittels Beweisen festgestellt werden konnten (zB überhöhte Geschwindigkeit des PKW-Lenkers; Prellung des Passanten etc), kann eine Subsumtion unter den Tatbestand (zB § 88 Abs 1) erfolgen.

In der Praxis erweist sich die richtige Feststellung des entscheidungsrelevanten Sachverhalts regelmäßig als wesentlich schwieriger als die anschließende rechtliche Beurteilung. Das Gericht hat sich dabei vielfach mit einem umfangreichen, teils widersprüchlichen Beweismaterial auseinanderzusetzen (zB divergierende Zeugenaussagen). 66

Ein Autolenker hat auf einer ampelgeregelten Kreuzung einen Fußgänger niedergefahren und verletzt. Der Autofahrer behauptet, dass der Fußgänger bei Rot über den Zebrastreifen ging. Der Passant gibt an, dass er bei Grün die Straße überqueren wollte. Nur wenn der Sachverhalt in diesem Punkt eindeutig geklärt ist, wird man entscheiden können, ob den Fahrzeuglenker ein Verschulden trifft und er wegen fahrlässiger Körperverletzung (§ 88 StGB) zur Verantwortung gezogen werden kann. Widersprechen sich die Aussagen des Passanten und des Fahrzeuglenkers ist man auf die Angaben von Unfallzeugen angewiesen. Ergibt sich auch daraus kein eindeutiges Bild, wird der Fahrzeuglenker „in dubio" freizusprechen bzw das Strafverfahren einzustellen sein.

Im Rahmen der universitären Ausbildung wird dieser erste Schritt bereits in Form eines Klausursachverhalts, der alle entscheidungsrelevanten Tatsachen enthält, vorweggenommen. Im Rahmen der Klausurlösung hat daher nur mehr eine rechtliche Beurteilung dieses Sachverhalts, von dem nicht abgewichen werden darf, zu erfolgen.

II. Zweiter Schritt (rechtliche Beurteilung)

Nach Feststellung des rechtlich relevanten Sachverhalts hat als zweiter Schritt eine **Interpretation des Tatbestands (Obersatz)** zu erfolgen, um die Reichweite der Norm erkennen zu können. 67

Es muss zB im oben geschilderten Fall geklärt werden, wann eine Fahrlässigkeit iSd § 88 Abs 1 iVm § 6 vorliegt. Weiters wird zu beurteilen sein, was unter einer Verletzung am Körper iSd § 88 Abs 1 zu verstehen ist und wann eine Verletzung strafrechtlich sogar als „schwere Körperverletzung" iSd § 88 Abs 4 zu bewerten wäre.

Erst nach Interpretation des Straftatbestands kann im Rahmen der rechtlichen Beurteilung geklärt werden, ob das angeklagte Geschehen, dessen recht- 68 lich relevanter Sachverhalt bereits im ersten Schritt festgestellt worden ist, unter den in Betracht gezogenen Straftatbestand subsumierbar ist.

69 Das Gericht hat daher im Urteil zuerst die entscheidungswesentlichen Tatsachen festzustellen und im Anschluss daran, im Wege einer Interpretation des in Betracht gezogenen Tatbestands, eine rechtliche Beurteilung vorzunehmen.

70 Für die Interpretation verwendet die Rechtswissenschaft verschiedene **Methoden**:

- Im **Vordergrund** steht immer die **Wortlautinterpretation**. Sie geht rein von der Sprache, der Bedeutung der einzelnen Worte und ihrem Zusammenhang aus und will so die Reichweite und Bedeutung einer Gesetzesbestimmung einzig aufgrund ihres Wortlauts bestimmen. Der **Wortsinn** bildet immer die **äußerste Grenze** der **zulässigen Interpretation** einer **Strafbestimmung** (OGH 15 Os 71/90).

  Es lässt sich nicht leugnen, dass die Begriffe, die ein Gesetz verwendet, regelmäßig in größerem oder geringerem Ausmaß mehrdeutig sind. Dies gilt in erster Linie für normative Begriffe, aber auch für deskriptive Begriffe (Rz 49ff). Dennoch wird jede sprachlich mögliche Interpretation einer Strafbestimmung als zulässige Auslegung anzusehen sein. Nur eine extensive Auslegung, die über den allgemein gebräuchlichen Sprachgebrauch hinausgeht, ist unzulässig. Der Anwendungsbereich einer Strafbestimmung darf nicht im Wege der Interpretation über den reinen Wortlaut hinaus ausgedehnt werden. Verhaltensweisen, die unter den Wortlaut einer Strafbestimmung nicht subsumierbar sind, sondern nur Ähnlichkeiten mit den vom Tatbestand erfassten Verhaltensweisen aufweisen, sind nicht strafbar. Eine analoge Anwendung von Strafbestimmungen auch auf ähnliche Fälle würde gegen das Gesetzlichkeitsprinzip des § 1 verstoßen (**Analogieverbot**). Im Strafrecht ist nur eine **Analogie zu Gunsten des Beschuldigten** („in bonam partem") **zulässig** (OGH 11 Os 97/98). Doch auch in diesen Fällen kommt eine Analogie nur in Betracht, wenn eine unbeabsichtigte Lücke im Gesetz angenommen werden kann (OGH 11 Os 97/98). Wird im Gesetz eine Ausnahme normiert, gilt der Grundsatz, dass eine solche **Ausnahme immer eng auszulegen** ist (OGH 15 Os 161/95). Auch privilegierende Normen sind immer restriktiv auszulegen (OGH 13 Os 133, 134/84).

71 - Die Wortlautinterpretation kann eine Unterstützung in der **systematischen Interpretationsmethode** finden. Dabei wird versucht, den **Bedeutungsgehalt** einer Norm auch **aus** ihrer **Stellung im Gesetz** und im Zusammenhang mit anderen Normen zu eruieren.

72 - Wertvolle Dienste bei der Beurteilung des Bedeutungsgehalts einer Norm leistet die **historische Interpretationsmethode**, welche auf die Entstehung

des Gesetzes bzw einzelner Bestimmungen zurückblickt. Dabei werden Gesetzesentwürfe, Erläuterungen zu Regierungsvorlagen, Berichte von Ausschussberatungen (zB Justizausschussbericht) für die Interpretation herangezogen. Diese sog Gesetzesmaterialien leisten wertvolle Dienste, wenn die verwendete Ausdrucksweise einer Gesetzesbestimmung Zweifel aufwirft. Gerade bei neuen Tatbeständen wird die Bedeutung, welche der Gesetzgeber einer Norm geben wollte, besonders relevant sein. **Gesetzesmaterialien** sind jedoch **nicht** als Rechtsquellen oder als **authentische Interpretation** anzusehen. Sie leisten nur Unterstützung bei der Interpretation des Wortlauts. Die Gesetzesmaterialien verlieren ihre eigenständige Bedeutung als Interpretationsmittel, wenn sich der Sinn einer Gesetzesbestimmung bereits aus ihrem Wortlaut klar ergibt.

Bei älteren Gesetzen bringt diese Vorgangsweise das Problem mit sich, dass sie zu einer Versteinerung der Auslegung einer Bestimmung führt, da der Wille des Gesetzgebers herangezogen wird, wie er sich im Zeitpunkt der Entstehung des Gesetzes dargestellt hatte. Auf diese Weise ist es nicht möglich, im Wege der Interpretation einer Norm auf gesellschaftliche oder sonstige Entwicklungen Rücksicht zu nehmen.

Die **äußerste Interpretationsgrenze** bildet jedoch auch hierbei immer der **Gesetzeswortlaut**. Selbst wenn sich aus den Gesetzesmaterialien ergibt, dass der Gesetzgeber einer Norm eigentlich eine andere oder wesentlich weiter reichende Bedeutung zuschreiben wollte, als sich aus dem reinen Wortlaut erkennen lässt, ist allein der Gesetzeswortlaut maßgebend.

- Bei unklarem Gesetzeswortlaut kommt vor allem der **teleologischen Interpretationsmethode** besondere Bedeutung zu. Der Blickwinkel richtet sich 73 dabei auf den **Zweck der Norm**. So kann zB eine teleologische Interpretation zu einer Einschränkung des Anwendungsbereichs eines Tatbestands führen, wenn sonst Fälle strafbar wären, die nicht strafwürdig erscheinen (OGH 10 Os 139/85). Der Zweck einer Norm ist nicht nur nach den Gesichtspunkten zu prüfen, welche im Zeitpunkt des Entstehens der Bestimmung maßgebend waren, sondern auch danach, welche Ziele der Gesetzgeber mit dieser Norm zum jetzigen Zeitpunkt verbunden hätte. Doch auch bei dieser Interpretationsmethode gilt der Grundsatz, dass bei Strafbestimmungen dadurch **nicht** der Anwendungsbereich **über den reinen Wortlaut hinaus** ausgedehnt werden darf. Eine Interpretation darf nie im Widerspruch zum eigentlichen Gesetzeswortlaut stehen, selbst wenn man glaubt, damit einem vermeintlichen Gesetzeszweck gerecht zu werden.

§ 5. Strafrechtliche Verantwortlichkeit von Verbänden

Frank-Thomasser/Punz (Hrsg) Das neue Unternehmensstrafrecht (2006); *Hilf* Verbandsverantwortlichkeitsgesetz (2006); *dies* Grundlegende Aspekte der neuen Verbandsverantwortlichkeit: Zur subsidiären Anwendung des StGB, JSt 2006, 112; *Hilf/Konopatsch* Strafrechtliche Verantwortlichkeit von Sozialversicherungsträgern, JBl 2011, 545; *Hinterhofer* Die strafrechtliche Verantwortlichkeit von Gemeindeverbänden nach dem VbVG, RFG 2007/45; *Köck* Prozessuale Aspekte der Strafbarkeit von Verbänden, JBl 2003, 496; *Löschnig-Gspandl* Zur Bestrafung von juristischen Personen, ÖJZ 2002, 241; *Sautner* Grundlagen und Herausforderungen der strafrechtlichen Verantwortlichkeit juristischer Personen in Österreich, ÖJZ 2012/58; *Schmoller* Strafe ohne Schuld?, RZ 2008, 8, 453; *ders* Verbandsgeldbußen in Österreich und Deutschland, in *Küper*-FS (2007), 519; *Severin* Die Begehung der Tat zugunsten des Verbandes nach § 3 Abs 1 Z 1 VbVG, ZWF 2016, 242; *E.Steininger* Verbandsverantwortlichkeitsgesetz (2006); *Venier* Eine Alternative zu einem Strafverfahren gegen juristische Personen, ÖJZ 2002, 718; *Wegscheider* Das Verbandsverantwortlichkeitsgesetz (VbVG), JSt 2005, 193; *Wirth* Rechtsirrtümer im Rahmen der Verbandsverantwortlichkeit – oder: Kann ein Verband schuldausschließend irren?, JSt 2016, 313; *Zeder* Ein Strafrecht juristischer Personen: Grundzüge einer Regelung in Österreich, ÖJZ 2001, 630; *ders* VbVG Verbandsverantwortlichkeitsgesetz (2006).

I. Verbände

74 In der Regel werden nur physische Personen (natürliche Personen) als Beschuldigte strafrechtlich zur Verantwortung gezogen, denn nur ihnen könnte ein strafrechtliches Verschulden zur Last gelegt werden (Schuldprinzip, § 4, Rz 20). Probleme ergeben sich, wenn ein Unternehmen eine Straftat begeht, um sich eine bessere Wettbewerbsposition zu verschaffen.

- Ein Unternehmen entsorgt giftige Abwässer auf schnellem und kostengünstigem Wege in einem angrenzenden Bach (§§ 180ff).
- Bei der Produktion von Kindermöbel werden billige Klebestoffe verwendet, die gesundheitsschädliche Dämpfe entwickeln (§ 88).
- Ein Autokonzert manipuliert die Abgaswerte seiner Fahrzeuge, damit sie umweltfreundlicher erscheinen und in einer günstigeren Steuerklasse eingeordnet werden (§ 146).

Selbst wenn in diesen Fällen eine (natürliche) Person, die dafür strafrechtlich zur Verantwortung gezogen werden könnte (zB Geschäftsführer, Abteilungsleiter), ausfindig gemacht werden kann, würde sich die über sie verhängte (Geld)strafe an deren individuellen Einkommens- und Vermögensverhältnissen bemessen und in keiner Relation zu den Beträgen stehen, die sich das

Unternehmen durch die strafbare Handlungsweise erspart hat. Dem will man vorbeugen, indem unter den Voraussetzungen des **Verbandsverantwortlichkeitsgesetzes** (**VbVG**, BGBl I 2005/151) auch Verbände iSd § 1 VbVG und damit **juristische Personen strafrechtlich zur Verantwortung** gezogen werden können.

Das VbVG spricht verallgemeinernd von „Verbänden" und erfasst, entsprechend der Definition des **§ 1 VbVG**: 75

Juristische Personen: Es werden dabei gleichermaßen juristische Personen des Privatrechts wie jene des öffentlichen Rechts erfasst. Juristische Personen des Privatrechts wären zB Kapitalgesellschaften (Gesellschaften mit beschränkter Haftung, Aktiengesellschaften etc), weiters Genossenschaften, Sparkassen, (ideelle) Vereine iSd Vereinsgesetzes 2002, politische Parteien, Sachgesamtheiten (zB Fonds) und Stiftungen (RV 994 BlgNR 22.GP, 16). 76

Juristische Personen des Öffentlichen Rechts sind zunächst die Gebietskörperschaften (Bund, Länder, Gemeinden). Weiters sind darunter auch Einrichtungen der wirtschaftlichen und beruflichen Selbstverwaltung (Kammern), die Sozialversicherungsträger, die Universitäten (UniversitätsG 2002), die Hochschülerschaft und andere Interessensgemeinschaften, öffentlich-rechtliche Stiftungen (ORF) und Fonds und selbständige Anstalten (zB die Österreichische Nationalbank, Finanzmarktaufsicht, Statistik Österreich, Arbeitsmarktservice) zu verstehen (RV 994 BlgNR 22.GP, 16). 77

Personenhandelsgesellschaften – eingetragene Erwerbsgesellschaften: 78
Diesen Gesellschaften kommt im Außenverhältnis eine der juristischen Person ähnliche Stellung zu. Insbesondere sind sie zivilrechtlich wie diese deliktsfähig. Im Gegensatz zu juristischen Personen haften neben dem Gesellschaftsvermögen die Mitglieder auch persönlich. Derartige Gesellschaften sind unabhängig von den einzelnen Gesellschaftern Träger von Rechten und Pflichten. Es besteht regelmäßig ein Sondervermögen, das vom Vermögen der Gesellschafter getrennt ist (RV 994 BlgNR 22.GP, 17). Personenhandelsgesellschaften sind zB die Offene Handelsgesellschaft (OHG) und die Kommanditgesellschaft (KG). Ebenso werden europäische wirtschaftliche Interessenvereinigungen vom Verbandsverantwortlichkeitsgesetz erfasst.

II. Ausnahmen von der Verbandsverantwortlichkeit (§ 1 Abs 3 VbVG)

Aus der Verbandsverantwortlichkeit ausdrücklich ausgenommen ist der **Nachlass** (§ 547 ABGB), obwohl dieser als juristische Person angesehen wird (RV 994 BlgNR 22.GP, 17). 79

80 Auch **Bund, Länder, Gemeinden** und andere juristische Personen können nicht als Verbände strafrechtlich zur Verantwortung gezogen werden, soweit sie **hoheitlich** („in Vollziehung der Gesetze") **handeln**.

81 Anerkannte **Kirchen, Religionsgesellschaften** und religiöse Bekenntnisgemeinschaften sind ebenfalls von der Verbandsverantwortlichkeit ausgenommen, soweit sie **seelsorgerisch tätig** sind. Die von einem geistlichen Orden geführten Unternehmen (Gastronomiebetrieb, Weinkellerei etc) fallen hingegen unter das VbVG (*Steininger* VbVG § 1 Rz 32).

III. Voraussetzungen für eine Verbandsverantwortlichkeit

82 In § **3 VbVG** werden die Voraussetzungen umschrieben, unter denen sich ein Verband strafrechtlich zu verantworten hat.

83 Es werden dabei **zwei Fälle** unterschieden:

- **Entscheidungsträger:** Eine Verbandsverantwortlichkeit kann sich einerseits aus der strafbaren Handlung eines Entscheidungsträgers ergeben. Entscheidungsträger ist eine Person, die maßgeblichen Einfluss auf die Geschäftsführung eines Verbandes ausübt. Dies kann zB ein Geschäftsführer, ein Vorstandsmitglied oder der Prokurist sein. Als Entscheidungsträger sind jedoch auch Mitglieder des Aufsichtsrates oder sonstige Personen mit Kontrollbefugnis anzusehen (§ 2 Abs 1 VbVG). Nicht erfasst werden externe Prüfungsorgane wie zB Wirtschaftsprüfer (*Kern* SWK 2006, W 36). Der Entscheidungsträger muss tatbestandsmäßig, rechtswidrig und schuldhaft gehandelt haben. In welcher Täterschaftsform der Entscheidungsträger die Straftat begangen hat (unmittelbarer Täter, Bestimmungs- oder Beitragstäter, § 12), ist ohne Belang. Strafaufhebungsgründe, wie zB Verjährung, Rücktritt vom Versuch, tätige Reue etc, die den Entscheidungsträger straffrei stellen, kommen auch dem Verband zugute.
- **Mitarbeiter:** Andererseits kann ein Verband auch für tatbestandsmäßige und **rechtswidrige Tatbegehungen** seiner Mitarbeiter verantwortlich sein. Den Mitarbeitern braucht **kein Verschulden** bei ihrem Verhalten vorgeworfen werden können. Es hindert daher die Sanktionierung des Verbandes nicht, wenn der Mitarbeiter für sein Verhalten durch entschuldigenden Notstand (§ 10) entschuldigt ist. Mitarbeiter sind zB Personen, die in einem Arbeits-, Lehr oder anderem Ausbildungsverhältnis stehen (§ 2 Abs 2 VbVG). Die Verbandsverantwortlichkeit für Mitarbeiter tritt jedoch nur ein, **wenn** die Begehung der Tat dadurch ermöglicht oder wesentlich erleichtert wurde, dass **Entscheidungsträger des Verbandes** die nach den Umständen gebotenen und zumutbaren **Vorkehrungen zur Verhinderung** derartiger Taten **unterlassen** haben (§ 3 Abs 3 VbVG; zB mangelnde technische, organisatorische oder personelle Maßnahmen zur Überwachung oder Kontrolle).

In beiden Fällen muss ein **Zusammenhang** zwischen der **Tat** und dem **Verband** gegeben sein: Dieser kann entweder darin bestehen, dass die **Tat zu Gunsten des Verbandes** begangen wurde (§ 3 Abs 1 Z 1 VbVG; zB: der Verband wurde durch die Tat bereichert) oder darin, dass durch die **Tat Pflichten verletzt** worden sind, die den **Verband treffen** (§ 3 Abs 1 Z 2 VbVG; zB: ein Unternehmen, das Waren produziert, hat keine Vorkehrungen getroffen, damit Umweltverschmutzungen verhindert werden). Damit wird deutlich, dass Verbände nicht als „Täter" von Straftaten gesehen werden können. Sie werden nur unter bestimmten Voraussetzungen für die Begehung von Straftaten durch natürliche Personen verantwortlich erachtet. **Verbandsgeldbußen** sind daher keine Strafen im individualstrafrechtlichen Sinn, sondern müssen als strafrechtliche Sanktionen eigener Art aufgefasst werden (*Hilf* JSt 2006, 113). 84

Für dieselbe Tat kann demnach sowohl eine natürliche Person (zB der Geschäftsführer) als auch ein Verband (zB die GmbH) strafrechtlich zur Verantwortung gezogen werden (§ 3 Abs 4 VbVG). 85

IV. Sanktion

Über Verbände kann eine Verbandsgeldbuße verhängt werden, welche in Tagessätzen (vgl *Seiler* AT II[11] Rz 87ff) zu bemessen ist (§ 4 VbVG). Die **Höhe des Tagessatzes** richtet sich grundsätzlich nach der **Ertragslage** des Verbandes. Für Verbände, die Verluste schreiben oder nicht auf Gewinn ausgerichtet sind (zB humanitäre Verbände), sieht das Gesetz Mindesttagessatzhöhen vor (§ 4 VbVG). Bei Unternehmen ist dabei immer darauf zu achten, dass durch die Geldbuße nicht deren wirtschaftliche Existenz gefährdet wird. Eine Verbandsgeldbuße, welche ein Unternehmen in den Konkurs treibt, beinhaltet nur eine „Sanktion" für die beschäftigten Arbeitnehmer, Gläubiger, Lieferanten etc und verfehlt damit gänzlich ihr Ziel. Es wird sich allerdings nicht verhindern lassen, dass Unternehmen versuchen, die Verluste, welche sie durch die Verbandsgeldbuße erlitten haben, im Zuge von Rationalisierungsmaßnahmen auf die Beschäftigten abzuwälzen. 86

§ 6. Schrifttum und Judikaturfundstellen

Gesetzesausgaben: Auf jeweils aktuellem Stand befindet sich ua die einschlägige strafrechtliche Gesetzessammlung **Kodex Strafrecht** (Verlag Lexis Nexis). 87

Österreichische Gesetze können auch kostenlos aus dem Internet in der jeweils aktuellen Fassung abgefragt werden (**Rechtsinformationssystem des Bundes, RIS**). Unter **www.ris.bka.gv.at** findet sich ua ein link „Bundesrecht". Es können dabei auch ältere Fassungen eines Gesetzes und Gesetzesmaterialien, wie zB Regierungsvorlagen, Ausschussberichte, abgerufen werden. 88

89 **Kommentare:** *Birklbauer/Hilf/Konopatsch/Messner/Schwaighofer/Seiler/Tipold* **StGB Praxiskommentar** (PK-StGB, 2018); *Fabrizy/Michel-Kwapinski/Oshidari*, **StGB Kurzkommentar**, 14.Aufl (2022); *Höpfel/Ratz* (Hrsg) **Wiener Kommentar zum Strafgesetzbuch**, 2.Aufl (WK-StGB, in Teillieferungen); *Leukauf/Steininger* **Kommentar zum Strafgesetzbuch**, 4.Aufl (2017) und *Hinterhofer* (Hrsg) **Salzburger Kommentar zum Strafgesetzbuch** (SbgK, Loseblattausgabe).

90 **Judikaturveröffentlichungen**: Die meisten Entscheidungen werden heute mit der **Geschäftszahl** des jeweiligen Gerichtes zitiert. Mit dieser Zahl ist die Entscheidung dann auch leicht im RIS, dem Rechtsinformationssystem des Bundes und anderen Datenbanken zu finden. Meist handelt es sich dabei um Entscheidungen des Obersten Gerichtshofes (OGH). Das Zitat lautet dann zB: **15 Os 180/13d**. Dabei steht

„Os" Oberster Gerichtshof in Strafsachen,
„15" für den Senat beim OGH der entschieden hat,
„180" für die fortlaufende Nummer des Geschäftsfalls und anschließend
„13" für das Jahr des Einlangens der Rechtssache beim OGH. Bei neueren Entscheidungen wird noch ein Prüfzeichen nachgestellt, hier das **„d"**.

Ältere Entscheidungen des OGH, welche oft noch nicht durch diverse Datenbanken erfasst wurden, werden meist noch mit ihrer Fundstelle in den einschlägigen juristischen Zeitschriften zitiert. Judikaturerkenntnisse finden sich daher ua auch in der „Sammlung der Entscheidungen des Obersten Gerichtshofes in Strafsachen" (zit: **SSt** Bandzahl/Nummer bzw Jahr/Nummer); dem Evidenzblatt der Österreichischen Juristenzeitung (zit: **EvBl** Jahr/Nummer); den Juristischen Blättern (zit: **JBl** Jahr, Seite); der Österreichischen Richterzeitung (zit: **RZ** Jahr, Seite; ab dem Jahre 1973 zit: **RZ** Jahr/Nummer); der Zeitschrift für Verkehrsrecht (zit: **ZVR** Jahr/Nummer). Bloß die Leitsätze von Entscheidungen finden sich in der Leitsatzkartei (zit: **ÖJZ-LSK** bzw **EvBl-LS** Jahr/Nummer) und der Beilage „Neue Rechtsprechung" (zit: **NRsp** Jahr/Nummer) der Österreichischen Juristenzeitung.

Oft werden aus Entscheidungen des OGH sog **Rechtssätze** abgeleitet. In ihnen findet sich eine komprimierte Zusammenstellung entscheidungswesentlicher Aussagen. Diese werden mit ihrer Nummer zitiert und mit dieser können sie auch in den einschlägigen Datenbanken abgefragt werden, zB: **RIS-Justiz RS0132971** (bzw nur RS0132971).

91 **Lehrbücher zum Allgemeinen Teil I: *Fuchs/Zerbes*** Österreichisches Strafrecht Allgemeiner Teil I, 12. Aufl (2024); ***Hollaender/Mayerhofer*** Grundlagen des österreichischen Strafrechts (2007); ***Kienapfel/Höpfel/Kert*** Grundriss des Strafrechts, Allgemeiner Teil, 16.Aufl (2020); ***Rebisant*** Kontroversen im österreichischen Strafrecht (2011); ***Steininger*** Strafrecht Allgemeiner Teil, Band I, 3. Aufl (2019), Band II, 2. Aufl (2019); ***Triffterer*** Österreichisches Strafrecht Allgemeiner Teil, 2.Aufl (1994).

2. Kapitel

DIE LEHRE VON DER STRAFTAT

§ 1. Allgemeines

Die Lehre von der Straftat befasst sich mit den **rechtlichen Voraussetzungen** der **Strafbarkeit eines Verhaltens**. Es sollen Elemente gefunden werden, die allen Straftaten gemeinsam sind und somit als **Aufbauelemente des Verbrechensbegriffs** herangezogen werden können. Zusammen bilden sie die Voraussetzung dafür, dass über einen Täter eine Strafe als Rechtsfolge für sein Verhalten verhängt werden kann. Ziel ist es, den konkreten Fall einer Lösung zuzuführen, die rational nachvollziehbar ist und keine von bloßen Gefühlserwägungen diktierte Entscheidung darstellt. Ohne Erkenntnis der Aufbauelemente des Verbrechensbegriffs bliebe die Frage der Strafbarkeit eines Verhaltens mit zu vielen Unsicherheitsfaktoren behaftet. Indem die einzelnen Denk- und Prüfungsschritte in eine logische Abfolge gebracht werden, wird gewährleistet, dass bei der Beurteilung der Strafbarkeit eines Verhaltens wichtige Fragen nicht ungeprüft bleiben. Daraus ergeben sich sog Fallprüfungsschemata, welche im Folgenden entwickelt werden und im Anhang des Buches noch einmal zusammengefasst dargestellt sind. Die Lehre von der Straftat dient somit vor allem der Förderung der Rechtssicherheit. Im Interesse der Rechtssicherheit und der Nachvollziehbarkeit von Entscheidungen darf nicht nur das Ergebnis zählen. **Es macht einen Unterschied, ob jemand freigesprochen wird, weil sein Verhalten rechtmäßig ist, oder bloß freigesprochen wird, weil die Tat bereits verjährt ist** (§§ 57f). Wenngleich das Ergebnis, der Freispruch, immer gleich ist, ist es dennoch wichtig, dass aus dem Urteil der genaue Grund des Freispruchs ersichtlich wird: 92

- Ein Trafikant wird von einem Räuber mit vorgehaltener Pistole überfallen. Als der Räuber mit der Beute die Flucht ergreifen will, schießt der Trafikant ihm nach und verletzt ihn dabei. Der Trafikant hat dem Räuber die Körperverletzung (§§ 83ff) in Notwehr und damit in gerechtfertigter Weise zugefügt (§ 3). Die Handlungsweise des Trafikanten war damit rechtmäßig. Für ihn wird es daher wichtig sein, dass aus dem Beschluss, mit dem das Strafverfahren eingestellt wird oder aus dem Urteil, mit dem er freigesprochen wird, auch der Grund für diese Einstellung bzw diesen Freispruch ersichtlich ist.
- In einem anderen Licht erscheint ein Ladendieb (§ 127), dessen Tat schon fünf Jahre zurückliegt. In einem Strafverfahren wegen des Ladendiebstahls würde er freigesprochen werden, weil seine Tat schon sehr lange zurückliegt und daher verjährt ist. Der Dieb hat in diesem Fall rechts-

widrig und schuldhaft eine Straftat begangen. Nur weil der Gesetzgeber es aus verschiedenen Gründen nicht für sinnvoll erachtet, Straftaten, die schon lange zurückliegen, zu verfolgen bzw die Täter zu bestrafen, wird der Dieb wegen Verjährung seiner Tat freigesprochen (§§ 57ff).

93 Trotz der besonderen Bedeutung des Erkennens des Verbrechensaufbaus und seiner Elemente darf dieser Aspekt nicht überbewertet werden. Die Lehre von der Straftat dient dazu, die Lösung der Sachfrage zu verdeutlichen. In der Vergangenheit wurde das jeweils als herrschend angesehene System des Verbrechensaufbaus (das sog Fallprüfungsschema) wiederholt umgestoßen und modifiziert. Auch heute gehen die Lehrmeinungen dazu, nach welchem Schema ein strafrechtlich relevantes Verhalten zu prüfen ist, teilweise auseinander. Die allein gültige Lehrmeinung gibt es nicht und wird es auch in Zukunft nicht geben. Das Ergebnis muss nur immer das gleiche sein und darf nicht abhängen vom zugrunde gelegten Prüfungsschema. Die folgenden Ausführungen sollen daher auch nur einen von zahlreichen Wegen weisen, die Lösung der Sachfrage, ob ein konkret zu beurteilender Sachverhalt eine gerichtlich strafbare Handlungsweise darstellt, zu verdeutlichen und rational nachvollziehbar zu machen.

§ 2. Die einzelnen Elemente des Verbrechensbegriffs im Überblick

I. Der Tatbestand

94 Gegenstand einer strafrechtlichen Beurteilung sind nicht die Gedanken oder Pläne eines Menschen oder gar dessen Charakter oder Lebensführung. Das StGB umschreibt im sog **Besonderen Teil (BT, §§ 75ff)** nur bestimmte Handlungen und Unterlassungen als **Straftatbestände**. Wird ein dahingehendes Verhalten von einer Person gesetzt, ist zu prüfen, ob sie sich dadurch strafbar gemacht hat.

95 Die Handlung bzw Unterlassung ist damit das erste wesentliche Aufbauelement des Verbrechensbegriffs. Diese Handlung bzw Unterlassung muss im Gesetz genau als strafbar umschrieben sein, damit die Garantiefunktion des Strafgesetzes gewahrt wird. Die im Gesetz in abstrakter Form umschriebene Verhaltensweise stellt den sog Tatbestand dar.

96 Bei der strafrechtlichen Beurteilung eines realen Sachverhalts ist daher zuerst zu prüfen, welchen möglichen gesetzlichen Tatbeständen das von einer Person gesetzte Verhalten subsumierbar sein könnte. Dabei wird auch die **Intention des Täters**, mit der er seine Handlungsweise gesetzt hat, von Relevanz sein.

Es macht einen Unterschied, ob ein betrogener Ehemann den Liebhaber seiner Ehegattin erschießt oder jemand mit seinem Auto zu schnell unterwegs ist, einen Passanten überfährt und diesen dabei tötet. In beiden Fällen wird eine Person getötet:

Der Ehegatte will jedoch den Liebhaber seiner Ehegattin töten. Er handelt somit vorsätzlich (§ 5 Abs 1), was dazu führt, dass er einen Mord (§ 75) zu verantworten hat.

Der Fahrzeuglenker hingegen wollte keinen Passanten überfahren und töten. Der Tatbestand des Mordes (§ 75) kommt daher erst gar nicht in Betracht. Der Tod des Passanten ist bloß eine Folge der zu schnellen und damit fahrlässigen (§ 6) Fahrweise. Der Fahrzeuglenker könnte daher strafrechtlich nur wegen Verwirklichung des Tatbestands der fahrlässigen Tötung (§ 80) zur Verantwortung gezogen werden.

Bei der Auslegung der einzelnen Tatbestände ist nach den oben genannten Auslegungsregeln vorzugehen (Rz 70ff). 97

II. Die Rechtswidrigkeit

Bei den vom Gesetzgeber in Form von Straftatbeständen (zB im StGB, §§ 75ff) umschriebenen Handlungen bzw Unterlassungen ist **grundsätzlich** davon auszugehen, dass sie ein **strafwürdiges Unrecht** zum Gegenstand haben. Die Verwirklichung eines Tatbestands **indiziert** daher regelmäßig, dass ein solches Verhalten auch ein Unrecht darstellt. Dieser Schluss ist jedoch nicht generell zwingend. In Ausnahmefällen kann ein bestimmtes Verhalten zwar einen Straftatbestand verwirklichen, dennoch aber nicht als Unrecht erscheinen, weil die gesetzte Vorgangsweise als gerechtfertigt angesehen werden muss. Das Unrecht einer Tat kann durch sog **Rechtfertigungsgründe** ausgeschlossen werden (Rz 339ff). 98

Das zweite Aufbauelement des Verbrechensbegriffs ist daher die Rechtswidrigkeit. Sie ist zu prüfen, nachdem die Tatbestandsmäßigkeit eines bestimmten Verhaltens oder Unterlassens festgestellt worden ist. In diesem zweiten Prüfungsschritt wird eine Aussage darüber getroffen, ob eine bestimmte im Gesetz umschriebene tatbestandsmäßige Handlungsweise des Täters im konkreten Fall auch als Unrecht angesehen werden darf. Eine detaillierte Prüfung der Rechtswidrigkeit muss nur erfolgen, wenn sich aus dem Sachverhalt Anhaltspunkte für Rechtfertigungsgründe ergeben, welche die Tat des Täters rechtfertigen könnten. 99

Eine **Handlung kann** einen **Straftatbestand erfüllen, ohne rechtswidrig zu sein**: 100

Die Verletzung eines Menschen ist zB grundsätzlich als strafgesetzwidriges Unrecht anzusehen (§§ 83f). Verletzt jedoch das Opfer eines bewaffneten Raubüberfalls den Täter, um sein Geld und auch sein Leben oder seine körperliche Unversehrtheit zu retten, erfolgt diese Verletzungshandlung in Notwehr (§ 3). Die Verteidigungshandlung des Opfers ist nicht als Unrecht zu bewerten. Das Opfer verwirklicht zwar einen Tatbestand des StGB (Körperverletzung, § 83), handelt jedoch nicht rechtswidrig (§ 3). Im Falle eines Strafverfahrens gegen das Opfer müsste das Gericht dieses vom Vorwurf der Körperverletzung freisprechen.

III. Die Schuld

101 Die Strafe soll aus heutiger Sicht nicht mehr eine bloße Vergeltung für ein geschehenes Unrecht sein. Der historische Grundsatz: „Die Tat tötet den Mann" ist überholt. Die Strafe beinhaltet ein sozialethisches Unwerturteil über einen Täter, der sich tatbestandsmäßig und rechtswidrig verhalten hat. Es würde dem herrschenden Gerechtigkeitsempfinden widersprechen, wenn über eine Person ein Unwerturteil gefällt wird, obwohl ihr die rechtswidrige Tat gar nicht zum Vorwurf gemacht werden kann. Der **Vorwurf** gegen den Täter hat darin zu bestehen, dass er **gegen ein Gesetz verstoßen** hat, obwohl er sich auch der Rechtsordnung gemäß hätte verhalten können. Darin liegt die Schuld des Täters. Unser Strafrecht ist daher ein sog **Schuldstrafrecht** (vgl §§ 4, 11):

Die zwölfjährige A begeht einen Ladendiebstahl. Sie kann dafür nicht bestraft werden, denn nach dem Gesetz sind **Personen unter 14 Jahren strafunmündig**. Der Gesetzgeber nimmt an, dass Kinder bis zu diesem Alter das Unrecht ihrer Tat noch nicht erkennen können (§ 1 Z 1 iVm § 4 Abs 1 **Jugendgerichtsgesetz**, JGG, BGBl 1988/599 idgF) und ihnen daher kein strafrechtlich relevanter Schuldvorwurf gemacht werden kann. Es handelt sich dabei um eine nicht widerlegbare gesetzliche Vermutung. Dies bedeutet, dass A auch dann nicht bestraft werden könnte, wenn sie – was anzunehmen ist – gewusst hat, dass man in einem Selbstbedienungsladen nicht einfach Dinge ohne zu bezahlen mitgehen lassen darf.

102 Auch erwachsene Personen, die aufgrund einer schweren **Geisteskrankheit** oder ihrer geistigen Entwicklung nicht in der Lage sind, das Unrecht einer Tat zu erkennen, sind nicht zurechnungsfähig (§ 11) und es kann ihnen daher kein Verschulden zur Last gelegt werden (Rz 496ff).

103 Entsprechendes gilt für Personen, die sich im Zustand eines Vollrausches (ab ca 3 Promille Blutalkoholgehalt) und damit im Zustand einer **Zurechnungsunfähigkeit** befinden (§ 11, Rz 465).

Wer volltrunken und damit in einem Zustand der Zurechnungsunfähigkeit in einem Lokal randaliert und fremdes Eigentum beschädigt, verwirklicht den Tatbestand einer Sachbeschädigung (§ 125). Die Handlungsweise des Betrunkenen ist zweifellos als rechtswidrig anzusehen. Dennoch könnte der Randalierer nicht wegen des Deliktes der Sachbeschädigung strafrechtlich zur Verantwortung gezogen werden, weil ein Schuldvorwurf ihm gegenüber nicht erhoben werden kann (in Betracht kommt nur eine Strafbarkeit nach § 287). Den Schaden hat er dennoch zu ersetzen. Dies ist jedoch keine strafrechtliche, sondern eine zivilrechtliche Konsequenz.

Auch ein **Rechtsirrtum** kann dazu führen, dass der Täter die Strafgesetz- 104
widrigkeit seiner Handlungsweise nicht erkennt. Wer das Unrecht seiner Tat nicht erkannt hat, dem kann grundsätzlich kein Schuldvorwurf gemacht werden, es sei denn, der Irrtum ist vorwerfbar (§ 9).

Die Schuld ist somit das dritte Element des Verbrechensaufbaus. Sie ist zu 105
prüfen, wenn Tatbestandsmäßigkeit und Rechtswidrigkeit eines Verhaltens bereits bejaht worden sind. Eine detaillierte Prüfung hat auch in diesem Fall nur dann zu erfolgen, wenn sich aus dem Sachverhalt Anhaltspunkte für sog **Schuldausschließungsgründe** ergeben, welche die Schuld des Täters im konkreten Fall ausschließen könnten.

IV. Die Strafe

Straftatbestände sehen jeweils einen bestimmten Strafrahmen vor (zB 106
Raub, § 142, Freiheitsstrafe von einem bis zu zehn Jahren). Innerhalb dieses Rahmens kann eine Strafe verhängt werden, wenn jemand tatbestandsmäßig, rechtwidrig und schuldhaft gehandelt hat. In der Strafe liegt das vierte Element des Verbrechensaufbaus.

Es gibt jedoch Gründe, welche ausnahmsweise, trotz Vorliegens aller an- 107
deren bisher genannten Elemente (Tatbestand, Rechtswidrigkeit, Schuld), die Strafbarkeit der Tat ausschließen bzw aufheben können. Der Täter wird zB nicht bestraft, wenn er die Tat bloß versucht hat und freiwillig die weitere Ausführung aufgibt (Rücktritt vom Versuch, § 16, Rz 696ff). Auch **tätige Reue** (§ 167, Rz 640ff) hebt bei zahlreichen Delikten (zB Sachbeschädigung, § 125; Diebstahl, § 127) die Strafbarkeit auf. Der Täter muss dazu, noch bevor die Polizei von seiner Tat erfahren hat, den ganzen aus der Tat entstandenen Schaden gutmachen.

Ein Jugendlicher stiehlt ein schönes, nicht versperrtes Fahrrad. Am nächsten Tag erkennt er die Dummheit seines Verhaltens und stellt das Fahrrad reumütig wieder an den Ort zurück, von dem er es genommen hat. Seine tätige Reue (§ 127 iVm § 167) führt dazu, dass er wegen des begangenen Diebstahls nicht bestraft werden könnte.

108 Auch die **Verjährung** der Tat kann dazu führen, dass ein Straftäter nicht mehr bestraft werden könnte (§ 57). Wenngleich die Tat tatbestandsmäßig, rechtswidrig und schuldhaft gesetzt wurde, hebt die Verjährung die Strafbarkeit auf (**Strafaufhebungsgrund**, vgl *Seiler* AT II[11] Rz 573).

109 Auf dieser vierten Ebene des Verbrechensaufbaus wird daher das mögliche Vorliegen von Strafaufhebungs- und Strafausschließungsgründen (Rz 634ff) untersucht. Eine detaillierte Prüfung hat auch hier wieder nur zu erfolgen, wenn sich aus dem Sachverhalt Anhaltspunkte für das Vorliegen derartiger Gründe ergeben.

V. Zusammenfassung

110 Zusammenfassend lässt sich das **Verbrechen als tatbestandsmäßige, rechtswidrige, schuldhafte und mit Strafe bedrohte Handlung** definieren. Diese vier Elemente müssen bei jedem Delikt in der angeführten Reihenfolge geprüft werden. Nur bei Vorliegen aller darf ein Täter strafrechtlich zur Verantwortung gezogen werden. Wenn es bereits an der Tatbestandsmäßigkeit mangelt, erübrigt sich eine Prüfung der Rechtswidrigkeit, Schuld und Strafe. Wird die Tatbestandsmäßigkeit bejaht, jedoch die Rechtwidrigkeit aufgrund des Vorliegens eines Rechtfertigungsgrunds verneint, braucht auf die Frage der Schuld bzw Strafe nicht mehr eingegangen werden. Ein derart systematisches Fallprüfungsschema ist somit vor allem auch der Denkökonomie dienlich.

Grobprüfungsschema Unter Einhaltung der oben geschilderten Reihenfolge ergibt sich folgendes Grundschema bei der Prüfung eines strafrechtlich relevanten Sachverhalts.	→	**I. Tatbestand** **II. Rechtswidrigkeit** **III. Schuld** **IV. Strafe**

§ 3. Der Tatbestand

I. Deliktsgruppen

Die einzelnen Straftatbestände lassen sich anhand ihrer spezifischen Charakteristika in verschiedene Gruppen unterteilen: 111

A. Verbrechen – Vergehen

Das StGB differenziert bei strafbaren Handlungen zwischen Verbrechen und Vergehen. Verbrechen sind vorsätzliche Straftaten, die mit lebenslanger oder mit mehr als dreijähriger Freiheitsstrafe bedroht sind. Alle anderen strafbaren Handlungen sind Vergehen (**§ 17**). In der Praxis spielt diese Unterscheidung vor allem im Strafverfahrensrecht eine Rolle. 112

In Abwesenheit des Angeklagten darf zB nur dann eine Strafverhandlung geführt und ein Urteil gefällt werden, wenn das Delikt, welches ihm zur Last gelegt wird, bloß ein Vergehen ist. Bei schwereren Straftaten muss der Angeklagte regelmäßig bei der Verhandlung und bei der Urteilsfällung anwesend sein (§ 427 StPO; vgl auch §§ 132, 136, 356 StPO). 113

B. Vorsatzdelikte – Fahrlässigkeitsdelikte

Wenn das Gesetz nichts anderes bestimmt, ist nur vorsätzliches Handeln strafbar (§ 7 Abs 1). Die Mehrzahl der Tatbestände verlangt daher ein **vorsätzliches Handeln (§ 5)** des Täters. Einige in der Praxis sehr bedeutende Tatbestände stellen jedoch ausdrücklich bereits die fahrlässige Verhaltensweise einer Person unter gerichtliche Strafe (zB fahrlässige Körperverletzung, § 88). Was unter einer **Fahrlässigkeit** zu verstehen ist, wird in **§ 6** gesetzlich definiert. 114

C. Handlungsdelikte – Unterlassungsdelikte

Handlungsdelikte beziehen sich auf ein Handlungsverbot, Unterlassungsdelikte auf ein Handlungsgebot. 115

1. Handlungsdelikte: Der überwiegende Teil der Straftatbestände sind Handlungsdelikte. Nach der Anzahl der im Tatbestand verlangten Handlungen gibt es **einaktige** und **mehraktige Delikte**. Diese Differenzierung ist in der Praxis von Bedeutung, denn ein zwei- oder mehraktiges Delikt ist regelmäßig erst dann vollendet, wenn alle Akte gesetzt worden sind. 116

- Mord (§ 75) ist ein einaktiges Delikt: „Wer einen anderen tötet …“. Die Tathandlung besteht somit in einer Tötungshandlung.
- Zweiaktig ist hingegen der Einbruchsdiebstahl (§§ 127, 129 Abs 1 Z 1): Der erste Akt besteht zB im Einbrechen in das Gebäude. Der zweite Akt im anschließenden Wegnehmen der gefundenen Wertgegenstände. Zweiaktig wäre auch der Raub (§§ 142f). Zuerst wendet der Täter Gewalt an oder schüchtert sein Opfer durch Drohung mit einer Gefahr für Leib und Leben ein, indem er zB diesem eine Waffe vor die Nase hält (1.Akt). Im Anschluss daran nimmt er dem Opfer die Geldtasche weg (2.Akt).

117 **2. Unterlassungsdelikte:** Durch rein passives Verhalten kann sich grundsätzlich niemand strafbar machen, außer das Gesetz stellt das Nichthandeln als eigenes (echtes) Unterlassungsdelikt unter Strafe. Nur sehr selten finden sich im StGB oder in anderen Gesetzen derartige echte Unterlassungsdelikte, bei denen sich die Verwirklichung eines Straftatbestands bereits aus einem bloßen Nichthandeln ergeben kann. In der Praxis am bedeutendsten sind die Straftatbestände des Imstichlassens eines Verletzten (§ 94) und der unterlassenen Hilfeleistung (§ 95 Abs 1).

118 Selbst wenn die Untätigkeit einer Person zu einem unerwünschten Erfolgseintritt geführt hat, gilt der allgemeine Grundsatz, dass rein passives Verhalten nicht strafbar sein kann. Ein Untätigbleiben, welches zu einem bestimmten Erfolg führt, ist nur dann strafbar, wenn den Täter eine spezielle Pflicht zur Abwendung dieses Erfolges getroffen hat (Garantenstellung). Diese spezielle Pflicht muss sich aus **§ 2** ergeben (Rz 319ff).

119 Zeichnet sich ein Tatverhalten durch eine Mischung von aktiven und passiven Verhaltenselementen aus, ist vorrangig auf die aktive Tatbegehungskomponente abzustellen (OGH 11 Os 146/88). Dieser Grundsatz gilt nur unter der Voraussetzung, dass das Tun eine Gefahr herbeigeführt oder vergrößert hat, welche (mit)ursächlich für den Erfolg war. Das Tun muss den Unwert des Gesamtverhaltens vollständig erfassen (OGH 14 Os 89/15t). In Fällen, in denen das aktive Tun für sich allein betrachtet strafrechtlich bedeutungslos wäre, könnte eine strafrechtliche Haftung nur auf das Unterlassen der Erfolgsabwendung gestützt werden. Dazu bedarf es dann des Nachweises einer Garantenstellung des Täters zur Erfolgsabwendung (§ 2, OGH 14 Os 89/15t).

D. Erfolgsdelikte – Tätigkeitsdelikte

120 **1. Erfolgsdelikte:** Bei den meisten Delikten des StGB handelt es sich um Erfolgsdelikte. Erfolgsdelikte setzen eine **durch die Handlung des Täters hervorgerufene Wirkung (Erfolg)** auf der Seite des Deliktsobjekts voraus.

Bei der fahrlässigen Tötung (§ 80) muss die fahrlässige Handlungsweise (zB das Fahren mit überhöhtem Tempo) zum Erfolg (zB der Tötung eines Passanten) geführt haben, damit der Tatbestand verwirklicht ist.

Der vom Straftatbestand jeweils verlangte Erfolg kann in der Verletzung eines Rechtsguts liegen (**Verletzungsdelikt**, zB Körperverletzung, § 83) oder in einer bloßen Gefährdung eines Rechtsguts (**Gefährdungsdelikt**, zB Gefährdung der körperlichen Sicherheit, § 89). Die Gefährdung kann bei letzterem eine abstrakte sein, wenn vom Tatbestand nicht verlangt wird, dass eine bestimmte Person in den vom Täter geschaffenen Gefahrenkreis geraten ist (zB vorsätzliche Beeinträchtigung der Umwelt, § 180 Abs 1). Verlangt der Tatbestand, dass eine bestimmte Person gefährdet worden ist, spricht man von einem konkreten Gefährdungsdelikt (§ 89). Bei manchen Erfolgsdelikten besteht der Deliktserfolg darin, dass ein bestimmter Zustand über längere Zeit aufrechterhalten wird (**Dauerdelikte**, zB Freiheitsentziehung, § 99). Bei den Dauerdelikten wird durch die Aufrechterhaltung des Zustandes die Rechtsgutbeeinträchtigung weiter intensiviert, sodass auch die Aufrechterhaltung (zB Unterlassung der Freilassung bei § 99) den Tatbestand erfüllt. Der Unrechtsgehalt der Tat kann so auch nach der Vollendung weiter ansteigen, je länger der rechtswidrige Zustand aufrechterhalten wird. Das Dauerdelikt weist demnach Merkmale sowohl eines Begehungs- als auch eines Unterlassungsdelikts auf. 121

Erfolgsqualifizierte Delikte: Innerhalb der jeweiligen Erfolgsdelikte wird meist eine Differenzierung dahingehend vorgenommen, wie weitreichend der eingetretene Erfolg ist. Ein weiterreichender Taterfolg führt dann zur Anwendung eines höheren (qualifizierten) Strafrahmens. 122

Das Erfolgsdelikt der leichten **Körperverletzung** (§ 83) ist zB der Grundtatbestand bei den Körperverletzungsdelikten (§§ 83ff). Der Strafrahmen ist jedoch wesentlich höher, wenn die Verletzungshandlung zu einem besonders schwerwiegenden Erfolg (schwere Körperverletzung, § 84) oder gar zum Tod geführt hat (Körperverletzung mit tödlichem Ausgang, § 86). Man spricht daher bei den §§ 84 und 86 von sog erfolgsqualifizierten Delikten.

Der Täter darf aber nur dann für die schwere Folge strenger bestraft werden, wenn der schwerere **Erfolg zumindest fahrlässig** herbeigeführt worden ist (§ 7 Abs 2). Das ist nur dann der Fall, wenn der schwerere Erfolg voraussehbar war. Diese Voraussetzung verlangt das Schuldprinzip, welches unserem Strafrecht zugrunde liegt (§ 4). Erfolgsqualifizierte Delikte sind daher Delikte, welche meist durch eine **Vorsatz- Fahrlässigkeits-Kombination** charakterisiert 123 sind. Vielfach wird dies bereits im Tatbestand zum Ausdruck gebracht. Der allgemeinen Regelung des § 7 Abs 2 bedarf es dann gar nicht. Bei einem erfolgsqualifizierten Körperverletzungsdelikt (zB § 84) hat sich der **Vorsatz** auf eine Verletzung des Opfers (§ 83) zu beziehen. Wird das Opfer dabei schwer verletzt, muss dieser **schwerere Erfolg für den Täter voraussehbar gewesen** sein. Nur dann könnte er wegen schwerer Körperverletzung (strenger) bestraft werden (§§ 83, 84 StGB).

124 Auch Fahrlässigkeitsdelikte können eine Erfolgsqualifikation vorsehen (zB § 88 Abs 4). Bereits der Grundtatbestand ist hierbei als Fahrlässigkeitsdelikt konzipiert und der qualifizierte Erfolg muss voraussehbar gewesen sein. Es liegt dann eine sog Fahrlässigkeits-Fahrlässigkeits-Kombination vor.

125 **2. Tätigkeitsdelikte:** Im Gegensatz zu den Erfolgsdelikten erschöpft sich bei den reinen Tätigkeitsdelikten der Unrechtstatbestand in der Handlung des Täters. Diese kann ein reines Tun oder Unterlassen sein. Es handelt sich hierbei um Formaldelikte, ein **Erfolgseintritt wird nicht gefordert**.

126 Dazu gehören zB die eigenmächtige Heilbehandlung (§ 110), die Kurpfuscherei (§ 184), das Imstichlassen eines Verletzten (§ 94) oder das Unterlassen der Verhinderung einer strafbaren Handlung (§ 286).

E. Allgemeindelikte – Sonderdelikte

127 Grundsätzlich können die im StGB oder anderen Gesetzen enthaltenen Straftatbestände von jeder Person begangen werden. Die Mehrzahl der Straftatbestände sind daher sog Allgemeindelikte. Daneben gibt es vereinzelt sog Sonderdelikte, bei denen als Täter (Deliktssubjekt) nur Personen mit einer bestimmten Qualifikation in Betracht kommen.

- Einen Diebstahl (§ 127) kann jeder begehen (Allgemeindelikt)
- Einen Mißbrauch der Amtsgewalt (§ 302) kann hingegen als unmittelbarer Täter nur ein Beamter (§ 74 Abs 1 Z 4) begehen (Sonderdelikt): Ein Bürgermeister erteilt zB eine Baubewilligung, obwohl ihm bewusst ist, dass es an den dafür nötigen gesetzlichen Voraussetzungen mangelt. Nicht ausgeschlossen ist es natürlich, dass sich ein Nichtbeamter am Amtsmissbrauch des Beamten beteiligt (§§ 12, 14 Abs 1). Der Bauwerber, der den Bürgermeister zum Amtsmissbrauch anstiftet, obwohl ihm ebenso bewusst ist, dass er keine Baugenehmigung bekommen dürfte, macht sich als Bestimmungstäter strafbar (§ 12 zweiter Fall, § 14 Abs 1 iVm § 302, vgl Rz 828ff, 886ff).

Kann eine Deliktshandlung überhaupt nur von einer bestimmten Person persönlich ausgeführt werden, spricht man von einem **eigenhändigen Delikt** (zB Blutschande, § 211). Der Täter (zB der leibliche Vater bei § 211) muss hier die Tat (den Beischlaf) unmittelbar selbst vollziehen. 128

F. Kumulative oder alternative Mischdelikte

1. Alternative Mischdelikte: Bei der Beschreibung mehrerer strafbarer Handlungsweisen im Gesetz kann unterschieden werden zwischen kumulativen und alternativen Mischdelikten. Werden im Tatbestand mehrere Begehungsformen mit einem „oder“ (alternativ) gleichwertig nebeneinandergestellt, ist die im Urteil konkret festgestellte Begehungsart nur von untergeordneter Bedeutung. 129

Eine Sachbeschädigung (§ 125) kann zB durch „zerstören“, „beschädigen“, „verunstalten“ oder „unbrauchbar machen“ begangen werden. Es genügt, wenn sich die konkrete Begehungsart erst aus dem Zusammenhang mit den Urteilsgründen ergibt. Der Beschuldigte kann das Urteil nicht bekämpfen, wenn er der Meinung ist, dass von ihm eine andere Begehungsart verwirklicht worden ist (OGH 14 Os 11/14w).

2. Kumulative Mischdelikte: Anders ist es hingegen, wenn verschiedene Begehungsarten nur aus gesetzestechnischen Gründen (kumulativ) in einer Bestimmung zusammengefasst werden, weil sie die gleiche Strafdrohung aufweisen, in ihrem sozialen Bedeutungsgehalt jedoch nicht vergleichbar sind: 130

- Eine schwere Körperverletzung liegt vor, wenn jemand einem anderen vorsätzlich einen Arm bricht, weil hierbei bereits nach dem Gewicht der Verletzung eine „an sich schwere Körperverletzung“ anzunehmen ist (§ 84 Abs 1 bzw 4).
- Eine schwere Körperverletzung begeht jedoch auch, wer einem Polizisten während der Vollziehung seiner Aufgaben eine Kratzwunde zufügt, welche für sich genommen nur als leichte Körperverletzung zu qualifizieren wäre. Beamte werden nämlich durch die Bestimmung des § 84 Abs 2 besonders geschützt, sodass bereits vorsätzliche leichte Körperverletzungen wie schwere Körperverletzungen iSd § 84 behandelt werden.

Bei kumulativen Mischdelikten muss das Gericht im Urteil genau feststellen, welche Begehungsform im konkreten Fall angenommen wird, da sie jeweils einen unterschiedlichen sozialen Sinngehalt haben. 131

G. Blankettstraftatbestände

132 Eine eigentümliche Tatbestandsgestaltung weisen die sog Blankettstrafgesetze auf. Der Tatbestand ist dabei stark reduziert und wird **erst durch Normen außerstrafrechtlicher Natur** gefüllt und damit **präzisiert**. Vielfach finden sich derartige Blankettstraftatbestände im Nebenstrafrecht (zB § 33 Finanzstrafgesetz, FinStrG):

> Die Varianten, Steuern zu hinterziehen, sind kaum überschaubar. Der Gesetzgeber könnte sie gar nicht alle in einzelnen Tatbeständen erfassen. Daher lautet § 33 Abs 1 FinStrG kurz und bündig:
>
> *Der Abgabenhinterziehung macht sich schuldig, wer vorsätzlich unter Verletzung einer abgabenrechtlichen Anzeige-, Offenlegungs- oder Wahrheitspflicht eine Abgabenverkürzung bewirkt.*
>
> Die Bestimmung verweist somit hinsichtlich der strafbaren Handlungsweisen auf die *abgabenrechtlichen Anzeige-, Offenlegungs- oder Wahrheitspflichten*, die aber nicht im Finanzstrafgesetz stehen, sondern in zahlreichen einschlägigen Steuergesetzen wie zB dem Einkommensteuergesetz 1988 (EStG, BGBl I 1988/400 idgF), der Bundesabgabenordnung (BAO, BGBl 1961/194 idgF) und dem Umsatzsteuergesetz 1994 (UStG, BGBl 1994/663).

Hierher zu zählen ist auch die Verwaltungsakzessorietät bei den Umweltdelikten (§§ 180ff). Die Formulierung: „entgegen einer Rechtsvorschrift oder einem behördlichen Auftrag" lässt zB in diesen Fällen eine Beurteilung der Tatbestandsmäßigkeit erst zu, wenn diese außerstrafrechtlichen Rechtsvorschriften (Gesetze, Verordnungen) oder behördlichen Anordnungen (Bescheide) herangezogen werden.

II. Die objektive Tatbestandseite

133 Die einzelnen Tatbestandsmerkmale lassen sich in objektive (äußere) und subjektive (innere) Merkmale einteilen, je nachdem ob sie sich außerhalb oder innerhalb des seelischen Bereichs des Täters abspielen. Die Summe aller äußeren Tatbestandsmerkmale bildet den äußeren (objektiven) Tatbestand. Man spricht daher auch vom sog „**Tatbild**". Das Vorliegen der objektiven Tatbestandsmerkmale ist von außen meist leicht erkennbar und daher durch das Gericht auch relativ leicht feststellbar. Das dadurch sich ergebende Tatbild kennzeichnet vor allem die vom einzelnen Tatbestand umschriebene strafgesetzwidrige Handlungsweise und der verlangte Taterfolg. Einzelne Tatbestän-

de stellen auch an die Person des Täters bestimmte konkrete Anforderungen (Sonderdelikte).

Zu den **subjektiven Tatbestandsmerkmalen** zählen jene, meist schwerer feststellbare Umstände, welche vom Tatbestand im Hinblick auf den **inneren, seelischen Bereich des Täters** (seine Vorstellungen, Ziele und Wünsche) verlangt werden. Sie bilden die sog subjektive Tatbestandseite, welche bei den Vorsatzdelikten den **Tatbildvorsatz** und gegebenenfalls einen vom Tatbestand ausdrücklich verlangten erweiterten Vorsatz umfasst (Rz 172ff). 134

Das Vorliegen aller objektiven Tatbestandsmerkmale ist Grundvoraussetzung für eine weitergehende strafrechtliche Prüfung. Die strafrechtliche Beurteilung einer bestimmten Verhaltensweise hat daher **immer mit der objektiven Tatbestandseite** zu **beginnen**. 135

A. Der strafrechtliche Handlungsbegriff

1. Willentliches Handeln bzw Unterlassen: Jeder Tatbestand umschreibt eine bestimmte Verhaltensweise, welche nach Meinung des Gesetzgebers so ablehnungsbedürftig ist, dass sie strafbar sein soll. Als **Handlung** bzw **Unterlassung** wird diese **im Tatbestand in abstrakter Form umschrieben**. 136

Die einzelnen Tatbestände beziehen sich dabei nur auf menschliche Verhaltensweisen, welche in irgendeiner Form vom menschlichen Willen hervorgerufen worden sind oder wenigstens von diesem beeinflusst wurden. Auch ein strafrechtlich relevantes Unterlassen muss vom Willen getragen sein: Keine Handlung im Sinne des Strafrechts ist eine vom Willen unkontrollierbare Reflexbewegung: Ein Autofahrer verreißt zB sein Fahrzeug und verursacht einen Unfall, weil er einen Herzanfall erleidet. Derartige Verhaltensweisen sind nicht vom Willen gelenkt und daher nicht Handlungen im Rechtssinne. 137

Davon sind **automatisierte Bewegungsabläufe** zu unterscheiden: Wer mehrere tausend Kilometer im Jahr mit seinem PKW zurücklegt, wird die meisten Handlungsweisen im Zuge des Autofahrens halbautomatisch setzen, ohne sich konkret ihrer bewusst zu werden. Derartige automatisierte Bewegungsabläufe sind nicht Reflexbewegungen gleichzustellen. Sie sind rechtlich relevante Handlungen, die einer strafrechtlichen Prüfung unterzogen werden können. 138

2. Handlung und Intention des Täters: Nach allgemeinem Sprachgebrauch ist der Handlungsbegriff wertfrei und erfasst bloß einen äußeren Vorgang. Geht man von einem solchen rein **kausalen Handlungsbegriff** aus, ist der **Wille des Handelnden nur in seiner den äußeren Vorgang verursachenden Funktion mit einzubeziehen**. Mit einem dahingehenden Handlungsbegriff ist jedoch bei einer strafrechtlichen Prüfung noch nicht viel gewonnen: Wer eine Geldtasche an sich nimmt, die er am Boden liegen sieht, kann dies mit einer 139 unterschiedlichen Intention tun: Er kann sie an sich nehmen, weil er darin Geld vermutet und sich dieses zueignen möchte. In diesem Fall würde eine strafbare Handlung, nämlich eine Fundunterschlagung (§ 134 Abs 1) vorliegen. Es kann sich jedoch auch um einen ehrlichen Finder handeln, der die Geldtasche nur deswegen an sich nimmt, um sie bei der Polizei abzugeben. In diesem Fall würde keine strafbare Handlung vorliegen. Ein und dieselbe Handlungsweise kann demnach, abhängig von der Intention des Täters, einmal ein strafbares Verhalten, das andere Mal eine lobenswerte Tat darstellen.

140 Die Intention, von der das Verhalten einer Person geleitet wird, kann auch bewirken, dass unterschiedliche Straftatbestände zur Anwendung gelangen. Wie bereits oben ausgeführt, macht es einen Unterschied, ob ein betrogener Ehemann den Liebhaber seiner Ehegattin erschießt oder jemand mit seinem Auto zu schnell unterwegs ist, einen Passanten überfährt und diesen dabei tötet. In beiden Fällen wird eine Person getötet. Der betrogene Ehegatte hätte eine strafrechtliche Verfolgung wegen Mordes (§ 75) zu befürchten, während dem Fahrzeuglenker nur ein Strafverfahren wegen des wesentlich milder bestraften Tatbestands der fahrlässigen Tötung (§ 80) droht. Abhängig von der jeweiligen Fallkonstellation werden die geschilderten Tötungshandlungen daher strafrechtlich unterschiedlich zu beurteilen und verschiedenen Tatbeständen des StGB zu subsumieren sein.

141 Ohne das Einbeziehen der Intention des Handelnden kann vielfach gar nicht gesagt werden, ob sich der Handelnde strafbar gemacht hat bzw welchen Straftatbestand er möglicherweise verwirklicht hat:

Wenn jemand mit einer Pistole an einem anderen vorbeischießt, kann dieses von außen (objektiv) wahrnehmbare Verhalten
- ein Mordversuch (§§ 15, 75) oder
- ein Versuch der Körperverletzung (§§ 15, 83ff) oder
- ein unabsichtlich abgegebener Schuss im Zuge des unsachgemäßen Hantierens mit einer Schusswaffe sein.

142 Eine konkrete Tatbestandssubsumtion ist demnach unter Ausklammerung der Intention des Handelnden gar nicht möglich. Legt man bei der Beurteilung der Tatbestandsmäßigkeit einer Handlung einen rein kausalen Handlungsbegriff zugrunde, könnte auf dieser ersten Ebene des Verbrechensaufbaus noch gar nicht genau gesagt werden, in Bezug auf welchen Tatbestand man eine Verhaltensweise einer strafrechtlichen Prüfung unterzieht (vgl *Welzel* Strafrecht[11], 60f). Der kausalen Handlungslehre folgend wäre die konkrete Intention des Täters (sein Tatvorsatz) ein reines Schuldmerkmal und daher erst auf der dritten Ebene des Verbrechensaufbaus zu prüfen. Dies kann sich bei der Strafbarkeitsprüfung mitunter als umständlich erweisen.

3. Finaler Handlungsbegriff: Abweichend vom allgemeinen Sprachgebrauch erscheint es daher praktikabler von einem engeren, spezifisch strafrechtlichen Verständnis des Handlungsbegriffs auszugehen. Dabei wird von einer strafrechtlich relevanten menschlichen Handlungsweise nicht nur verlangt, dass sie einen vom Willen getragenen Kausalablauf in Gang setzt, sondern darüber hinaus auch, dass dieser Wille zwecktätig gesteuert ist (**Lehre vom Finalismus**). Dieser sog finale Handlungsbegriff geht auf *Welzel* zurück (*Welzel* Strafrecht[11], 33ff). Danach ist die Rechtswidrigkeit immer die Missbilligung einer auf einen bestimmten Täter bezogenen Tat. Das Unrecht ist in gewisser Weise täterbezogen. Man spricht bei dieser Sichtweise auch von einem **personalen Handlungsunrecht** (*Welzel* Strafrecht[11], 62). 143

Die „zwecktätige Steuerung des Willens" liegt im gedanklichen Ziel der Handlungsweise, welches der Handelnde mit seiner Verhaltensweise erreichen will: Nach der Lehre vom Finalismus wird die Intention, die jemand mit seiner Handlungsweise verfolgt (der Vorsatz, § 5), in die Definition des strafrechtlichen Handlungsbegriffs mit einbezogen. Bei der Person, die eine gefundene Geldtasche an sich nimmt, wird bereits bei der Beurteilung der Handlung danach differenziert, welche Absicht sie damit verfolgt, und auf diese Weise entschieden, ob eine strafrechtlich relevante Handlung (zB Fundunterschlagung, § 134) vorliegt oder nicht. 144

Geht man von den Grundgedanken der **finalen Handlungslehre** aus, ist der **Vorsatz** des Handelnden ein **Teil des Tatbestands** und demnach auch bereits auf der **Tatbestandsebene zu prüfen** (vgl *E.Steininger* SbgK § 5 Rz 13; *Triffterer* AT[2] 90ff). Der Tatbestand wird somit in eine **objektive** und eine **subjektive Tatbestandseite** unterteilt. 145

4. Zusammenfassend lässt sich festhalten, dass der kausale Handlungsbegriff in seiner Einfachheit dem Verständnis wahrscheinlich leichter zugänglich ist als das juristische Konstrukt des finalen Handlungsbegriffs. Der kausale Handlungsbegriff führt bei der strafrechtlichen Prüfung zu einer sauberen und übersichtlichen Trennung von objektiven Tatumständen (Tatbestand) und subjektiven Tatumständen (Schuld). Die **Praktikabilität spricht** jedoch **für ein Prüfungsschema**, welches sich in diesem Punkt an den **Prinzipien der finalen Handlungslehre orientiert**. Es handelt sich dabei jedoch um eine „reine Systemfrage". In diesem Sinne betont auch der **OGH**, dass die **Einordnung des Tatvorsatzes** als psychologisches Schuldelement oder als personales Unrechtselement des Tatbestandes **keinen Einfluss auf** die damit verbundene **Sachfrage** hat. **Beide Auffassungen** sind als **gleichwertig** anzusehen und müssen zum selben Ergebnis führen (OGH 12 Os 119/05z = RIS-Justiz RS0120577). 146

Den oben angeführten Praktikabilitätserwägungen folgend wurde daher auch eingangs der Tatbestand in eine objektive (äußere) und eine subjektive (innere) Tatbestandseite unterteilt. 147

B. Die Kausalität

Engisch Die Kausalität als Merkmal der strafrechtlichen Tatbestände (1931, Nachdruck 1995); *Schmoller* Die Kategorie der Kausalität und der naturwissenschaftliche Kausalverlauf im Lichte strafrechtlicher Tatbestände, ÖJZ 1982, 449, 487; *Wegscheider* Kausalitätsfragen im Umweltstrafrecht, ÖJZ 1983, 90.

1. Abgrenzung Kausalität – Zurechnung

148 Die große Gruppe der sog **Erfolgsdelikte** ist dadurch charakterisiert, dass die als strafbar umschriebene Handlungsweise einen bestimmten ablehnungsbedürftigen Erfolg herbeiführt. **Handlung** und **Erfolg** werden durch das **Band der Kausalität** miteinander verbunden. Die Frage der Kausalität ist im Rahmen der Prüfung der Tatbestandsmäßigkeit einer Handlung zu klären. Durch das Verhalten des Täters muss der Erfolg herbeigeführt worden sein, den der Tatbestand als Erfolg in seiner Handlungsbeschreibung nennt. Die **Kausalität** ist ein **rein objektiv zu beurteilendes Kriterium**. Die (subjektive) Vorstellung des Täters hat für die Frage der Kausalität keine Bedeutung.

149 Jede Bedingung, welche nicht weggedacht werden kann, ohne dass der Erfolg entfiele, ist Ursache und damit kausal für den Erfolg. Es besteht dabei kein Unterschied zwischen nahen und entfernten, typischen oder atypischen, normalen oder zufälligen Ursachen. Alle Ursachen, welche nicht weggedacht werden könnten, ohne dass der Erfolg entfiele, werden als gleichwertig angesehen. Man spricht daher von der sog ***Äquivalenz*theorie** (OGH 11 Os 156/84):

Ein angetrunkener Autofahrer verliert auf dem Heimweg von seinem Stammwirtshaus auf der kurvigen Landstraße die Beherrschung über sein Fahrzeug und gerät auf die Gegenfahrbahn, wo er mit einem entgegenkommenden Fahrzeug zusammenstößt:

Im Regelfall wird die den Straßenverhältnissen unangepasste Geschwindigkeit ursächlich für den Unfall sein. Dabei wird auch die vorliegende Alkoholisierung nicht außer Acht gelassen werden dürfen. Sie verringert die Reaktionsfähigkeit des Fahrzeuglenkers und macht die kurvige Landstraße für ihn schwerer beherrschbar. Denkt man diese beiden Ursachen weg, wäre der Lenker wahrscheinlich auf der richtigen Straßenseite weitergefahren, und der Unfall hätte nicht stattgefunden. Kausal für den Unfall sind aber auch der Wirt, der an den Fahrzeuglenker den Alkohol ausgeschenkt hat und der Straßenerbauer, der die Landstraße so kurvig und damit „schwer beherrschbar" angelegt hat. Selbst der entgegenkommende PKW wird als kausal für den Unfall anzusehen sein. Würde man ihn wegdenken, wäre es nicht zu einem Unfall gekommen.

Damit wird deutlich, dass mit der Bejahung der Kausalität noch keine Aussage über die strafrechtliche Verantwortlichkeit für einen Erfolg getroffen wird. Die **Kausalität** zwischen einer bestimmten Handlung und einem bestimmten Erfolg ist nur die **Grundvoraussetzung**, die bei jedem **Erfolgsdelikt als erstes zu prüfen** ist. Ein Verhalten, welches für einen bestimmten Erfolg nicht kausal war, ist strafrechtlich irrelevant. Wer für einen Erfolg nicht kausal war, kann für diesen auch nicht strafrechtlich zur Verantwortung gezogen werden. 150

Nach der Äquivalenztheorie kommt ein sehr weiter Personenkreis als Erfolgsverursacher in Betracht. Die Tatsache, dass jemand kausal für einen bestimmten deliktischen Erfolg war, bedeutet noch nicht, dass er dafür auch strafrechtlich zur Verantwortung gezogen werden kann. Dies hängt vielmehr davon ab, ob dem Erfolgsverursacher sein Erfolg auch zurechenbar ist. Bei der strafrechtlichen Beurteilung eines erfolgsbegründenden Verhaltens ist streng **zwischen** der **Kausalität für einen Erfolg** und der **Zurechnung dieses Erfolges** zu **unterscheiden**. 151

Natürlich könnte man bereits bei der Kausalitätsprüfung einengende Momente einfließen lassen und nur jene Umstände einer weiteren strafrechtlichen Beurteilung unterziehen, die generell geeignet sind, den Erfolg herbeizuführen (Adäquanztheorie). Eine solche rein juristisch verstandene Kausalität würde jedoch zu einer dem Verständnis abträglichen Vermengung von Kausalitäts- und Zurechnungskriterien führen, die logisch nur schwer nachvollziehbar ist. 152

Die Äquivalenztheorie hat den Vorteil einer reinen Trennung zwischen Kausalitätskriterien und Zurechnungskriterien. Ein Erfolg ist dann durch eine Handlung als verursacht anzusehen, wenn die **Handlung nicht weggedacht werden kann, ohne dass damit auch der Erfolg entfiele**. Die Handlung des Täters muss **„conditio sine qua non"** für den am Ende der Kausalkette stehenden Erfolg sein. 153

2. Erfolg in seiner konkreten Gestalt

Maßgeblich ist immer der konkrete Erfolg in der besonderen Gestalt, wie er eingetreten ist (OGH 13 Os 111/86). Bei der Kausalitätsprüfung sind alle **örtlichen, zeitlichen** und in der konkreten Gestalt ausgeformten **Besonderheiten** des **deliktischen Erfolges mit einzubeziehen:** 154

> Die lieben Erben verabreichen dem Erbonkel eine tödliche Überdosis eines Herzmedikaments, sodass dieser an einem Herzinfarkt stirbt. Bei der Obduktion stellt sich heraus, dass der Onkel spätestens in drei Monaten an einem Bauchspeicheldrüsenkrebs im Endstadium gestorben wäre. Für den vorzeitigen Tod ist jedoch das Verabreichen des Herzmedikaments kausal, denn denkt man sich diese Handlungsweise weg, wäre der Onkel erst drei

Monate später gestorben. Würde man nicht streng auf den konkreten Erfolg abstellen, könnte sich jeder Mörder damit entlasten, dass sein Opfer ohnedies zu einem späteren Zeitpunkt gestorben wäre, da sterben einfach menschlich ist.

155 Die Tathandlung braucht nicht die alleinige Ursache für den Erfolg gewesen zu sein, um die Kausalität bejahen zu können. An der Kausalität des Verabreichens von Gift würde sich im oben genannten Beispiel auch nichts ändern, wenn festgestellt wird, dass eine andere vom Täter völlig unbeeinflusste Bedingung, wie zB ein beim Opfer vorhandener Herzfehler, den Erfolgseintritt beschleunigt hat. Auch bei dieser Konstellation wäre das Opfer ohne das Verabreichen des Giftes nicht zu diesem konkreten früheren Zeitpunkt gestorben.

156 **Problem Sterbehilfe:** Legt man diese Sichtweise zugrunde, hat im Falle der Euthanasie (Sterbehilfe) der Arzt den Tod des schwer leidenden Sterbenden verursacht, wenn er die lebenserhaltenden Maschinen abstellt, um dem Patienten die Qualen zu verkürzen, auch wenn der Kranke ohnedies am nächsten Tag an seiner unheilbaren Krankheit gestorben wäre. Umstritten ist die Frage, ob bzw unter welchen Voraussetzungen in dieser Vorgangsweise auch ein strafrechtlich relevantes Unrecht zu erblicken ist. Es verbindet sich damit die Grundsatzentscheidung, wie weit ein Arzt verpflichtet ist, unter Einsatz aller medizinischer Möglichkeiten das Leben eines todkranken Patienten zu verlängern, auch wenn dies nur ein Verlängern der Leiden eines Sterbenden bedeutet.

157 Die Kausalitätsprüfung erfolgt im **Eliminationsverfahren**. Dabei ist eine Bedingung nach der anderen wegzudenken und zu beurteilen, ob sich dadurch am Erfolg in seiner konkreten Gestalt etwas ändern würde. Ergibt sich bei dieser theoretisierenden Vorgangsweise, dass bei **Wegdenken einer bestimmten Bedingung** auch eine **Änderung am Erfolg** eingetreten wäre, kann die Feststellung getroffen werden, dass diese Bedingung Ursache für den konkreten Erfolg war.

158 Dabei ist immer von real vorhandenen Bedingungen auszugehen. Hypothetische Ursachen sind bei der Kausalitätsprüfung nicht einzubeziehen (OGH 9 Os 48/76). Die Frage, welchen Lauf die Dinge bei einem anderen Verhalten des Täters genommen hätten, betrifft nicht die Kausalität (OGH 9 Os 417/59): Hätte der PKW-Lenker den Passanten auch überfahren und getötet, wenn er die erlaubte Geschwindigkeit eingehalten hätte, ist er dennoch kausal für den Tod des Passanten gewesen. In weiterer Folge wird jedoch zu erwägen sein, ob dem PKW-Lenker dieser Tod auch zugerechnet werden kann (rechtmäßiges

Alternativverhalten, Rz 267ff). Auch ein allfälliges Mitverschulden des Opfers oder eines Dritten ist für die Kausalkette belanglos (OGH 10 Os 127/84).

Die Frage der Kausalität ist in der **Praxis** teilweise schwer zu klären, weil sie ein spezifisches (nichtjuristisches) Fachwissen voraussetzt. Vielfach muss das Gericht dann auf **Sachverständige** zurückgreifen, deren Gutachten als Beweis im Strafverfahren herangezogen werden. 159

Im Hinblick auf die Schwierigkeit der Beweisführung verzichten einige Tatbestände darauf, einen Kausalzusammenhang zu verlangen: Nach § 81 Abs 2 wird ein Fahrzeuglenker schwerer bestraft, wenn er fahrlässig den Tod eines anderen herbeigeführt hat, nachdem er sich vor der Tat, wenn auch nur fahrlässig, durch den Genuss von Alkohol oder den Gebrauch eines anderen berauschenden Mittels in einen die Zurechnungsfähigkeit nicht ausschließenden Rauschzustand versetzt hatte. Ein Kausalzusammenhang zwischen der Alkoholbeeinträchtigung und dem Unfall ist in der Regel nur schwer nachzuweisen. § 81 Abs 2 fordert diesen Kausalzusammenhang daher nicht (OGH 10 Os 16/79). Es muss nur nachweisbar sein, dass der Fahrzeuglenker zum Unfallzeitpunkt alkoholisiert war, was regelmäßig keine besonderen Probleme aufwirft. Nach § 81 Abs 2 ist daher auch strafbar, wer grundsätzlich mit einem bestimmten Alkoholpegel noch hervorragend Auto fahren kann, aber dennoch einen Unfall mit Todesfolge verursacht, weil er zB während der Fahrt nach einem läutenden Handy zu greifen versucht und somit gar nicht rauschbedingt auf die Gegenfahrbahn gelangt. 160

3. Kausalität bei Unterlassungsdelikten

Die „conditio sine qua non"-Formel ist zu modifizieren, wenn die Kausalität bei **unechten Unterlassungsdelikten (§ 2)** geprüft werden soll. Bei dieser Deliktsgruppe muss von einer Kausalität im rechtlichen Sinn zwischen dem Nichthandeln und einem Erfolg ausgegangen werden. Es ist zu prüfen, welche Auswirkungen es auf den Erfolg gehabt hätte, wenn jene **Handlung hinzugedacht würde**, welche man vom Unterlassenden zur Erfolgsabwendung erwartet hätte. Führt dies zum Schluss, dass der Erfolg dann entfallen wäre, kann Kausalität zwischen dem Nichthandeln und dem eingetretenen Erfolg angenommen werden. In einem Strafverfahren muss mit einer an Sicherheit grenzenden Wahrscheinlichkeit festgestellt werden können, dass der Erfolg bei Tätigwerden des Unterlassungstäters nicht eingetreten wäre (OGH 10 Os 106/84; *E.Steininger* SbgK § 2 Rz 20). Dies kann sehr schwer sein. Bleiben in diesem Punkt Zweifel bestehen, hat nach dem Grundsatz „in dubio pro reo" ein Freispruch zu erfolgen. 161

Bei den **echten Unterlassungsdelikten** erklärt der Gesetzgeber bereits das bloße Untätigbleiben für strafbar, ohne dass der Eintritt eines bestimmten Er- 162 folgs verlangt wird, zB Imstichlassen eines Verletzten (§ 94), unterlassene Hilfeleistung (§ 95). Eine Kausalitätsprüfung erübrigt sich dabei. Die Kausalität ist nur dann zu prüfen, wenn an den Eintritt eines bestimmten Erfolges eine strengere Strafe geknüpft wird (zB Tod des Verletzten aufgrund der nicht sofort geleisteten Hilfe, § 94 Abs 2).

4. Alternative Kausalität

163 Die „conditio sine qua non"-Formel versagt in Fällen alternativer Kausalität, bei denen **mehrere Kausalketten** unabhängig voneinander auf ein und denselben **Erfolg** hinsteuern und diesen **gleichzeitig herbeiführen**:

A und B geben unabhängig voneinander in den Wein des C je eine tödliche Menge Gift. In diesem Fall würde sich am Erfolg nichts ändern, würde man die Handlungsweise eines Täters wegdenken. Bei strikter Anwendung der „conditio sine qua non"-Formel wäre weder die Handlung des A noch B kausal für den Tod des C.

164 Um diese unbillige Konsequenz zu vermeiden, behilft man sich bei dieser Konstellation damit, dass beide Kausalketten gedanklich zusammengefasst werden. Eine Bedingung wird danach auch dann als Ursache angenommen, wenn sie zusammen mit der rivalisierenden Bedingung nicht weggedacht werden könnte, ohne dass der Erfolg ausbliebe (OGH 10 Os 27/81). In der Praxis werden dahingehende Konstellationen selten sein, da eben verlangt ist, dass **mehrere Kausalketten** unabhängig voneinander auf ein und denselben **Erfolg** hinsteuern und diesen auch noch **gleichzeitig herbeiführen**. Häufiger wird es sich nur um Konstellationen handeln, bei denen festgestellt werden kann, dass mehrere Handlungen für einen bestimmten Erfolg Relevanz erlangt haben (kumulative Kausalität):

5. Kumulative Kausalität

165 Von einer kumulativen Kausalität ist zu sprechen, wenn zwei oder mehrere Handlungen für den Erfolg in seiner konkreten Form relevant sind (OGH 13 Os 111/86):

- A und B verabreichen ihrem Opfer unabhängig voneinander eine tödliche Menge Gift. Die doppelte Giftdosis führt zu einem beschleunigten Todeseintritt. Für den Todeseintritt zu einem früheren Zeitpunkt sind beide Täter kausal iSd „conditio sine qua non"-Formel.

- Variiert man die Fallkonstellation dahingehend, dass ein Gift schneller wirkte als das andere, ist der Täter, der das schneller wirkende Gift verabreicht hat, wegen vollendeten Mordes, der andere nur wegen versuchten Mordes strafbar (überholende Kausalität, dazu näher unten Rz 166).
- Führte das langsamer wirkende Gift jedoch zu einer beschleunigenden Wirkung des an sich schon schneller wirkenden Giftes, sind beide aufgrund kumulativer Kausalität wegen vollendeten Mordes zu bestrafen.

Von einer **überholenden Kausalität** spricht man, wenn mehrere Kausalketten auf einen Erfolg zusteuern, aber eine Kette als die schnellere wirksam wird und damit die andere überholt und allein zum Erfolgseintritt führt: 166

- A bewirtet B mit einer vergifteten Speise, deren tödliche Wirkung erst am nächsten Tag eintreten soll. Am selben Tag fällt B jedoch einem tödlichen Verkehrsunfall zum Opfer. A ist für den Tod des B nicht kausal, sondern nur der Autolenker, der B überfahren hat. A könnte daher nur wegen versuchten Mordes bestraft werden.
- Die Kausalität des A ist jedoch zu bejahen, wenn B sich nach den ersten Anzeichen eines Unwohlseins aufgrund der Vergiftung zum Arzt begeben möchte und auf dem Weg dorthin von einem Auto überfahren wird. Dann hat die durch A angelegte Kausalkette auf die konkreten Umstände des Todes eingewirkt und A wäre ursächlich für den Tod.
  Dennoch wird A in diesem Fall der Tod des Opfers nicht zugerechnet werden können. A wird wohl kaum einen derartigen ungewöhnlichen Kausalverlauf vorausgesehen haben. Wird die Zurechnung der Todesfolge verneint, kann A ebenso nicht wegen vollendeten Mordes, sondern nur wegen versuchten Mordes, bestraft werden. Es handelt sich dabei jedoch um eine Frage der Zurechnung des Taterfolges und nicht um eine Frage der Kausalität für einen Taterfolg (s dazu unten Rz 167ff).

C. Die Zurechnung des Taterfolges

Lewisch Erfolgszurechnung bei nachträglichem Opferfehlverhalten, ZVR 1995, 98.

Nach der Äquivalenztheorie wird der Kausalitätsbegriff sehr weit verstanden und erfasst eine Vielzahl von Bedingungen, welche für den Eintritt eines bestimmten Erfolges ursächlich waren. Damit wird noch keine Aussage darüber getroffen, ob eine bestimmte Bedingung auch von strafrechtlicher Relevanz ist. Erst in einem **zweiten Prüfungsschritt** ist bei den Erfolgsdelikten zu beurteilen, inwieweit einer Person, die eine Bedingung für einen konkreten Erfolgseintritt geschaffen hat, der **bewirkte Erfolg auch zugerechnet** werden kann. 167

168 Der **Erfolg**, zu dem eine bestimmte Handlungsweise geführt hat, kann **dem Handelnden** grundsätzlich **nur dann zugerechnet werden, wenn es voraussehbar war, dass die gesetzte Handlung einen derartigen Erfolg herbeiführen werde**. Die Tatbildverwirklichung muss **voraussehbar** gewesen sein. Dies wird immer dann der Fall sein, wenn der Kausalverlauf innerhalb der gewöhnlichen Lebenserfahrung liegt (OGH 13 Os 150/83). Erst daraus ergibt sich eine strafrechtlich relevante Gefährlichkeit des zu beurteilenden Verhaltens. Objektive Voraussehbarkeit des Erfolges bedeutet, dass die Gefährlichkeit eines Verhaltens in Bezug auf den schädlichen Erfolg erkennbar war (OGH 9 Os 164, 165/84). Diese Gefährlichkeit ist aus der **ex ante Sicht** eines **fiktiven** sachkundigen außenstehenden **Beobachters** in der Situation des Täters zu beurteilen (OGH 12 Os 123, 124/92).

169 In diesem Sinne betont **§ 7 Abs 2** in allgemeiner Form, dass bei **erfolgsqualifizierten Delikten** dem Täter nur dann ein bestimmter Erfolg zur Last gelegt werden kann, wenn dieser zumindest fahrlässig herbeigeführt worden ist. Die Haftung des Täters setzt in objektiver Hinsicht voraus, dass seine Handlung für den konkreten Erfolg kausal ist. Darüber hinaus ist die (objektive) Zurechenbarkeit der kausalen Tatfolge zu prüfen: Eine Tatfolge ist zurechenbar verursacht, wenn sie voraussehbar ist und nicht bloß die Folge einer Verkettung außergewöhnlicher Umstände ist (OGH 11 Os 213/09x):

A schlägt dem B ins Gesicht, wobei dieser stürzt und sich an einer Treppenstufe zwei Schneidezähne ausbricht. Der Verlust von zwei Schneidezähnen wird als „an sich schwere" Körperverletzung gewertet, da diese Verletzung mit einer wesentlichen Beeinträchtigung der Kaufunktion verbunden ist (OGH 15 Os 55/88). Dass die Handlungsweise des A für diese schwere Verletzungsfolge kausal ist, liegt auf der Hand. Es muss jedoch auch voraussehbar sein, dass der vorsätzlich versetzte Schlag in das Gesicht des B dazu führen werde, dass dieser stürzt und sich an einer Treppenstufe zwei Schneidezähne ausbricht. Nur wenn diese Voraussehbarkeit des Kausalverlaufes gegeben ist, hat A eine schwere Körperverletzung nach § 84 zu verantworten. Mangelt es an dieser Voraussehbarkeit, ist A nur nach dem Grunddelikt (§ 83) strafbar. Im konkreten Fall wird der Sturz des B nicht als Verkettung außergewöhnlicher Umstände gesehen werden können und daher dem A die schwere Körperverletzung des B zuzurechnen sein.

170 Bei Vorsatzdelikten liegt die Zurechnung des Erfolges regelmäßig auf der Hand und verlangt kaum eine nähere Auseinandersetzung (OGH 14 Os 110/92): Wer im Zuge eines heftigen Streites seinem Gegner mit der Faust ins Gesicht schlägt und ihm dabei das Nasenbein bricht, dem wird die herbeigeführte Verletzung problemlos ohne weiteren Begründungsaufwand zuge-

rechnet werden können. Es handelt sich dabei nämlich um eine typische und damit voraussehbare Folge eines auf das Gesicht gerichteten Faustschlags. Bei Vorsatzdelikten wird sich die Zurechnung des Taterfolgs nur bei außergewöhnlichen Fallkonstellationen verneinen lassen:

A schießt mit Mordvorsatz (§ 75) auf B und verletzt diesen dabei schwer, aber nicht lebensgefährlich. Im Krankenhaus wird B von seiner Ehefrau ein Gift verabreicht und getötet, da diese dringend das Geld aus der Lebensversicherung benötigt, die B zu ihren Gunsten abgeschlossen hatte. In diesem Fall könnte A der Taterfolg (der Tod des B) nicht zugerechnet werden. Er hätte strafrechtlich bloß einen versuchten Mord (§§ 15, 75) zu verantworten. Der Taterfolg ist in diesem Fall einzig der Ehefrau des B zuzurechnen, die daher für vollendeten Mord strafbar ist.

Bei **Fahrlässigkeitsdelikten** lässt sich die Zurechnung eines Verletzungs- 171
erfolgs meist nicht so einfach beantworten: Wenn jemand bei der Fahrt mit seinem PKW einen Passanten übersieht, der plötzlich auf die Fahrbahn tritt, diesen niederstößt und dabei am Körper verletzt, stellt sich regelmäßig die Frage, inwieweit der Fahrzeuglenker für diesen Verletzungserfolg auch strafrechtlich zur Verantwortung gezogen werden kann. Dass der PKW-Lenker kausal für den Verletzungserfolg ist, liegt auf der Hand. Fraglich erscheint jedoch, ob für ihn der Unfall und damit der Verletzungserfolg auch voraussehbar waren, wenn der Passant unerwartet auf die Fahrbahn getreten ist. Bei fahrlässigen Verletzungsdelikten (§ 88) verlangt daher die Zurechnung des Erfolges mitunter eine eingehende Prüfung. Auf die dabei relevanten Prüfungskriterien soll im Rahmen der Ausführungen zu den Besonderheiten des Fahrlässigkeitsdelikts näher eingegangen werden (Rz 257ff).

III. Die subjektive Tatbestandseite – Der Tatvorsatz

Engisch Untersuchungen über Vorsatz und Fahrlässigkeit (1930, Nachdrucke 1964 u 1995); *Hochmayr* Die Vorsatzform bei notwendigen Nebenfolgen, JBl 1998, 205; *Platzgummer* Die Bewußtseinsform des Vorsatzes (1964); *Rami* Vorsatzformen und Strafbemessung, ÖJZ 2022, 873.

A. Allgemeines

Grundsätzlich sind die Deliktstypen des Besonderen Teils nur vorsätzlich 172
begehbar **(§ 7 Abs 1)**. Ein fahrlässiges Verhalten ist nur dann strafbar, wenn es ausdrücklich vom Gesetz für strafbar erklärt wird (zB § 88).

173 Der Vorsatz muss immer zum **Zeitpunkt der Tat** vorliegen. Ein erst nach Vollendung der Tat gefasster Vorsatz (**dolus superveniens**) **genügt nicht** (OGH 11 Os 67/95). Auch bei mehraktigen Delikten muss der gesamte Tatvorsatz und damit auch der Vorsatz hinsichtlich des zweiten Aktes bereits beim Setzen des ersten Aktes vorliegen.

A entzieht das Auto des B mit dem Vorsatz, es ohne Erlaubnis für eine Probefahrt zu benützen. Beim Fahren mit dem Auto findet er jedoch so großen Gefallen an dem Fahrzeug, dass er beschließt, es zu behalten (sich zuzueignen).

A hat den Zueignungsvorsatz erst nach der Tat (Entziehung) gefasst und könnte daher nicht wegen Diebstahls (§ 127) bestraft werden. Bei einem Diebstahl müsste der Vorsatz, sich durch Zueignung der Sache zu bereichern, bereits beim Wegnahmeakt vorhanden gewesen sein. So bleibt nur mehr die Möglichkeit, A neben § 136 (Unbefugter Gebrauch von Fahrzeugen) auch noch wegen der später stattgefundenen Unterschlagung nach § 134 Abs 2 zu bestrafen.

174 Der Täter darf nie für mehr zur Verantwortung gezogen werden, als von seinem Vorsatz umfasst war. Auch **Mittäter haften nur im Rahmen des gemeinsam gefassten Vorsatzes**. Geht ein Mittäter bei der Tatausführung über das Geplante hinaus, haften die anderen nicht dafür (OGH 10 Os 192/80). Wenn ein gemeinsamer Einbruch geplant war und ein Täter dabei eine schlafende Frau in einem Nebenzimmer überrascht und vergewaltigt, haftet der andere Einbrecher nicht dafür.

Dasselbe gilt auch für den **excessus mandati** bei der Anstiftung zu einer Tat: Jemand wird zu einem Diebstahl angestiftet (§ 127), der Angestiftete nimmt die Sache jedoch gewaltsam weg und begeht damit einen Raub (§ 142). Der Anstifter ist nur wegen (vorsätzlicher) Anstiftung zum Diebstahl strafbar. Selbst wenn dem Anstifter zum Vorwurf gemacht werden könnte, er hätte voraussehen können, dass der Tatausführende über die aufgetragene Rechtsgutverletzung möglicherweise hinausgehen könnte, genügt dies nicht für die Annahme eines Vorsatzes. Ein Raubvorsatz könnte dem Anstifter nur unterstellt werden, wenn er die von seinem Plan abweichende gewaltsame Wegnahme durch den unmittelbar Tatausführenden ernstlich für möglich gehalten und sich auch damit abgefunden hat (vgl § 5 Abs 1).

B. Wissen und Wollen

Schmoller Das voluntative Vorsatzelement, ÖJZ 1982, 259.

1. Der Vorsatz setzt sich aus **zwei Komponenten** zusammen: der **Wissenskomponente** und der **Wollenskomponente** (dazu *Steininger* AT I² Kap 8 Rz 5ff). Der Täter muss einerseits „intellektuell erfassen" und sich somit bewusst sein, dass er mit seinem Verhalten einen bestimmten deliktischen Sachverhalt verwirklicht (Wissenskomponente). Darüber hinaus muss der Täter einen deliktischen Erfolg anstreben oder sich mit dessen Eintritt zumindest abfinden (Wollenskomponente). 175

Von einem vorsätzlichen Verhalten kann nur gesprochen werden, wenn sich das **Wissen und Wollen** des Täters auf **alle objektiven Merkmale des Tatbestands** erstreckt (OGH 13 Os 160/78). Beide Komponenten, die Wissenskomponente und die Wollenskomponente, müssen gegeben sein, damit ein Tatvorsatz angenommen werden könnte. Durch den Entschluss (das Wollen), eine kriminelle Tat zu begehen, unterscheidet sich der Vorsatz vom bloßen Hoffen und Wünschen, dass ein deliktischer Erfolg verwirklicht werde. Das Wissen um die zu erwartende Herbeiführung einer Rechtsgutverletzung allein genügt für die Annahme des Vorsatzes nicht, wenn das Wollen fehlt: 176

Ein Bauarbeiter, der eine schwere Eisenstange nicht mehr halten kann und weiß, dass sie nun seinem Arbeitskollegen auf den Kopf fallen und ihn schwer verletzen werde, handelt ohne Verletzungsvorsatz. Zwar weiß er, dass sein Verhalten eine Verletzung herbeiführen wird, ihm fehlt jedoch das Wollen zu diesem Verletzungserfolg. Für den Arbeiter käme allenfalls nur eine Strafbarkeit wegen eines Fahrlässigkeitsdelikts (§ 88) in Betracht.

Der Vorsatz hat sich **auch** auf die **Höhe des Schadens** zu erstrecken, soweit diese nach dem Wortlaut des Tatbestands von Relevanz ist (zB § 147 Abs 2, OGH 10 Os 183/79). Es genügt nicht, dass der Täter die Höhe des Schadens nur erkennen hätte können. 177

Der Täter muss den Entschluss gefasst haben, den deliktischen Erfolg herbeizuführen. Ein verdeckter Ermittler der Polizei, der sich als scheinbarer Käufer von Suchtmitteln ausgibt (§ 132 StPO), will zwar, dass es zum Versuch eines Suchtmitteldelikts kommt, den Deliktserfolg möchte er jedoch verhindern, indem bei der Übergabe die Polizei eingreift. Der verdeckte Ermittler handelt daher nicht mit dem Vorsatz, ein Suchtmitteldelikt zu begehen und könnte daher für sein, wenn auch rechtsstaatlich bedenkliches, Verhalten nicht bestraft werden. 178

179 **2.** Der **Vorsatz** muss sich nur **auf das Vorliegen** der einzelnen **objektiven Tatbestandsmerkmale** erstrecken. Die **eigene Zurechnungsfähigkeit** braucht daher **nicht** vom Vorsatz umfasst zu sein. Es ist ohne Relevanz, wenn sich der Täter irrtümlich für volltrunken oder geisteskrank und damit für zurechnungsunfähig und daher strafrechtlich nicht belangbar gehalten hat. Das Vorliegen von Strafausschließungsgründen ist ebenfalls nach der objektiven Sachlage zu beurteilen. Auf die Vorstellung des Täters kommt es nicht an. Der Vorsatz braucht sich daher nicht auf den Strafausschließungsgrund zu erstrecken (OGH 12 Os 110/10h).

180 **3. Prozessvoraussetzungen** müssen ebenfalls **nicht vom Vorsatz erfasst** sein. Irrt sich der Täter darüber, ist dies rechtlich irrelevant: Der Täter glaubt zB, dass seine Straftat nur auf Antrag des Verletzten verfolgt werden könnte (Privatanklagedelikt, § 71 StPO), tatsächlich hat aber die Staatsanwaltschaft von Amts wegen die Verfolgung einzuleiten (§ 2 StPO). Entsprechendes gilt, wenn der Täter irrtümlich glaubt, als Ausländer in Österreich nicht strafrechtlich verfolgt werden zu können.

181 **4. Objektive Bedingungen der Strafbarkeit:** Manche Tatbestände enthalten sog objektive Bedingungen der Strafbarkeit. Diese müssen nur objektiv vorliegen, damit der Täter nach dem jeweiligen Tatbestand bestraft werden kann. Objektive Bedingungen der Strafbarkeit sind keine Tatbestandsmerkmale und gehören daher nicht zum Tatbild eines Deliktes. Sie sind eine **Strafbarkeitsvoraussetzung** und müssen **weder** vom **Vorsatz** noch von der **Fahrlässigkeit des Täters umfasst sein.** Das Wissen des Täters um ihr Vorliegen oder auch bloß um die Möglichkeit ihres Eintritts ist daher unbeachtlich (*Stricker* in *Leukauf/Steininger* StGB[4] Vorbem § 1 Rz 55):

182 Wer sich vorsätzlich an einer Schlägerei (**Raufhandel**) beteiligt, ist nur strafbar, wenn die Schlägerei eine schwere Körperverletzung (§ 84) eines anderen verursacht hat. Die schwere Körperverletzung muss als objektive Bedingung der Strafbarkeit gegeben sein. Alle Teilnehmer sind auch dann nach **§ 91** Abs 1 strafbar, wenn sich nicht nachweisen lässt, wer die Verletzung konkret zugefügt hat. Man will damit Beweisschwierigkeiten überwinden. Ist der Urheber der Verletzung ermittelbar, haftet dieser für §§ 84ff, die anderen nach § 91 (*Nimmervoll* in *Leukauf/Steininger* StGB[4] § 91 Rz 16).

183 Ähnlich ist die Konstellation bei **§ 287** (**Begehung einer mit Strafe bedrohten Handlung im Zustand voller Berauschung**). Das Begehen einer Rauschtat ist hier die objektive Bedingung für eine Strafbarkeit nach § 287: Sich vorsätzlich oder fahrlässig zu berauschen ist grundsätzlich nicht strafbar. Wer in diesem Zustand der Zurechnungsunfähigkeit jedoch eine Handlungsweise setzt, die ihm im zurechnungsfähigen Zustand als Verbrechen oder Vergehen zugerechnet würde (zB Sachbeschädigung beim Randalieren, § 125),

kann zwar nicht wegen dieser Rauschtat, aber wegen § 287 zur Verantwortung gezogen werden.

Der Täter haftet nicht für die als solche Bedingung statuierte Strafbarkeits- 184
voraussetzung (die schwere Körperverletzung oder die Rauschtat), sondern nur für das Schaffen einer gefährlichen Lage, aus der dieser Erfolg resultierte (Rz 674ff).

C. Beweis des Vorsatzes

Der Vorsatz stellt sich als die zielgerichtete subjektive Einstellung des Tä- 185
ters bei seiner Handlungsweise dar. Im Regelfall wird der Täter dem Gericht nicht seine subjektive Einstellung offenbaren. Vielfach wird er einen deliktspezifischen Vorsatz sogar ausdrücklich leugnen. Das Gericht kann in diesen Fällen auf das Vorhandensein oder Nichtvorhandensein eines deliktspezifischen Tatvorsatzes nur aus dem **nach außen hin in Erscheinung tretenden Verhalten** im Rahmen der Beweiswürdigung schließen. Beim Nachweis des Vorsatzes beruft sich das Gericht dann im Urteil meist darauf, dass das Verhalten des Täters nicht anders erklärt werden kann, als dass es vorsätzlich auf Herbeiführung eines bestimmten Taterfolgs gerichtet war (**dolus ex re**, OGH 11 Os 90/10k; 15 Os 50/06a).

A steckt in einem Kaufhaus eine CD in seine Manteltasche und geht damit an der Kassa vorbei. Als er nach der Kassa von einem Warenhausdetektiv gestellt wird, behauptet A, dass er nur vergessen hätte, die eingesteckte CD zu bezahlen.

Das Gericht wird in dieser Aussage wahrscheinlich nur eine Schutzbehauptung sehen und A keinen Glauben schenken. Aus dem Verhalten, welches A gesetzt hat, wird nämlich nach allgemeiner Lebenserfahrung regelmäßig auf einen Diebstahlsvorsatz geschlossen werden können.

Besonders schwer zu beweisen sind besondere Vorsatzformen wie zB die 186
„Wissentlichkeit“ (§ 5 Abs 3). Eine Untreue (§ 153) bzw einen Missbrauch der Amtsgewalt (§ 302) begeht nur, wer wissentlich seine Befugnis missbraucht. Der Täter wird dies in der Regel natürlich leugnen. Kann das Gericht nur die Feststellung treffen, dass der Täter aufgrund seiner Ausbildung oder beruflichen Position etwas „wissen hätte müssen“, wäre das zu wenig. Das Gericht muss dem Täter nachweisen, dass er zB von seinem Befugnismissbrauch (§§ 153, 302) „gewusst hat“.

Wenn Bankmanager Gelder riskant veranlagen und es zu großen Verlusten kommt, ist es Aufgabe des Gerichts, nachzuweisen, dass die Bankmanager bewusst die ihnen eingeräumten Befugnisse bei der Veranlagung von Geldern missbraucht haben. Gelingt dieser Nachweis nicht, weil die Direktionsetage der Bank nach parteipolitischen und nicht nach den Kriterien fachlicher Kompetenz besetzt wurde, dürften die angeklagten Bankmanager nicht wegen Untreue (§ 153) aufgrund „wissentlichen" Missbrauchs ihrer Befugnis bestraft werden.

D. Vorsatzarten

Lotheißen Die Schuldformen des StGB aus der Sicht des Praktikers, RZ 1975, 93.

1. Dolus directus

187 Der **Normalfall** des Vorsatzes ist der dolus directus: Der Täter will einen Sachverhalt verwirklichen, der einem gesetzlichen Tatbild entspricht (**§ 5 Abs 1**). Die **Wollenskomponente** des Tatvorsatzes ist hierbei auf die **Erfolgsherbeiführung** gerichtet. Dazu bedarf es jedoch auch des Sachwissens, dass **durch** die konkrete **Tathandlung** der **Erfolg eintreten** werde (**Wissenskomponente**).

2. Abgrenzung dolus directus – dolus eventualis

188 Dem dolus directus wird in § 5 Abs 1 grundsätzlich der dolus eventualis (auch als „Eventualvorsatz" oder „bedingter Vorsatz" bezeichnet) als subjektive Komponente der Tatbestandsverwirklichung **gleichgestellt**. Die Bezeichnung „bedingter Vorsatz" für den dolus eventualis kann sich mitunter als missverständlich erweisen: Der Vorsatz als Handlungswille, mit dem Ziel einen bestimmten Tatplan umzusetzen, ist gerade nicht „bedingt". Der Täter ist bereit, die Tatbestandsverwirklichung bei Umsetzen seines Vorhabens in Kauf zu nehmen. Der „bedingt vorsätzlich" agierende Täter handelt daher nicht mit einem „bedingten Handlungswillen". Einzig die Erfolgsherbeiführung ist von ungewissen Bedingungen abhängig.

189 **Wissenskomponente:** Der dolus directus grenzt sich vom dolus eventualis dadurch ab, dass beim **dolus directus** die **Erfolgsherbeiführung für gewiss** oder zumindest für sehr wahrscheinlich gehalten wird (OGH 10 Os 167/78). Gewissheit wird im Regelfall nur selten vorliegen. Beim **dolus eventualis** wird hingegen vom Täter nur das Risiko einer **Verletzung** des von ihm ange-

griffenen Rechtsguts so hoch veranschlagt, dass er diese „**ernstlich für möglich**“ hält. „Ernstlich“ für möglich halten bedeutet, dass der Täter aufgrund der konkreten Gegebenheiten mit der Möglichkeit einer Tatbestandsverwirklichung ernsthaft rechnet und diese nicht bloß als für entfernt möglich hält. Die Tatsache, dass der Täter einen Erfolg billigen würde, heißt noch nicht, dass er auch den Eintritt des Erfolges ernstlich für möglich hält (OGH 13 Os 65/81).

Wollenskomponente: Beim **dolus directus** will der Täter die **Herbeiführung des Erfolges.** Beim **dolus eventualis findet sich** der **Täter** nur **mit** der als ernstlich für möglich erkannten **Rechtsgutverletzung ab**. „Abfinden“ bedeutet, dass der Täter den Erfolgseintritt zwar nicht anstrebt, aber wenn er eintritt, denkt er, kann man eben nichts machen. Die bewusste Gleichgültigkeit des Täters ist ein Indiz für ein solches Abfinden, allerdings muss es darüber hinaus auch noch zu einem emotionalen Hinnehmen des Erfolges gekommen sein (OGH 13 Os 20/78). Das Hinnehmen des Erfolges, das für die Annahme des dolus eventualis ausreicht, **bedeutet nicht** gleichzeitig, **dass der Täter ihn auch billigt** (OGH 9 Os 193/82; 15 Os 15/02). Ein „billigendes Inkaufnehmen“ wäre sogar als schwerwiegender einzustufen als ein bloßes „sich Abfinden“. 190

X flüchtet nach einem Banküberfall und schießt dabei auf die ihn verfolgende Polizei. Ein Polizist wird dabei schwer verletzt.

Die Verhaltensweise des X zeigt deutlich, dass er eine schwere Verletzung des Polizisten in Kauf nimmt, da er keine andere Möglichkeit sieht, zu entkommen. Grundsätzlich geht es X nur um das Entkommen und Sichern der Beute. Die Verletzung von Personen ist für ihn wahrscheinlich sogar eine eher unangenehme Begleiterscheinung der Tat. Dennoch kann er wegen der *vorsätzlichen* Verletzung des Polizisten zur Verantwortung gezogen werden.

Vom dolus eventualis werden Situationen erfasst, bei denen der Täter das verbrecherische Übel emotionell zwar nicht anstrebt (Unterschied zum dolus directus), es aber mit einem anderen von ihm angestrebten Erfolg für verbunden hält und sich damit abfindet: 191

Der Reeder eines Lastschiffes will die Versicherungssumme für sein Schiff und die Ladung kassieren. Er legt eine Sprengladung in dessen Rumpf, die auf hoher See zur Explosion kommt und das Schiff versenkt. Mehrere Besatzungsmitglieder sterben.

Der Täter will nicht die Tötung von Besatzungsmitgliedern. Mit der Verwirklichung seines Zieles (Versicherungsbetrug, §§ 146ff) hält er jedoch diese Konsequenz für verbunden und findet sich damit ab, obwohl sie ihm vielleicht sogar unangenehm ist. Das bloße Begleitwissen in Bezug auf den Eintritt möglicher weiterer (nicht beabsichtigter) Folgen einer Handlungsweise reicht für die Annahme eines dolus eventualis aus. Der Reeder macht sich daher auch wegen mehrfachen (*vorsätzlichen*) Mordes an den Matrosen strafbar (§ 75).

192 Für das Vorliegen der Wollenskomponente ist die Wissenskomponente Voraussetzung. Zuerst muss der Täter zumindest die ernste Möglichkeit eines Schadenseintritts erkannt haben und sich dessen bewusst sein. Die Wissenskomponente muss daher immer zuerst geprüft werden. Das bloße Abfinden mit einer gefahrgeneigten Tätigkeit, ohne sich über die möglichen Folgen Gedanken zu machen, genügt nicht, um einen dolus eventualis anzunehmen. Hier bliebe nur die Verantwortung wegen einer möglichen Fahrlässigkeit.

193 Ein **dolus eventualis** genügt grundsätzlich **für alle Delikte. Ausgenommen** sind nur jene, bei denen das **Gesetz** ausdrücklich eine **absichtliche** (zB § 87, absichtliche schwere Körperverletzung) oder **wissentliche Tatbegehung verlangt** (zB § 298, Vortäuschen einer mit Strafe bedrohten Handlung; § 302 Missbrauch der Amtsgewalt).

3. Abgrenzung dolus eventualis – Fahrlässigkeit

194 **Wissenskomponente:** Dem Täter darf kein dolus eventualis unterstellt werden, wenn er die Gefahr einer **Rechtsgutverletzung** gar **nicht (ernstlich) für möglich angenommen** hatte. In diesem Fall fehlt es bereits am intellektuellen Element für die Annahme eines dolus eventualis. Dem Täter könnte bloß eine **Fahrlässigkeit** zur Last gelegt werden.

195 Im „ernstlich für möglich halten" des Erfolgseintritts liegt beim dolus eventualis die Grenze nach unten zur bewussten Fahrlässigkeit (§ 6 Abs 2). Bei einer bloß als entfernt möglich erkannten Rechtsgutverletzung liegt kein dolus eventualis vor, sondern höchstens eine bewusste Fahrlässigkeit des Täters. Wer das **Risiko** für die Rechtsgutverletzung **nicht richtig oder nur gering einschätzt** und daher leichtfertig an den Nichteintritt des Erfolges glaubt, handelt bloß **fahrlässig** (OGH 13 Os 65/81).

196 **Wollenskomponente:** In diesem Zusammenhang ist auch der Fall denkbar, dass der Täter den Erfolgseintritt zwar ernstlich für möglich angenommen hatte, aber dennoch auf das **Ausbleiben** dieses **Verletzungserfolgs vertraute**. Bei dieser Konstellation **findet** sich der Täter **nicht mit dem Erfolgseintritt ab**. Die Wissenskomponente des dolus eventualis ist in diesem Fall zwar gegeben, es fehlt jedoch an der Wollenskomponente für den dolus eventualis.

Der Abgrenzung dient sehr anschaulich die *Frank'sche* Formel, wonach dolus eventualis dann gegeben ist, wenn sich der Täter sagt, „mag es so oder anders sein, so oder anders werden, auf jeden Fall handle ich" (OGH 12 Os 235/71 = RIS-Justiz RS0089018). Der bewusst fahrlässig Handelnde hält zwar die Herbeiführung einer Rechtsgutverletzung für möglich. Er hätte jedoch nicht gehandelt, wenn er vorher gewusst hätte, dass der Erfolg auch tatsächlich eintreten werde. Allein das Bewusstsein der nahen Möglichkeit einer Rechtsgutverletzung genügt nicht, um einen dolus eventualis zu unterstellen, wenn der Täter nicht zusätzlich bereit ist, den Erfolg auch hinzunehmen, indem er sich mit diesem abfindet. Daher ist dolus eventualis nur beim Hinnehmen des Erfolgseintritts gegeben. **Vertraut** der **Täter auf** den **Nichteintritt des Erfolges**, kann ihm bloß ein **fahrlässiges Handeln** zur Last gelegt werden (OGH 12 Os 185/81).

Idem der Gesetzeswortlaut ein „Abfinden" mit der Erfolgsherbeiführung verlangt (§ 5 Abs 1 aE), zeigt der Gesetzgeber eine ziemliche Toleranz. Wer ernsthaft mit einer Rechtsgutverletzung rechnet und nur auf ein Ausbleiben der befürchteten Handlungsfolgen hofft, sollte eigentlich von seiner beabsichtigten (gefährlichen) Handlungsweise Abstand nehmen. In der Praxis wird das Problem regelmäßig auf dem Wege der freien richterlichen Beweiswürdigung „entschärft": Der Beschuldigte müsste nämlich erst einmal glaubhaft machen, dass er zwar das Risiko eines Erfolgseintritts erkannt hat, aber dennoch auf einen Nichteintritt des Erfolges vertraut hat. 197

Einzelne Tatbestände verlangen eine **grobe Fahrlässigkeit** (§ 6 Abs 3) des Täters (zB § 159, grob fahrlässige Beeinträchtigung von Gläubigerinteressen). Unter einer groben Fahrlässigkeit wird eine ungewöhnliche und auffallende Sorgfaltswidrigkeit des Täters verstanden, wobei insbesondere der Eintritt des konkret herbeigeführten Erfolges nicht nur als entfernt möglich, sondern als geradezu wahrscheinlich vorhersehbar war (OGH 11 Os 28/03). Soweit dem Täter jedoch nicht nachgewiesen werden kann, dass er den Erfolgseintritt ernstlich für möglich hielt und sich zusätzlich damit abfand, könnte ihm kein dolus eventualis unterstellt werden. 198

4. Absichtlichkeit (§ 5 Abs 2)

a) Die Absicht stellt eine **Steigerung** des dolus directus **hinsichtlich der Wollenskomponente** dar. Sie spielt einerseits dort eine Rolle, wo das Gesetz ausdrücklich im Tatbestand für die subjektive Seite Absicht verlangt (zB „Absichtliche" schwere Körperverletzung, **§ 87**). Absichtlichkeit liegt vor, wenn ein bestimmtes Ziel so sehr der Hauptbeweggrund für das Handeln des Täters ist, dass es ihm auf die Verwirklichung desselben **geradezu ankommt**. Wo das Gesetz Absicht verlangt, genügt nicht die Wissentlichkeit (OGH 13 Os 199

191/77). Auch „Wollen“ ist noch nicht „Absicht“, da die Wollenskomponente in jeder Vorsatzform enthalten ist (OGH 11 Os 158/01).

200 **b)** In manchen Tatbeständen finden sich auch die **Formulierung „*um zu*“** bzw vergleichbare gleichbedeutende Formulierungen. Der Gesetzgeber bringt in all diesen Fällen zum Ausdruck, dass der Täter seine Handlung mit einer bestimmten Absicht (§ 5 Abs 2) setzen muss. Man kann in diesen Fällen von sog Absichtsdelikten sprechen.

- zB **§ 102 Abs 1** (erpresserische Entführung): Wer einen anderen ohne dessen Einwilligung mit Gewalt oder nachdem er die Einwilligung durch gefährliche Drohung oder List erlangt hat, entführt oder sich seiner sonst bemächtigt, ***um*** einen Dritten zu einer Handlung, Duldung oder Unterlassung ***zu*** nötigen, …
- zB **§ 107 Abs 1** (gefährliche Drohung): Wer einen anderen gefährlich bedroht, ***um*** ihn in Furcht und Unruhe ***zu*** versetzen, …

201 **c) Erweiterter Vorsatz:** Davon zu unterscheiden sind Delikte, bei denen nur verlangt wird, dass die subjektive Zielrichtung des Täters über das von ihm in der Außenwelt Herbeigeführte hinausgeht. Der Vorsatz muss dabei über die Verwirklichung des reinen objektiven Tatbestandes hinausreichen (zB § 127, Diebstahl; § 144, Erpressung; § 146, Betrug). Derartige Tatbestände verlangen eine sog überschießende Innentendenz bzw einen sog erweiterten Vorsatz: zB der Vorsatz auf unrechtmäßige Bereicherung bei § 127 (Diebstahl), § 144 (Erpressung), § 146 (Betrug).

§ 127 (Diebstahl): Wer eine fremde bewegliche Sache einem anderen *mit dem Vorsatz wegnimmt, sich oder einen Dritten durch deren Zueignung unrechtmäßig zu bereichern, …*

Zum einen muss sich der Vorsatz auf die Verwirklichung aller objektiven Tatbestandsmerkmale (Wegnahme einer fremden beweglichen Sache) erstrecken. Der Täter muss es zumindest ernstlich für möglich halten und sich damit abfinden (§ 5 Abs 1), dass er eine *„fremde bewegliche Sache wegnimmt“*.

Darüber hinaus (erweiterter Vorsatz) muss der Täter mit dem Vorsatz handeln, *„sich oder einen Dritten durch deren Zueignung unrechtmäßig zu bereichern“* (Bereicherungsvorsatz).

Ein Diebstahl ist demnach nicht erst vollendet, wenn es zu einer tatsächlichen Bereicherung des Täters gekommen ist. Bereits mit der Wegnahme einer fremden beweglichen Sache, mit dem Vorsatz, sich durch deren Zueignung unrechtmäßig zu bereichern, ist der Diebstahl vollendet.

Andererseits hat keinen Diebstahl zu verantworten, wer einem anderen eigenmächtig 100 Euro wegnimmt, die dieser ihm schuldet. Der Täter hat in diesem Fall zwar den Vorsatz, eine fremde bewegliche Sache wegzunehmen (100 Euro-Schein), er handelt jedoch ohne den Vorsatz, sich dadurch unrechtmäßig zu bereichern.

Der bei diesen Tatbeständen zu verlangende erweiterte Vorsatz bedeutet 202
nicht, dass der Täter auch absichtlich iSd § 5 Abs 2 handeln muss. Regelmäßig **genügt** für den erweiterten Vorsatz ein **dolus eventualis.** Der erweiterte Vorsatz muss ebenfalls immer zum Zeitpunkt der Vornahme der Tathandlung vorliegen. Der Bereicherungsvorsatz ist regelmäßig nur ein Element des jeweiligen Grundtatbestands. Für die Verwirklichung eines möglichen Qualifikationstatbestands (zB § 147 Abs 3) ist er bedeutungslos. Bei einem, durch die Höhe des Schadens wertqualifizierten Betrug, kann der Bereicherungsvorsatz daher betragsmäßig hinter dem Schädigungsvorsatz zurückbleiben (OGH 13 Os 63/14k).

5. Wissentlichkeit (§ 5 Abs 3)

Während ein bedingt vorsätzlich handelnder **Täter** die (von ihm gewollte) 203
Rechtsgutverletzung nur ernstlich für möglich hält und sich mit ihr abfindet, **hält** ein wissentlich handelnder Täter den **Umstand** oder **Erfolg** nicht bloß für möglich, sondern sein Vorliegen oder Eintreten **für gewiss** (OGH 11 Os 66/97). Ein Beispiel dafür wäre der Tatbestand des Amtsmissbrauchs (§ 302): Kein „*wissentlicher*" Missbrauch der amtlichen Befugnis liegt vor, wenn der Beamte es nur für möglich gehalten hat, dass sein Handeln (zB das Erlassen eines Bescheides) rechtwidrig sein könnte (OGH 9 Os 64/77). Der Beamte muss sich bewusst sein, dass sein Handeln rechtswidrig ist. Jeder Rechtsirrtum, auch wenn er auf eine fachliche Inkompetenz des Beamten zurückzuführen wäre, schließt die Wissentlichkeit aus (OGH 12 Os 108/89). Die vom Gesetz geforderte Vorsatzform der Wissentlichkeit könnte auch nicht durch die Feststellung einer darauf gerichteten Absicht des Täters ersetzt werden (OGH 14 Os 33/96). Es wäre auch zu wenig, wenn das Gericht nur die Feststellung trifft, dass der Beamte aufgrund seiner Ausbildung oder beruflichen Position von der Rechtswidrigkeit seines Bescheides „wissen hätte müssen".

E. Der Tatbildirrtum

Felnhofer-Luksch Irrtümer über privilegierende Deliktsmerkmale, JBl 2004, 703; *Kucsko-Stadlmayer* Korruptionsstrafrecht und Dienstrecht, JBl 2009, 742; *Reindl-Krauskopf* Korruptionsstrafrecht neu – ein Überblick, ecolex 2009, 732; *E.Steininger* Der Irrtum über normative Tatbestandsmerkmale, JBl 1987, 205, 287; *Wegscheider* Der Vorsatz bei normativen Tatbestandsmerkmalen, JBl 1974, 192.

1. Kehrseite des Vorsatzes

204 Der Vorsatz muss sich auf alle Merkmale des objektiven Tatbestands (das Tatbild) erstrecken. Fehlt der Vorsatz hinsichtlich eines Merkmals, ist die Tat insgesamt nicht vorsätzlich begangen. Diese Konsequenz ergibt sich direkt aus § 5 Abs 1, der dann nicht erfüllt ist. Entsprechendes gilt, wenn bei Tatbeständen, die einen erweiterten Vorsatz verlangen, dieser nicht gegeben ist: Wegen Diebstahls (§ 127) kann nicht bestraft werden, wer einem anderen eigenmächtig 100 Euro aus der Geldtasche nimmt, da dieser ihm 100 Euro schuldet und bis jetzt noch keine Anstalten gemacht hat, seine Schulden zu begleichen. Der Täter eignet sich zwar eigenmächtig eine fremde Sache zu, handelt jedoch nicht mit dem Vorsatz, sich unrechtmäßig zu bereichern.

205 Das StGB sieht für den Tatbildirrtum **keine eigene Regelung** vor. Negativ ergibt sich nämlich bereits aus § 5 Abs 1, dass der Vorsatz fehlt, wenn jemand nur etwas verwirklichen will, was nicht zur Gänze den einzelnen Merkmalen des gesetzlichen Tatbilds entspricht.

206 Beim Tatbildirrtum werden vom Täter bestimmte Tatumstände falsch wahrgenommen, was zu einem Irrtum über das Vorliegen einzelner Tatbestandsmerkmale führt. Der **Tatbildirrtum betrifft** daher **die Wissenskomponente des Vorsatzes.** Der Grund für den Irrtum ist ohne Belang. Relevant ist daher auch ein Tatbildirrtum, der auf eine die Zurechnungsfähigkeit des Täters ausschließende schwerwiegende psychische Störung zurückzuführen ist (OGH 13 Os 5/08x):

A entnimmt dem Schirmständer eines Gasthauses einen Schirm, der aussieht wie sein eigener, tatsächlich aber ein fremder ist. A will damit zwar einen Schirm an sich nehmen, irrt jedoch darüber, dass es nicht sein eigener, sondern eben ein fremder Schirm ist. In Bezug auf das Tatbestandsmerkmal „fremd" des § 127 fehlt A der erforderliche Vorsatz. Obwohl A eine fremde Sache entzogen hat und damit alle objektiven Tatbestandsmerkmale des § 127 vorliegen, könnte A mangels deliktspezifischen Vorsatzes kein (vorsätzlicher) Diebstahl zur Last gelegt werden. Mit dem Tatbildirrtum entfällt regelmäßig auch der erweiterte Vorsatz. Wer sich darüber irrt, eine „fremde" Sache wegzunehmen (§ 127), hat auch nicht den Vorsatz, sich durch eine Zueignung unrechtmäßig zu bereichern. Zweifellos hätte A genauer schauen müssen, als er den Schirm aus dem Schirmständer genommen hat. Darin liegt eine Fahrlässigkeit des A. Einen „fahrlässigen Diebstahl" kennt das StGB jedoch nicht. A kann daher strafrechtlich nicht zur Verantwortung gezogen werden.

Einen Tatbildirrtum nimmt die Rechtsprechung auch an, wenn jemand 207 glaubt, dass der Eigentümer einer Sache mit deren Zerstörung einverstanden ist. Der Tatbestand der Sachbeschädigung setzt nämlich voraus, dass die Zerstörung der fremden Sache ohne Einverständnis des Sacheigentümers erfolgt. Irrt der Täter über das Vorliegen eines Einverständnisses zur Sachbeschädigung, könnte er für die Zerstörung der Sache nicht strafrechtlich zur Verantwortung gezogen werden, da er ohne Sachbeschädigungsvorsatz handelte (§ 125). Eine fahrlässige Sachbeschädigung ist nicht gerichtlich strafbar (OGH 12 Os 42/85).

Einem Tatbildirrtum in Bezug auf § 207a (Pornographische Darstellungen 208 Minderjähriger) unterliegt zB, wer das Alter seiner „Aktmodelle" falsch einschätzt, weil er auf deren Angaben, volljährig zu sein, vertraut.

Gleichbedeutend dem Irren über das Vorliegen eines Tatbestandsmerkmals 209 ist, wenn sich der Täter überhaupt keine Vorstellung von einem Tatumstand macht: Ein Hobbyschütze nimmt mit seiner Waffe Schießübungen vor und achtet überhaupt nicht darauf, ob jemand in seine Schusslinie gerät.

Wer in der Dämmerung nicht bemerkt, dass die vermeintliche Vogelscheu- 210 che, auf die er schießt, ein Mensch ist, will nicht vorsätzlich töten. Wer hingegen zweifelt, ob er einen Menschen oder eine Vogelscheuche vor sich hat, es aber darauf ankommen lässt und trotzdem schießt, nimmt zumindest die Möglichkeit einer Tötung in Kauf. Es wäre damit die Wissenskomponente des dolus eventualis gegeben. Findet der Täter sich zusätzlich mit der Möglichkeit der Tötung eines Menschen ab (Wollenskomponente), haftet er für vorsätzlichen Mord (§ 75).

2. Konsequenzen eines Tatbildirrtums

Fehlt dem Täter wegen eines Tatbildirrtums der Vorsatz und ist sein Irr- 211 tum auf Fahrlässigkeit zurückzuführen, könnte er **nur wegen** der entsprechenden **Fahrlässigkeitstat bestraft werden.** Dies hat jedoch zur Voraussetzung, dass eine solche vom StGB normiert worden ist: Der Täter, der einen fremden Schirm in der Meinung wegnimmt, es sei sein eigener, begeht keinen vorsätzlichen Diebstahl. Er hat sich unter Umständen vorwerfbar geirrt, aber da der „fahrlässige Diebstahl" keinen Straftatbestand darstellt, geht er straffrei. Hat hingegen der Jäger auf einen Gegenstand geschossen, den er für ein Wild hielt, der aber ein Wanderer war, und hat er diesen verletzt, fehlt ihm zwar der Vorsatz zur Körperverletzung (§§ 83ff), aber er könnte wegen fahrlässiger

Körperverletzung bestraft werden (§ 88), wenn er erkennen hätte können, dass das anvisierte Objekt ein Mensch ist.

3. Parallelwertung in der Laiensphäre

212 Hinsichtlich des Tatvorsatzes wird kein Unterschied gemacht zwischen deskriptiven Tatbestandsmerkmalen, bei denen der Sinngehalt leicht für jeden erfassbar ist und **normativen Tatbestandsmerkmalen**, welche auslegungsbedürftig sind. Auch der Irrtum über das Vorliegen eines normativen Tatbestandsmerkmals ist daher ein Tatbildirrtum und schließt den Vorsatz aus (OGH 13 Os 5/08x).

213 Die normativen Tatbestandsmerkmale werfen jedoch oft Probleme auf, da es sich dabei um Merkmale handelt, welche vielfach eine spezifisch rechtliche Auslegung verlangen, wie zB der Begriff der „üblen Nachrede" (§ 111) oder der „Urkunde" (§ 223). Auch bei der Betätigung „im nationalsozialistischen Sinne" (§ 3g VG) handelt es sich um ein normatives Tatbestandsmerkmal, auf welches sich der Vorsatz des Täters erstrecken muss. Auf die „Gesinnung" kommt es nicht an (OGH 13 Os 43/98).

214 Werden Tatbestandsmerkmale rechtlich falsch beurteilt, so dass der Täter davon ausgeht, dass sie nicht gegeben sind, entfällt der Vorsatz. Es liegt in diesem Fall kein Rechtsirrtum vor, der nach § 9 zu beurteilen wäre. Bei der Auslegung von normativen Begriffen wird es immer Grenz- oder Zweifelsfälle geben, bei denen verschiedene Meinungen vertretbar sind. Grenz- oder Zweifelsfälle sind immer zugunsten des Beschuldigten auszulegen und fallen daher aus dem Bereich der Strafbarkeit heraus (OGH 13 Os 10/75).

215 **Rechtsbegriffe**, welche als Tatbestandsmerkmal verwendet werden (zB „fremde Sache", § 127; „beschädigen", § 125), müssen jedoch nicht in ihrer juristischen Bedeutung verstanden werden. Für den Vorsatz kommt es auf das Erfassen der konkreten Gegebenheiten in ihrer tatbestandsrelevanten Bedeutung an. Es **genügt**, wenn sich der Laie aufgrund eines richtigen Erkennens des Sachverhalts darüber eine wertende Vorstellung machen konnte. Zur strafrechtlichen Subsumtion genügt eine parallel zum Recht verlaufende **laienmäßige Einschätzung** der einzelnen **Tatumstände** im Hinblick auf ihre **soziale und rechtliche Bedeutung** durch den Täter. Es kommt dabei auf eine Einzel- und nicht auf eine Gesamtbewertung an. Man spricht hierbei von einer sog **Parallelwertung in der Laiensphäre** (OGH 11 Os 41/02).

- A lässt seinem Spezi B zur Gaudi die Luft aus dessen Autoreifen. Als ihm als Antwort eine Anzeige wegen Sachbeschädigung (§ 125) zugestellt wird, wehrt sich A mit dem Einwand, er habe gedacht, nur eine Substanzverletzung sei eine Sachbeschädigung. Mit dieser Verteidigung wird A jedoch keinen Erfolg haben. Es genügt, dass er sich bewusst war, mit seiner Handlung zumindest kurzfristig das Auto des B unbrauchbar gemacht zu haben. A braucht nicht explizit zu wissen, dass auch das Unbrauchbarmachen einer Sache ohne Substanzverletzung den Tatbestand des § 125 verwirklicht.

- X stiehlt eine Handtasche, nimmt das Geld an sich und wirft die Handtasche mit den Ausweispapieren weg, weil er sie nicht braucht. X ist neben Diebstahl (§ 127) auch wegen Urkundenunterdrückung (§ 229) strafbar. Hinsichtlich der Ausweispapiere muss der Täter nur laienhaft erkennen, dass es sich dabei um eine Gedankenerklärung in schriftlicher Form handelt, deren Aussteller erkennbar ist und die zu Beweiszwecken im Rechtsverkehr dient (*Tipold* in *Leukauf/Steininger* StGB[4] § 74 Rz 30). Diese Grunderkenntnis wird einem Täter regelmäßig unterstellt werden können, wenn er bewusst fremde Ausweispapiere wegwirft. Dem Täter muss nicht nachgewiesen werden, dass er im Detail gewusst hat, was unter einer Urkunde im strafrechtlichen Sinne (definiert in § 74 Abs 1 Z 7) zu verstehen ist.

4. Tatbildirrtum – Motivirrtum

Der Vorsatz des Täters muss auf alle Tatbestandsmerkmale gerichtet sein. 216
Die **Motivation** für sein Handeln ist strafrechtlich **irrelevant**. Die Unterscheidung zwischen einem den Vorsatz ausschließenden Tatbildirrtum und einem bloßen Motivirrtum ist daher besonders wichtig.

Ein Irrtum im Tatopfer (error in persona) oder ein Irrtum im Tatobjekt (error 217
in objecto, OGH 14 Os 11/14w) sind strafrechtlich **ohne Bedeutung**:

Irrtum im Tatopfer: A will auf den mit ihm verfeindeten Nachbarn B schießen. In der Dunkelheit verkennt er die Person und schießt auf C, der dabei getötet wird. Dieser Irrtum ist unbeachtlich, denn A war sich im Klaren darüber, dass er auf das Deliktsobjekt Mensch schießt. Auf das Motiv, welches ihn zu diesem Schussattentat veranlasst hat, nämlich auf seinen verfeindeten Nachbarn zu schießen und nicht auf einen unbeteiligten Dritten, kommt es nicht an. Dieser Irrtum ist daher belanglos. A hat einen vollendeten Mord (§ 75) zu verantworten.

Irrtum im Tatobjekt: Entsprechendes gilt, wenn A glaubt, das Auto des B mit einem Nagel zu zerkratzen, das beschädigte Fahrzeug jedoch in Wirklichkeit dem C gehört. Auch dieser Irrtum ist strafrechtlich belanglos. Entscheidend ist, dass A erkennt, dass er mit seinem Tun eine fremde Sache beschädigt (§ 125).

218 **aberratio ictus:** Vom error in persona bzw error in objecto ist die **aberratio ictus** („Fehlgehen des Hiebes", von *aberratio* „das Abirren" und *ictus* „des Hiebes" oder „des Wurfes) zu unterscheiden:

A schickt einem Politiker eine Briefbombe. Der Brief wird jedoch nicht vom Politiker persönlich, sondern von seiner Sekretärin geöffnet, die dabei getötet wird. Bei dieser Konstellation liegt eine aberratio ictus vor. Der Erfolg tritt bei einem anderen Tatopfer ein als jenem, gegen welches sich der Angriff des Täters gerichtet hatte. A zielt auf ein Tatopfer (Politiker), trifft jedoch ein anderes (Sekretärin). A ist daher wegen eines Mordversuchs am Politiker (§§ 15, 75) und einer fahrlässigen Tötung der Sekretärin (§ 80) zur Verantwortung zu ziehen.

219 Der Unterschied zum error in persona bzw error in objecto liegt darin, dass bei jenem der Erfolg an dem Tatobjekt (eine Sache oder eine Person) eintritt, gegen das sich der Angriff des Täters real gerichtet hatte. Der Täter hat nur das Rechtsgut einem anderen zugeordnet. Bei der aberratio ictus hingegen tritt der Erfolg bei einem anderen Objekt als jenem ein, gegen welches sich der Angriff des Täters gerichtet hatte.

5. Dolus generalis

Seiler Der dolus generalis in Lehre und Rechtsprechung, ÖJZ 1994, 85.

220 Grundvoraussetzung für die Wissenskomponente des Vorsatzes ist ein **grobes Wissen über den Kausalverlauf. Weicht** die **Vorstellung** des Täters **wesentlich vom realen Kausalverlauf ab, schließt dies den Vorsatz aus**. Der dolus generalis wird bei mehraktigen Geschehensabläufen herangezogen, bei denen der Täter der Meinung ist, den Erfolg schon mit dem ersten Handlungsakt herbeigeführt zu haben, während dieser in Wirklichkeit erst durch einen zweiten Handlungsschritt eintritt. Derartige Fallkonstellationen mögen auf den ersten Blick realitätsfern erscheinen, die Rechtsprechung hatte sich jedoch schon mehrfach damit auseinanderzusetzen (KH 2305; KH 2968; OGH 13 Os 21/73; 9 Os 73/81):

X glaubt sein Opfer bereits durch Würgen am Hals und Versetzen von Schlägen mit einem Hammer getötet zu haben. In Wirklichkeit ist das Opfer jedoch nur bewusstlos. Um die Tat zu verschleiern, zündet X das Haus, in dem sich das bewusstlose Opfer befindet, an. Das Opfer stirbt erst an den Folgen einer Rauchgasvergiftung (OGH 9 Os 73/81).

Bei derartigen Fallkonstellationen ist danach zu differenzieren, ob ein einheitliches Handlungsgeschehen oder zwei getrennt zu beurteilende Tätigkeitsakte vorliegen. Bei dieser Unterscheidung ist als subjektive Komponente zu berücksichtigen, ob dem Handeln des Täters nur ein Willensentschluss zugrunde liegt oder mehrere, woraus ersichtlich ist, ob der Täter sein Vorgehen als Einheit geplant hatte oder nicht. Hat der Täter nur einen einheitlichen Handlungsentschluss gefasst, der sowohl das Töten als auch das darauffolgende Beseitigen der Leiche enthält, so ist von einem einheitlichen Handlungsgeschehen zu sprechen, welches aus zwei oder mehreren Tätigkeitsakten besteht. Der gesamten Vorgangsweise liegt dann ein Mordvorsatz zugrunde, der sich auch auf jeden einzelnen Teilakt erstreckt. Nur bei derartig gelagerten Fällen darf eine unwesentliche Abweichung des Geschehensverlaufes angenommen werden. Es ist dann von einem Sonderfall des Irrtums über den Kausalverlauf zu sprechen und der Täter hat eine vollendete vorsätzliche Deliktsbegehung zu verantworten. 221

Sind die Voraussetzungen für die Annahme eines einheitlichen Handlungsgeschehens nicht gegeben, weil den einzelnen Tätigkeitsakten jeweils ein eigener Handlungsentschluss, meist zeitlich getrennt, zugrunde liegt, ist eine wesentliche Abweichung des Kausalverlaufs anzunehmen. Beide Handlungsakte erfordern in diesem Fall eine getrennte Beurteilung. Im angeführten Beispiel wäre dann das Würgen des Opfers nur als versuchter Mord zu bewerten, da dieses dabei nicht zu Tode kam (§§ 15, 75). Die nachfolgende Brandlegung, die erfolgte, um die Spuren zu beseitigen, hat zwar den Tod des Opfers herbeigeführt, doch erfolgte diese nicht mit Mordvorsatz. Die durch das Feuer bewirkte Tötung des Opfers ist dem Täter nur als fahrlässige Tötung zur Last zu legen (§ 80). Bei Vorliegen eines getrennten Handlungsgeschehens könnte dann versuchter Mord in Realkonkurrenz mit fahrlässiger Tötung zusammentreffen. 222

IV. Zusammenfassendes Schema zur Tatbestandsmäßigkeit bei Vorsatzdelikten

Nachfolgend werden die Punkte, welche bei der Prüfung der Tatbestandsmäßigkeit beim Vorsatzdelikt zu beachten sind, in einem Schema zusammengefasst. Eine leichte **Modifikation** des angeführten Schemas ergibt sich beim vorsätzlichen **echten Unterlassungsdelikt**: Statt der Tathandlung ist beim echten Unterlassungsdelikt das Unterlassen eines vom Tatbestand gebotenen Tuns zu prüfen. Soweit das Unterlassungsdelikt einen Erfolg verlangt, könnte auch nur eine hypothetische Kausalität unterstellt werden. 223

Bei der strafrechtlichen Beurteilung eines konkreten Sachverhalts verlangen vor allem jene Kriterien ein näheres Eingehen, bei denen sich aufgrund der gegebenen Fallkonstellation ein Begründungsbedarf ergibt: 224

225 Wenn zB A dem B im Streit mit der Faust ins Gesicht schlägt und ihm dabei das Nasenbein bricht, wird die Annahme eines Körperverletzungsvorsatzes keine nähere Begründung verlangen. Es wird jedoch näher zu begründen sein, ob das gebrochene Nasenbein und damit der Taterfolg eine schwere (§ 84) oder nur eine leichte Körperverletzung (§ 83) darstellt. Ein Nasenbeinbruch ist nämlich nach der Rechtsprechung nur dann eine schwere Körperverletzung, wenn es zu einer Dislokation der Bruchenden gekommen ist (OGH 11 Os 67/84).

I.
Tatbestand →

A. Objektive Tatbestandsseite

1. Tatsubjekt (insb bei Sonderdelikten, zB Beamteneigenschaft, § 302 iVm § 74 Abs 1 Z 4)
2. Tatobjekt (zB Werteigenschaft der gestohlenen Sache, § 127)
3. Tathandlung (zB Gewahrsamsbruch bei der Wegnahme einer Sache, § 127) bzw Unterlassen (zB § 94)
4. Taterfolg (bei Erfolgsdelikten, zB schwere Körperverletzung, §§ 83ff)
   a) Kausalität bzw hypothetische Kausalität bei Unterlassungsdelikten
   b) Zurechnung des Taterfolgs

B. Subjektive Tatbestandsseite

1. Tatvorsatz (zB wissentlicher Befugnismissbrauch, § 302)
2. erweiterter Vorsatz (zB Bereicherungsvorsatz, § 127)
3. Tatbildirrtum (zB Alter des Aktmodells, § 207a)

II.
Rechtswidrigkeit

III.
Schuld

IV.
Strafe

V. Besonderheiten beim Tatbestand von Fahrlässigkeitsdelikten

Bernat Entwicklungslinien des Medizinrechts, RdM 2014/49; *Burgstaller* Das Fahrlässigkeitsdelikt im Strafrecht (1974); *ders* Spezielle Fragen der Erfolgszurechnung und der objektiven Sorgfaltswidrigkeit, in: *Pallin*-FS (1989), 39; *Engisch* Untersuchungen über Vorsatz und Fahrlässigkeit (1930, Nachdrucke 1964 u 1995); *Gaisbauer* Medikamentenbedingte Fahruntüchtigkeit und Fahrlässigkeit, ZVR 1999, 38; *Gidl* Strafrechtliche Aspekte von Bergunfällen, ZVR 1978, 289; *Hinterhofer/Wirth* Begriff und Bedeutung der groben Fahrlässigkeit nach dem Strafrechtsänderungsgesetz 2015, ÖJZ 2016/104; *Hörburger* Zur Frage der strafrechtlichen Beurteilung von Bergunfällen, ÖJZ 1971, 57; *ders* Zum Begriff der Fahrlässigkeit des § 6 StGB, ÖJZ 1974, 562; *Kienapfel* Die Fahrlässigkeit unter besonderer Berücksichtigung des Straßenverkehrs, ZVR 1977, 129, 162; *Messner* Strafrechtliche Verantwortung bei riskantem Zusammenwirken von Täter und „Opfer", ZVR 2005, 43; *Michitsch* Die FIS-Pistenregeln im Vergleich zur StVO, ZVR 2007/21; *Pichler* Die FIS-Regeln für Skifahrer, ZVR 1991, 353; *Rzeszut* Zur Problematik strafbarer Fahrlässigkeit im Wintersport, in: *Steininger*-FS (2003), 185; *ders* Die Pistentourengeher, ZVR 2010, 194; *R.Seiler* Die Bedeutung des Handlungsunwertes im Verkehrsstrafrecht, in: *Maurach*-FS (1972), 75; *ders* Die Aufbauelemente des Fahrlässigkeitsdeliktes, in: *Wesener*-FS (1992), 447; *Schick* Die „einleitende Fahrlässigkeit", ÖJZ 1974, 257, 281; *H.Steininger* „Freiwillige Selbstgefährdung" als Haftungsbegrenzung im Strafrecht. Zur Bedeutung der Eigenverantwortlichkeit für die strafrechtliche Beurteilung von Schi- und Bergunfällen, ZVR 1985, 97.

A. Allgemeines

Nach § 7 Abs 1 ist grundsätzlich nur eine vorsätzliche Tatbegehung strafbar. 226
Das StGB enthält jedoch auch eine Reihe von Fahrlässigkeitsdelikten, welche in der Praxis eine große Rolle spielen (zB §§ 80, 88, fahrlässige Tötung bzw Körperverletzung im Zuge eines Verkehrsunfalls). Fahrlässigkeitsdelikte sind eine eigenständige Deliktsart. Sie sind daher im Verhältnis zum Vorsatzdelikt nicht bloß ein minus, sondern ein aliud.

Keine Besonderheit stellt die Frage der **Kausalität** zwischen einem (fahr- 227
lässigen) Verhalten und dem eingetretenen Erfolg im Vergleich zu Vorsatzdelikten dar. Es gilt daher auch bei Fahrlässigkeitsdelikten das zur Kausalität bereits Ausgeführte (Rz 148ff, **Äquivalenztheorie**). Auch bei den Fahrlässigkeitsdelikten ist die Kausalitätsfrage am Anfang einer strafrechtlichen Prüfung zu klären. Eine Handlungsweise, die für einen bestimmten deliktischen Erfolg nicht kausal war, scheidet nämlich von einer weiteren strafrechtlichen Untersuchung von vornherein aus.

Wird die Kausalität zwischen der zu prüfenden Handlungsweise und dem 228
eingetretenen Erfolg bejaht, ist im Anschluss daran zu untersuchen, ob das vom Täter gesetzte Verhalten als „fahrlässig" iSd § 6 Abs 1 zu bewerten ist. Der **Fahrlässigkeitsbegriff** des **§ 6 Abs 1** setzt sich aus **objektiven** und **sub-**

jektiven Kriterien zusammen. Der gesetzlichen Formulierung folgend sind dies (Gesetzestext kursiv gedruckt):

Fahrlässig handelt,
- *wer die Sorgfalt außer acht läßt, zu der er nach den Umständen verpflichtet* (objektive Sorgfaltspflicht)
- *und nach seinen geistigen und körperlichen Verhältnissen befähigt ist* (subjektive Befähigung)
- *und die ihm zuzumuten ist,* (Zumutbarkeit)
- *und deshalb nicht erkennt, daß er einen Sachverhalt verwirklichen könne, der einem gesetzlichen Tatbild entspricht* (objektive und subjektive Voraussehbarkeit).

229 Nach der Legaldefinition des Begriffes der Fahrlässigkeit in § 6 Abs 1 kann der Vorwurf einer fahrlässigen Handlungsweise demnach grundsätzlich nur gegenüber jemandem erhoben werden, der die gebotene Sorgfalt außer Acht lässt, zu der er nach den Umständen verpflichtet ist (**objektive Sorgfaltswidrigkeit**). Wird gegen diesen objektiv gebotenen Sorgfaltsmaßstab verstoßen, wird als zweiter Schritt zu prüfen sein, ob der eingetretene Deliktserfolg auch objektiv voraussehbar war und damit dem Täter zugerechnet werden könnte (**objektive Voraussehbarkeit** bzw **objektive Zurechnung**).

230 Werden diese beiden objektiven Kriterien als gegeben angesehen, ist auf den **konkreten Täter** einzugehen. Ein Fahrlässigkeitsvorwurf kann gegenüber diesem nur erhoben werden, wenn er aufgrund seiner geistigen und körperlichen Verhältnisse überhaupt befähigt war, die an ihn gestellten Sorgfaltsanforderungen zu erfüllen (**subjektive Sorgfaltswidrigkeit** bzw **subjektive Befähigung**) und mögliche Folgen seines sorgfaltswidrigen Verhaltens vorauszusehen (**subjektive Voraussehbarkeit** des Erfolges). Weiters muss ihm die sorgfaltsgemäße Handlungsweise auch zumutbar gewesen sein (**Zumutbarkeit**; OGH 12 Os 46/85; OLG Wien 22 Bs 149/82). Die in § 6 Abs 1 genannten Kriterien sind daher in folgender Reihenfolge zu prüfen:
- Objektive Sorgfaltswidrigkeit
- Objektive Voraussehbarkeit des Taterfolges
- Subjektive Sorgfaltswidrigkeit
- Subjektive Voraussehbarkeit des Taterfolges
- Zumutbarkeit

231 Zu den im Rahmen des **Tatbestandes** zu prüfenden Kriterien zählen die **objektive Sorgfaltswidrigkeit** und die **objektive Voraussehbarkeit** des Erfolges. Die übrigen Kriterien beziehen sich auf die geistigen und körperlichen Verhältnisse des Täters und die Zumutbarkeit eines sorgfaltsgemäßen Verhaltens. Es handelt sich dabei um Umstände, welche die individuelle Schuld des

Täters einschränken bzw ausschließen können. Diese Kriterien sind daher erst auf der Schuldebene zu prüfen (subjektive Sorgfaltswidrigkeit, Rz 590ff; subjektive Voraussehbarkeit, Rz 599ff; Zumutbarkeit, Rz 607ff):

B. Objektive Sorgfaltswidrigkeit

Fahrlässig handelt, wer die Sorgfalt außer Acht lässt, zu der er nach den Umständen verpflichtet ist (§ 6 Abs 1). Unter dem Begriff der objektiven Sorgfaltswidrigkeit ist ein Verstoß gegen allgemein verbindliche Verhaltensanforderungen zu verstehen, deren Einhaltung in der jeweiligen Situation zur Vermeidung ungewollter Tatbildverwirklichungen verlangt ist (OGH 12 Os 123, 124/92). Es betrifft dies regelmäßig sog „sozial inadäquate" Verhaltensweisen (OGH 15 Os 19/95). 232

Die Sorgfaltswidrigkeit eines Verhaltens stellt grundsätzlich ein Werturteil dar, was eine erhebliche Rechtsunsicherheit mit sich bringt. Soweit es an konkreten gesetzlichen Bestimmungen mangelt, die einen bestimmten Sorgfaltsmaßstab vorschreiben, wird es in vielen Fällen kaum möglich sein, vorweg abzuschätzen, welches Verhalten von einem Gericht als objektiv sorgfaltswidrig bewertet werden könnte. Der Rechtsprechung gelingt es immer wieder auch Juristen zu überraschen, wenn über die Frage entschieden wird, was als (strafbare) Fahrlässigkeit zu beurteilen ist und was nicht. Der objektive Sorgfaltsmaßstab kann sich aus verschiedenen Kriterien ergeben. 233

1. Normverstoß

Das Maß der erwarteten Sorgfalt ist am leichtesten abzuschätzen, wenn eine positive Norm ein bestimmtes Verhalten vorschreibt bzw verbietet: 234

- Nach § 20 Abs 2 Straßenverkehrsordnung (StVO, BGBl 1960/159 idgF) darf zB der Lenker eines Fahrzeuges grundsätzlich im Ortsgebiet nicht schneller als 50 km/h fahren. Fährt jemand im Ortsgebiet schneller, liegt darin eine objektive Sorgfaltswidrigkeit. Bei einem Unfall mit Personenschaden kann eine Geschwindigkeitsübertretung somit strafrechtliche Folgen für den Fahrzeuglenker haben (zB § 88).
- Von einem Vermieter wird erwartet, dass er sich laufend vom Zustand der Baulichkeit überzeugt und sich von den geltenden Rechtsvorschriften Kenntnis verschafft. Dies gilt insb für Bestimmungen, die den Mietern ein gefahrloses Benützen des Hauses ermöglichen sollen. In einem Treppenhaus müssen zB Handläufe an den Stiegenaufgängen angebracht sein. Der Vermieter eines alten Zinshauses sollte sich bewusst sein, dass auch bei Altbauten auf diese Weise Bestimmungen für die Beurteilung

des Sorgfaltsmaßstabes herangezogen werden, die zum Zeitpunkt der Errichtung des Hauses noch gar nicht gegolten haben (OGH 11 Os 35/98).

2. Allgemein anerkannte Regeln

235 Wenngleich der Gesetzgeber mit großem Fleiß darum bemüht ist, alle Bereiche des täglichen Lebens einer positivrechtlichen Normierung zu unterwerfen, was in einer kontinuierlich wachsenden Gesetzesflut zum Ausdruck kommt, werden sich „ungeregelte Lücken" nie gänzlich vermeiden lassen. Der von der Gemeinschaft erwartete Sorgfaltsmaßstab kann sich jedoch auch aus allgemein anerkannten Regeln ergeben, die **nicht positivrechtlich** (zB in einem Bundesgesetzblatt) **festgelegt** sind.

- Für den Bereich des Schifahrens bestehen diese Verhaltensvorschriften zB in Form der sog **FIS-Regeln** (OGH 11 Os 70/86). Diese sind zwar den meisten Pistenbenützern nur bruchstückhaft geläufig, doch wird von den Gerichten im Falle der Kollision zweier Schifahrer mit Verletzungsfolgen danach die Frage beurteilt, ob einem Schifahrer ein Sorgfaltsverstoß zur Last gelegt werden kann.
- Ebenso gibt es allgemein **anerkannte Regeln ärztlicher Kunst** (allgemein anerkannte medizinische Standards). Kommt es zB bei einer Blinddarmoperation zu Komplikationen mit nachhaltigen Folgen für den Patienten, wird ein Sachverständiger zu beurteilen haben, ob der Chirurg bei der Operation die allgemein anerkannten ärztlichen Grundregeln eingehalten hat.
- In einem Unternehmen können auch **Betriebsvorschriften**, die einen sicheren Arbeitsablauf (zB beim Hantieren an Maschinen) gewährleisten sollen, ein maßgebliches Kriterium für den objektiven Sorgfaltsmaßstab sein (OGH 13 Os 49/91).

236 Die Beurteilung der Sorgfaltsanforderungen nach diesem Kriterium ist natürlich wesentlich unsicherer, als wenn es bindende Rechtsnormen gibt: Meist wird es zB allgemein anerkannte medizinische Standards geben, nach denen eine bestimmte Operation oder Behandlung durchzuführen ist. Gleichzeitig verlangt der medizinische Fortschritt, dass auch neue Operations- und Behandlungsmethoden erprobt werden. Aus strafrechtlicher Sicht ist dies für den behandelnden Arzt riskant. Er könnte sich der Gefahr einer strafrechtlichen Verfolgung aussetzen, wenn die neu angewandte Operations- oder Behandlungsmethode nicht den gewünschten und erwarteten Erfolg bringt und mit nachteiligen Konsequenzen (§ 88) für den Patienten verbunden ist. Die Behandlungsmethode eines Arztes kann grundsätzlich nur so lange als fachge-

recht angesehen werden, wie sie von einer anerkannten Schule medizinischer Wissenschaft vertreten wird. In einem Strafverfahren ist der behandelnde Arzt der dahingehenden Begutachtung des medizinischen Sachverständigen ausgeliefert, der sich an den herrschenden medizinischen Standards orientieren wird. Das Gericht wird in seinem Urteil dem Gutachten des Sachverständigen regelmäßig folgen, da es nicht über die Sachkunde verfügt, dieses in Zweifel zu ziehen.

Andererseits werden die medizinischen Standards auch fortlaufend geändert und neuen wissenschaftlichen Erkenntnissen angepasst. Was gestern noch anerkannter medizinischer Standard war, kann morgen schon veraltet und damit sorgfaltswidrig sein (*Bernat* RdM 2014, 39). Die jeweils einzuhaltenden Sorgfaltsmaßstäbe sind vielfach einer fortlaufenden Verschärfung unterworfen, was für die davon Betroffenen mit immer größeren strafrechtlichen Risiken verbunden ist.

3. Die Sorgfalt des maßstabgerechten Dritten

a) Allgemeines

Im vollkommen rechtsunsicheren Bereich befindet sich jemand, dessen 237
Verhalten einer strafrechtlichen Prüfung unterzogen wird, wenn es für sein konkretes Verhalten nicht einmal allgemein anerkannte Verhaltensregeln gibt. § 6 begnügt sich mit der allgemein gehaltenen Formulierung, dass fahrlässig handelt, wer jene Sorgfalt außer Acht lässt, zu der er *„nach den Umständen verpflichtet"* ist. Diese Umstände werden legistisch nicht näher umschrieben. Der Gesetzgeber musste eine derart unscharfe Definition des Fahrlässigkeitsbegriffs wählen, da keine Rechtsordnung alle möglichen Verhaltensweisen normativ erfassen kann. Die Formulierung des § 6 gewährt jedoch den Gerichten einen nur schwer abschätzbaren Ermessensspielraum, wodurch der Bestimmtheitsgrundsatz in Gefahr gerät.

Wird durch Rechtsvorschriften oder anerkannte Verkehrsnormen im kon- 238
kret zu beurteilenden Fall kein allgemein gültiger Sorgfaltsmaßstab vorgegeben, muss eine Objektivierung der für die Sorgfaltsanforderungen relevanten Kriterien auf anderem Wege versucht werden. Die Rechtsprechung beruft sich dabei auf den fiktiven und mit vielen Unsicherheitsfaktoren behafteten **Maßstab eines mit den rechtlich geschützten Werten angemessen verbundenen, besonnenen und einsichtigen Menschen.** Um einen praktikablen Maßstab kreieren zu können, wird diese Person aus dem **Verkehrskreis** zu entnehmen sein, **dem der Täter angehört** (OLG Wien 21 Bs 136/80). Ein Verhalten wird als sorgfaltswidrig angesehen, wenn es nicht jenem fiktiven Verhalten entspricht, das von einer dahingehend spezifizierten Modellfigur in der konkreten Tatsituation gesetzt worden wäre (OGH 10 Os 206/84).

239 Diese Prüfungsmethode stellt meist nur eine scheinbare Objektivierung dar, da der sog „maßstabgerechte Mustermensch“ vom jeweils mit der Entscheidung befassten Gericht erst kreiert wird. Regelmäßig erhebt der urteilende Richter einen von ihm gedachten Sorgfaltsmaßstab zum Sorgfaltsmaßstab des sog maßstabgerechten Menschen: Der Richter muss sich darüber Gedanken machen, was man billigerweise in der konkreten Situation zB von einem Autofahrer verlangen kann. Die individuelle Strenge oder Großzügigkeit des Richters darf dabei nicht einfließen. Es ist nicht auszuschließen, dass ein anderer Richter im Zuge dieser Gedankengänge zu einem anderen Ergebnis kommt.

240 Die Rechtsprechung ist sich zumindest bewusst, dass die Sorgfaltsanforderungen nicht überspannt werden dürfen und hinsichtlich des maßstabgerechten Mustermenschen nicht von einem zur maximalen Leistung Befähigten ausgegangen werden darf (OGH 12 Os 94/86). Als Maßstab hat eine Person aus dem Verkehrskreis des Täters mit durchschnittlichem Können und Wissen zu dienen:

- Maßstab für die objektive Sorgfaltspflicht eines Arztes ist der ordentliche, gewissenhafte und pflichtgetreue Durchschnittsarzt der in Betracht kommenden Facharztgruppe (zB ein durchschnittlicher Zahnarzt). Dabei wird erwartet, dass sich ein Arzt durch ständige Fort- und Weiterbildung Kenntnisse über den jeweiligen Stand der medizinischen Wissenschaft verschafft. Eine medizinisch vertretbare Diagnose, welche sich dennoch nachträglich als falsch herausstellt, zählt zu den Risiken des Arztberufes und des Patienten. Soweit sich der Arzt bei Erstellung seiner Diagnose anerkannter Untersuchungsmethoden bedient hat, kann ihm kein Sorgfaltsverstoß zur Last gelegt werden (OGH 12 Os 123, 124/92).
- Bei der Beurteilung der objektiven Sorgfaltspflicht von Mitgliedern einer Lawinenkommission wird von einer fiktiven Maßfigur auszugehen sein, die aus einem Personenkreis zu entnehmen ist, der sich aus Experten auf dem Gebiet der Lawinenkunde zusammensetzt (OLG Innsbruck 4 Bs 394/80).
- Einem Hilfsarbeiter, der nur den Anweisungen eines Fachmannes Folge leistet, kann keine Sorgfaltswidrigkeit zum Vorwurf gemacht werden, wenn er die mögliche Gefährlichkeit seiner Handlungsweise nicht hinterfragt. Er darf auf die Richtigkeit der Anordnungen seines Vorgesetzten vertrauen (OGH 13 Os 84/94).

b) Besondere persönliche Kenntnisse oder Fähigkeiten

241 Im **Rahmen** der Prüfung der ***objektiven*** **Sorgfaltswidrigkeit kommt es auf die persönlichen Kenntnisse und Fähigkeiten des Einzelnen nicht an** (*Huber* in *Leukauf/Steininger* StGB[4] § 6 Rz 12).

Unterdurchschnittliche Fähigkeiten und **Kenntnisse** führen, da es sich hierbei nur um individuelle Umstände handelt, nicht zu einer Minderung der allgemeinen (objektiven) Sorgfaltsanforderungen. Eine individuelle Unkenntnis des Täters in Bereichen, die zum allgemeinen Erfahrungs- und Wissensstand eines ordnungsgemäß ausgebildeten und verantwortungsbewussten Angehörigen seines Berufskreises oder Tätigkeitsbereiches gehören, hat grundsätzlich keine entlastende Wirkung (OGH 11 Os 61/91). Wer sich in einem bestimmten Bereich nicht auskennt, sollte von Tätigkeiten in diesem Bereich Abstand nehmen. Geistige und körperliche Mängel, Verstandeslücken, Wissens- und Erfahrungsmängel können nur die subjektive Sorgfaltswidrigkeit ausschließen (Rz 590ff). 242

In gleicher Weise wie unterdurchschnittliche Fähigkeiten und Kenntnisse den objektiven Sorgfaltsmaßstab nicht mindern können, können überdurchschnittliche Fähigkeiten und Kenntnisse ihn auch nicht erhöhen. Der objektive Sorgfaltsmaßstab ist eine von individuellen Fähigkeiten und Kenntnissen losgelöste Konstante. Seine Festlegung hat sich nur am Verkehrskreis des jeweiligen Täters zu orientieren. Wenngleich die Bestimmung dieses Verkehrskreises im Einzelfall schwierig sein kann, ist der angenommene Verkehrskreis nie gleichzusetzen mit dem individuellen konkreten Täter. 243

Wer sich daher zusätzliches Wissen oder Können aneignet, welches ihn über den von der Rechtsgemeinschaft erwarteten Durchschnitt abhebt, ist umso leichter im Stande, den allgemeinen Sorgfaltsanforderungen zu entsprechen. **Keinesfalls darf** die Aneignung eines **Sonderkönnens** oder **Sonderwissens** für den Täter eine Erhöhung des objektiven Sorgfaltsmaßstabes zur Folge haben und ihn dadurch **belasten**. Ansonsten wäre jedem Rechtsunterworfenen dringend abzuraten, sich durch weiterbildende Eigeninitiative vom Durchschnitt abzuheben (zB einen Fahrtrainingkurs zur besseren Fahrzeugbeherrschung bei winterlichen Straßenverhältnissen oder Fortbildungsseminare zu besuchen). 244

> Ein Patient wird zwar erwarten, dass sein Arzt die besonderen Kenntnisse und Fähigkeiten, die er anderen Berufskollegen voraushat, auch bei seiner Behandlung einsetzt, eine bloß durchschnittliche ärztliche Leistung beinhaltet dennoch nie einen Fahrlässigkeitsvorwurf. Niemand ist in der Lage immer eine Spitzenleistung zu erbringen. Ein besonders fähiger Chirurg würde sonst mit jeder erfolgreichen Operation den eigenen Sorgfaltsmaßstab erhöhen und damit sein Haftungsrisiko vergrößern.

Ein Arzt, der aufgrund seiner privaten Forschungstätigkeit vermutet, dass ein bestimmtes Medikament (bzw eine bestimmte Impfung) unerwünschte Nebenwirkungen haben könnte, dieses aber dennoch verschreibt, weil es ärztlich 245 zugelassen ist und Nebenwirkungen nach der herrschenden Fachmeinung ausgeschlossen sind, handelt nicht fahrlässig. Dem Arzt könnte kein Fahrlässigkeitsvorwurf gemacht werden, wenn er auf die Richtigkeit der herrschenden wissenschaftlichen Meinung vertraut hat, bei seinem Patienten jedoch die Nebenwirkungen eintreten, die er aufgrund seiner privaten Forschungstätigkeit für möglich gehalten hatte. Der Sorgfaltsmaßstab eines Arztes richtet sich nur nach dem durchschnittlichen Wissen eines Arztes des jeweiligen Fachbereichs.

246 **Durch** individuelles **Sonderkönnen** bzw **Sonderwissen darf nicht** der **objektive Sorgfaltsmaßstab zu einem rein subjektiven Maßstab werden**, der sich an den konkreten Fähigkeiten und Kenntnissen des Täters orientiert.

Wer als Kraftfahrer im Rahmen einer üblichen Schrecksekunde reagieren muss, wird nicht an den Fähigkeiten eines Rennfahrers gemessen. Dies gilt auch in umgekehrter Weise: Einem Berufsrennfahrer, der mit seinem privaten PKW zum Einkaufen fährt, wird ebenso die übliche Schrecksekunde zuzugestehen sein, auch wenn man annehmen kann, dass er in der Lage ist wesentlich schneller eine Verkehrssituation zu erfassen und darauf entsprechend zu reagieren.

247 Davon zu **unterscheiden sind Fälle**, in denen jemand **bewusst** von seinem **Sonderkönnen** bzw **Sonderwissen keinen Gebrauch macht**, weil ihm der Eintritt eines bestimmten Erfolges ganz recht ist: Jemand setzt zB bewusst sein Sonderkönnen oder Sonderwissen zur Verhinderung eines Schadenseintritts nicht ein, weil er im Schadensfalle mit einer hohen Versicherungssumme rechnet. Bei dahingehenden Fallkonstellationen wäre jeweils nicht die Verwirklichung eines Fahrlässigkeitstatbestandes, sondern eines entsprechenden Vorsatzdeliktes (zB § 151 iVm § 2) zu prüfen.

c) Eigenverantwortung des Verletzten

248 Auch das Verhalten des Verletzungsopfers wird bei einer Fahrlässigkeitsprüfung **nicht gänzlich unbeachtet** bleiben dürfen: Das Maß der von einem Pistenerhalter zu beachtenden objektiven Sorgfalt wird zB durch die Eigenverantwortlichkeit des Pistenbenützers begrenzt. Fährt ein Schiläufer abseits der ausgewiesenen Pisten, dann handelt er eigenverantwortlich und trägt allein das Risiko einer daraus resultierenden Verletzung (OGH 11 Os 22/97). Auch wenn der Pistenerhalter indirekt die Selbstgefährdung veranlasst, gefördert oder ermöglicht hat, kann er dafür nicht strafrechtlich zur Verantwortung gezogen werden, wenn er sich bei der Pistenabsicherung an die allgemein anerkannten Sorgfaltsregeln gehalten hat.

4. *Vertrauensgrundsatz*

Lewisch Mitverschulden im Fahrlässigkeitsstrafrecht, ÖJZ 1995, 296; *ders* Erfolgszurechnung bei nachträglichem Opferfehlverhalten, ZVR 1995, 98; *ders* Funktion und Reichweite des Vertrauensgrundsatzes im Fahrlässigkeitsstrafrecht, ZVR 2000, 146; *H.Steininger* Vertrauensgrundsatz und Fahrlässigkeit, ZVR 1963, 57, 120.

Ein allfälliges **Mitverschulden des Verletzten** ist **grundsätzlich** für die Frage, ob ein sorgfaltswidriges Handeln des Verletzungsverursachers vorliegt, **ohne Bedeutung**. Wird gerichtlich festgestellt, dass jemand objektiv sorgfaltswidrig gehandelt hat, kann sich ein Mitverschulden des Opfers nur im Rahmen der Strafbemessung mildernd auswirken. 249

Ein sehr wesentlicher Bestimmungsfaktor für die Sorgfaltswidrigkeit im Verkehrsstrafrecht ist jedoch der Vertrauensgrundsatz. Der in § 3 StVO verankerte **Vertrauensgrundsatz begrenzt die objektiven Sorgfaltspflichten**. Ein PKW-Lenker kann darauf vertrauen, dass sich ein Passant ordnungsgemäß verhält (OLG Wien ZVR 22 Bs 502/84), auf den Verkehr achtet und an einer geregelten Kreuzung nicht bei Rotlicht die Straße überquert. Ein Autofahrer muss daher nicht sofort bremsen, wenn er einen Fußgänger am Straßenrand erblickt, der die Straße an einer Stelle ohne Schutzweg überqueren möchte (OLG Wien 22 Bs 216/81). Der Fahrer muss nicht damit rechnen, dass Passanten taub, betrunken oder blind sind. Der Vertrauensgrundsatz gilt auch gegenüber älteren Personen. Wurde ein Auto in der dazu befugten Werkstatt repariert, kann der Fahrer darauf vertrauen, dass es ihm verkehrssicher übergeben wird (OGH 12 Os 94/86). 250

Die eigene Sorgfaltspflicht hat sich daher grundsätzlich am **Vertrauen darauf** zu orientieren, **dass sich die anderen Verkehrsteilnehmer ebenfalls ordnungsgemäß verhalten** (OGH 12 Os 51/94).

Dies **gilt** jedoch **nur so lange, als nicht** das konkrete Verhalten eines Verkehrsteilnehmers ein **Indiz gegen diese Erwartung** darstellt: 251

- Ein PKW-Lenker, der wahrnimmt, dass ein betrunkener Radfahrer vor ihm in einer Schlangenlinie fährt, hat sein Fahrverhalten darauf einzustellen. Er darf den Radfahrer nicht mit dem üblichen Seitenabstand überholen, sondern muss eine Gelegenheit abwarten, zu der ein Überholen gefahrlos möglich ist.
- Wer als Autofahrer erkennt, dass jemand, ohne zu schauen, versucht, eine mehrspurige Straße zu überqueren, hat sich auf dieses vorschriftswidrige Verhalten einzustellen und bremsbereit zu fahren.

252 Der Vertrauensgrundsatz gilt daher **nicht** mehr, **sobald das unrichtige** oder zumindest bedenkliche **Verhalten eines anderen Verkehrsteilnehmers erkannt** wird. Jeder Verkehrsteilnehmer hat in diesem Fall seinen Sorgfaltsmaßstab auf das wahrgenommene verkehrswidrige Verhalten des anderen und die damit gegebene unklare Verkehrssituation einzustellen. Ein Kraftfahrer, der das verkehrswidrige Verhalten eines anderen (zB Zufahren zum linken Fahrbahnrand ohne ein Zeichen zu geben) wahrgenommen hat, muss jedoch nicht damit rechnen, dass dieser in der Folge auch noch gegen weitere Verkehrsvorschriften verstoßen werde (OGH 2 Ob 16/92).

253 Der Vertrauensgrundsatz gilt auch im **Pistenschilauf** (OGH 11 Os 60/90; OLG Innsbruck 7 Bs 143/89): Wenn ein Schifahrer in kurzen Schwüngen eine Piste hinunterfährt, muss ein nachfolgender Schifahrer, der zum Überholen ansetzt, nicht damit rechnen, dass der vor ihm fahrende Schifahrer plötzlich einen weitausholenden Linksschwung vornimmt. Der voranfahrende Schifahrer hat zwar grundsätzlich Vorrang gegenüber nachfolgenden Pistenbenützern. Dies bedeutet jedoch nicht, dass alle nachfolgenden Pistenbenützer mit jedem nur denkbaren spontanen Fahrmanöver eines voranfahrenden Schifahrers rechnen müssen.

254 Solange ein regelwidriges Verhalten des anderen nicht erkennbar ist, darf der Benützer einer Skipiste auch darauf vertrauen, dass ein Skifahrer, der aus dem freien Skiraum in die Piste einfahren will, der ihm obliegenden Wartepflicht entsprechen werde (OGH 9 Os 10/87).

255 **Bei arbeitsteiligem Zusammenwirken** (zB innerhalb eines Operationsteams) orientiert sich das Maß der Sorgfaltspflicht am Vertrauen darauf, dass sich alle Beteiligten pflichtgemäß verhalten. Der Chirurg kann sich darauf verlassen, dass alle an der Operation Beteiligten die von ihnen erwartete Leistung ordnungsgemäß erbringen. Seine Sorgfaltspflicht steigert sich allerdings, sobald er Anlass hat, anzunehmen, dass ein beteiligter Assistenzarzt unkonzentriert handelt, weil er durch seine Nachtdienste vollkommen übermüdet ist.

256 **Kinder:** Der Vertrauensgrundsatz gilt nicht bei Kindern. Wenn Kinder am Straßenrand spielen und ein herannahender Autofahrer erkennen kann, dass sie nicht auf den Verkehr achten, hat der Autofahrer sein Verhalten darauf einzustellen. Er muss bremsbereit fahren oder mit einem Hupsignal auf sich aufmerksam machen (OGH 9 Os 191/58). Grundsätzlich kann von einem Autofahrer eine darauf gerichtete erhohte Aufmerksamkeit nur verlangt werden, wenn ein Kind für ihn auch erkennbar war. In der Nähe von Schulen und Kindergärten bzw bei Vorliegen konkreter Umstände, muss jedoch generell mit der Anwesenheit von Kindern gerechnet werden. Die damit regelmäßig verbundene unklare Verkehrssituation verlangt vom Autofahrer dann immer eine erhöhte Sorgfaltspflicht, auch wenn er konkret keine Kinder wahrnimmt (OGH 12 Os 51, 52/94).

C. Objektive Voraussehbarkeit des Taterfolges (Objektive Zurechnung des Taterfolges)

Triffterer Die „objektive Voraussehbarkeit" (des Erfolges und des Kausalverlaufs) – unverzichtbares Element im Begriff der Fahrlässigkeit oder allgemeines Verbrechenselement aller Erfolgsdelikte?, in: *Bockelmann*-FS (1979), 201; *ders* Die Theorie der objektiven Zurechnung in der österreichischen Rechtsprechung, in: *Klug*-FS II (1983), 419.

Die objektive Voraussehbarkeit der Tatfolgen (des Taterfolges) ist die zweite Komponente des § 6, welche auf der Tatbestandsebene zu prüfen ist. Der Taterfolg kann in einer Verletzung oder Gefährdung bestehen. Nur ein voraussehbarer Erfolg kann dem Täter zugerechnet werden. Man spricht daher auch vielfach von der objektiven Zurechnung des Taterfolges. 257

Die Beurteilung der Zurechnung eines Taterfolges wird sich gerade im Bereich der Fahrlässigkeitsdelikte im Einzelfall als problematisch erweisen. Bei Vorsatzdelikten liegt die Zurechnung des Erfolges regelmäßig auf der Hand und verlangt kaum eine nähere Auseinandersetzung (Rz 167ff). 258

Die ältere Judikatur unterschied oft noch nicht genau zwischen Kausalität und Zurechnung (OGH 11 Os 233/68). In älteren Entscheidungen des OGH findet sich meist noch die Formulierung, dass unter bestimmten Voraussetzungen der „Kausalzusammenhang unterbrochen" bzw „abgebrochen" wurde. Die Kriterien, welche dabei für die Frage des unterbrochenen bzw nicht unterbrochenen Kausalzusammenhanges herangezogen wurden, stimmen aber weitgehend mit den heute verwendeten Kriterien im Rahmen der Zurechnungsprüfung überein. Unter diesem Aspekt ist daher auch die ältere Judikatur noch heute von Wert. 259

Ein Blick in die Rechtsprechung macht deutlich, dass sich die Frage der Zurechnung eines Taterfolges manchmal nicht eindeutig überzeugend beantworten lässt. Es eröffnet sich in diesem Bereich ein weiter Ermessensspielraum, der letztlich mit einer Rechtsunsicherheit verbunden ist, die zu Lasten der Rechtsunterworfenen geht. Zwischen der sorgfaltswidrigen Handlungsweise und dem herbeigeführten Erfolg müssen ein **Adäquanzzusammenhang, ein Rechtswidrigkeitszusammenhang** und ein **Risikozusammenhang** bestehen, damit der Erfolg dem Handelnden auch strafrechtlich zugerechnet werden kann. Es handelt sich dabei um drei Argumentationsschienen, nach denen die Rechtsprechung die Zurechnung eines Erfolges begründet bzw verneint: 260

1. Adäquanzzusammenhang

Voraussehbar sind **typische Kausalverläufe**. Das Zurechnungserfordernis des Adäquanzzusammenhanges und damit die objektive Voraussehbarkeit 261 eines Erfolges ist dann zu bejahen, wenn der konkrete Kausalverlauf und der eingetretene Erfolg nicht völlig außerhalb der allgemeinen täglichen Lebenserfahrung liegen (OGH 11 Os 156/84). Der Ablauf des Geschehens braucht nicht in allen Einzelheiten vorhersehbar gewesen zu sein (OGH 12 Os 29/95). Ein Erfolg ist zurechenbar, wenn er eine typische Folge einer bestimmten Handlungsweise darstellt. Es ist zB zu erwarten, dass bei einem schleudernden Auto der Beifahrer in die Lenkung eingreift (OLG Innsbruck 3 Bs 25/78).

262 Der Handelnde muss wenigstens eine grobe Vorstellung von der Kausalität seines Verhaltens im Hinblick auf einen bestimmten Erfolg gehabt haben. Der **Kausalverlauf** muss daher zumindest **in groben Zügen voraussehbar gewesen** sein. Die objektive Voraussehbarkeit eines Erfolges entfällt nur bei Fallkonstellationen mit einem gänzlich außerhalb des Rahmens der gewöhnlichen Erfahrung liegenden (atypischen) Kausalverlauf. Gemeint sind damit Fälle, in denen es zu einer schicksalhaften Verkettung unglücklicher Umstände gekommen ist (OGH 12 Os 29/95). Der Erfolg kann dann dem Täter nicht zugerechnet werden.

Typischer Kausalverlauf: A fährt mit seinem Auto mit 60 km/h durch das Ortsgebiet. Als ein Passant die Straße überquert, kann A nicht rechtzeitig bremsen. Er stößt den Passanten nieder, wobei dieser schwer verletzt wird. Es handelt sich dabei um einen alltäglichen Kausalverlauf. Für jeden Autolenker muss es vorhersehbar sein, dass eine überhöhte Geschwindigkeit einen längeren Bremsweg nach sich zieht und dies in weiterer Folge zu einer Verletzung von Passanten führen kann.

Atypischer Kausalverlauf: Beim Opfer des Verkehrsunfalls wird eine Speiseröhrenspiegelung vorgenommen. Diese führt zu einer Perforierung der Speiseröhre und damit zusammenhängenden Komplikationen (Luftansammlung im Bauchraum, operative Öffnung des Bauches, Herzstillstand während der Operation, Lungenentzündung), welche letztlich den Tod des Unfallopfers zur Folge haben (OLG Wien 26 Bs 126/79). In diesem Fall hat das Geschehen nach dem Unfall eine atypische, nicht vorhersehbare Entwicklung genommen. Für die Ausgangsverletzung (zB fahrlässig herbeigeführte Körperverletzung, § 88) könnte der Fahrzeuglenker zur Verantwortung gezogen werden, nicht jedoch für den Todeseintritt (§ 80).

263 Mit dem Zurechnungskriterium des Adäquanzzusammenhanges können Erfolge von der strafrechtlichen Zurechnung ausgenommen werden, welche nur durch eine unglückliche, nicht vorhersehbare und daher völlig atypische Verkettung von Umständen zustande kamen, mögen sie auch durch die vom Täter in Gang gesetzte Kausalkette herbeigeführt worden sein (OLG Wien 21 Bs 177/83). Erfolge, welche außerhalb des Rahmens gewöhnlicher Erfahrung

liegen, können trotz Bestehens einer Kausalkette zwischen dem Verhalten des Täters und dem eingetretenen Erfolg diesem nicht zugerechnet werden. Er hat diese strafrechtlich nicht zu verantworten (OLG Wien 25 Bs 361/84).

2. Rechtswidrigkeitszusammenhang

a) Schutzzweck der Norm

Die Zurechenbarkeit eines Erfolges setzt zudem voraus, dass zwischen der Handlung des Täters und dem eingetretenen Erfolg ein Rechtswidrigkeitszusammenhang besteht. Wird durch eine Rechtsnorm ein bestimmtes Verhalten untersagt, ist zu fragen, welche nachteiligen Konsequenzen (Erfolge) damit verhindert werden sollen (Schutzzweck der Norm). Wurde durch die rechtswidrige Vorgangsweise des Täters gerade ein solcher Erfolg herbeigeführt, besteht zwischen dem Verhalten und dem Erfolg ein Rechtswidrigkeitszusammenhang. Der Erfolg kann dem Täter dann zugerechnet und er kann dafür strafrechtlich zur Verantwortung gezogen werden. 264

An der Zurechnung mangelt es, wenn jemand ein erlaubtes Risiko eingeht: Das Lenken eines Fahrzeuges unter Einhaltung aller Regeln des Straßenverkehrs stellt ein solches erlaubtes Risiko dar, obwohl die dadurch bewirkten Gefahren für Leben, Gesundheit und Sachgüter nicht geleugnet werden können. Das Gemeinwohlinteresse überwiegt jedoch in diesen Fällen. Die einschlägigen Straßenverkehrsbestimmungen sollen das Unfallrisiko zu einem tolerablen Maß minimieren. Durch das Überschreiten von Geschwindigkeitsvorschriften schafft ein PKW-Lenker aber zB ein nicht mehr erlaubtes Risiko. 265

Selbst wenn einschlägige Verkehrsvorschriften verletzt werden, ist immer zu **prüfen**, ob der eingetretene **Erfolg innerhalb oder außerhalb des Schutzbereiches der Norm liegt** und daher eine Haftung für diesen Erfolg besteht oder nicht. Gerade bei den Fahrlässigkeitsdelikten ergibt sich immer wieder die Notwendigkeit zu prüfen, ob der **Sorgfaltsverstoß spezifische Voraussetzung für** den eingetretenen **Erfolg** war: 266

Rechtswidrigkeitszusammenhang: Ein Vater leiht seinem Sohn das Auto, obwohl dieser noch keinen Führerschein besitzt. Auf der kurvigen Landstraße verliert der Sohn die Herrschaft über sein Fahrzeug und landet im Straßengraben. Er wird dabei schwer verletzt. Für diese Verletzung kann der Vater strafrechtlich zur Verantwortung gezogen werden (§ 88). Das Erfordernis eines Führerscheins soll gewährleisten, dass nur Personen ein Auto lenken, die es auch beherrschen. Der Vater darf sein Auto daher nur jemandem leihen, der einen Führerschein besitzt.

Kein Rechtswidrigkeitszusammenhang: Der Sohn wird auf der Autobahn Opfer eines Geisterfahrers, ohne dass ihn am Unfall ein Verschulden trifft. Der Vater kann für die Verletzung seines Sohnes nicht haftbar gemacht werden. Dem Sohn wurde zwar unerlaubterweise das Auto geliehen, da er keinen Führerschein besitzt, doch soll das Erfordernis eines Führerscheinbesitzes nur gewährleisten, dass Personen am Straßenverkehr teilnehmen, die formell das Lenken eines Kraftfahrzeuges beherrschen. Die Bestimmung soll nicht verhindern, dass jemand durch das vorschriftswidrige Fahren eines anderen zu Schaden kommt. Es fehlt daher am notwendigen Rechtswidrigkeitszusammenhang, um dem Vater die Verletzung seines Sohnes zuzurechnen. Der Vater hat die Verletzung seines Sohnes strafrechtlich nicht zu verantworten. Die strafrechtliche Verantwortlichkeit liegt hier allein beim Geisterfahrer (OGH 11 Os 17/73).

b) Rechtmäßiges Alternativverhalten

267 Wenn vom Einzelnen die Einhaltung gewisser Sorgfaltsregeln verlangt wird, geschieht dies deshalb, weil dadurch erreicht werden soll, dass Gefahren einer Verletzung von Dritten vermieden werden. Ein Erfolg kann nicht zugerechnet werden, wenn sich feststellen lässt, dass selbst **bei Beachtung der verletzten Gesetzesbestimmung** (rechtmäßiges Alternativverhalten) **derselbe Erfolg** eingetreten wäre:

Ein PKW-Lenker fährt mit 110 km/h auf einer Bundesstraße, für welche die übliche Geschwindigkeitsbegrenzung von 100 km/h gilt. Plötzlich läuft ein Fußgänger, ohne auf den Verkehr zu achten, über die Straße, wird vom PKW niedergestoßen und getötet. Kann der KFZ-Sachverständige im Zuge des Gerichtsverfahrens feststellen, dass selbst bei Einhaltung der erlaubten Geschwindigkeit der PKW-Lenker nicht rechtzeitig bremsen hätte können und den plötzlich auf die Straße getretenen Passanten ebenso erfasst und getötet hätte, kann der Autofahrer trotz seiner Geschwindigkeitsüberschreitung nicht für die Tötung des Passanten bestraft werden (vgl OLG Wien 26 Bs 233/79).

268 Die Rechtsprechung relativiert diese Grundregel teilweise, indem sie auf eine „**Risikoerhöhung**" abstellt und diese genügen lässt (vgl Rz 286f; OGH 13 Os 109/85; OLG Wien 26 Bs 233/79; OLG Wien 25 Bs 437/84). Danach reicht es für die Zurechnung eines Erfolges aus, wenn das rechtswidrige Verhalten des Täters zumindest das Risiko für das Opfer erhöht hatte, obwohl feststeht, dass dieser Erfolg bei Einhaltung der geforderten Sorgfalt genauso eingetreten wäre. Eine strafrechtlich relevante Risikoerhöhung gegenüber rechtmäßigem Alter-

nativverhalten ist jedoch zu verneinen, wenn rechtmäßiges Verhalten ex post betrachtet das Risiko des tatbildmäßigen Erfolges nicht wesentlich herabgesetzt hätte (OGH 13 Os 75, 76/99). Zu einer Risikoerhöhung gegenüber rechtmäßigem Alternativverhalten kann es kommen, wenn ein Autolenker eine Fahrgeschwindigkeit wählt, die im Hinblick auf seine alkoholbedingt verminderte Aufmerksamkeit als relativ überhöht einzustufen ist (OLG Wien 23 Bs 413/91).

Die Berücksichtigung des rechtmäßigen Alternativverhaltens, verbunden mit der Risikoerhöhungstheorie, ist nur dann einleuchtend, wenn mit an Sicherheit grenzender Wahrscheinlichkeit festgestellt werden kann, dass bei sorgfaltsgemäßem Verhalten zwar derselbe Erfolg herbeigeführt worden wäre, durch das Verhalten des Täters aber das Risiko gesteigert wurde (OGH 13 Os 109/85). In der Praxis wird sich dies kaum feststellen lassen. Die Normübertretung allein reicht noch nicht als Hinweis für eine Risikoerhöhung aus. Die Risikoerhöhung muss sich aus der Sachlage ergeben. Es muss von der tatsächlichen Situation ausgegangen werden und dabei feststellbar sein, dass für das Opfer durch das Verhalten des Täters eine höhere Gefahr der Rechtsgutverletzung geschaffen worden ist, als es der Fall gewesen wäre, hätte der Täter sich ordnungsgemäß verhalten (*R.Seiler* in *Wesener*-FS, 461). 269

Dennoch erscheint es bedenklich, mit Hilfe der Risikoerhöhungstheorie die Zurechnung eines Erfolges zu begründen. Es darf nicht übersehen werden, dass damit streng genommen aus Verletzungsdelikten Gefährdungsdelikte gemacht werden. Mit der Risikoerhöhungstheorie wird dem Täter die eingetretene Verletzung zugerechnet, obwohl ihm eigentlich nur der Vorwurf eines gefährlichen Fehlverhaltens, welches zu einer Erhöhung der Gefahr für das Rechtsgut geführt hat, angelastet werden könnte (*R.Seiler* in *Wesener*-FS, 461). 270

Vom bisher Gesagten sind Fallkonstellationen **zu unterscheiden**, bei denen sich die Feststellung treffen lässt, dass durch die **überhöhte Geschwindigkeit** das **Opfer schwerer verletzt** wurde, als es bei Einhaltung der erlaubten Geschwindigkeit der Fall gewesen wäre. Hierbei bedarf es gar nicht des Heranziehens der Risikoerhöhungstheorie, denn der Täter hat den konkreten Erfolg durch seine höhere Geschwindigkeit verwirklicht, während er bei Einhaltung der zulässigen Geschwindigkeit einen anderen Erfolg, nämlich eine geringere Verletzung zugefügt hätte. Für diese geringere Verletzung wäre der Täter allerdings strafrechtlich nicht verantwortlich gewesen, wenn sie bei Beachtung der gebotenen Sorgfalt in diesem Ausmaß unvermeidbar gewesen wäre. 271

3. Risikozusammenhang

Lambauer Der „tätige" und der „untätige" Arzt, RZ 1997, 82; *Pirker* Die Wegehalterhaftung im alpinen Gelände, ZVR 1991, 193; *Schmoller* Fremdes Fehlverhalten im Kausalverlauf, in *Triffterer*-FS (1996), 223.

272 Vielfach wird es nicht möglich sein, genau zu sagen, welche nachteiligen Folgen der Gesetzgeber mit der Schaffung einer Gesetzesbestimmung verhindern wollte. Soweit der Wille des Gesetzgebers nicht aus den Gesetzesmaterialien eindeutig ersichtlich ist, würde eine Argumentation, welche sich auf den Rechtswidrigkeitszusammenhang stützt, auf Unterstellungen hinauslaufen. Die Rechtsprechung zeigt die Tendenz, den **Begriff** des **Rechtswidrigkeitszusammenhangs durch** jenen des **Risikozusammenhangs** zu **ersetzen**. Damit wird nicht der normative, sondern der rein sachliche Aspekt in den Vordergrund gerückt (OGH 14 Os 66/89; OLG Wien 21 Bs 177/83; *Pirker* ZVR 1991, 199). Das relevante Kriterium ist hierbei, ob das Risiko, welches der Täter mit seinem Verhalten schuf, sich auch im konkreten Erfolg verwirklicht hat. Im Ergebnis sind Risikozusammenhang und Rechtswidrigkeitszusammenhang deckungsgleich (OGH 10 Os 127/84).

273 Ein Risikozusammenhang ist anzunehmen, wenn ein Fahrzeuglenker zu Beginn der Grün-Phase in eine Kreuzung mit „fliegendem Start" gleichsam blindlings und mit überhöhter Geschwindigkeit einfährt und dabei einen Fußgänger verletzt, der die Kreuzung noch schnell bei bereits bestehendem Rotlicht am Schutzweg überqueren will (OGH 16 Os 40/91).

274 **Folgeunfälle:** Wer einen Verkehrsunfall verursacht, dem werden in der Regel auch Verletzungen, welche durch daran anschließende Folgeunfälle passieren, zugerechnet. Der **Risikozusammenhang** zwischen Ausgangsunfall und Folgeunfall ist immer zu bejahen, **wenn** es sich beim Folgeunfall um ein Ereignis handelt, welches nach den Erwartungen des täglichen Lebens **nicht** als **atypisch** einzustufen ist (OLG Wien 22 Bs 46/83):

> X bringt durch zu knappes Überholen einen Radfahrer zu Sturz. Ein unmittelbar nachfolgendes Auto kann nicht rechtzeitig bremsen und überfährt den gestürzten Radfahrer, wodurch dieser getötet wird. Im Rahmen der Zurechnung ist zu prüfen, ob der Folgeunfall unmittelbar aus der vom Täter des Ausgangsunfalls (X) geschaffenen Gefahr resultierte und die dabei geschaffenen Risikomomente weiter bestanden haben. Im geschilderten Fall wird dies zu bejahen sein, obwohl der Tod eigentlich durch einen Dritten unmittelbar herbeigeführt worden ist (OGH 10 Os 127/84).

275 Bei der Prüfung des Risikozusammenhanges ist es belanglos, ob den Verursacher des Folgeunfalls auch ein Verschulden trifft oder nicht. Es kommt nur darauf an, dass das vom Täter des Ausgangsunfalls geschaffene Risiko noch real aufrecht bestanden hat, als es zum Folgeunfall kam. Ein mögliches Verschulden des Verursachers des Folgeunfalls ist getrennt davon zu prüfen.

276 Wenn die Unfallstelle abgesichert ist und die Unfallopfer in Sicherheit gebracht worden sind, ist das Risiko eines Folgeunfalls regelmäßig beseitigt. Dem

Täter des Ausgangsunfalls ist es dann nicht mehr zuzurechnen, wenn ein Autofahrer in der Folge von der Straße abkommt, weil er aus reiner Sensationsgier nicht mehr auf die Fahrbahn achtet und dabei das auf der Straßenböschung in Sicherheit gebrachte Unfallopfer überfährt. Sobald das Opfer von der Straße weg aus der Gefahrenzone gebracht worden ist, endet das Risiko weiterer Verletzungen durch Folgeunfälle. Ein Risikozusammenhang zwischen Ausgangsunfall und Folgeunfall ist hier zu verneinen. Der Schaulustige, der seinen Wagen verreißt und von der Straße abkommt, schafft ein neues Risiko, welches dem Verursacher des Ausgangsunfalls nicht mehr zugerechnet werden kann.

Verletzung des Helfers: Der Täter des Ausgangsunfalls hat grundsätzlich 277
auch für einen Unfall einzustehen, den ein Helfer erlitten hat, der, veranlasst durch den Ausgangsunfall, zum Opfer geeilt ist, um diesem Hilfe zu leisten. Natürlich wird dabei nicht außer Acht gelassen werden dürfen, dass sich der Retter bewusst der Gefahr selbst aussetzt und die bloße Veranlassung einer freiwilligen Selbstgefährdung in der Regel nicht strafbar sein kann. Eine Zurechnung wird jedoch nur zu verneinen sein, wenn der Retter zum Eingreifen nicht verpflichtet ist oder wenn er sich Gefahren aussetzt, die in keinem vernünftigen Verhältnis zu ihrem möglichen Nutzen stehen. Eine gesetzliche Verpflichtung zur Hilfeleistung für unbeteiligte Dritte ergibt sich insbesondere aus § 95. Konsequent wird eine Zurechnung der Verletzung von Helfern gegenüber dem Unfallverursacher auch bei berufsmäßigen Helfern (Feuerwehr, Rettung) erfolgen müssen. Das Argument, dass diese freiwillig ein spezifisches Berufsrisiko übernommen haben, steht dem nicht entgegen. Es macht keinen Unterschied, ob jemand durch § 95 oder durch seine berufliche Tätigkeit zur Hilfeleistung verpflichtet ist. Soweit sich der Helfer bei seiner Rettungsaktion nicht in grob unvernünftiger und damit nicht voraussehbarer Weise einer Selbstgefährdung ausgesetzt hat, wird eine Verletzung des Helfers dem Unfallverursacher zurechenbar sein. Unter Betonung eines Rechtswidrigkeitszusammenhanges ließe sich auch unterstellen, dass der Zweck von Verkehrsvorschriften, die Unfälle vermeiden sollen (zB Geschwindigkeitsbegrenzungen) nicht nur darin besteht, Unfälle mit unmittelbar dadurch verursachten Personenschäden zu verhindern. Der Zweck erstreckt sich auch darauf, die durch einen Unfall regelmäßig verursachte Gefahr für herbeieilende Helfer auszuschalten (vgl OGH 6 Os 418/57; OGH 2 Ob 43/08z).

Besondere persönliche Eigenschaften des Opfer: Ein schlechter Gesund- 278
heitszustand des Opfers, welcher den Erfolg mitbestimmt, **belastet den Täter.** Verletzungsfolgen können bei einem älteren oder bereits kränklichen Menschen naturgemäß weitreichender sein als bei einem jugendlichen Organismus. Dieses Risiko hat der Täter zu tragen und daraus resultierende Folgen sind ihm zuzurechnen. Es kommt immer auf den jeweils konkret eingetretenen Erfolg an. Vergleiche mit anderen Personen, bei denen die Heilung möglicherweise besser verlaufen wäre, sind nicht zulässig (OLG Wien 22 Bs 170/80).

A stößt mit seinem Auto einen betagten Passanten nieder, der auf dem Schutzweg die Fahrbahn überqueren will. Der Passant erleidet einen Unterschenkelbruch. Durch das lange Liegen im Krankenhaus treten beim Unfallopfer Komplikationen auf (zB Lungenembolie), an denen dieses verstirbt. Dem Unfallverursacher ist in diesem Fall auch der Tod des Passanten zuzurechnen.

279 **Fahrlässiges Verhalten des Opfers bzw eines Dritten:** Die Grenze des voraussehbaren Kausalverlaufes wird von der Judikatur zum Teil in weiter Ferne angenommen:

A stößt mit seinem Auto den Passanten B nieder und verletzt diesen leicht am Bein. B sucht keinen Arzt auf, da er die Verletzung bagatellisiert. In der Folge kommt es zu schwerwiegenden Komplikationen und B hat mit dauerhaften Bewegungseinschränkungen zu rechnen. A werden als Unfallverursacher auch diese schweren Verletzungsfolgen zugerechnet, obwohl diese eigentlich auf ein fahrlässiges Verhalten des Verletzten zurückzuführen sind (OGH 9 Os 47, 48/86).

280 Die Judikatur macht keinen Unterschied, ob der Verletzte selbst oder ein Dritter durch eine fahrlässige Handlungsweise (zB der Arzt durch eine unsachgemäße Behandlung) in den Kausalverlauf eingegriffen hatten (OLG Wien 21 Bs 177/83). Ohne Unterschied werden die daraus resultierenden **Folgen dem Unfallverursacher zugerechnet**.

281 Dem Unfallverursacher wird auch der Tod des Unfallopfers zugerechnet werden können, wenn dieses das Krankenhaus trotz Mahnung des behandelnden Arztes, dass eine erhöhte Emboliegefahr bestünde, vorzeitig verlässt und in der Folge außerhalb der Klinik an einer Embolie stirbt. Trotz des unvernünftigen Verhaltens des Unfallopfers wird der Tod des Opfers nicht als atypische Unfallfolge gesehen werden können und der Adäquanzzusammenhang zu bejahen sein. Zwischen dem eigentlichen Unfall und einem späteren Fehlverhalten des Unfallopfers besteht auch ein Risikozusammenhang.

Dem Unfallverursacher wird zur Last gelegt, wenn das Unfallopfer bei einer Knieverletzung nach ambulanter Behandlung nicht ständig Bettruhe hält, sondern versucht, seiner Arbeit nachzugehen, wodurch eine Verschlechterung der Knieverletzung und eine längere Heilungsdauer eintritt (OLG Wien 25 Bs 361/84).

Dem Verursacher eines Verkehrsunfalls sind auch Verletzungen zuzurechnen, die ein unter Schock stehender Unfallbeteiligter bei dem Versuch erleidet, aus dem brennenden Auto ohne Beachtung des Risikos und trotz warnender Zurufe seine KFZ-Papiere zu bergen (OGH 13 Os 10, 11/91).

Die Rechtsprechung geht sogar so weit, dem **Verursacher eines Verkehrsunfalls** die **Folgen** aus einer **fahrlässig falschen ärztlichen Behandlung des Unfallopfers zuzurechnen** (OGH 10 Os 146/75; OGH 11 Os 42/80; OGH 13 Os 21/91). Es geht wohl etwas weit, anzunehmen, dass fahrlässiges Verhalten eines Arztes bei der Behandlung eines Verletzten nach der Erfahrung des täglichen Lebens nicht ungewöhnlich ist. Folgt man der Judikatur, geht eine unsachgemäße Behandlung, die den Heilungsverlauf verzögert, im Regelfall immer zu Lasten des Verursachers der Ausgangsverletzung (OGH 11 Os 233/68). Alle adäquaten Komplikationen im Zuge der ärztlichen Behandlung eines Unfallopfers fallen in die Risikosphäre des Verursachers der Primärverletzung: 282

Ein Arzt erkennt nicht die Tiefe eines Bauchstichs und das Opfer verstirbt daraufhin an den inneren Verletzungen. Der Täter, der den Bauchstich zugefügt hat, kann in diesem Fall auch für die Tötung seines Opfers zur Verantwortung gezogen werden (OGH 13 Os 21/91).

Die **Grenze** für die Zurechnung wird jedoch zumindest immer dort zu ziehen sein, wo Verhaltensweisen des Verletzten in das Kausalgeschehen eingreifen, welche vernünftigerweise von niemandem zu erwarten sind („**grob unvernünftig**", OGH 11 Os 213/09x) und die Tatfolge ohne das Fehlverhalten des Verletzten mit sehr hoher Wahrscheinlichkeit nicht eingetreten wäre (OGH 9 Os 47, 48/86; OGH 13 Os 10, 11/91). Ein Risikozusammenhang zwischen dem Täterverhalten und dem eingetretenen Enderfolg ist zu verneinen, wenn das **Fehlverhalten des Verletzten im vollen Bewusstsein eigenverantwortlicher Selbstgefährdung** gesetzt wurde und **für jeden vernünftig denkenden Menschen** in der Lage des Betroffenen unter den gegebenen Umständen **schlechthin unbegreiflich** wäre (OGH 12 Os 15/16x). Als „grob unvernünftig" wird ein Verhalten einzustufen sein, welches meist auch den Kriterien der groben Fahrlässigkeit iSd § 6 Abs 3 entspricht (OLG Innsbruck Fahrlässigkeit (OLG Innsbruck 7 Bs 136/89). Dies bedeutet jedoch nicht, dass bei einem grob fahrlässigen Verhalten des Dritten bzw Opfers (iSd § 6 Abs 3) jeweils die Zurechnung des Erfolges an den Verletzungsverursacher ausgeschlossen werden kann. Die Frage, ob zB der Verletzte im vollen Bewusstsein eigenverantwortlicher Selbstgefährdung gehandelt hat, ist ein weiteres nach der Rsp zu prüfendes Kriterium (OGH 12 Os 29/95). Entsprechendes gilt für die Frage, ob die Tatfolge ohne das Fehlverhalten des Verletzten bzw Dritten mit sehr hoher Wahrscheinlichkeit nicht eingetreten wäre (OGH 9 Os 47, 48/86; OGH 13 Os 10, 11/91). Die Rsp verlangt somit mehr als eine bloß „grobe Fahrlässigkeit" des dazwischentretenden Dritten oder des Unfallopfers, damit eine Zurechnung des Erfolges an den Unfallverursacher verneint werden kann. 283

284 Ein Erfolg kann dem Verletzungsverursacher nicht zugerechnet werden, wenn sich der Verletzte trotz einer lebensbedrohlichen Verletzung bewusst keiner weiteren ärztlichen Behandlung unterzieht. Allgemein begreiflich ist jedoch, wenn ein Vergewaltigungsopfer auf der Flucht vor dem Täter aus dem Fenster springt. Die Verletzungen, welche sich das Opfer dabei zuzieht, sind dem Täter zuzurechnen (OGH 12 Os 29/95). Eine eigenverantwortliche Selbstgefährdung kann somit den Risikozusammenhang ausschließen. Dieses Eigenverantwortlichkeitsprinzip ist jedoch begrenzt, wenn der Verletzungsverursacher das Risiko kraft überlegenen Sachwissens besser erfasst (zB bei Kindern) oder der Selbstgefährdungsentschluss des anderen erkennbar an gravierenden Bewertungsmängeln leidet (zB Trunkenheit).

Ein Autolenker nimmt am Gehsteig einen Passanten wahr, der aufgrund seiner Verhaltensauffälligkeit offenbar schwer alkoholisiert ist. In diesem Fall hat der Autofahrer sein Fahrverhalten an die konkrete Situation anzupassen und darf nicht darauf vertrauen, dass der alkoholisierte Passant schon nicht unmotiviert auf die Fahrbahn springen werde.

285 **Nicht zugerechnet** werden können **Folgen,** welche durch ein **vorsätzliches Handeln des Opfers** oder **eines Dritten** herbeigeführt werden. Wenn das Unfallopfer durch sein Verhalten vorsätzlich eine Heilungsverzögerung bewirkt, um möglichst viel von der Versicherung an Schadenersatz und Schmerzengeld zu bekommen, kann dies nicht dem Unfallverursacher zugerechnet werden (OGH 11 Os 233/68).

286 **Zurechnung aufgrund einer Risikosteigerung:** Für die Zurechnung genügt es, wenn das vom Täter herbeigeführte Geschehen von gefahrerhöhender Wirkung war: Jemand lässt seinen LKW unbeleuchtet am Straßenrand einer Landstraße stehen, so dass er einen Meter in die Fahrbahn hineinragt. Ein nachfolgender PKW-Lenker kollidiert mit dem abgestellten LKW und wird dabei verletzt. Der Verletzungserfolg wird dem LKW-Lenker auch dann zugerechnet, wenn anzunehmen ist, dass der PKW-Lenker mit dem LKW auch kollidiert wäre, wenn dieser beleuchtet abgestellt worden wäre. Durch Unterlassen des Beleuchtens wurde jedoch zumindest die Gefahr einer Kollision erhöht (OGH 13 Os 39/76; OLG Innsbruck 4 Bs 85/75). Entsprechendes gilt, wenn ein LKW einen betrunkenen Radfahrer mit zu geringem Seitenabstand überholt und dieser zu Sturz kommt und überrollt wird. Auch wenn angenommen werden kann, dass dieser selbst bei Einhaltung des notwendigen Seitenabstandes zu Sturz gekommen und getötet worden wäre, wurde durch das zu knappe Vorbeifahren die tolerierbare Unfallgefahr erhöht, wodurch ein verbotenes Risiko geschaffen wurde. Eine Risikosteigerung genügt, weil sie eine erhöhte Wahrscheinlichkeit für den Erfolgseintritt schafft (OLG Wien 16 Bs 175/75).

Berücksichtigt wird nur eine **rechtlich relevante Erhöhung des Risikos**: Ein Neffe schenkt seinem reichen Erbonkel eine Billigflugreise, in der Hoffnung, das Flugzeug werde abstürzen. Tritt das „erhoffte Ereignis" tatsächlich ein und das Flugzeug mit dem Erbonkel an Bord stürzt ab, ist der Neffe zweifellos kausal für den Tod seines Onkels, doch könnte ihm dieser Tötungserfolg nicht zugerechnet werden. Es handelt sich dabei um ein Ereignis, welches im Normalfall wohl außerhalb der möglichen Einflussnahme des Neffen liegt und daher auch nicht ernsthaft vorhersehbar ist. Der Tod durch einen Flugzeugabsturz stellt kein Ereignis dar, welches typisch mit einer Flugreise verbunden ist. Die Todesherbeiführung kann im Regelfall nur einem technischen Gebrechen und den dafür Verantwortlichen zugerechnet werden. Die Tatsache, dass der habgierige Neffe auf ein solches Ereignis gehofft hat, ist ohne Relevanz. Das reine Hoffen, dass ein anderer Schaden erleidet (jemandem Böses wünschen) mag zwar moralisch nicht korrekt sein, ist jedoch nicht strafbar. 287

Bei einer **Risikoverringerung** erfolgt hingegen immer ein Ausschluss der Zurechnung: Wer bei einer Klettertour einen Felsblock, den er in bedrohlicher Weise auf den Kopf eines anderen zufallen sieht, zwar nicht ablenken kann, aber den anderen zur Seite stößt, um ihn aus der Falllinie des Felsbrockens zu bringen, wobei dieser verletzt wird, ist zwar kausal für die Körperverletzung, diese kann ihm aber nicht strafrechtlich zugerechnet werden. 288

D. Grobe Fahrlässigkeit (§ 6 Abs 3)

Bei manchen Tatbeständen wird ausdrücklich eine „grobe" Fahrlässigkeit des Täters verlangt (zB § 81, § 159), die dann regelmäßig mit einem höheren Strafrahmen verbunden ist. Eine grobe Fahrlässigkeit ist nur anzunehmen, wenn in hinsichtlich der objektiven Sorgfaltswidrigkeit eine ***„auffallende und ungewöhnliche Vernachlässigung der Sorgfaltspflicht"*** vorliegt. Hinsichtlich der Voraussehbarkeit des Erfolges ist verlangt, dass der Eintritt als ***„geradezu wahrscheinlich"*** anzunehmen ist. Dabei ist immer die Lage des konkreten Falles, insbesondere der in der Tat verwirklichte Handlungs- und Gesinnungsunwert in Betracht zu ziehen. Ein objektiv besonders schwerer Sorgfaltsverstoß muss auch subjektiv schwerstens vorzuwerfen sein. Eine grobe Fahrlässigkeit liegt nicht bereits vor, wenn bloß das durchschnittliche Maß einer Fahrlässigkeit überschritten wird. Das Verhalten des Täters muss vielmehr eine das durchschnittliche Maß einer Fahrlässigkeit beträchtlich übersteigende Sorglosigkeit erkennen lassen. Der Sorgfaltsverstoß kann nur dann als grob fahrlässig angesehen werden, wenn er einem ordentlichen Menschen keinesfalls unterlaufen wäre oder das Versehen mit Rücksicht auf seine Schwere oder Häufigkeit (zumindest) nur bei besonderer Nachlässigkeit und nur bei besonders leichtsinnigen Menschen vorkommt. Im Zweifel ist zugunsten des Beschuldigten bloß 289 von einer fahrlässigen Begehung auszugehen. Ein Indiz für grobe Fahrlässigkeit könnte darin erblickt werden, dass jemand sich über grundlegende und für jedermann leicht ersichtliche Vorschriften hinwegsetzt und ganz naheliegende Überlegungen nicht anstellt. Zweifellos wird oft die Abgrenzung zum einfachen Tatvorsatz (§ 5 Abs 1) schwer sein, da eine besondere Nachlässigkeit nach den Umständen leicht die Vermutung nahelegt, dass der Täter die Verwirklichung eines strafrechtlich relevanten Sachverhalts ernstlich für möglich gehalten und sich damit abgefunden hat. Es müssen aber immer konkrete Umstände festgestellt werden, aus denen eine dahingehende Annahme abgeleitet werden könnte.

VI. Zusammenfassendes Schema zur Tatbestandsmäßigkeit bei Fahrlässigkeitsdelikten

290 Nachfolgend werden die Punkte, welche bei der Prüfung der Tatbestandsmäßigkeit beim Fahrlässigkeitsdelikt zu beachten sind, in einem Schema zusammengefasst. Bei der strafrechtlichen Beurteilung eines konkreten Sachverhaltes verlangen vor allem jene Kriterien ein näheres Eingehen, bei denen sich aufgrund der gegebenen Fallkonstellation ein Begründungsbedarf ergibt:

I. Tatbestand	→	**A. Kausalität zwischen Handlung und Erfolg** **B. Objektive Sorgfaltswidrigkeit der Handlung** 1. Verstoß gegen Rechtsvorschriften (zB StVO) 2. Verstoß gegen allgemein anerkannte Regeln (zB FIS Regeln) 3. Sorgfaltsmaßstab eines maßstabgerechten Dritten aus dem Verkehrskreis des Täters **C. Objektive Voraussehbarkeit des Erfolges** (Objektive Zurechnung des Erfolges) 1. Adäquanzzusammenhang (typischer – atypischer Kausalverlauf) 2. Rechtswidrigkeitszusammenhang (erlaubtes Risiko, rechtmäßiges Alternativverhalten) 3. Risikozusammenhang
II. Rechtswidrigkeit		
III. Schuld		
IV. Strafe		

VII. Kombination von Vorsatz und Fahrlässigkeit

A. Bei **erfolgsqualifizierten Delikten** ist zu prüfen, ob die besondere (qualifizierende) Folge fahrlässig herbeigeführt worden ist (§ 7 Abs 2). Vielfach wird dies bereits im Tatbestand zum Ausdruck gebracht. Der allgemeinen Regelung des § 7 Abs 2 bedarf es dann gar nicht. Bei der Körperverletzung mit tödlichem Ausgang (§ 86) muss zB die Verletzungshandlung selbst vorsätzlich erfolgen. Die Todesfolge der Verletzungshandlung braucht hingegen nur fahrlässig bewirkt worden zu sein. Kann dem Täter hinsichtlich der Todesfolge nicht einmal eine Fahrlässigkeit zur Last gelegt werden, ist er nur für das Grunddelikt (§ 83) strafbar. In der Regel wird die vorsätzliche Verletzungshandlung die Fahrlässigkeit in Bezug auf die Folge natürlich indizieren. Hat der Täter die Todesfolge sogar ernstlich für möglich gehalten und in Kauf genommen, liegt Mordvorsatz (§ 5 Abs 1, dolus eventualis) vor und der Täter macht sich wegen Mordes strafbar (§ 75). 291

Die Haftung des Täters für die qualifizierte Tatfolge setzt in objektiver Hinsicht voraus, dass seine **Handlung** für den konkreten Erfolg **kausal** war (**Äquivalenztheorie**, OGH 13 Os 23/83; Rz 149). Die Tathandlung muss eine nicht wegzudenkende Bedingung für die Tatfolge gewesen sein (conditio sine qua non; OGH 11 Os 213/09x). 292

Darüber hinaus ist die (objektive) **Zurechenbarkeit** der kausalen Tatfolge nur gegeben, wenn zwischen beiden ein **Adäquanzzusammenhang** besteht: Eine Tatfolge ist adäquat verursacht, wenn sie nicht bloß als Folge einer Verkettung außergewöhnlicher Umstände eintrat (OGH 11 Os 213/09x). Die qualifizierende Tatfolge muss **nach alltäglicher Lebenserfahrung voraussehbar** gewesen sein (OGH 10 Os 133/75). Ist das Geschehen atypisch verlaufen und die Tatfolge auf ungewöhnliche Art und Weise eingetreten, kann der Täter nicht für diese zur Verantwortung gezogen werden (OGH 9 Os 192/77). Eine Begrenzung ergibt sich auch daraus, dass zwischen der Tathandlung und der Tatfolge ein **Risikozusammenhang** bestehen muss. 293

- A schlägt mit wuchtigen Faustschlägen auf B ein. Dieser kommt zu Sturz und erleidet einen tödlichen Schädelbruch (§ 86 Abs 1; OGH 10 Os 146/75). Dass die Handlungsweise des A für den Tod des B kausal ist, liegt auf der Hand. Es muss jedoch auch voraussehbar gewesen sein, dass die Faustschläge B zu Sturz bringen und er sich dabei einen Schädelbruch zuziehen könnte. Nur wenn diese Voraussehbarkeit des Kausalverlaufs gegeben ist, hat A den tödlichen Ausgang seiner Verletzungshandlung zu verantworten (§ 86). Im konkreten Fall wird angesichts der „wuchtigen" Faustschläge der Sturz des B eine typische Folge sein und A kann der Tod des B zugerechnet werden.

- Wenn hingegen ein Schlag ins Gesicht so zurückhaltend erfolgt, dass er nicht einmal ein Umfallen des alkoholisierten Opfers bewirkt, ist eine Tötung durch diesen Schlag nicht voraussehbar (OGH 15 Os 40/88).

294 Die Voraussehbarkeit ist nach den **individuellen Fähigkeiten** zu beurteilen, wobei emotionale Mängel wie zB **Aggressivität oder Alkoholmissbrauch nicht zu beachten** sind (OGH 9 Os 163/82). Es ist keine Voraussehbarkeit des konkreten Kausalverlaufs nötig. Der Täter muss bloß allgemein voraussehen können, dass die qualifizierende Tatfolge in einer Weise zustande kommt, die den Anforderungen des Adäquanz- und Risikozusammenhanges genügt (OGH 9 Os 163/82; Rz 261ff). So wird es als voraussehbar angesehen, dass nach einem Schlag eine Fettembolie zum Tod führt (OGH 9 Os 163/82). Hingegen ist nicht voraussehbar, dass eine Gasbrandinfektion nach einem Unfall eintreten könnte, da eine solche Infektion äußerst selten ist (OGH 11 Os 103/75; OLG Wien 23 Bs 101/80).

295 **B. Deliktsqualifikationen:** Von den erfolgsqualifizierten Delikten sind die sog Deliktsqualifikationen zu unterscheiden: Bei manchen Tatbeständen muss der qualifizierende **Erfolg vom Vorsatz umfasst** werden. Dies ist zB bei der Sachbeschädigung der Fall. Der Vorsatz des Täters muss auf die Höhe des Schadens richten, damit dieser nach § 126 Abs 1 Z 7 bestraft werden kann (OGH 12 Os 114/83). Beim qualifizierten Diebstahl (§ 128 Abs 1 Z 5 bzw Abs 2) handelt es sich ebenfalls nicht um eine Erfolgsqualifikation iSd § 7 Abs 2, sondern um eine Deliktsqualifikation, wobei der höhere Schaden eine Tatmodalität ist und daher vom Vorsatz des Täters umfasst sein muss (OGH 12 Os 114/83).

Deliktsqualifikationen sind auch die Tatmodalitäten des § 84 Abs 2, bei deren Vorliegen der Täter wegen schwerer Körperverletzung bestraft wird, soweit sich sein Vorsatz darauf richtet (OGH 11 Os 44/89).

§ 4. Die Rechtswidrigkeit

I. Der Begriff des strafrechtlichen Unrechts

A. Formell rechtswidrig – materiell rechtswidrig

296 **Formell rechtswidrig:** Zur Wahrung der Ordnung und des Friedens innerhalb einer Rechtsgemeinschaft stellt der Gesetzgeber Verhaltensvorschriften auf. Bestimmte Verhaltensweisen werden entweder verboten (zB Tötung eines Menschen, § 75) oder geboten (Hilfeleistung nach einem Unfall, §§ 94, 95).

In Form von Tatbeständen sind diese Verbote und Gebote unter anderem im Besonderen Teil des StGB (§§ 75ff) zu finden. Der Gesetzgeber erfasst darin wertwidrige Verhaltensweisen bzw Unterlassungen. Ein Verstoß gegen derartige Verbote bzw Gebote bedeutet, dass darunter subsumierbares Verhalten formell als rechtswidrig anzusehen ist. Die **Rechtswidrigkeit** ist damit eine **Eigenschaft der tatbestandsmäßigen Handlung** bzw **Unterlassung**.

Ob eine formell rechtswidrige Handlungsweise auch ein strafrechtliches **Unrecht** darstellt, ist damit jedoch noch nicht gesagt. Es gibt zahlreiche Gründe, aus denen selbst ein tatbestandsmäßiges Verhalten nicht als Verletzung der Gemeinschaftsordnung angesehen wird (sog **Rechtfertigungsgründe**): 297

Wenn A den B vorsätzlich am Körper verletzt, handelt A formell rechtswidrig (zB §§ 83ff). Das Verhalten des A ist jedoch gerechtfertigt, wenn er in Notwehr gehandelt hat, weil er von B mit brutaler Gewalt überfallen wurde und dieser ihn berauben wollte. A verteidigt sich in diesem Fall nur gegen einen Raubüberfall und handelt somit materiell nicht rechtswidrig. Im Hinblick auf den Rechtfertigungsgrund der Notwehr (§ 3) ist sein Verhalten (die vorsätzliche Verletzung des B) im konkreten Fall (materiell) als rechtmäßig zu bewerten.

Materiell rechtswidrig: Inhaltlich rechtswidrig (materiell rechtswidrig) ist ein Normverstoß erst dann, wenn eine Verhaltensweise durch **keinen Rechtfertigungsgrund** gerechtfertigt ist. **Strafrechtliches Unrecht** liegt erst vor, wenn eine **tatbestandsmäßige und rechtswidrige Handlung** gesetzt wird. 298

Nur **menschliche Verhaltensweisen** können rechtswidrig sein. Von Tieren oder Naturereignissen kann kein rechtswidriger Eingriff in fremde Rechtsgüter ausgehen (vgl jedoch Rz 398ff). 299

Die **Rechtswidrigkeit** eines Verhaltens **muss tatsächlich gegeben sein**. Glaubt der Täter nur, rechtswidrig zu handeln, während sein Verhalten strafrechtlich gar nicht relevant ist, begeht er ein Putativdelikt, für das er nicht bestraft werden kann. 300

B. Erfolgsunwert – Handlungsunwert

Strafrechtliche Normen dienen jeweils dem Schutz bestimmter Rechtsgüter. In der **Verletzung eines Rechtsgutes** liegt der **Erfolgsunwert** der Tat. Zum Unrecht der Tat gehört auch die **Art und Weise** ihrer **Begehung**. Darin liegt der **Handlungsunwert** der Tat. 301

Das Unrecht eines vollendeten Tatgeschehens setzt sich demnach regelmäßig aus dem Handlungsunwert und dem Erfolgsunwert zusammen. Strafrecht- 302 lich zu beurteilendes Unrecht kann auch bereits durch den Handlungsunwert allein verwirklicht werden. Dies macht der Gesetzgeber deutlich, wenn er bereits den Versuch einer Straftat und damit eine Verhaltensweise, die noch keine Rechtsgutverletzung zur Folge hatte, unter Strafe stellt (§ 15, Rz 686ff).

C. Schutzzweck der übertretenen Norm

303 Es verbindet sich nicht mit jedem Normverstoß zugleich ein strafgesetzwidriges Unrecht. Das Verhalten des Täters wird auch dahingehend zu prüfen sein, ob dadurch der Schutzzweck der übertretenen Norm verletzt wurde:

304 Wenn jemand entgegen den Bestimmungen des Waffengesetzes (BGBl I 1997/12 idgF) eine Pistole mit sich führt und diese im Rahmen von Notwehr zu seiner Verteidigung bei einem Raubüberfall gebraucht, hat er gegen das Waffengesetz verstoßen, weil er keine Waffe mit sich führen durfte. Dieser Normverstoß berührt jedoch nicht die Notwehr als möglichen Rechtfertigungsgrund für eine Verletzung bzw Tötung des Angreifers. Der Zweck der einschlägigen Normen des Waffengesetzes besteht nicht darin, zu verhindern, dass jemand in Notwehr einen Angreifer abwehren kann. Es mangelt am **Rechtswidrigkeitszusammenhang** zwischen der Übertretung der Normen des Waffengesetzes und der Verletzung bzw Tötung des Angreifers aus Notwehr. Die Tötung des Angreifers kann unabhängig vom rechtswidrigen Führen der Waffe nach dem Waffengesetz durch Notwehr (§ 3) gerechtfertigt sein.

Die Kennzeichentafel des Autos von X ist vollkommen verschmutzt und damit unleserlich. Dennoch nimmt X das Auto in Betrieb. Auf der Fahrt zur Arbeit überfährt er einen Passanten, der vollkommen unerwartet plötzlich über die Fahrbahn läuft, sodass der Unfall für X unvermeidbar war. Zwar hätte X sein Fahrzeug gar nicht in Betrieb nehmen dürfen, weil sein Kennzeichen unleserlich ist (§ 102 Abs 2 Kraftfahrgesetz 1967, BGBl 1967/267 idgF; VwGH 97/03/0021), doch ist dieses rechtswidrige Fahren mit dem Auto ohne Einfluss auf die Beurteilung des Verkehrsunfalls. Das Verbot, ein Auto mit einem verschmutzten Kennzeichen in Betrieb zu nehmen, hat nicht den Zweck, Unfälle zu verhindern.

II. Soziale Adäquanz und erlaubtes Risiko

Höllwerth „Hals- und Beinbruch" beim Sporttraining, JBl 2006, 568; *Schmoller* Verletzung oder Tötung des Gegners im Kampf- und Wettkampfsport: (k)ein Fall des Strafrechts?, in: Sport und Gesundheit in Wirtschaft und Gesellschaft, Hrsg *Urnik* (2007), 191; *Hollaender* Sozialadäquanz und die Grenzen der Strafbarkeit, JSt 2020, 313.

Soziale Adäquanz: Viele Handlungsweisen, die aus unserem heutigen Leben nicht mehr wegzudenken sind, bringen eine Gefährdung von Menschen und Sachen mit sich und führen immer wieder zu Verletzungserfolgen. Der alltägliche Autoverkehr, der Betrieb von Atomkraftwerken, die Ausübung von Sport in seinen vielfältigen Erscheinungsformen etc stellen Gefahrenquellen dar, die von einer Rechtsgemeinschaft bis zu einem gewissen Grad in Kauf genommen werden müssen. Der Gesetzgeber beschränkt sich hierbei nur darauf, durch einschlägige Regelungen die aus den Handlungsweisen resultierenden Gefährdungen oder Verletzungen zu minimieren. Kommt es unter Einhaltung dieser einschränkenden Bestimmungen dennoch zu Verletzungen oder Gefährdungen, sind diese hinzunehmen. Handlungen, die im Rahmen solcher Vorschriften gesetzt werden, sind als sozialadäquat zu bezeichnen und damit rechtmäßig. Gleiches gilt für Verhaltensweisen, bei denen ein erlaubtes Risiko eingegangen wird. 305

Die Lehre von der sozialen Adäquanz geht auf *Welzel* zurück (Strafrecht[11], 55ff). Es ist strittig, ob es bei sozialadäquaten Verhaltensweisen bereits an der Tatbestandsmäßigkeit mangelt, oder ob diese zwar tatbestandsmäßig, aber nicht rechtswidrig sind (dazu *Tipold* in *Leukauf/Steininger* StGB[4] § 3 Rz 61ff; für Tatbestandsausschluss OGH 12 Os 123, 124/92; *Kienapfel/Schroll* BT I[5] § 80 Rz 102; *Triffterer* AT[2] 146). Für jede Sichtweise lassen sich überzeugende Beispiele anführen: 306

Es ließe sich einerseits argumentieren, dass ein nicht nur ausnahmsweise im Einzelfall, sondern von vornherein und generell **gebilligtes Verhalten** kein Unrecht und damit keinen Deliktstyp verkörpert. Eine „erlaubte Handlungsweise" kann **niemals tatbestandsmäßig** sein: 307

X fährt mit 40 km/h im Ortsgebiet. Er fährt sein Auto damit in sozialadäquater Weise und das mögliche Unfallrisiko, welches dadurch entsteht, wird als sog „erlaubtes Risiko" von der Gemeinschaft in Kauf genommen. Da sogar 50 km/h im Ortsgebiet gesetzlich erlaubt sind, kann man das Verhalten des X gar nicht als sorgfaltswidrig ansehen, was die Strafbarkeit im Falle eines Unfalles (zB fahrlässige Körperverletzung, § 88) bereits auf der Tatbestandsebene ausschließt.

Die **Judikatur** vertritt daher die Auffassung, dass ein Handeln im Rahmen des erlaubten bzw sozialadäquaten Risikos die objektive Sorgfaltswidrigkeit ausschließt (OGH 12 Os 123, 124/92). 308

Für die **Einordnung in die Rechtswidrigkeit spricht hingegen**, dass die Einschränkungen durch die soziale Adäquanz im Tatbestand gar nicht genannt sind. Die Tatbestände der Fahrlässigkeitsdelikte beinhalten keine Aussage darüber, wann ein bestimmtes gefährliches Verhalten nicht strafbar ist: 309

X tritt beim Fußballspiel versehentlich einem Mitspieler gegen das Schienbein, weil er den Ball verfehlt. Es steht in diesem Fall außer Zweifel, dass X sorgfaltswidrig gehandelt hat, denn beim Fußballspiel darf nur auf den Ball und nicht die Mitspieler getreten werden. X hat damit fahrlässig eine Verletzungshandlung gesetzt, welche dem Tatbestand des § 88 zu subsumieren wäre. Die Tatsache, dass diese Verletzungshandlung im Rahmen eines Fußballspiels erfolgt ist, hat jedoch Einfluss auf die rechtliche Bewertung dieser Handlung. Es wird als sozialadäquat angesehen, dass im Rahmen eines Fußballspiels mehrere Mitspieler um einen Ball streiten. Die Art und Weise, in der dieser Streit um den Ball ausgetragen wird, ist mit einem gewissen Verletzungsrisiko verbunden. Von den Mitspielern wird dieses Risiko in Kauf genommen und im Hinblick auf die Umstände, in deren Rahmen die Verletzung passiert ist (beim Fußballspiel), als nicht rechtswidrig bewertet. Außerhalb des Fußballspiels würde dieselbe Handlung (der Tritt gegen das Schienbein) als tatbestandsmäßig und rechtswidrig bewertet werden.

310 Das angeführte Beispiel zeigt, dass es in manchen Fällen überzeugender sein kann, in der Sozialadäquanz einer Handlung einen Umstand zu sehen, der nicht die Tatbestandsmäßigkeit, sondern nur die Rechtswidrigkeit ausschließt. Dabei ist zu beachten, dass Rechtsgutverletzungen, welche durch solche gefährliche Handlungsweisen herbeigeführt werden, nur dann gerechtfertigt sind, wenn alle Regeln, die der Minimierung von Verletzungserfolgen dienen, eingehalten wurden.

311 **Sozialadäquate Sportausübung:** Die Rechtsprechung zeigt sich im Bereich der Sportausübung verhältnismäßig tolerant, wenn es sich um Kampfsportarten im weitesten Sinne handelt, bei denen ein notwendiges körperliches Naheverhältnis zwischen den einzelnen Teilnehmern besteht (OGH 2 Ob 109/03y): Auch Verletzungen, die auf **typische** oder **leichte**, **bei der Sportausübung unvermeidbare Verstöße gegen die Spielregeln** zurückzuführen sind, werden **noch nicht** als **rechtswidrig** bewertet. Die Judikatur sieht in derartigen Regelverstößen nicht einmal einen Sorgfaltsverstoß (OGH 2 Ob 109/03y). Letzteres ist nur schwer nachvollziehbar. Wenngleich bestimmte Spielregelverstöße in typischer Weise mit einer Sportausübung verbunden sind, hat dennoch jeder Sportler grundsätzlich darauf zu achten, die vorgegebenen Spielregeln einzuhalten. Ein Regelverstoß beinhaltet daher immer auch einen Sorgfaltsverstoß. Außerhalb des Bereiches der sozialen Adäquanz liegen jedenfalls schwere Regelverstöße, die nicht mehr als typisch mit der Sportausübung oder der Wettkampfsituation verbunden angesehen werden können. Verletzungen, die daraus resultieren, sind als rechtswidrig zu bewerten. Dabei wird insbesondere zu berücksichtigen sein, inwieweit die Einhaltung einer Regel der Verletzungsprävention dient (*Höllwerth* JBl 2006, 574).

In gleicher Weise würde zB die Einhaltung aller Regeln der Straßenverkehrsordnung beim Windschattenrennen anlässlich eines Radkriteriums dieses ad absurdum führen (OGH 10 Os 150/86). Bei Wettkämpfen dieser Art wird das typische Risiko, welches eine Gefährdung darstellt, als sozialadäquat angesehen. Dies gilt nur soweit, als es üblicherweise damit verbunden ist. Auch praktisch unvermeidbare Fehlleistungen wie Schleudern oder Querstellen eines Autos bei einer Autorallye infolge überhöhter Geschwindigkeit werden als sozialadäquat hingenommen (OGH 11 Os 34/89). Rechtsverletzungen in Ausübung eines anerkannten Brauchtums (zB Misshandlungen durch einen „Krampus") können ebenso unter dem Gesichtspunkt sozialadäquaten Verhaltens straflos sein, wenn es sich bloß um eine unerhebliche Verletzung handelt. Die Ausübung eines Brauchtums darf jedoch nicht als Vorwand für eine tatbestandsmäßige Handlungsweise dienen (OGH 12 Os 164/83). 312

Erlaubtes Risiko: Die Begriffe soziale Adäquanz und erlaubtes Risiko decken sich inhaltlich. Von einem sozialadäquaten Verhalten wird vorrangig bei Handlungsweisen gesprochen, die regelmäßig als kaum gefährlich einzustufen sind (zB Autofahren unter Einhaltung der Bestimmungen der StVO oder Fußballspielen), aber dennoch eine nicht gänzlich vermeidbare Gefährdung für bestimmte Rechtsgüter beinhalten. Kommt es unter Einhaltung aller Vorschriften, die der Gefahrenminimierung dienen, dennoch zu einer Rechtsgutverletzung, bleibt der Verursacher straflos, da sein Verhalten nicht tatbestandsmäßig bzw rechtswidrig ist. Der Handelnde geht hierbei ein (gesetzlich) „erlaubtes Risiko" ein. 313

Bei **Verhaltensweisen**, denen eine **erhebliche Gefährdung von Rechtsgütern immanent** ist und die daher auch im Regelfall verboten sind, erscheint es hingegen treffender, eine Rechtfertigung in erster Linie unter dem Aspekt des erlaubten Risikos zu prüfen. Derartige Handlungsweisen und das damit verbundene Eingehen eines Verletzungs- oder Gefährdungsrisikos können von der Gemeinschaft nur bei Ausnahmekonstellationen in Kauf genommen werden. Vor allem **Rettungshandlungen** bergen teilweise ein erhebliches Risiko in sich. Die jeweilige Situation erlaubt und verlangt hier vielfach das Setzen risikoreicher Handlungen. Das Eingehen eines Risikos ist dabei „sozialadäquat": 314

- Ein Polizist schießt auf einen Kampfhund, der gerade ein Kleinkind angefallen hat und es zu töten droht. Es liegt darin eine sehr risikoreiche Handlung. Auch unter Einhaltung maximaler Sorgfalt kann der Schuss sein Ziel verfehlen und das Kind treffen. Dennoch wird man unter Berücksichtigung der Ausnahmesituation das Eingehen dieses Risikos als erlaubt und nicht rechtswidrig ansehen müssen.

- Gleiches gilt, wenn ein Vater sein Kleinkind aus dem Fenster eines brennenden Hauses in das Sprungtuch der Feuerwehr wirft. Auch wenn das Kind dabei verletzt wird, hat der Vater im Rahmen des erlaubten Risikos und damit nicht rechtswidrig gehandelt.

315 Eine misslungene Rettungshandlung ist demnach nicht rechtswidrig, wenn der Helfer alle Umstände gewissenhaft geprüft hat und zur Überzeugung kam, dass es zur Rettung eines Rechtsguts unbedingt erforderlich war, dieses kalkulierte Risiko einzugehen. In den einschränkenden Kriterien liegt jedoch auch eine große Gefahr für den übereifrigen Helfer: Kommt später ein Gericht (ex post betrachtet) zur Erkenntnis, dass eine Rettung auch unter Eingehen eines geringeren Risikos möglich gewesen wäre, kann der Helfer, der eigentlich nur Gutes tun wollte, strafrechtlich zur Verantwortung gezogen werden. Es erscheint daher nachvollziehbar, dass im Hinblick auf dieses „juristische Risiko" die Zivilcourage abnimmt und die meisten sich nur auf jene Hilfeleistung beschränken, zu der sie gesetzlich verpflichtet sind, und sich darüber hinaus mit der Rolle des Zusehers begnügen.

III. Tatbestandsmäßigkeit – Rechtswidrigkeit

A. Indizwirkung

316 Der Tatbestand fungiert als Träger des Unrechtsgehalts einer bestimmten Verhaltensweise. Daraus ergibt sich, dass ein tatbestandsmäßiges Verhalten regelmäßig auch rechtswidrig ist. Die Tatbestandsmäßigkeit indiziert die Rechtswidrigkeit. Im Hinblick auf den Verbrechensaufbau wird daher bei der strafrechtlichen Beurteilung einer bestimmen Handlungsweise im Rahmen der Rechtswidrigkeit grundsätzlich nur mehr geprüft, ob im konkreten Fall Umstände vorliegen, welche die Rechtswidrigkeit ausschließen und damit das tatbestandsmäßige Verhalten rechtfertigen (sog Rechtfertigungsgründe; zB Notwehr, § 3).

317 Das **Indiz**, dass tatbestandsmäßiges Verhalten auch rechtswidrig sei, **gilt bei Handlungsdelikten** und **echten Unterlassungsdelikten** (zB unterlassene Hilfeleistung, § 95). Bei diesen Deliktskategorien ist bereits aus dem Tatbestand ein bestimmtes wertwidriges Verhalten (Tun oder Unterlassen) ersichtlich.

318 Manchmal führt auch ein Unterlassen zu einem unerwünschten Erfolg, ohne dass dieses Unterlassen ausdrücklich von einem Straftatbestand erfasst ist. Das Nichteingreifen einer Person in ein bestimmtes Geschehen führt zB dazu, dass ein Schaden bzw die Verletzung eines anderen eintritt. Nur in Ausnahmefällen wird auch darin ein rechtswidriges strafbares Verhalten gesehen werden kön-

nen. Bei diesen bloß „unechten Unterlassungsdelikten" ergibt sich die Rechtswidrigkeit nicht unmittelbar aus der Untätigkeit einer Person. Es sind hierbei noch weitere Kriterien zu prüfen, um die Frage der Rechtswidrigkeit eines Unterlassens beantworten zu können.

B. Keine Indizwirkung bei unechten Unterlassungsdelikten

Grünwald Strafbares Unterlassen von Entscheidungsträgern in Unternehmen (2022); *Hinterhofer* Strafbarkeit infolge Nichteinhaltung wohnrechtlicher Verkehrssicherheitspflichten, immolex 2010, 109; *Kienapfel* Die Garantenpflichten (§ 2 StGB): System, Voraussetzungen und Grenzen, JBl 1975, 13, 80; *ders* Zur Abgrenzung von Tun und Unterlassen, ÖJZ 1976, 281; *Proske* Zur Gleichstellungsproblematik beim unechten Unterlassungsdelikt, in: Wertungen und Interessenausgleich im Recht – *Wilburg*-FS (1975), 203.

319 Auszugehen ist vom Grundsatz, dass sich in der Regel niemand mit einem rein passiven Verhalten strafbar machen kann, soweit das Gesetz nicht ausdrücklich das Nichthandeln als eigenes (echtes) Unterlassungsdelikt unter Strafe stellt. Ein Untätigbleiben, welches zu einem bestimmten Erfolg führt, ist nur dann strafbar, wenn den Täter eine spezielle Pflicht zur Abwendung dieses Erfolges getroffen hat (Garantenstellung). Diese spezielle Pflicht muss sich aus § 2 ergeben. Erst in **Kombination mit § 2** werden die im StGB genannten (fahrlässigen oder vorsätzlichen) Erfolgsdelikte zu sog **unechten Unterlassungsdelikten**. § 2 ist schon dem klaren Wortlaut nach nur auf Erfolgsdelikte anzuwenden (OGH 17 Os 47/14m).

320 Soweit sich das Tatverhalten durch eine Mischung von aktiven und passiven Verhaltensweisen auszeichnet, ist vorrangig von der aktiven Herbeiführung des Erfolges auszugehen („Primat des Tuns"; OGH 15 Os 69/06w). Nur dort, wo es an einer strafrechtlich relevanten aktiven Verhaltensweise mangelt und eine strafrechtliche Haftung daher nur auf das Unterlassen einer Erfolgsabwendung gestützt werden könnte, bedarf es des Nachweises einer Garantenstellung des Täters zur Erfolgsabwendung (OGH 13 Os 109/85). Das bloße Untätigbleiben indiziert in diesen Fällen noch nicht die Rechtswidrigkeit. Es müssen erst noch die zusätzlichen Kriterien des § 2 erfüllt sein, damit die Rechtswidrigkeit des Unterlassens angenommen werden kann. Es handelt sich dabei um folgende **Voraussetzungen**:

1. Garantenstellung

321 Bei einem unechten Unterlassungsdelikt kommt als (Unterlassungs)**täter** nur in Frage, wer als **Garant** verpflichtet ist, einen deliktsrelevanten Erfolg abzuwenden. Für die Herbeiführung eines bestimmten Erfolges durch Unterlassen kann nur verantwortlich gemacht werden, wen **aufgrund** seiner **Garan-**

tenstellung eine **Garantenpflicht trifft**. Die Garantenstellung ist ein **objektives Tatbestandsmerkmal**, denn sie ist zu prüfen, wenn es um die Frage geht, ob eine bestimmte Person als Täter eines konkreten Tatbestandes überhaupt in Betracht kommt (OGH 11 Os 122, 123/89). Der **Vorsatz** des Täters muss sich daher **auf** die **Garantenstellung** erstrecken. Hingegen betrifft die Frage, ob sich daraus im konkreten Fall auch eine Garantenpflicht ableitet, die Rechtswidrigkeit. Die Rechtswidrigkeit eines Untätigbleibens ist erst zu prüfen, nachdem das Vorliegen einer Garantenstellung bejaht worden ist:

322 § 2 spricht ganz allgemein davon, dass sich die **Garantenpflicht** „aus der **Rechtsordnung**" ergeben muss. Mit dieser allgemein gehaltenen Formulierung werden nicht nur ausdrückliche gesetzliche Rechtspflichten erfasst, sondern auch Pflichten, die sich aus Gesetzes- oder Rechtsanalogie ergeben. Eine Garantenstellung und die daraus abgeleitete Garantenpflicht kann durch **Gesetz, Vertrag** oder ein **vorangegangenes Tun, welches eine Gefahr für den Erfolgseintritt geschaffen hat (Ingerenz)** begründet werden. Sittliche oder moralische Verpflichtungen allein begründen noch keine Garantenpflicht und sind daher nicht von strafrechtlicher Relevanz.

a) Gesetz

Ein Vater ist nach den Regeln des Familienrechts (§ 137 ABGB) Garant für das Wohl seiner Kinder. Er besitzt eine Garantenstellung, welche mit zahlreiche Garantenpflichten verbunden ist: Geht ein Vater mit seinem dreijährigen Sohn auf dem Gehsteig an einer stark befahrenen Straße, wird man von ihm erwarten, dass er sein Kind an die Hand nimmt, damit dieses nicht unvermittelt auf die Idee kommt, über die Straße zu laufen. Tut er dies nicht, weil er gerade auf seinem Handy eine SMS schreiben „muss" und läuft das Kind auf die Fahrbahn, wobei es schwer verletzt wird, kann der Vater wegen fahrlässiger Körperverletzung durch Unterlassen (§ 2 iVm § 88 Abs 4 StGB) belangt werden.

Hingegen: Ein **Passant**, beobachtet, wie ein unbeaufsichtigtes dreijähriges Kind beabsichtigt, ohne zu schauen über die Fahrbahn zu laufen. Natürlich wird man von dem Passanten moralisch erwarten können, dass er das Kind daran hindert, wenn er die Möglichkeit dazu hat. Gesetzlich verpflichtet ist er dazu nicht und könnte daher mangels Garantenstellung auch nicht strafrechtlich zur Verantwortung gezogen werden, wenn er untätig bleibt, weil Einmischen in die Obsorgepflichten anderer nicht seine Sache ist.

323 **Ehegatten** kommt immer gegenseitige **Garantenstellung** zu (§§ 44, 90 ABGB). Die aus dem bürgerlichen Recht resultierende Pflicht eines Ehegatten zur Hilfeleistung, um eine drohende Lebensgefahr vom Ehepartner abzuwen-

den, wird auch durch ein ehewidriges Verhalten des bedrohten Ehepartners nicht aufgehoben (OGH 12 Os 97/79).

Ein **Dienstgeber** hat die Pflicht, alle erforderlichen Maßnahmen zur Ge- 324
währleistung der Sicherheit, Gesundheit und Sittlichkeit seiner Angestellten zu treffen. Es trifft ihn insoweit eine **Garantenstellung**. Dies gilt auch in Bezug auf jugendliche Ferialpraktikanten (§ 23 Abs 1a des Kinder- und Jugendlichen-Beschäftigungsgesetzes 1987, BGBl 1987/599 idgF). Wenn der Dienstgeber beobachtet, wie andere Arbeitskollegen in die geschützten Interessen eines jugendlichen Ferialpraktikanten eingreifen, hat er einzuschreiten und dies zu verhindern (OGH 15 Os 118/03, zB die Arbeitskollegen verprügeln den Praktikanten und verletzen ihn dabei).

Eine außereheliche, noch nicht festgestellte und auch nicht anerkannte Va- 325
terschaft vermag hingegen keine Garantenstellung iSd § 2 StGB zu begründen (OGH 15 Os 69/06w). Zwischen **Geschwistern** und **Lebensgefährten (Personen die in eheähnlicher Lebensgemeinschaft miteinander leben)** besteht ebenfalls **keine** gegenseitige gesetzliche **Garantenstellung**.

Für die Annahme eines vorsätzlichen Unterlassens muss sich der Unterlas- 326
sungstäter seiner Garantenstellung bewusst ein. Er muss zB erkennen, dass er der Vater des Kindes ist, das gerade einen Selbstmordversuch unternimmt. Für das Unrechtsbewusstsein und damit die Schuldfrage ist es in weiterer Folge von Relevanz, ob der Vater auch wusste, dass aus seiner Vaterstellung die Pflicht zur Verhinderung des Selbstmordes erwächst. Auf der Schuldebene ist daher zu prüfen, ob die Rechtswidrigkeit eines Unterlassens vom Unrechtsbewusstsein des Täters erfasst ist.

b) Vertrag

Eine Garantenstellung kann auch durch Vertrag begründet werden. Dabei 327
ist nicht die Rechtsgültigkeit des Vertrages für die Entstehung der Garantenstellung maßgebend. Bereits die tatsächliche **Übernahme der Schutzposition** reicht aus, um eine Garantenstellung mit daraus resultierenden Garantenpflichten zu begründen.

- Eltern engagieren eine Studentin als Babysitter für ihr Kind, um am Abend auf eine Party gehen zu können. Die Studentin übernimmt damit eine Garantenstellung für das Wohl des Kindes. Die Studentin könnte in eine strafrechtliche Haftung geraten, wenn das Kind Unfug treibt und sich dabei verletzt, sie davon aber nichts mitbekommt, weil sie gerade ausgiebig mit ihrem Freund telefoniert.

- Ein Hausbesitzer beauftragt einen Hausbetreuer mit der Schneeräumung auf seinem Gehsteig. Der Hausbetreuer übernimmt in diesem Fall ebenfalls eine Garantenstellung und könnte strafrechtlich zur Verantwortung gezogen werden, wenn ein Passant auf dem eisigen Gehsteig stürzt und sich verletzt, weil dieser unzureichend geräumt war.

c) Ingerenz

328 Wenn jemand durch sein Verhalten eine Gefahrenquelle geschaffen hat (**gefahrbegründendes Vorverhalten**), ist er verpflichtet, dafür zu sorgen, dass daraus kein tatbestandsmäßiger Erfolg resultiert.

Ein Erwachsener hilft Kindern bei der Herstellung besonders effizienter Knallkörper. Der Erwachsene hat dafür Sorge zu tragen, dass die angefertigten Knallkörper nur ohne Gefährdung der Kinder gezündet werden. Er darf die Kinder nicht mit den gemeinsam angefertigten Knallkörpern auf sich allein gestellt lassen (OGH 13 Os 141/78).

329 Eine Haftung aus Ingerenz wird nur für typisch mit dem gefährlichen Tun verbundene Gefahren anzunehmen sein. Keine Haftung aus Ingerenz besteht, wenn jemand einen anderen zu einem Spaziergang in einem abgelegenen Wald mitnimmt, wo dieser Opfer eines Raubüberfalls wird (Vgl OGH 11 Os 23/83).

330 Die Garantenstellung, die jemand durch ein gefahrbegründendes Vorverhalten schafft, kann sehr weit gehen:

A lässt seine schwer alkoholisierte Freundin wegen Übelkeit auf dem Pannenstreifen der Autobahn bei Nacht aussteigen. A trifft in diesem Fall die Verpflichtung, alles zu unternehmen, um von seiner Freundin Gefahren für Leib oder Leben abzuwenden. Selbst wenn seine alkoholisierte Freundin sich unter wüsten Beschimpfungen weigern sollte, wieder in das Auto zu steigen, darf A nicht einfach weiterfahren und sie auf dem Pannenstreifen der Autobahn zurücklassen. Aufgrund des körperlichen Zustandes seiner Freundin und der Gefährlichkeit des Ortes ist eine erhöhte Schutzbedürftigkeit der Freundin gegeben, welcher A Rechnung zu tragen hat. Im Falle der Weigerung, wieder in das Auto zu steigen, hat A die Polizei zu verständigen und dürfte sogar (maßvolle) Gewalt einsetzen, um seine alkoholisierte Freundin wieder in das Auto zu schaffen (OLG Wien 26 Bs 48/91).

Als **problematisch** erweist sich die Antwort auf die Frage, ob eine Garantenpflicht auch dann entstehen kann, wenn die **gefahrschaffende Handlungsweise rechtmäßig** war (befürwortend OGH 11 Os 23/83; *Stricker* in *Leukauf/Steininger* StGB[4] § 2 Rz 24): Soll jemand, der in Notwehr (§ 3) einen Einbrecher angeschossen hat, verpflichtet sein, einen Arzt herbeizuholen, um zu verhindern, dass der Einbrecher verblutet? Es wäre nicht ganz einzusehen, wenn die Rechtsordnung einerseits ein Verhalten als rechtmäßig billigt, wie im angeführten Beispiel die Verletzung des Einbrechers aus Notwehr und gleichzeitig dieses Verhalten als konstituierend für eine Straftat missbilligt, indem daraus das Entstehen einer Garantenstellung mit einer damit verbundenen Garantenpflicht abgeleitet wird. Auf diese Weise könnte von einem rechtswidrig handelnden Angreifer dem Angegriffenen eine Garantenstellung aufgezwungen werden. 331

Um allzu unbillige Ergebnisse zu vermeiden, werden derartige Fälle nach **§ 94** zu beurteilen sein. Ein Imstichlassen eines Verletzten (§ 94) liegt ausdrücklich auch dann vor, wenn die Verletzung des Opfers **nicht widerrechtlich** erfolgt war. Das Einbruchsopfer, das den Einbrecher in Notwehr verletzt hat, könnte sich daher wegen Imstichlassens eines Verletzten zu verantworten haben, wenn es keinen Arzt verständigt. Hierbei wird man jedoch genau prüfen müssen, inwieweit dem Einbruchsopfer überhaupt eine Hilfeleistung zumutbar erscheint (§ 94 Abs 3). 332

d) Konkrete nahe Lebensbeziehung oder Gefahrengemeinschaft

Konkrete nahe Lebensbeziehung: Da sich aus einer Garantenstellung weitreichende strafrechtliche Konsequenzen ergeben können, bedarf § 2 einer restriktiven Auslegung. Allein aus einer bloßen engen Lebensbeziehung oder einer langjährigen Freundschaft lässt sich **noch keine gegenseitige Garantenstellung** ableiten (*Stricker* in *Leukauf/Steininger* StGB[4] § 2 Rz 19). Wenn hingegen die Lebensgefährtin ihren alkoholisierten Lebenspartner aus dem Gasthaus abholt, da dieser nicht mehr allein nach Hause findet, übernimmt sie für den Heimweg eine Garantenstellung. Sie darf ihren betrunkenen Lebensgefährten nicht auf halbem Weg in der Nacht zurücklassen (faktische Übernahme von Schutzpflichten; OGH 9 Os 166/59). Eine bloße Gelegenheitsbekanntschaft zwischen Mann und Frau oder das Zusammensein bei einem Zechgelage genügt dazu nicht. Die Zechgenossen sind nicht verpflichtet, einen alkoholisierten Trinkkumpanen von einer Autofahrt abzuhalten. Die Beteiligten werden hier noch nicht gegenseitig zu Garanten, wenn einem von ihnen eine Rechtsgutverletzung droht. Zwar scheint es moralisch geboten, einen Alkoholiker von der Inbetriebnahme seines Autos abzuhalten, weil dieser auch eine unabschätzbare Gefahr für andere unschuldige Verkehrsteilnehmer darstellt, der Verstoß gegen bloß allgemein anerkannte Moralvorstellungen besitzt 333 jedoch keine strafrechtliche Relevanz. Auch einen Hüttenwirt, der Touristen nicht von einem gefährlichen Weitermarsch bei einbrechender Dunkelheit abhält, trifft keine strafrechtliche Verantwortung (OGH 10 Os 19/74).

334 **Gefahrengemeinschaft**: Grundsätzlich abzulehnen ist eine Garantenstellung aufgrund bloßer Gefahrengemeinschaft. Zwei Personen, die gemeinsam eine Bergtour unternehmen, weil es gemeinsam mehr Spaß macht, werden allein dadurch noch **nicht** zu **gegenseitigen Garanten**. Eine gegenseitige Garantenstellung kann nur in **Ausnahmefällen** angenommen werden, in denen das gemeinschaftliche Vorgehen Voraussetzung für das Gelingen eines Unternehmens ist. Wenn zwei Bergsteiger im Vertrauen auf die gegenseitige Unterstützung Gefahren auf sich nehmen, denen sie allein nicht gewachsen gewesen wären, ist das **gemeinschaftliche Vorgehen zwingend.** Bei einer Kletterpartie kommt daher jedem Einzelnen der Seilschaft eine Garantenstellung gegenüber dem anderen zu.

2. Gleichwertigkeit von Tun und Unterlassen

Kienapfel Zur Gleichwertigkeit von Tun und Unterlassen, JBl 1976, 197.

335 Im Regelfall erscheint es unbillig, jemanden für einen Erfolg zur Verantwortung zu ziehen, der bloß auf sein Untätigbleiben zurückzuführen ist. Durch § 2 darf nicht der Anwendungsbereich der einzelnen Begehungsdelikte überdehnt werden. Eine strafrechtliche Verantwortlichkeit bei einem Unterlassen erscheint nur in jenen Ausnahmefällen vertretbar, in denen das Unrecht des Unterlassens einer Erfolgsabwendung von gleichem Gewicht ist, wie das Unrecht der Verwirklichung des gesetzlichen Tatbildes durch ein aktives Tun (OGH 14 Os 149/99, Gleichwertigkeitskorrektiv). Das Unterlassen muss zumindest gleichwertig der Strafwürdigkeit des leichtesten Falles einer Tatbegehung durch aktives Tun sein (OGH 15 Os 118/03). Nur unter dieser Voraussetzung darf eine Gleichstellung von Handlungsdelikt und Unterlassungsdelikt erfolgen. Darüber hinaus erscheint der Unrechtsgehalt der Tat geringer, wenn der Taterfolg nicht durch aktives Tun, sondern durch Unterlassen herbeigeführt worden ist, worauf der Gesetzgeber mit dem ausdrücklichen Strafmilderungsgrund des § 34 Abs 1 Z 5 Rücksicht nimmt.

336 Die Gleichwertigkeitsklausel des § 2 eröffnet jedoch einen weiten Ermessensspielraum. Bei reinen Verursachungstatbeständen, bei denen das Gesetz keine näheren Handlungsmerkmale nennt, kann mangels einschlägiger Anhaltspunkte die Gleichwertigkeit zwischen Handlungsunrecht und Unterlassungsunrecht nicht geprüft werden (OGH 17 Os 47/14m):

- Einen Mord (§ 75) begeht, „Wer einen anderen tötet, …“. Es macht dabei keinen Unterschied, ob die Tötungshandlung in einem aktiven Tun (X erschießt den Y) oder in einem Unterlassen (eine Mutter lässt ihr Kind verhungern) besteht.
- Der Missbrauch der Amtsgewalt iSd § 302 besteht darin, dass ein Beamter wissentlich seine Befugnis missbraucht. Es macht keinen Unterschied, ob ein Beamter in missbräuchlicher Weise einen Antrag nicht bearbeitet und keinen Bescheid erlässt (Befugnismissbrauch durch Unterlassen), oder missbräuchlich einen gesetzwidrigen Bescheid erlässt (Befugnismissbrauch durch aktives Tun; OGH 14 Os 150/21x).

Anders ist es bei **Erfolgsdelikten**, bei denen das Gesetz **besondere Handlungsmerkmale** nennt (zB Betrug, § 146: „Wer … jemanden durch Täuschung über Tatsachen ….“). Hier muss zum bloßen Nichthandeln (Unterlassen) noch ein gravierendes Moment hinzukommen, wodurch die fehlenden Handlungsmerkmale aufgewogen werden. Erst dann könnte zB ein Täuschen durch Unterlassen (zB durch Nichtaufklären eines Irrtums, § 2 iVm § 146) als gleichwertig einem Täuschen durch aktives Tun (Hervorrufen eines Irrtums, § 146) angesehen werden (OGH 15 Os 155/11z). 337

A möchte sein Geld gewinnbringend für seine spätere Pension anlegen. Nach einem längeren Gespräch mit seinem Vermögensberater entscheidet er sich für eine Anlage in Aktien. Der Vermögensberater unterlässt es, seinen Kunden darauf hinzuweisen, dass es sich bei den vom Kunden ausgewählten Aktien um eine hochriskante Investition handelt, die für eine langfristige Pensionsvorsorge eher ungeeignet ist. Wenig später verliert A sein gesamtes Erspartes.

Ein Vermögensberater hat seine Kunden über die Risiken der jeweiligen Geldanlage aufzuklären. Für den Betroffenen macht es dabei keinen Unterschied, ob die Täuschung über die Anlagerisiken dadurch erfolgt, dass diese Risiken bewusst vom Vermögensberater verneint werden (Täuschung durch aktives Tun) oder es unterlassen wird, darauf hinzuweisen, dass derartige Risiken überhaupt bestehen (Täuschung durch Nichtaufklärung). Beide Formen der Täuschung sind im gegenständlichen Fall als gleichwertig anzusehen. Im Schadensfalle und bei entsprechendem Tatvorsatz wäre bei beiden Konstellationen ein möglicher Betrug (§ 146 bzw § 146 iVm § 2) des Vermögensberaters zu prüfen.

3. Zusammenfassendes Schema zum unechten Unterlassungsdelikt

338 Auf Tatbestandsebene werden beim unechten Unterlassungsdelikt insb folgende Punkte einer näheren Prüfung zu unterziehen sein:

a) Vorsätzliches unechtes Unterlassungsdelikt

I. Tatbestand	→	**A. Objektive Tatbestandsseite** 1. Tatsubjekt (Garantenstellung aus Gesetz, Vertrag od Ingerenz) 2. Unterlassen der gebotenen Handlung (Gleichwertigkeit zwischen Tun und Unterlassen) 3. Taterfolg (Kausalität zwischen dem Unterlassen und dem Erfolg) **B. Subjektive Tatbestandsseite** 1. Tatvorsatz (insb hinsichtlich der Garantenstellung) 2. erweiterter Vorsatz
II. Rechtswidrigkeit		
III. Schuld		
IV. Strafe		

b) Fahrlässiges unechtes Unterlassungsdelikt

I. Tatbestand	→	**A. Kausalität zwischen dem Unterlassen und dem Erfolg** **B. Tatsubjekt (Garantenstellung aus Gesetz, Vertrag od Ingerenz)** **C. Objektive Sorgfaltswidrigkeit des Unterlassens** 1. Verstoß gegen Rechtsvorschriften (zB StVO) 2. Verstoß gegen allgemein anerkannte Regeln 3. Sorgfaltsmaßstab eines maßstabgerechten Dritten aus dem Verkehrskreis des Täters **D. Objektive Voraussehbarkeit des Erfolges** (Objektive Zurechnung des Erfolges) 1. Adäquanzzusammenhang (typischer – atypischer Kausalverlauf) 2. Rechtswidrigkeitszusammenhang (erlaubtes Risiko, rechtmäßiges Alternativverhalten) 3. Risikozusammenhang **E. Gleichwertigkeit zwischen Tun und Unterlassen**
II. Rechtswidrigkeit		
III. Schuld		
IV. Strafe		

IV. Rechtfertigungsgründe

A. Allgemeines

339 Die Rechtswidrigkeit ist bei den Erfolgsdelikten und echten Unterlassungsdelikten bereits durch die Verwirklichung des Tatbestands indiziert, bei den unechten Unterlassungsdelikten müssen darüber hinaus noch die genannten Kriterien des § 2 gegeben sein, damit eine Rechtswidrigkeit des Unterlassens angenommen werden kann.

340 Selbst wenn die Verwirklichung des Tatbestands durch Tun oder Unterlassen die Rechtswidrigkeit des gesetzten Verhaltens nahelegt, kann im Einzelfall das Vorliegen eines sog Rechtfertigungsgrunds die Rechtswidrigkeit ausschließen. **Rechtfertigungsgründe** beschreiben **Voraussetzungen, unter denen** eine **tatbestandsmäßige Handlung von der Rechtsordnung gebilligt wird**.

341 Das Vorliegen derartiger Rechtfertigungsgründe ist, soweit dafür Anhaltspunkte vorliegen, nach Bejahen der Tatbestandsmäßigkeit **auf der zweiten Stufe des Verbrechensaufbaus – der „Rechtswidrigkeit" – zu prüfen**. Auch wenn eine Rechtsgutverletzung durch einen Rechtfertigungsgrund ihre Rechtswidrigkeit verliert, bleibt sie dennoch tatbestandsmäßig.

342 Rechtfertigungsgründe für tatbestandsmäßiges Handeln **finden sich** nicht nur im StGB, sondern **in vielen Bereichen der Rechtsordnung.** Die gesamte Rechtsordnung ist dabei als Einheit anzusehen.

343 Es ist zB grundsätzlich zulässig, Verstorbenen einzelne Organe oder Organteile zu entnehmen, um durch deren Transplantation das Leben eines anderen Menschen zu retten oder dessen Gesundheit wiederherzustellen, soweit nicht der Verstorbene vor seinem Tod eine Organspende ausdrücklich abgelehnt hat (Widerspruchslösung, § 6 Organtransplantationsgesetz, BGBl I 2012/108). Diese in der Allgemeinheit nur wenig bekannte Bestimmung stellt demnach für den jeweiligen Arzt einen Rechtfertigungsgrund bezüglich des § 190 Abs 1 StGB (Störung der Totenruhe) dar.

344 Teilweise werden von Rechtsprechung und Lehre auch rechtfertigende Umstände angenommen, die im **Gesetz** gar **nicht** als Rechtfertigungsgrund **verankert** sind (zB **rechtfertigender Notstand**). Auch die Ausübung eines anerkannten Brauchtums kann rechtfertigen, wenn dabei bloß eine strafbare Handlung im Bagatellbereich verwirklicht wird (OGH 12 Os 104/85).

345 Im Bereich der Rechtfertigungsgründe lässt sich am deutlichsten die Dynamik sozialer Veränderungen erkennen. Die Gründe, aus denen es gestattet ist, Menschen festzunehmen (§§ 170ff StPO), ihr Privatleben zu überwachen (zB Lauschangriff, § 136 StPO), zwangsweise körperliche Eingriffe durchzuführen (zB Blutabnahme, § 123 StPO), in Wohnungen einzudringen (zB Hausdurchsuchung, §§ 119ff StPO) oder personenbezogene Daten zu erheben

(zB Rasterfahndung, § 141 StPO), werden tendenziell immer mehr erweitert. Änderungen der Strafprozessordnung (StPO), des Sicherheitspolizeigesetzes (SPG) oder sonstiger Materien des Verwaltungsrechts schaffen immer wieder neue Rechtfertigungsgründe.

Objektiver Beurteilungsmaßstab: Die Rechtswidrigkeit ist immer eine objektiv zu beurteilende Komponente. In jedem Rechtsstaat muss sich objektiv eindeutig feststellen lassen, ob ein bestimmtes Verhalten oder Unterlassen, ohne Ansehung der Person des Täters, rechtswidrig oder rechtmäßig ist. Subjektive Umstände auf der Seite des Täters, wie zB seine Kenntnis oder Unkenntnis vom Vorliegen eines Rechtfertigungsgrundes, können nur im Hinblick auf eine möglicherweise verminderte Schuld des Täters Relevanz erlangen (§§ 8 u 9, Rz 546ff, 572ff). Die subjektive Sicht des Täters (sein Wille, seine Vorstellung) kann jedoch nicht ein rechtmäßiges Verhalten zu einem rechtwidrigen machen oder umgekehrt ein rechtswidriges Verhalten rechtfertigen. **Rechtfertigungsgründe** sind **rein objektiver Natur. Ihr Vorliegen ist daher allein anhand der objektiven Sachlage zu beurteilen**. 346

Dies hat zur Konsequenz, dass allein das (objektive) **Vorliegen** eines Rechtfertigungsgrunds **genügt**, **um** den Täter **freizusprechen**, unabhängig davon, ob er zum Zeitpunkt der Tat von der Existenz dieses Rechtfertigungsgrunds Kenntnis hatte (im Ergebnis gleich Tipold in Leukauf/Steininger StGB[4], § 3 Rz 8f; treffend zur gesamten Problematik *Spendel* in *Oehler*-FS, 197ff): 347

- Ein Schwangerschaftsabbruch wegen drohender und nicht anders abwendbarer Gefahr für das Leben der Schwangeren (§ 97 Abs 1 Z 2) erfolgt auch dann rechtmäßig, wenn der operierende Arzt die vorliegende Gefahr nicht erkannt hatte und daher nicht wusste, dass seine Handlungsweise gerechtfertigt ist.
- Ebenso ist gerechtfertigt, wer in einer Notwehrsituation den rechtswidrigen Angriff im Reflex abwehrt (§ 3). Ein spezifischer (subjektiver) Verteidigungswille des Opfers als Motivation für seine Abwehrreaktion muss nicht vorliegen (OGH 13 Os 32/80).

Ein Teil der Lehre will bei fehlender Kenntnis des Täters von der objektiv gegebenen rechtfertigenden Situation diesen wegen versuchter Tatbegehung bestrafen. Begründet wird dieser Standpunkt ua damit, dass der Täter vorsätzlich ein verbotenes Verhalten vornehmen wollte und damit zumindest ein Handlungsunwert gegeben sei. Dieser Handlungsunwert ist aber allein in der Vorstellung des Täters gegeben, objektiv liegt er nicht vor. Es wäre unzulässig, jemanden zu bestrafen, nur weil er glaubte, eine unrechte Handlung zu setzen, dies jedoch objektiv gar nicht der Fall war. Ein rein „subjektives Handlungsunrecht" reicht für eine Bestrafung nicht aus. Bestraft würde in diesem Fall 348 nur der kriminelle Wille des Täters. Bezogen auf das oben angeführte Beispiel bedeutet dies: Der Schwangerschaftsabbruch, um eine drohende und nicht anders abwendbare Gefahr für das Leben der Schwangeren abzuwehren, stellt laut Gesetz (§ 97 Abs 1 Z 2) eine rechtmäßige Handlung dar, gleich was der behandelnde Arzt glaubt oder meint. Ein Täter, der nur (subjektiv) Unrecht setzen möchte, dies ihm aber objektiv nicht gelingt, bleibt immer straffrei. Es ist und darf nie Aufgabe des Strafrechts sein, eine bloße kriminelle Gesinnung zu sanktionieren (Unzulässigkeit von Gesinnungsstrafrecht).

349 Entsprechend ist auch die umgekehrte Konstellation zu beurteilen, bei der der Täter fälschlich vom Vorliegen einer rechtfertigenden Sachverhaltslage ausgeht, diese jedoch objektiv nicht gegeben ist. Die Tat bleibt unabhängig vom Irrtum des Täters rechtswidrig.

350 Die **irrige Vorstellung des Täters** über das **Vorliegen einer rechtfertigenden Situation** führt jedoch dazu, dass der Täter nicht mehr wegen vorsätzlicher, sondern bloß wegen fahrlässiger Tatbegehung zur Verantwortung gezogen werden könnte (**§ 8**, siehe Rz 572ff). Der in dieser Hinsicht irrende Täter wird daher bei seiner strafrechtlichen Verantwortlichkeit vom Gesetz günstiger gestellt. An der objektiv gegebenen Rechtswidrigkeit der Tat ändert sich dadurch nichts. Die irrtümliche Annahme einer rechtfertigenden Sachverhaltskonstellation und damit die subjektive Vorstellung des Täters kann darauf keinen Einfluss nehmen.

351 **Güter- und Interessenabwägungsgedanke**: Den meisten Rechtfertigungsgründen liegt ein Güter- und Interessenabwägungsgedanke zugrunde. Höherwertige Güter sollen auf Kosten geringerwertiger Güter gerettet werden dürfen. Der Interessenabwägungsgedanke kommt auch zum Tragen, wenn die Rechtfertigung darin liegt, dass auf der Seite des Opfers das Schutzinteresse fehlt, weil dieses in die Verletzung seines Rechtsgutes eingewilligt hat:

> Wer in eine Tätowierung, die eine Verletzung am Körper darstellen würde, einwilligt, erklärt damit, dass er in dieser Hinsicht kein Interesse am Schutz seiner körperlichen Integrität hat. Der Eingriff in die körperliche Integrität wäre durch die Einwilligung gerechtfertigt (Einwilligung in eine Körperverletzung, § 90 Abs 1).

352 Teilweise spielen bei der Rechtfertigung auch der Gedanke der Bewährung der Rechtsordnung und der Grundsatz, dass das Recht nicht dem Unrecht zu weichen brauche, eine Rolle (zB Notwehr, § 3). Allen Rechtfertigungsgründen gemeinsam ist, dass sie eine Regulierung kollidierender Interessen bezwecken.

353 **Verletzung von Rechtsgütern Dritter:** Rechtfertigungsgründe erlauben immer nur Eingriffe in Rechtsgüter jener Personen, denen gegenüber der Er-

laubnissatz eine Rechtsverletzung gestattet (zB Notwehr gegen Rechtsgüter des Angreifers). Werden im Zuge einer Notwehr auch Rechtsgüter Dritter verletzt, geschieht dies rechtswidrig:

Der Polizist schießt einem flüchtenden Bankräuber nach. Er verletzt dabei nicht nur den Bankräuber, sondern auch einen unbeteiligten Passanten. Die Verletzung des Bankräubers ist durch Notwehr(hilfe) gerechtfertigt (§ 3), nicht jedoch die Verletzung des unbeteiligten Passanten.

Die Verletzung von Rechtsgütern dritter Personen, gegenüber denen keine 354
Rechtfertigung besteht, wird nur unter dem Aspekt eines Schuldausschlusses wegen **Unzumutbarkeit rechtmäßigen Verhaltens** auf der **Schuldebene** (Rz 602ff) zu prüfen sein:

Im oben zitierten Beispiel wird man dem Polizisten für die Verletzung des Passanten einen Schuldvorwurf machen können (fahrlässige Körperverletzung, § 88). Es ist ihm zumutbar, nur dann auf einen flüchtenden Bankräuber zu schießen, wenn eine Verletzung von unbeteiligten Dritten ausgeschlossen werden kann.

Anders sieht es aus, wenn man das oben zitierte Beispiel dahingehend abändert, dass der flüchtende Bankräuber sich eines fremden Fluchtautos bemächtigt, welches bei der Verfolgung durch Schüsse der Polizei beschädigt werden könnte. Ein möglicher Schaden am Fluchtauto wird nicht als so gravierend einzustufen sein, wie eine mögliche Verletzung von unbeteiligten Passanten. Dem Polizisten könnte daher in diesem Fall nicht zugemutet werden, den Bankräuber so lange nur zu verfolgen, bis er problemlos festgenommen werden kann.

B. Keine Rechtfertigung bei Handeln auf Befehl oder Weisung

Das Handeln aufgrund eines Befehls oder einer Weisung seitens einer vor- 355
gesetzten Person kann nie ein strafgesetzwidriges Verhalten rechtfertigen.

Ein Buchhalter darf der Weisung seines **Arbeitgebers**, falsche Angaben ge- 356
genüber dem Finanzamt zu machen und damit eine Abgabenhinterziehung zu bewirken, keine Folge leisten: Der Buchhalter macht sich ebenso wie sein Arbeitgeber eines Finanzvergehens schuldig (§ 33 FinStrG), wenn er zB Unterlagen für Umsatzsteuervoranmeldungen (vgl § 21 Umsatzsteuergesetz, UStG) in gesetzwidriger Weise derart erstellt, dass sich ein Gesamtrechnungsbetrag nur in jener Höhe ergibt, wie er zum betreffenden Zeitpunkt auch jeweils bezahlt werden kann. Die auf Weisung des Arbeitgebers gemachten falschen Umsatz-

steuervoranmeldungen sind auch dann nicht gerechtfertigt, wenn der Buchhalter bei Zuwiderhandeln eine Entlassung befürchtet hatte (OGH 11 Os 8/84).

357 Auch der Weisung eines **übergeordneten Behördenorgans** kommt keine rechtfertigende Wirkung zu, wenn deren Befolgung einen Verstoß gegen strafgesetzliche Vorschriften (zB Missbrauch der Amtsgewalt, § 302 StGB) bedeuten würde (Art 20 Abs 1 Bundes-Verfassungsgesetz, B-VG). Nach dem Wortlaut des Art 20 Abs 1 B-VG „kann" das untergeordnete Organ die Befolgung einer derartigen Weisung ablehnen. Vielmehr wird das untergeordnete Organ eine solche **Weisung ablehnen müssen**, will es nicht gegen strafgesetzliche Vorschriften verstoßen.

358 Zu einer solchen Situation kommt es zB, wenn ein Staatsanwalt von seinem vorgesetzten Leitenden Staatsanwalt die Weisung erhält, ein Verfahren einzustellen, obwohl alle gesetzlichen Voraussetzungen für eine Verfolgung gegeben sind. Der Staatsanwalt unterliegt dem Legalitätsprinzip (§ 2 Abs 1 StPO). Durch Befolgung der gesetzwidrigen Weisung wäre das Recht des Staates auf Verfolgung einer konkreten tatverdächtigen Person verletzt. Die Vorgangsweise des Staatsanwalts würde daher einen **Missbrauch der Amtsgewalt (§ 302 StGB)** darstellen. Die Weisung bietet in diesem Fall keinen Rechtfertigungsgrund für den Staatsanwalt. Dem Legalitätsprinzip unterliegt auch der Justizminister. § 302 StGB wird daher auch verwirklicht, wenn ein Staatsanwalt auf dessen Weisung hin das Verfahren gegen einen politischen Günstling einstellt, ohne dass der Tatbestand unter Heranziehung aller zweckdienlichen Beweismittel so weit als möglich aufgeklärt worden ist (OGH 12 Os 71/86).

C. Einzelne Rechtfertigungsgründe

1. Amtliche Befugnis

359 Aus amtlichen Befugnissen ergeben sich eine Reihe von Rechtfertigungsgründen, welche einen Eingriff in die Rechtsgutsphäre des Einzelnen für rechtmäßig erklären.

360 Wer einer strafbaren Handlung verdächtig ist, darf unter den Voraussetzungen der §§ 170ff StPO festgenommen und damit seiner Freiheit beraubt werden. Gesetzliche Voraussetzung für eine Festnahme ist nur, dass sich jemand einer strafbaren Handlung verdächtig gemacht hat und ein gesetzlich normierter Haftgrund vorliegt (zB Fluchtgefahr). Lagen die gesetzlichen Voraussetzungen zum Zeitpunkt der Festnahme vor, bleibt die Freiheitsbeschränkung auch dann formell gerechtfertigt, wenn sich später herausstellt, dass der wirkliche Täter ein anderer war. Dem Staat kommt in dieser Hinsicht ein **Irrtumsprivileg** zu (OGH 11 Os 78/17f).

Entsprechendes gilt für behördlich durchgeführte **Hausdurchsuchungen** (§§ 119ff StPO), **Sicherstellungen** und **Beschlagnahmungen** (§§ 110ff StPO) etc, soweit die gesetzlichen Voraussetzungen dafür vorliegen. Auf diese Weise schafft zB die StPO eine Reihe von Rechtfertigungsgründen, die in der Praxis von hoher Bedeutung sind. Rechtfertigungsgründe für amtliche Befugnisse sind jedoch auch in zahlreichen anderen Gesetzen zu finden, wie zB der Exekutionsordnung (EO, RGBl 1896/79 idgF), welche unter bestimmten Voraussetzungen Eingriffe in das Vermögen eines Schuldners rechtfertigt. 361

2. Notwehr (§ 3)

Dullinger Faktische Möglichkeiten gegen die Verletzung des Hausrechts von Universitäten. Dargestellt am Beispiel einer „Hörsaalstürmung“, ÖJZ 2017/51, 357; *Fuchs* Grundfragen der Notwehr (1986); *Harbich* Ausgewählte Themen aus dem Allgemeinen Teil des Finanz- und Justizstrafrechts, RZ 1979, 1; *Lengauer* Wesen und Wirkung der Notwehrprovokation, ÖJZ 2022/100, 831; *ders* Dogmatik der Notwehrprovokation, ÖJZ 2022/159, 1140; *Nowakowski* Zur subjektiven Tatseite der Rechtfertigungsgründe, ÖJZ 1977, 573; *Piskernigg* Zur Lage des staatlichen Gewaltmonopols, JBl 2010, 137; *Spendel* Notwehr und „Verteidigungswille“ objektiver Zweck und subjektive Absicht, in *Oehler*-FS (1985), 197; *Triendl* Notwehr und Kampfsport, RZ 2006, 140.

a) Allgemeines

Einer der geläufigsten, wenngleich, wie aus den bisherigen Beispielen ersichtlich, bei weitem nicht der in der Praxis am häufigsten vorkommende Rechtfertigungsgrund ist die Notwehr. Nach § 3 handelt nicht rechtswidrig, wer sich 362

- bei der **Abwehr eines gegenwärtigen** oder **unmittelbar drohenden rechtswidrigen Angriffs** auf
- die Rechtsgüter **Leben**, **Gesundheit**, **körperliche Unversehrtheit**, **Freiheit** oder **Vermögen**
- der **notwendigen Verteidigung** bedient.

Der Notwehrübende muss nicht selbst Objekt des Angriffs sein. Er kann sich auch als sog **Notwehrhelfer** bei einem Angriff, der eigentlich gegen einen Dritten gerichtet ist, hervortun (OGH 12 Os 159, 160/82). 363

Der Grundgedanke des Rechtfertigungsgrunds der Notwehr ist, dass das Recht nicht vor dem Unrecht zu weichen brauche (OGH 15 Os 27/89). Das Bedürfnis nach Selbstschutz und der Gedanke der Rechtsbewährung führten zur Ausgestaltung eines Notwehrrechts, welches grundsätzlich **nicht** von einer **Güterabwägung** ausgeht. Einzig, wenn dem Angegriffenen bloß ein geringfügiger Nachteil droht und er diesen nur durch eine unverhältnismäßig schwerere Verletzung des Angreifers abwehren könnte, tritt der Gedanke der Rechtsbe- 364 währung in den Hintergrund und schließt die Rechtfertigung dieser Abwehrhandlung aus. Die **Verteidigungshandlung** soll nur bewirken, dass der Angegriffene seine Rechtsgutsphäre wahrt. Sie darf **nicht Strafcharakter** erlangen.

365 Wenn man davon ausgeht, dass der Rechtfertigung durch Notwehr der Gedanke zugrunde liegt, dass das Recht vor dem Unrecht nicht zu weichen brauche, bedeutet dies, dass sich der **Angegriffene** dem Angreifer entgegenstellen darf und **nicht ausweichen oder gar fliehen muss** (OGH 12 Os 173/84). Sein volles Notwehrrecht bleibt selbst dann erhalten, wenn der Angegriffene sich leicht durch Flucht dem Angriff entziehen hätte können (OGH 15 Os 2/08w).

366 Die Tendenz in der Rechtsprechung, eine **sozialethische Einschränkung** des Notwehrrechtes vorzunehmen, führte jedoch dazu, dass in bestimmten Fällen dem Angegriffenen ein Ausweichen zugemutet wird. Dies kann gegebenenfalls bei Angriffen von Kindern, Unreifen oder Geisteskranken der Fall sein (OGH 13 Os 23/89). Es besteht jedoch keine Pflicht, bei Angriffen von Betrunkenen auszuweichen (OGH 13 Os 23/87).

367 Wurde der **Angriff schuldhaft provoziert**, ändert dies grundsätzlich nichts am Entstehen von Notwehr auf der Seite des Angegriffenen. Hier wird allerdings von der Rechtsprechung die Einschränkung getroffen, dass der vom Angriff Betroffene primär ausweichen muss (OGH 13 Os 158/77). Die Rechtsprechung spricht einer Person sogar überhaupt ihr Notwehrrecht ab, wenn diese eine Provokationshandlung einzig mit dem Ziel gesetzt hat, in eine Notwehrsituation zu geraten und bei dieser Gelegenheit dem Angreifer eine Rechtsgutverletzung zuzufügen (Absichtsprovokation; OGH 13 Os 31/87). In § 3 findet sich dieser Ausschluss des Notwehrrechts nicht. Diese restriktive Rechtsprechung zum Schutz des rechtswidrig handelnden Angreifers widerspricht somit nicht nur dem Gesetz, sondern erscheint auch unbillig und schafft einen unüberschaubaren Ermessensspielraum, was alles als „notwehrausschließende Provokation" verstanden werden kann. Grundsätzlich darf niemand auf reine Provokationen mit einer Verletzung fremder Rechtsgüter reagieren. Auch bei einer provozierten Verletzung von Rechtsgütern muss es rechtmäßig sein, diese Verletzung abzuwehren. Keine Notwehrprovokation liegt vor, wenn sich ein Gast durch einen alkoholisierten Angreifer zuerst aus dem Lokal vertreiben lässt und danach doch wieder in die Gaststätte zurückkehrt, weil er seinen bestellten Kaffee austrinken und sich nicht vertreiben lassen möchte (OGH 15 Os 27/89). Das Recht braucht nämlich vor dem Unrecht nicht zu weichen (OGH 13 Os 23/87).

b) Gegenwärtiger oder unmittelbar drohender Angriff

368 Grundvoraussetzung für das Entstehen eines Notwehrrechts ist, dass sich jemand in einer **Notwehrsituation** befindet. Diese liegt nur bei einem gegenwärtigen oder unmittelbar drohenden rechtswidrigen Angriff auf notwehrfähi-

ge Rechtsgüter (Leben, Gesundheit etc) vor. Bei der Frage, ob sich der Täter in einer Notwehrsituation befindet, kommt es nicht auf dessen Vorstellung an, sondern auf den effektiven Geschehensablauf (OGH 10 Os 22/84).

aa) Angriff: Unter einem Angriff iSd § 3 versteht man ein menschliches Verhalten, das die Beeinträchtigung von notwehrfähigen Rechtsgütern (Leben, Gesundheit, Vermögen etc) befürchten lässt. Es muss sich dabei um ein **aktives Vorgehen** handeln. Ein rein passives Verhalten ist noch kein Angriff: Polizisten, die jemanden verhaften wollen, der sich aus Protest dagegen flach auf den Boden legt, ohne sich zu rühren, werden von diesem nicht angegriffen. Entsprechendes gilt bei einer Straßenblockade durch Umweltaktivisten, wenn diese sich auf die Straße legen und warten, bis man sie wegträgt. Eine Gewaltanwendung seitens der Polizei wäre nicht gerechtfertigt. Anders ist **passives Verhalten** nur dann zu beurteilen, **wenn** das **Nichthandeln gegen eine Pflicht zum Tätigwerden verstößt**: 369

Eine Mutter lässt im Hochsommer ihr Kleinkind im verschlossenen Auto auf dem sonnigen Parkplatz eines Einkaufzentrums eine längere Zeit zurück. Sie schafft damit eine unmittelbare Gefahr für das Leben und die Gesundheit des Kindes. Da ihr in Bezug auf das Kind Garantenstellung zukommt, ist ihr Zurücklassen als Angriff auf das Leben und die gesundheitliche Unversehrtheit des Kindes zu werten. Jeder Dritte wäre berechtigt, zu Gunsten des Kindes in Nothilfe die Autoscheibe einzuschlagen (gerechtfertigte Sachbeschädigung, § 125), wenn die Situation bereits eine ernste Gesundheitsgefährdung des Kindes erkennen lässt.

bb) Gegenwärtiger Angriff: Gegenwärtig ist ein Angriff, wenn die Beeinträchtigung des Rechtsgutes, auf das der Angriff abzielt, bereits im Gang ist: Der Einbrecher fasst in der fremden Wohnung nach dem Schmuckstück, als er vom Eigentümer überrascht wird. Da niemand gezwungen werden kann zu warten, bis sein Rechtsgut verletzt worden ist, stellt das Gesetz dieser Situation **gleich**, dass der **Angriff** bloß **unmittelbar droht**: 370

- Der Einbrecher betritt mit der Leiter das Grundstück, um durch das geöffnete Fenster im ersten Stock in die Villa einzusteigen.
- Ein alkoholisierter Wirtshausgast krempelt die Ärmel auf, um einem Andersdenkenden, dem er zuvor Schläge angedroht hatte, seinen Standpunkt zu „erklären“.

Diese Situationen berechtigen denjenigen, der den Angriff unmittelbar zu erwarten hat, bereits jetzt, seinen Gegner durch Gegenmaßnahmen an der Ver- 371 wirklichung seines Vorhabens zu hindern, um sein bedrohtes Rechtsgut nicht erst dem Angriff aussetzen zu müssen. Eine solche **offensive Notwehr** ist jedoch nur zulässig, wenn der drohende Angriff nicht anders gebannt werden kann (OGH 9 Os 109/77). Das Zuwarten mit der Verteidigungshandlung kann den Angegriffenen nämlich in eine Situation bringen, in der keine Abwehr mehr möglich ist oder weniger aussichtsreich erscheint, um seine Rechtsgüter angemessen zu schützen. Wird ein Angriff erst für den nächsten Tag in Aussicht gestellt, kann er nicht mehr als unmittelbar bevorstehend bezeichnet werden. Der Bedrohte hat sich in diesem Fall polizeilichem Schutz anzuvertrauen und darauf zu hoffen, dass dieser auch gewährt wird.

372 **Solange der Angriff andauert**, darf Notwehr geübt werden. Es ist dabei auch eine offensive Gegenwehr zulässig (OGH 14 Os 69, 70/90). Ein Angriff ist so lange als „gegenwärtig" zu bezeichnen, als er nicht aufgegeben oder bezwungen wurde oder misslungen ist (OGH 15 Os 2/08w). Ein Angriff iSd § 3 kann selbst nach formeller Vollendung des Angriffsdelikts noch angenommen werden: Gegen einen Einbrecher darf im Wege der **Nacheile** Notwehr geübt werden, wenn dieser bereits wieder das Haus verlassen hat und nun mit der Diebesbeute das Weite sucht (OGH 9 Os 340/58). Entdeckt der Bestohlene erst am nächsten Tag den mutmaßlichen Dieb, ist keine Notwehr mehr zulässig. Der Dieb könnte nur bis zum Eintreffen der Polizei festgehalten werden (§ 80 Abs 2 StPO).

373 Am Entstehen des Notwehrrechts im Falle eines aktuellen Angriffs ändert sich auch nichts, wenn zB durch Installieren einer Selbstschussanlage oder eines Hochspannungszaunes für eventuelle Notwehrsituationen Vorsorge getroffen worden ist. Das Risiko, welches damit verbunden ist, dass auch Unschuldige Opfer dieser Abwehreinrichtungen werden könnten, muss jedoch jener tragen, der sich eines solchen Weges der (vorausschauenden) Verteidigung bedient. Auch eine **vorsorgliche unberechtigte Bewaffnung** vermag an der Rechtfertigung später geübter Notwehr nichts zu ändern (OGH 15 Os 27/89):

> Eine Frau führt zu ihrem Schutz eine gesetzlich nicht erlaubte Waffe mit sich. Als sie Opfer eines Vergewaltigungsversuchs wird, tötet sie damit den Angreifer. Auch wenn das Mitführen der Waffe gesetzwidrig war, ist die Tötung des Sittlichkeitsverbrecher durch Notwehr gerechtfertigt.

374 **cc) Rechtswidriger Angriff:** Der Angriff muss rechtswidrig sein. Ein Angriff, gegen den Notwehr zulässig ist, muss daher von einer menschlichen Verhaltensweise ausgehen. Tiere oder juristische Personen können keinen rechtswidrigen Angriff iSd § 3 führen (Rz 398ff). „Rechtswidrigkeit" des Angriffes bedeutet nicht, dass der Angriff einen Tatbestand des StGB verwirklicht (zB Körperverletzung, § 83).

Ob der Angreifer **schuldhaft** handelt, ist **belanglos**. Notwehr ist grundsätzlich auch gegen Handlungen von **Kindern** oder **Alkoholisierten** zulässig (OGH 13 Os 23/89). Notwehr kann ebenso gegenüber jemandem geübt werden, dem bloß eine Fahrlässigkeit vorgeworfen werden könnte oder der irrtümlich glaubt, rechtmäßig zu handeln. Mangels Notwendigkeit einer Rechtsbewährung bzw aus sozialethischen Gesichtspunkten wird man jedoch in derartigen Fällen teilweise Einschränkungen treffen müssen und vom Angegriffenen verlangen, dem Angriff auszuweichen, soweit dies gefahrlos möglich ist. Dies gilt insb bei Fällen, in denen jemand von einem Geisteskranken oder einem Kind attackiert wird (OGH 12 Os 173/84). Besitzt der Angegriffene jedoch keine verlässliche Fluchtmöglichkeit, kann sich der Angegriffene auf sein Notwehrrecht berufen. Dem Angriff eines aggressiven Betrunkenen muss nicht ausgewichen werden (OGH 13 Os 23/87). 375

dd) Gegen rechtmäßiges Vorgehen ist keine Notwehr zulässig: 376

Beabsichtigt die Polizei, eine gerichtlich bewilligte und von der Staatsanwaltschaft angeordnete Festnahme durchzuführen (§ 171 Abs 1 StPO), darf sich der Betroffene nicht durch Gewalt dagegen zur Wehr setzen. Dies gilt auch für den unschuldig Verdächtigten. Liegt ex ante betrachtet ein Tatverdacht und ein Festnahmegrund (§ 170 StPO) vor, ist die Verhaftung formell rechtmäßig und damit selbst dann kein rechtswidriger Angriff auf die persönliche Freiheit, wenn sie einen Unschuldigen trifft.

Setzt sich der Betroffene gegen die Festnahme durch Anwendung von Gewalt zur Wehr, hätte selbst der zu Unrecht in den Verdacht geratene „Widerstand gegen die Staatsgewalt" (§ 269 StGB) zu verantworten. Auch der Unschuldige muss die Einschränkung seiner Freiheit vorläufig dulden und kann nur versuchen, im Rechtsmittelweg seine Enthaftung zu erwirken. Grob fahrlässig gesetzwidrig handelnde Strafverfolgungsorgane können jedoch nach § 303 StGB strafrechtlich zur Verantwortung gezogen werden. In der Judikatur spielt § 303 StGB keine Rolle, da (grob) fahrlässig gesetzwidrig handelnde Beamte „offenbar kaum vorkommen". Notwehr ist zulässig, wenn vom zuständigen Amtsorgan in einer Weise vorgegangen wird, wie dies nie die Art einer Amtshandlung sein darf. Ein Polizist versucht zB durch Schläge den Tatverdächtigen geständnisbereit zu machen. Die Möglichkeit der Notwehr wird in diesen Fällen meist nur eher theoretischer Natur sein. Eine Verletzung des Polizisten im Zuge der Gegenwehr wäre jedoch gerechtfertigt. 377

Der Angreifer darf sich gegen die Verteidigungshandlung des Angegriffenen nicht wehren, da die Abwehrhandlung rechtmäßig erfolgt. 378

c) Notwehrfähige Rechtsgüter

379 Nur die **Rechtsgüter Leben, Gesundheit, körperliche Unversehrtheit, sexuelle Integrität und Selbstbestimmung, Freiheit oder Vermögen** dürfen gegenüber rechtswidrigen Angriffen durch Notwehr verteidigt werden. Es fehlt zB die Ehre (§ 111) als notwehrfähiges Rechtsgut. § 115 letzter Fall gehört zwar zur Gruppe der Delikte gegen die Ehre, betrifft aber auch die körperliche Unversehrtheit, daher wird man gegen eine Misshandlung Notwehr üben dürfen (*Tipold* in *Leukauf/Steininger* StGB[4] § 3 Rz 78; aM *Steininger* AT I[2] Kap 11 Rz 11). Tiere als Vermögensbestandteil des Eigentümers sind notwehrfähig. Nicht gerechtfertigt wäre jedoch eine Nothilfe zugunsten eines Tieres (*Lewisch* WK-StGB[2] § 3 Rz 35).

Ein Tierschützer, der in Käfigen gehaltene Wildtiere befreit, weil die Tierhaltung nicht artgerecht ist, die Tiere darunter leiden und Schaden nehmen, handelt daher rechtswidrig. Der Tierhalter könnte gegen diesen Angriff auf sein Vermögen sogar Notwehr üben.

Kein notwehrfähiges Rechtsgut ist die öffentliche Ordnung. Dem Einzelnen steht daher kein Notwehrrecht gegen eine Kinoaufführung zu, die er für sittlich gefährdend hält. Andernfalls könnte sich jeder Bürger zum Hilfspolizisten aufschwingen und das staatliche Gewaltmonopol außer Kraft setzen. **Individualrechtsgüter des Staates** können hingegen sehr wohl durch Notwehrhilfe geschützt werden: Jemand verhindert zB, dass Jugendliche die Reifen eines Polizeiautos durchstechen. Mit einem Angriff auf die sexuelle Integrität und Selbstbestimmung verbindet sich meist auch ein Angriff auf die Rechtsgüter Freiheit und körperliche Unversehrtheit. Da die sexuelle Integrität und Selbstbestimmung als eigenes geschütztes Rechtsgut genannt wird, sind alle Angriffe darauf notwehrfähig, auch wenn sie nur von geringem Gewicht sind und andere Rechtsgüter, wie Freiheit bzw körperliche Unversehrtheit nicht tangieren. Selbst eine bloße sexuelle Belästigung (§ 218 Abs 1a) räumt dem betroffenen Opfer eine Notwehrbefugnis ein. Bei der Gegenwehr ist jedoch gerade bei Bagatellangriffen darauf zu achten, dass nicht die Grenzen einer notwendigen Verteidigung überschritten werden.

d) Notwendige Verteidigung

380 **aa) Situationsbedingte ex ante Sicht:** Die Verletzung von Rechtsgütern des Angreifers ist nur soweit gerechtfertigt, als dies zur Abwehr des Angriffs notwendig ist. Diese Notwendigkeit ist ex ante aus der Situation und Sicht des Angegriffenen nach objektiven Kriterien zu beurteilen (OGH 15 Os 2/08w).

Maßgebliche Umstände sind die Art und Intensität des Angriffs, die Gefährlichkeit des Angreifers und die zur Abwehr zur Verfügung stehenden Mittel (OGH 12 Os 14/87). Auch die körperliche Unterlegenheit des Angegriffenen ist ein entscheidendes Kriterium (OGH 13 Os 23/87). Es ist immer jenes Mittel zur Abwehr zu wählen, welches gerade noch zielführend den Angriff abwehren könnte. Dabei sollte es sich nach der Rechtsprechung um das schonendste Mittel handeln, welches dem Angegriffenen zur Verfügung steht (OGH 10 Os 124/86). Das Gesetz hingegen kennt keine Verpflichtung, gegenüber dem rechtswidrigen Angreifer möglichst schonend vorzugehen. Vom Opfer wird keine subtile Abwägung bei der Dosierung seiner Verteidigungshandlung verlangt werden können (OGH 13 Os 23/87). Vielfach wird der Angegriffene in Sekundenschnelle zum Handeln genötigt sein, was eine detaillierte Berücksichtigung der Folgen seiner Verteidigung oder gar ein Abwägen verschiedener Verteidigungsmittel unmöglich macht (OGH 13 Os 108/85).

Es wäre lebensfremd, einen graduellen Einsatz von Abwehrmitteln zu verlangen (OGH 13 Os 23/87). Man kann nicht erwarten, dass der Angegriffene schrittweise probiert, ob nicht ein gelinderes Mittel auch noch den Angriff abwehren könnte (OGH 13 Os 40/82). Der Angegriffene darf daher immer **jenes Mittel** wählen, **welches ex ante betrachtet** den Angriff **verlässlich sofort** und **endgültig abwehrt** (OGH 15 Os 2/08w). 381

Bei einem Raubüberfall in der Nacht ist es naheliegend, dass die Pistole, die der Angreifer in der Hand hält, echt ist. Der Angegriffene ist daher gerechtfertigt, wenn er den Angreifer im Zuge der Gegenwehr tötet, obwohl sich im Nachhinein herausstellt, dass der Angreifer nur eine Spielzeugpistole in der Hand hatte. Wird jemand in der Nacht von mehreren Schlägern angegriffen, darf er sofort von der Schusswaffe Gebrauch machen. Man kann in dieser Situation von niemandem verlangen, dass er das Risiko eingeht, beim bloßen Einsatz brachialer Abwehr in eine ausweglose Lage zu kommen, in der er seine Schusswaffe dann gar nicht mehr benutzen kann. Vom Angegriffenen kann keine gelindere Abwehr verlangt werden, wenn sich dadurch seine Deckung mit der Waffe verschlechtern würde. Ein Taxifahrer wäre befugt, von der Waffe Gebrauch zu machen, wenn ihm ein Angriff mit einem Schlagring droht, selbst wenn er sich auch zurückziehen könnte, denn es ist ungewiss, ob er bei Aufgabe der persönlichen Deckung später noch in der Lage sein würde, von der Waffe Gebrauch zu machen (OGH 12 Os 155/78). Bei einem rücksichtslosen Angriff kann auch das Zustechen mit einem Messer als Notwehrhandlung gerechtfertigt sein (OGH 15 Os 7, 8/96). 382

bb) Risiko des Angreifers: Der Angreifer hat das Risiko zu tragen, wenn sich im Nachhinein herausstellen sollte, dass selbst eine etwas gelindere Abwehr weitere Angriffe unterbunden hätte (OGH 9 Os 41/59). 383

Eine Frau verteidigt sich gegen eine Vergewaltigung (§ 201) dadurch, dass sie dem Angreifer mit einer Nagelfeile ins Auge sticht. Selbst wenn in der Gerichtsverhandlung der Sexualverbrecher angibt, ihm wäre bereits bei einer leichten Gegenwehr seines Opfers die Lust vergangen, ist die gesetzte Verteidigungshandlung gerechtfertigt. Nicht nur bei Angriffen auf das Leben, sondern auch bei schwerwiegenden Angriffen gegen die körperliche Integrität könnte sogar die Tötung des Angreifers als Verteidigung gerechtfertigt sein (OGH 12 Os 110/84).

384 Es darf jedoch nicht verschwiegen werden, dass letztlich das Gericht darüber entscheidet, welches Maß an Verteidigung notwendig gewesen wäre. Leicht kann sich das Opfer strafbar machen, wenn der Täter seinen Angriff bagatellisiert und ihn das Gericht daher als harmlos einstuft und in der Verteidigungshandlung des Opfers eine Überreaktion sieht. So wird oft vom Gericht im Nachhinein das Opfer zum Täter gemacht.

Die Polizei kommt zu einem nächtlichen Einbruch in einen Supermarkt. Die Täter versuchen sich zwischen den Regalen im Dunkeln zu verstecken. Als sie sich von den Polizisten ertappt glauben, versuchen sie in Panik zu fliehen. Ein Polizist macht von der Schusswaffe Gebrauch und töten dabei einen Einbrecher. Später stellt sich heraus, dass der getötete Einbrecher ein 14-jähriger, unbewaffneter Jugendkrimineller ist. Wenngleich dies in der Dunkelheit für den Polizisten kaum erkennbar war, könnte das Gericht, abhängig von der konkreten Tatsituation, in der Handlungsweise des Polizisten möglicherweise eine nicht gerechtfertigte strafbare Überreaktion sehen (§ 3 Abs 2).

385 **cc) Kein Verteidigungswillen:** Ob die Abwehrhandlung des Angegriffenen von einem Verteidigungswillen geleitet war, ist unerheblich (OGH 13 Os 32/80; aM *Kienapfel/Höpfel/Kert* AT[16] 13.24). Die Rechtswidrigkeit einer Handlungsweise muss sich immer objektiv beurteilen lassen, ohne Rücksicht auf die Motive oder sonstigen subjektiven Vorstellungen auf der Seite des Handelnden. Es muss daher nicht der Nachweis erbracht werden, dass der Angegriffene die Notwehrsituation erkannt hatte. Wer eine straftatbestandsmäßige Handlung setzt, ohne zu wissen, dass er sich im konkreten Fall in einer rechtfertigenden Notwehrsituation befindet, hat entweder Glück oder einen guten Instinkt gehabt, der ihn unbewusst die richtige Handlung setzen ließ. Ein potenzielles Tatopfer zu bestrafen, nur weil es nicht wusste, dass es sich rechtmäßig verteidigt hatte, wäre unverständlich. Gerechtfertigte Notwehr kann sogar angenommen werden, wenn jemand in einer objektiv vorliegenden Notwehrsituation seine Abwehrhandlung mit Misshandlungs- oder Verletzungsvorsatz setzt (OGH 14 Os 69, 70/90).

e) Güterabwägung

Eine Güterabwägung ist bei der Notwehr **grundsätzlich nicht erforderlich** (OGH 9 Os 121/86). Zur Rettung von Vermögenswerten darf auch in das Rechtsgut Leben oder körperliche Unversehrtheit des Angreifers eingegriffen werden, wenn dies der einzige Weg ist, sein Vermögen mit der Aussicht auf Erfolg zu verteidigen. Hier zeigt sich deutlich, dass der Grundsatz, dass das Recht vor dem Unrecht nicht zu weichen brauche, einer Güterabwägung vorgeht. 386

§ 3 trifft jedoch eine sehr deutliche **Einschränkung** des Notwehrrechts, wenn dem **Angegriffenen nur ein geringer Nachteil droht** und die notwendige Verteidigung zu einer **unangemessen schweren Verletzung** eines Rechtsguts des Angreifers führen würde. Es betrifft dies Fälle, in denen jemand **Nachteile mit typischem Bagatellcharakter** durch eine massive Verteidigungshandlung verhindern will (OGH 9 Os 121/86). Eine Abwehrhandlung wird jedoch in diesen Fällen nur dann von vornherein als unangemessen anzusehen sein, wenn auf den ersten Blick leicht erkennbar und damit offensichtlich war, dass der Angreifer nur einen Nachteil von Bagatellcharakter zufügen wollte (OGH 13 Os 67, 68/90): Der gelähmte Eigentümer eines Obstgartens, der sich gegen einen Obstdieb nur mit einem gezielten Gewehrschuss wehren könnte, ist nicht berechtigt, wegen des Diebstahls von Äpfel von seiner Waffe Gebrauch zu machen. Bei solchen Fällen eines krassen Missverhältnisses der einander gegenüberstehenden Rechtsgüter würde die Ausübung eines Notwehrrechts eine Unfugabwehr darstellen, welche nicht rechtmäßig ist. 387

Nur bei **krassen Wertunterschieden** zwischen dem Rechtsgut des Angegriffenen und dem im Zuge der Abwehr zu verletzenden Rechtsgut des Angreifers kann eine Güterabwägung zum Ausschluss der Notwehr führen. Ansonsten erlauben auch geringfügige Rechtsverletzungen, wie zB eine leichte Körperverletzung (§ 83), sich im Rahmen der notwendigen Verteidigung zu wehren (OGH 9 Os 121/86). 388

Der Begriff des „**geringen Nachteils**" ist **objektiv zu bestimmen** und nicht im Hinblick auf die Vermögensverhältnisse des Angegriffenen. Auch ein Millionär darf sich uneingeschränkt der notwendigen Verteidigung bedienen, wenn ein Straßenräuber ihn zur Herausgabe von 500 Euro zwingen will. Objektiv betrachtet handelt es sich dabei nicht mehr um einen geringfügigen Betrag mit Bagatellcharakter. Jeder muss die gleichen Rechte haben, seine Vermögenswerte zu verteidigen, unabhängig davon, ob er viele oder nur wenige besitzt. 389

Als Richtlinie für die Frage der „Geringfügigkeit" des drohenden Nachteils kann der „geringe Wert" iSd § 141 dienen. Von einem „geringen Nachteil" mit Bagatellcharakter (OGH 13 Os 67, 68/90) wird man nur bei einem drohenden Vermögensverlust von unter 100 Euro sprechen können (vgl OGH 390

11 Os 140/04). Bei höheren Vermögensverlusten steht dem Opfer im Rahmen der notwendigen Verteidigung die uneingeschränkte Notwehrbefugnis zu. Der Bestohlene dürfte daher auch gegebenenfalls dem Einbrecher nachschießen, wenn er keine andere Möglichkeit besitzt, ein Entkommen mit der Beute zu verhindern.

391 **Art 2 Abs 2 EMRK** trifft die Einschränkung, dass eine Tötung des Angreifers als Verteidigung nur bei rechtswidrigen Gewaltangriffen gegen die Person zulässig ist. Die Verteidigung von Sachangriffen könnte danach nie die Tötung eines Menschen rechtfertigen. Nach überwiegender Ansicht soll die Einschränkung des Art 2 Abs 2 MRK jedoch nur für behördliche Abwehrmaßnahmen gelten. Dies deckt sich mit § 7 Z 1 Waffengebrauchsgesetz (BGBl 1969/149 idgF): Für die Polizei ist ein mit Lebensgefährdung verbundener Gebrauch der Waffe ua nur dann zulässig, wenn er der gerechten Notwehr zur Verteidigung eines Menschen dient. Einem flüchtenden Einbrecher darf die Polizei daher nicht in (vorsätzlich) lebensgefährlicher Weise nachschießen, da es hierbei regelmäßig nur um die Verteidigung von bloßen Sachwerten geht.

f) Notwehrüberschreitung (§ 3 Abs 2)

E.Steininger Der Fahrlässigkeitsbegriff bei der Notwehrüberschreitung, in: *Triffterer*-FS (1996), 257.

392 Eine Notwehrhandlung, welche die umschriebenen Grenzen einhält, rechtfertigt die Verletzung des Angreifers. Jede darüberhinausgehende Verletzung von Rechtsgütern des Angreifers wäre als sog **Notwehrexzess rechtswidrig**.

393 **Panikreaktion:** Die Situation, in der sich ein Angegriffener befindet, lässt es jedoch unter Umständen verständlich erscheinen, dass er über das ex ante als objektiv für notwendig erachtete Maß der Verteidigung hinausgeht. Hat das Tatopfer die Grenzen gerechter Notwehr bloß aus **Bestürzung, Furcht** oder **Schrecken überschritten**, kann es für die dabei erfolgte Verletzung des Angreifers nur bestraft werden, wenn die Überschreitung auf Fahrlässigkeit beruhte. **Fahrlässige Notwehrüberschreitung** wird dabei nur jener zu verantworten haben, der das **Missverhältnis** der Rechtsgüter **erkennen hätte können** (OGH 13 Os 73/78).

Unterstellt man im oben angeführten Einbruchsbeispiel (Rz 384), dass der Polizist erkennen hätten können, dass es sich bei den Einbrechern um jugendliche Straftäter handelt, die auf der Flucht sind, erscheint eine so weitreichende Verteidigungshandlung nicht gerechtfertigt. Der Polizist hat dann die Lage aus Schrecken falsch beurteilt und überreagiert. Diese Notwehrüberschreitung aus einem asthenischen Affekt heraus kann zu einer Strafbarkeit des Polizist wegen fahrlässiger Tötung führen.

Dem Notwehrübenden wird in diesem Fall vorgeworfen, dass er erkennen hätte können, dass mit seiner in Abwehr eines Angriffes vorgenommenen Rechtsgutverletzung die Grenzen der gerechtfertigten Notwehr überschritten werden (§ 3 Abs 2). Er haftet nur für eine fahrlässige Tatbegehung. Als Fahrlässigkeitsdelikt kann diese Überschreitung allerdings nur bestraft werden, soweit sie eine Rechtsgutverletzung betrifft, die als Fahrlässigkeitsdelikt unter Strafe gestellt ist. Das ist zB bei der Körperverletzung der Fall, nicht aber bei der Sachbeschädigung. Kann die Fehleinschätzung der notwendigen Abwehr nicht zum Vorwurf gemacht werden, darf der Angegriffene nicht wegen des Notwehrexzesses zur Verantwortung gezogen werden. 394

Bewusste Überschreitung der Notwehr: Überschreitet der Angegriffene hingegen die Grenzen zulässiger Notwehr aus **Hass, Zorn** oder **Rache**, hat er für die im Bereich der Überschreitung der Notwehr unternommene Rechtsgutverletzung als **Vorsatzdelikt** einzustehen (OGH 11 Os 117/84). Die Handlung erfolgt dann aus einem sog sthenischen Affekt heraus: 395

Das angegriffene Raubopfer X versetzt dem bereits offensichtlich kampfunfähig am Boden liegenden Räuber Y noch ein paar Fußtritte „zur Strafe" und bricht diesem dabei mehrere Rippen. Das Brechen der Rippen hat X als vorsätzliche Körperverletzung zu verantworten.

Entsprechendes gilt, wenn der Angegriffene sich aus Zorn einer offensichtlich unangemessenen Verteidigung bei einem geringfügigen Angriff bedient: Jemand versetzt dem Taschendieb, der ihm gerade einen 10-Euro-Schein aus der Hosentasche stehlen wollte, einen Bauchstich, weil er über die Dreistigkeit des Diebstahls erbost ist. 396

Putativnotwehr (§ 8): Die genannten Fallkonstellationen sind von den Fällen der Putativnotwehr (§ 8) zu unterscheiden, bei denen **irrtümlich eine Notwehrsituation angenommen** wurde. Bei einer Putativnotwehr verletzt der vermeintlich Angegriffene rechtswidrig fremde Rechtsgüter, um einen nicht bestehenden Angriff abzuwehren (zu den dabei auftauchenden Irrtumsfragen siehe Rz 572ff). 397

3. Sachwehr

398 Notwehr darf nach § 3 nur gegenüber rechtswidrigen Angriffen geübt werden. Der Angreifer muss daher eine Person sein. Dem Wortlaut nach umfasst § 3 nicht Fälle, in denen Rechtsgüter **durch nicht rechtswidrige Angriffe** in Gefahr gebracht werden:

- Ein Wachhund stürzt sich auf den Postboten, da er „pflichtgemäß" Haus und Grundstück verteidigt.
- Ein Wanderer wird von einer Kuh attackiert als er gerade über eine Weide geht.

399 Die Angriffe eines Wachhundes oder einer Kuh können nicht rechtswidrig im juristischen Sinne sein. Dennoch wird man dem Postboten und auch dem Wanderer in **Analogie zur Notwehr** die gleichen Rechte zur Abwehr einräumen müssen, wie bei der Notwehr (SSt 26/7). Man spricht in diesen Fällen von einer sog Sachwehr. Die analoge Anwendung des § 3 auf Fälle der Sachwehr widerspricht nicht dem Analogieverbot des § 1, da sich die Erweiterung der Rechtfertigungsmöglichkeiten zugunsten des Handelnden auswirkt und den Kreis strafbaren Verhaltens einschränkt.

400 Keiner Analogie bedarf es, wenn der Hund den Postboten angreift, weil er von seinem Herrn auf diesen gehetzt wurde. In diesem Fall liegt ein rechtswidriger Angriff des Hundeeigentümers auf den Postboten vor und der Hund ist nur die „Tatwaffe" des Angreifers. § 3 kann direkt angewendet werden.

401 Auch bei der Sachwehr sind immer nur Maßnahmen gerechtfertigt, die zur Abwendung der Gefahr bzw des Angriffes notwendig sind: Wenn Schläge gegen den Hund genügen, darf er nicht erschossen werden. Die Abwehrhandlung darf sich nur gegen den Angreifer bzw die Sache, von der die Gefahr ausgeht, richten und nicht gegen Dritte. Analog der Notwehr muss die Proportionalität der Rechtsgüter bei der Sachwehr nicht beachtet werden. Eine **Güterabwägung** findet demnach regelmäßig **nicht** statt:

Ein Hundebesitzer ist berechtigt, einen wertvollen Rassehund zu töten, wenn dieser sich zähnefletschend auf seine aus dem Tierheim erstandene Promenadenmischung stürzt. Analog der Notwehr wird eine Rechtfertigung nur bei **krassen Wertunterschieden** zwischen dem angegriffenen Rechtsgut und dem im Zuge der Abwehr zu verletzenden Rechtsgut zu verneinen sein.

402 Ein Teil der Lehre sieht in der Sachwehr bloß einen Unterfall des rechtfertigenden Notstands (*Tipold* in *Leukauf/Steininger* StGB[4] § 3 Rz 73; *Steininger* AT I[2] Kap 11 Rz 67; *Triffterer* AT[2] 234). Der grundlegende Unterschied die-

ser Sichtweise liegt darin, dass dies eine Güterabwägung bedingen würde (Rz 414ff). Bereits anhand des oben genannten Beispiels ist jedoch zu sehen, dass damit unbillige Ergebnisse verbunden wären: Der Besitzer des Promenadenmischlings müsste danach tatenlos zusehen, wenn der wertvolle Rassehund sich auf seinen lieb gewonnenen Vierbeiner stürzt und ihn zu zerfleischen droht. Zur Verteidigung seines Hundes dürfte er den angreifenden Rassehund nicht einmal verletzen, denn selbst eine Verletzung des Rassehundes würde regelmäßig einen höheren materiellen Schaden bedeuten als der Tod des Mischlingshundes.

4. Rechtfertigender Notstand

Cordides Zur Haftung des Arztes bei fehlerhafter pränataler Diagnose, JBl 2007, 137; *Hohenecker* Der Notstand und das Amtsgeheimnis, ÖJZ 1993, 500; *Kienapfel* Der rechtfertigende Notstand, ÖJZ 1975, 421; *Köck* Der (straf)rechtliche Schutz des Embryos, ÖJZ 2006/40.

a) Allgemeines

Es gibt Notsituationen, in denen die **Verletzung fremder Rechtsgüter** aufgrund einer Interessenabwägung **sachlich zu billigen** ist und damit **gerechtfertigt** erscheint. Bei diesen Sachverhaltskonstellationen scheidet eine strafrechtliche Verantwortlichkeit aus, weil die gesetzte Handlung rechtmäßig erfolgte (rechtfertigender Notstand). Der sog rechtfertigende Notstand ist im Gesetz nicht ausdrücklich mit einer eigenen Bestimmung geregelt. Von der Rechtsprechung wird er jedoch allgemein anerkannt (OGH 12 Os 143/75), weil damit eine gravierende Lücke im geltenden Recht geschlossen werden kann. Nur indirekt finden sich bei einigen Tatbeständen Rechtfertigungsgründe, die auf den Kriterien des rechtfertigenden Notstandes basieren. 403

Im Gegensatz zur Notwehr bzw Sachwehr liegt dem rechtfertigenden Notstand eine **Güterabwägung** zugrunde. Auf rechtfertigenden Notstand kann sich nur derjenige berufen, dem ein Nachteil droht, der von größerem Gewicht ist als der Schaden, der durch die Abwehr des drohenden Nachteils angerichtet wird. 404

Viele vom Gesetzgeber ausdrücklich geregelte Rechtfertigungsgründe basieren auf dem Gedanken eines rechtfertigenden Notstands (zB **Straflosigkeit des Schwangerschaftsabbruchs**, § 97 Abs 1 Z 2): 405

Der Schwangerschaftsabbruch ist gerechtfertigt, wenn er zur Abwendung einer nicht anders abwendbaren ernsten Gefahr für das Leben oder die Gesundheit der Schwangeren erforderlich ist. Er ist auch gerechtfertigt, wenn die Gefahr besteht, dass das Kind körperlich schwer behindert sein wird oder die Schwangere zur Zeit der Schwängerung unmündig gewesen ist (näher dazu Rz 421).

406 Entsprechendes gilt für die Straflosigkeit der Offenbarung eines **Berufs- oder Geschäftsgeheimnisses** (§§ 121 Abs 5, 122 Abs 4) aus berechtigten öffentlichen oder privaten Interessen. Regelmäßig sieht sich der Gesetzgeber nur dann zu einer ausdrücklichen Regelung der Rechtfertigungsgründe veranlasst, wenn eine Interessen- bzw Güterabwägung sehr umstritten ist, weil in der Gesellschaft die kollidierenden Interessen bzw Güter unterschiedlich bewertet werden (vgl Rz 421). Um Rechtsunklarheiten zu vermeiden, werden daher kontroverse Bereiche, wie zB die Rechtfertigung eines Schwangerschaftsabbruchs gesetzlich geregelt.

407 Der rechtfertigende Notstand ging aus einer notwendigen Differenzierung hervor. Eine gesetzliche Regelung erfahren in § 10 nur Notsituationen, in denen die Verletzung fremder Rechtsgüter zur Rettung eigener menschlich verständlich und damit verzeihlich ist. Das Handeln des in Not Befindlichen ist damit zwar rechtswidrig, jedoch zu entschuldigen (entschuldigender Notstand). Der Entschuldigungsgrund des § 10 führt zwar nur zum Ausschluss der Schuld, aber letztlich ebenfalls zur Straflosigkeit des Handelnden.

b) Voraussetzungen für die Annahme eines rechtfertigenden Notstandes

aa) Gegenwärtige Gefahr

408 Rechtfertigender Notstand ist gegeben, wenn jemand sein Rechtsgut aus der Gefahr einer Verletzung nur dadurch retten kann, dass er in ein fremdes Rechtsgut eingreift. Diese Gefahr muss gegenwärtig sein: Der fremde Feuerlöscher darf nicht zur Weihnachtszeit vorbeugend für den Fall eines möglichen Christbaumbrands weggenommen werden, sondern erst dann, wenn tatsächlich der Christbaum Feuer gefangen hat. Wird der Feuerlöscher zur Löschung eines fremden Brandes weggenommen, spricht man von **Notstandshilfe**, welche ebenfalls rechtfertigen kann.

409 Die Gefahr für das eigene Rechtsgut muss nicht von jenem Rechtsgut ausgehen, in das zur Rettung des eigenen eingegriffen wird. Im Gegensatz zur Notwehr können durch rechtfertigenden Notstand auch **Eingriffe in nicht störende fremde Rechtsgüter gerechtfertigt** sein:

Ein PKW-Lenker vermeidet einen Frontalzusammenstoß mit einem LKW nur dadurch, dass er in den Gartenzaun eines angrenzenden Grundstückes fährt.

Bei Notwehr ist nur ein Eingriff in die Rechtsgüter des Angreifers erlaubt. Daher ist es verständlich, dass für den rechtfertigenden Notstand strengere Voraussetzungen verlangt werden müssen als für die Notwehr oder Sachwehr. 410

bb) Notwendiger Eingriff

Die Verletzung des fremden Rechtsguts muss notwendig sein. Dies bedeutet, dass gerade der Eingriff in dieses fremde Rechtsgut geeignet erscheint, die Gefahr der Verletzung des eigenen Rechtsguts zu bannen. Die Verletzung des fremden Rechtsguts darf auch nur unter Bedacht auf **möglichste Schonung** desselben erfolgen. 411

cc) Rechtsgüter

Bei der Auswahl der Rechtsgüter, welche durch rechtfertigenden Notstand geschützt werden dürfen, wird über den Kreis notwehrfähiger Rechtsgüter hinausgegangen. Privatsphäre und Ehre sind daher in einer Notstandssituation ebenfalls schutzfähige Rechtsgüter. Es muss sich jedoch immer um ein Individualrechtsgut handeln, zu dessen Schutz eine Notstandshandlung gesetzt wird. 412

Rechtsstaatlich bedenklich wäre es, aus einem **Staatsnotstand** heraus für Organe des Staates Eingriffe in die Rechtsgüter des Einzelnen zu gestatten. Die Folterung eines Terroristen, damit dieser mögliche weitere Anschlagpläne preisgibt, kann daher nicht unter Berufung auf rechtfertigenden Notstand gerechtfertigt werden. Durch Folter erlangtes Beweismaterial darf auch nicht zur Rechtfertigung eines Strafurteils dienen, wenn der Beschuldigte mit legalem, nach den Grundsätzen eines fairen Verfahrens erlangtem Beweismaterial der Tat nicht überführt werden könnte (vgl § 166 StPO). Der Gesetzgeber nimmt Bedrohungen des Staates bzw der Gesellschaft jedoch gerne zum Anlass, um die gesetzlichen Eingriffsmöglichkeiten in (grundrechtlich) geschützte Bereiche zu erweitern (zB Überwachung des Internets). 413

dd) Güterabwägung

Die Verletzung eines Rechtsguts zur Rettung eines anderen kann nur dann gebilligt und als gerechtfertigt angesehen werden, wenn damit ein **höherwertiges Rechtsgut auf Kosten** eines **geringerwertigen** gerettet wird (OGH 12 Os 143/75). 414

Der Bankbeamte ist gerechtfertigt, wenn er das Geld der Bank zur Rettung seines Lebens an den Bankräuber, der ihn mit einer Pistole bedroht, ausfolgt. Das Leben wird als höchstrangiges Rechtsgut anzusehen sein.

415 Danach folgen die Rechtsgüter körperliche Integrität, Freiheit, Privatsphäre, Vermögen. Es handelt sich dabei jedoch um keine starre Abstufung, denn als Bewertungskriterien müssen auch das **Ausmaß der drohenden Rechtsgutverletzung**, die **Schutzwürdigkeit im konkreten Fall** und die **Rettungschancen** berücksichtigt werden. Eine aussichtsreiche Vorgehensweise, um ein bedrohtes Rechtsgut zu retten, stellt eher einen Rechtfertigungsgrund dar als eine kaum Erfolg versprechende Panikreaktion.

416 Vor allem bei **Vermögensdelikten** hat die **Quantität der drohenden Rechtsgutverletzung** entscheidende Bedeutung bei der Güterabwägung. Ein sehr großer Vermögensschaden darf durch Zufügung einer wesentlich geringeren Vermögensschädigung abgewendet werden. Eine solche Quantifizierung zur Bewertung einander gegenüberstehender Rechtsgüter ist jedoch **nicht zulässig** beim **Rechtsgut Leben**:

Bei einem Verkehrsunfall werden mehrere Personen lebensgefährlich verletzt. Der am Unfallort eintreffende Notarzt entscheidet sich dafür, zuerst jene Schwerverletzten zu versorgen, die noch am ehesten eine Überlebenschance haben. Es kann nicht rechtmäßig sein, einen Schwerverletzten zu behandeln und den anderen seinem Schicksal zu überlassen (daher kein *rechtfertigender* Notstand). Die Vorgangsweise des Notarztes ist jedoch die einzig vernünftige. Ein anderes Vorgehen ist ihm nicht zuzumuten und daher trifft ihn für sein Handeln keine Schuld (*entschuldigender* Notstand, § 10, Rz 610ff; *Tipold* in *Leukauf/Steininger* StGB^{4}, § 3 Rz 47f).

417 Die umfangreiche Verletzungsgefahr eines weniger gewichtigen Rechtsguts kann auch die geringe Verletzung eines höherwertigen Rechtsguts rechtfertigen. Eine sehr umfangreiche Vermögensverletzung darf zB durch Zufügen einer geringen Körperverletzung vermieden werden, obwohl das Rechtsgut körperliche Integrität grundsätzlich höher als das Rechtsgut Vermögen einzustufen ist. Das Rechtsgut Leben wird jedoch aus dieser Abwägung auszuscheiden sein.

418 Sind die einander gegenüberstehenden Rechtsgüter gleichwertig, kann niemals die Verletzung des einen Rechtsguts zur Rettung des anderen gerechtfertigt sein. Der in Bergnot geratene Bergsteiger, der zur Rettung seines eigenen Lebens vor dem drohenden Absturz nur mehr die Alternative hat, das Seil, an welchem sein Gefährte hängt, durchzuschneiden, wodurch der andere in die Tiefe stürzt, handelt nicht gerechtfertigt. Bei dieser Situation könnte nur seine Schuld ausgeschlossen werden (Entschuldigungsgrund, § 10, Rz 610ff).

419 **Pflichtenkollision:** Treffen jemanden mehrere Pflichten, welche gleichzeitig nicht wahrgenommen werden können, wird immer von den Rechtsgütern auszugehen sein, welche jeweils durch die einzelnen Pflichten geschützt werden sollen:

Einen Arzt trifft zB eine ärztliche Verschwiegenheitspflicht (§ 54 Ärztegesetz 1998, BGBl I 1998/69) und die Pflicht, Leben und Gesundheit zu schützen bzw zu retten. Trotz seiner Geheimhaltungspflicht wird ein Arzt daher befugt sein, die AIDS-Erkrankung eines Kindermädchens, das seine Patientin ist, den Eltern der Kinder, die von diesem Kindermädchen betreut werden, mitzuteilen, um auf diese Weise die Gesundheit der Kinder zu schützen.

Grundsätzliche Voraussetzung zur Annahme einer Rechtfertigung ist natürlich auch in diesem Fall, dass die Information der Eltern der einzige Weg ist, um die Gefahr einer Ansteckung zu bannen.

Pflichtenkollision bei gleichwertigen Rechtsgütern: Problematisch erweisen sich Konstellationen, bei denen offenbar gleichwertige Rechtsgüter aufeinandertreffen und der Gesetzgeber keinen Vorrang für den Schutz eines Rechtsguts einräumt. Man könnte zwar zur Annahme neigen, dass es in jeder Situation eine rechtmäßige Handlungsalternative für den Betroffenen geben müsse, doch würde dies die Vollkommenheit des Gesetzgebers voraussetzen. Es ist unrealistisch, dass der Gesetzgeber jede mögliche Pflichtenkollision, welche sich aus seinen Bestimmungen ergeben könnte, im Voraus bedenkt und jeweils einer Pflicht einen entsprechenden Vorrang einräumt. Diese naturgemäß unvermeidbare Lückenhaftigkeit des gesetzlichen Regelungswerks darf aber nicht zu Lasten des Rechtsunterworfenen gehen. Daher ist dieser in den vereinzelten Ausnahmefällen, in denen gleichwertige Pflichten aufeinandertreffen, entschuldigt, wenn er rechtswidrig die Erfüllung einer Pflicht hintanstellt. 420

Ein Dienstgeber ist zahlungsunfähig. Er darf in dieser Situation nicht durch Zahlungen an einzelne ausgewählte Gläubiger diese begünstigen (§ 158), er darf aber auch nicht fällige Dienstnehmerbeiträge zur Sozialversicherung dem Sozialversicherungsträger vorenthalten (§ 153c). Würde er diese Beiträge bezahlen, wäre das jedoch eine Gläubigerbegünstigung iSd § 158. In diesem Fall treffen tatsächlich zwei gleichwertige Pflichten aufeinander und der Dienstgeber würde mit der Erfüllung einer Pflicht in rechtswidriger Weise die andere Pflicht verletzen. Da ihm aber ein anderes Verhalten nicht zumutbar ist, trifft ihn im Hinblick auf den jeweils verwirklichten Tatbestand kein Schuldvorwurf.

Im Regelfall werden jedoch nur sehr selten vollkommen gleichwertige Pflichten aufeinandertreffen: Der noch unerfahrene Notarzt, der am Unfallort zuerst lieber die leicht Verletzten versorgt und die schwer Verletzten liegen lässt, bis weitere Hilfe eintrifft, handelt daher rechtswidrig und schuldhaft.

421 **Schwangerschaftsabbruch (§§ 96f):** Teilweile ist der Gesetzgeber mit Konstellationen konfrontiert, bei denen eine für alle Mitglieder der Gesellschaft befriedigende rechtliche Lösung unmöglich ist. Es wird in jeder Gemeinschaft grundsätzlich ein Konsens darüber bestehen, dass die Tötung eines Menschen strafbar sein muss (Mord § 75). Bei einem noch ungeborenen Menschen gehen jedoch die Ansichten auseinander. Die Rechts- und Unrechtssicht von Abtreibungsbefürwortern und Abtreibungsgegnern stehen unvereinbar diametral zueinander. Der österreichische Gesetzgeber sucht den Ausweg in einem Kompromiss, indem er den Schwangerschaftsabbruch grundsätzlich für strafbar erklärt (§ 96), jedoch zahlreiche Ausnahmen regelt (§ 97), bei denen dieser dennoch gerechtfertigt ist. Die Ausnahmen basieren offenbar auf einer Güter- bzw Interessenabwägung, die rational schwer nachvollziehbar ist: Der Gesetzgeber offenbart unmissverständlich seine Wertauffassung, wenn er zB einen Schwangerschaftsabbruch zur Abwendung eines schweren Schadens für die körperliche und seelische Gesundheit der Schwangeren für straflos und damit gerechtfertigt erklärt (§ 97 Abs 1 Z 2). Die körperliche und seelische Gesundheit der Schwangeren wird gewichtiger gewertet als das Leben des Ungeborenen. Das Gesetz geht aber noch weiter, indem es innerhalb der ersten drei Monate der Schwangerschaft eine Abtreibung generell für gerechtfertigt erklärt (§ 97 Abs 1 Z 1). Ein ungeborenes Kind ist daher in den ersten drei Monaten de facto nicht schutzwürdig, da die Interessen der Schwangeren, gleich worin diese bestehen, vorgehen. Die Grenze ist darüber hinaus rein willkürlich. Ein qualitativer Unterschied zwischen einem drei oder vier Monate alten Embryo, der eine solche Differenzierung rechtfertigen würde, wird kaum ernsthaft behauptet werden können. Bei einem Ungeborenen das älter als drei Monate ist, wird ein Schwangerschaftsabbruch zudem für gerechtfertigt erklärt, wenn die ernste Gefahr besteht, dass das Kind geistig oder körperlich schwer geschädigt sein könnte (§ 97 Abs 1 Z 2), womit der Gesetzgeber unmissverständlich zum Ausdruck bringt, dass ein zu erwartendes behindertes Kind weniger schutzwürdig ist als ein gesundes Kind.

5. Selbsthilferecht

422 Ein Rechtsstaat kann es nicht gestatten, dass seine Rechtsunterworfenen ihr Recht auf eigene Faust durchzusetzen versuchen. § 19 ABGB statuiert die Pflicht, sich der Hilfe der Behörden zur Rechtsdurchsetzung zu bedienen. Ein Gläubiger darf nicht zu seinem Schuldner gehen und ihn mit Gewalt zur Zahlung des geschuldeten Betrages zwingen, sondern hat den ordnungsgemäßen Rechtsweg einzuschlagen und vor einem Zivilgericht seinen Schuldner auf Zahlung zu klagen. Befürchtet er, dass die Realisierung seiner Forderung in Gefahr ist, bietet die Exekutionsordnung (EO, RGBl 1896/79) in Form der **einstweiligen Verfügung** (§§ 378ff EO) die Möglichkeit eines raschen Schut-

zes. In vielen Fällen ist jedoch ein Betroffener zur Durchsetzung oder Sicherstellung seiner Ansprüche zur Selbsthilfe gezwungen, da eine unmittelbare behördliche Hilfe gar nicht vorgesehen ist oder es an der tatsächlichen Erreichbarkeit der Behörde mangelt.

Grundsätzlich sollte es Aufgabe des Staates sein, für den Schutz seiner 423
Bürger zu sorgen. Ein funktionierendes rechtsstaatliches System bietet jedem Einzelnen hinreichende Möglichkeiten, seine Rechte mit Hilfe der staatlichen Behörden und der Justiz auf geordnete und effiziente Weise durchzusetzen. Das Bestreben eines jeden Staates muss daher auch dahingehen, bei seinen Rechtsunterworfenen das Vertrauen in diese Durchsetzungsmöglichkeiten zu schaffen. Je mehr Rechtsunterworfene das Vertrauen in die Justiz und den Rechtsstaat verlieren, umso mehr wird der Selbsthilfe Tür und Tor geöffnet.

Nur vereinzelt räumen Gesetzesbestimmungen den Rechtsunterworfenen 424
die Befugnis ein, eigenmächtig ihre rechtlichen Interessen zu sichern, wenn staatliche Hilfe zu spät käme. So darf sich zB jeder zur Erhaltung seines Besitzstandes angemessener Gewalt bedienen, wenn sonst **richterliche Hilfe zu spät** käme (§ 344 ABGB).

Selbsthilfe rechtfertigt auch das maßvolle und kurzfristige Anhalten eines 425
ertappten „**Schwarzfahrers**" bis zum Eintreffen der Polizei zur Klärung der Identität. Die Kenntnis der Identität ist nämlich Grundvoraussetzung, um in weiterer Folge prozessuale Maßnahmen zur Durchsetzung zivilrechtlicher Ansprüche gegen den Schwarzfahrer einleiten zu können. Den Kontrollorganen eines öffentlichen Verkehrsmittels muss es daher möglich sein, den Schwarzfahrer bis zum Eintreffen der Polizei festzuhalten, selbst wenn damit der Tatbestand einer Freiheitsentziehung (§ 99 Abs 1) bzw der Nötigung (§ 105) verwirklicht wird. Soweit die Anhaltung durch die Kontrollorgane der öffentlichen Verkehrsbetriebe die tatbestandliche Mindestdauer einer Freiheitsentziehung iSd § 99 Abs 1 StGB erreicht (länger als 10 Minuten), was regelmäßig kaum der Fall sein wird, wird diese Freiheitsbeschränkung – bei Vorliegen der übrigen Voraussetzungen – als Selbsthilfe iSd §§ 19, 344 ABGB gerechtfertigt sein (OGH 15 Os 71/07s).

Regelmäßig wird es sich bis zum Eintreffen der Polizei bloß um eine kurz- 426
fristige Anhaltung handeln, welche die tatbestandliche Erheblichkeitsschwelle des § 99 StGB nicht überschreitet. Bei Anhaltung ertappter Schwarzfahrer durch Kontrollorgane der öffentlichen Verkehrsbetriebe kommt daher primär eine Tatbegehung iSd § 105 Abs 1 StGB (und nicht § 99 Abs 1 StGB) durch die Kontrollorgane in Betracht. Eine solche Nötigung könnte jedoch nach § 105 Abs 2 StGB gerechtfertigt sein: Eine maßvolle kurzfristige Anhaltung ertappter Schwarzfahrer bis zum Eintreffen der Polizei zur Klärung deren Identität als Voraussetzung für die Durchsetzung eines bestehenden zivilrechtlichen An-

spruchs ist idR nicht als sozial unerträglich anzusehen. Gegen diese Form der erlaubten Selbsthilfe (§§ 19, 344 ABGB) ist keine Notwehr zulässig (OGH 15 Os 71/07s).

427 **§ 80 Abs 2 StPO** räumt jedem das **Recht** ein, eine **Person anzuhalten, wenn hinreichende Gründe** für die Annahme bestehen, dass diese eine **gerichtlich strafbare Handlung** gerade **ausführt**, unmittelbar vorher **ausgeführt hat** oder nach ihr wegen einer solchen Handlung **gefahndet** wird.

Ertappt der Detektiv in einem Supermarkt einen Kunden bei der Begehung eines Ladendiebstahls, kann er diesen bis zum Eintreffen der Polizei festhalten. Die Sicherheitsbehörden sind unverzüglich zu verständigen. Mit der sofortigen Verständigung darf nur zugewartet werden, wenn sonst der Festhaltezweck vereitelt werden würde: Könnte zB der Festgehaltene nicht adäquat beaufsichtigt werden, während sich der Warenhausdetektiv zum Telefon begibt, um die Polizei zu alarmieren, darf mit der Verständigung solange gewartet werden, bis die Gefahr der Flucht ausgeschaltet worden ist.

428 Bei § 80 Abs 2 StPO geht es nicht nur um die Wahrung eigener Rechte, sondern hier darf sogar stellvertretend anstelle der sonst zu spät einschreitenden Behörde vorgegangen werden. Das **Anhalterecht** steht auch Personen zu, die durch das Delikt gar nicht betroffen sind. Die private Anhaltung bleibt jedoch immer **nur gerechtfertigt**, wenn die **Behörde** unter Wahrung des Festhaltezweckes **unverzüglich benachrichtigt** wird. Gegen eine rechtmäßige Privatfestnahme gibt es keine Notwehr (OGH 11 Os 196/72). Das private Anhalterecht ist aber insofern eingeschränkt, als nicht jedes Mittel zur Durchsetzung angewendet werden darf (Verhältnismäßigkeitsprinzip). Dem flüchtenden Ladendieb darf nicht nachgeschossen werden, um seine Flucht zu stoppen (OGH 13 Os 75/88).

6. Die Einwilligung

Beulke Opferautonomie im Strafrecht, in: *Otto*-FS (2007), 207; *Burgstaller* Zur Einwilligung im Strafrecht, RZ 1977, 1; *Hinterhofer* Die Einwilligung im Strafrecht (1998); *Kunst* Ärztliche Heilbehandlung und Einwilligung des Verletzten, RZ 1975, 33; *Loebenstein* Die strafrechtliche Haftung des Arztes bei operativen Eingriffen, ÖJZ 1978, 309; *Maleczky* Unvernünftige Verweigerung der Einwilligung in die Heilbehandlung, ÖJZ 1994, 681; *H.Steininger* „Freiwillige Selbstgefährdung" als Haftungsbegrenzung im Strafrecht. Zur Bedeutung der Eigenverantwortlichkeit für die strafrechtliche Beurteilung von Schi- und Bergunfällen, ZVR 1985, 97; *Zipf* Die Bedeutung und Behandlung der Einwilligung im Strafrecht, ÖJZ 1977, 379.

a) Einverständnis – Einwilligung

Begrifflich ist grundsätzlich zwischen einem **tatbestandsausschließenden Einverständnis** und einer **rechtfertigenden Einwilligung** zu unterscheiden. Vielfach setzt die Fassung eines Tatbestands bereits ein Handeln ohne den Willen des Verletzten voraus. Der Tatbestand kann daher nur verwirklicht werden, wenn gegen den Willen des Rechtsgutträgers gehandelt wurde: 429

Ein Diebstahl (§ 127) kann zB schon dem Tatbestand nach nur verwirklicht werden, wenn die Sache gegen den Willen ihres Gewahrsamsträgers weggenommen wurde. Liegt ein Einverständnis vor, fehlt es am Tatbestandsmerkmal der „Wegnahme". „Wegnehmen" iSd § 127 setzt nämlich den „Bruch" fremder Gewahrsame voraus. In gleicher Weise mangelt es bereits am Tatbestand der Sachbeschädigung (§ 125), wenn der Eigentümer der Sache mit deren Zerstörung bzw Beschädigung einverstanden ist (OGH 12 Os 42/85): 430

Ein Aktionskünstler ist zB mit dem „Verunstalten" seiner öffentlich ausgestellten modernen Skulptur durch Dritte einverstanden, weil er gerade diese Reaktion bei den Betrachtern provozieren möchte und darin sogar eine „Fertigstellung" seines Kunstwerkes sieht. Es ist dabei ohne Relevanz, ob eine ausdrückliche Aufforderung an das Publikum vorliegt, aktionistisch an die Skulptur Hand anzulegen. Die Skulptur wäre ein absolut untaugliches Tatobjekt (§ 15 Abs 3) für eine „Verunstaltung" iSd § 125 und ein provozierter Betrachter, der das Kunstwerk mit Farbe überschüttet, könnte nicht wegen Sachbeschädigung belangt werden (OLG Wien 23 Bs 166/00).

Das Einverständnis schließt demnach die Tatbestandsmäßigkeit und damit in weiterer Folge die Strafbarkeit aus, **gleichgültig**, ob der **Täter** von dem **Vorliegen des Einverständnisses Kenntnis hatte** oder nicht. Allein wegen seines Vorsatzes zur Tat (zB zur Sachbeschädigung, § 125) kann niemand strafbar sein. Dies würde nämlich auf ein unzulässiges Willensstrafrecht hinauslaufen (OLG Wien 23 Bs 166/00). 431

Ein Hauseigentümer, der mit einem Besuch einverstanden ist, kann seinem Gast ebenfalls keinen Hausfriedensbruch (§ 109) vorwerfen, wenn sich dieser trotz vorgerückter Stunde nicht mehr verabschieden möchte. Da der Hauseigentümer mit dem Eintritt seines Besuchers einverstanden war, fehlt es am „Erzwingen des Eintritts" iSd § 109. Auch die Verwirklichung des Tatbestands der Vergewaltigung (§ 201) ist nur ohne Einverständnis des „Opfers" denkbar. Kommt das „Opfer" nach vollzogenem Liebesakt zur Erkenntnis, dass es damit nicht einverstanden gewesen wäre, wenn es vorher gewusst hätte, wie unbefriedigend dieser sein würde, wird daraus dennoch nicht ex post eine Vergewaltigung. 432

433 In der Regel ergibt sich bereits implizit aus der Gestaltung des Typus des Deliktes, dass ein Handeln gegen den Willen des Verletzten notwendig ist. Der Tatbestand muss nicht ausdrücklich ein Handeln „gegen den Willen des Verletzten“ verlangen. Im Sinne einer begrifflichen Klarheit ist daher zwischen einem tatbestandsausschließenden Einverständnis und einer rechtfertigenden Einwilligung zu differenzieren:

434 Ein **Einverständnis des** Betroffenen **schließt** bereits die **Verwirklichung des Tatbestandes aus**. In den oben genannten Beispielen (Rz 430) mangelt es bereits an der Tatbestandsmäßigkeit des jeweils in Betracht gezogenen Deliktes.

435 Demgegenüber kann die **Einwilligung** einen **Rechtfertigungsgrund** bilden. Durch die Einwilligung des Verletzten ändert sich nichts an der Tatbestandsmäßigkeit der Handlung. Das Verhalten des Täters ist nur durch die Einwilligung gerechtfertigt (OGH 9 Os 90/75). Die Einwilligung als Rechtfertigungsgrund ist vielfach nicht ausdrücklich im Gesetz genannt, sondern ergibt sich erst aus der herrschenden Judikatur oder Lehrmeinungen. Eine Ausnahme bildet **§ 90**, mit dem ein Rechtfertigungsgrund eigener Art für die **Körperverletzung** oder die **Gefährdung** der körperlichen Sicherheit geschaffen wurde.

b) Einwilligungsfähige Rechtsgüter

436 Eine rechtfertigende Einwilligung kommt nur bei **Rechtsgütern** in Betracht, über die der Verletzte die **alleinige Dispositionsbefugnis** hat (disponible Rechtsgüter). Eingriffe in persönliche Rechtsgüter, die auch im Interesse der Allgemeinheit geschützt sind, bleiben trotz Einwilligung des Betroffenen rechtswidrig (OGH 15 Os 112/94). Stehen **private Interessen neben solchen der Gemeinschaft**, bildet die **Zustimmung keinen Rechtfertigungsgrund**:

> Der Einwilligung in eine Verleumdung (§ 297) kommt zB keine rechtfertigende Wirkung zu, da durch die Verleumdung nicht nur private Interessen betroffen sind. Die Rechtspflege wird in die Irre geführt, wenn durch die Verleumdung gegen eine falsche Person Ermittlungshandlungen gesetzt werden. Die Einwilligung tangiert damit in nachteiliger Weise auch staatliche Interessen, über die der Einzelne nicht disponieren kann (OGH 16 Os 1/89).

437 Teilweise nehmen der Gesetzgeber bzw die Rechtsprechung in bestimmten Bereichen sogar ausdrücklich ein Allgemeininteresse an und schränken dadurch die individuelle Dispositionsbefugnis in bedenklicher Weise ein: So wird zB in der Körperintegrität nur ein beschränkt disponibles Rechtsgut des Einzelnen

gesehen, bei dem sich die Rechtsgemeinschaft trotz vorliegender Einwilligung eine Mitsprache vorbehält, wenn sie die Verletzung als „sittenwidrig" erachtet (§ 90). Auch am **Leben des Einzelnen** besteht nicht nur ein Individualinteresse, sondern auch ein Allgemeininteresse. Der erfolglose Selbstmörder ist zwar nicht strafbar, aber die Einwilligung zur Tötung ändert nichts an deren Rechtswidrigkeit, wie aus **§ 77 (Tötung auf Verlangen)** deutlich ersichtlich ist. Über sein eigenes Leben darf daher niemand in der Weise frei verfügen, dass er in die Tötung durch einen anderen einwilligt. In diesem Bereich werden sogar Rechtsirrtümer von der Rechtsprechung unter Hinweis auf die Erkundigungspflicht nach § 9 Abs 2 nicht anerkannt (OGH 13 Os 114/06y).

Unter diesem Gesichtspunkt erscheint auch die Bestimmung des § 90 Abs 3 438
verwunderlich. Danach kann in eine Verstümmelung oder sonstige Verletzung der Genitalien, die geeignet ist, eine nachhaltige Beeinträchtigung des sexuellen Empfindens herbeizuführen (§ 85 Abs 1 Z 2a), nicht eingewilligt werden. Am sexuellen Empfinden einer Person wird wohl kaum ein Allgemeininteresse bestehen. Es handelt sich dabei um ein ausschließliches Individualinteresse, über das eigentlich jeder vollkommen uneingeschränkt disponieren dürfen sollte. Das Strafrecht kann kein geeignetes Mittel sein, um der freiwilligen Unterwerfung unter bestimmte abartige religiöse oder anders motivierte Traditionen in fremden Kulturkreisen entgegenzuwirken. Der Staat sollte grundsätzlich erst dann einschreiten dürfen, wenn Anhaltspunkte dafür vorliegen, dass die Einwilligung erzwungen worden sein könnte. Die Bestimmung dokumentiert jedoch zumindest deutlich, dass derartige Praktiken, gleich aus welcher Motivation heraus sie erfolgen, in einer zivilisierten Gesellschaft keinen Platz haben.

c) Einwilligungserklärung

aa) Allgemeines

Eine Einwilligungserklärung entfaltet nur dann eine rechtfertigende Wir- 439
kung, wenn der **Erklärende** in der Lage war, die **Tragweite des Verzichts** auf den Schutz seines Rechtsguts zu **erfassen**. Dies hängt auch von der Schwere des jeweiligen Eingriffs ab: Eine 16-Jährige wird zB in eine Tätowierung rechtfertigend einwilligen können, nicht jedoch in eine schwerwiegende Operation, wie zB einen Schwangerschaftsabbruch.

Die Willenserklärung muss **frei von Zwang, Täuschung** oder **Irrtum** sein. 440
Eine erlistete Zustimmung ist keine rechtlich relevante Einwilligung (OGH 12 Os 72/80). Vor allem muss der Einwilligende die Prämissen für die Rechtsgutverletzung und die Bedeutung ihrer Folgen – zB den Schweregrad einer Operation – vollständig erfassen. Diese Problematik stellt sich vor allem im Bereich der ärztlichen Aufklärungspflicht. Eine erteilte Einwilligung kann jederzeit widerrufen werden, sie bindet nicht für alle Zukunft.

441 Die **Einwilligung** muss **vor der Rechtsgutverletzung** gegeben werden. Wird eine Verletzung vom Betroffenen im Nachhinein gebilligt, indem er sich damit einverstanden erklärt, stellt dies keine nachträgliche Rechtfertigung des strafgesetzwidrigen Verhaltens dar. Der Rechtfertigungsgrund der Einwilligung muss nämlich zum Zeitpunkt der Tat vorliegen. Mit der Tat ist bereits das ius puniendi des Staates entstanden und daran vermag die Einwilligung des Betroffenen nach der geschehenen Rechtsgutverletzung nichts mehr zu ändern.

442 Es sind auch Konstellationen denkbar, in denen über das formale Erfordernis einer Einwilligung wohl hinweggesehen werden muss: Wenn zB Eltern aus reinem Glaubensfanatismus eine lebensrettende Operation oder Bluttransfusion an ihrem Kind verbieten, wird ein Arzt, der die Operation dennoch gegen den Willen der Eltern durchführt, durch Notwehrhilfe gerechtfertigt sein. Da die Eltern die Garantenpflicht für das Wohl ihres Kindes haben, ist ein Verweigern der Einwilligung als Angriff auf das Leben des Kindes zu werten.

bb) Ausdrückliche oder konkludente Einwilligung

443 Die Einwilligung kann **ausdrücklich** oder **konkludent** durch eine schlüssige Verhaltensweise erfolgen. Eine konkludente Einwilligung darf nur angenommen werden, wenn sich der Rechtsgutverzicht aus ganz **konkreten Umständen** ergibt, welche den Rückschluss auf eine (unausgesprochene) Einwilligungserklärung plausibel machen: Das **Mitfahren mit einem Betrunkenen** ist noch nicht als konkludente Einwilligung in eine fahrlässige Körperverletzung (§ 88) im Falle eines Unfalles anzusehen (OGH 12 Os 169/81). Dies wäre eine unzulässige Einwilligungsfiktion. Der Mitfahrer bringt durch sein Verhalten in der Regel nur zum Ausdruck, dass er gewillt ist, freiwillig ein gewisses Unfallrisiko (Gefährdung) auf sich zu nehmen. Beim Mitfahren mit einem Betrunkenen ließe sich daher nur eine konkludente **Einwilligung** in eine **bloße Gefährdung** annehmen, nicht aber gleichzeitig eine Einwilligung in eine aus der Gefährdung resultierende Verletzung. Im bloßen Einsteigen ist jedoch noch keine konkludente Einwilligung in eine solche Gefährdung zu erblicken (OLG Wien 26 Bs 291/87). Es bedarf dazu weiterer Umstände, die auf eine solche Einwilligung schließen lassen. Nimmt man eine (konkludente) Einwilligung in eine Gefährdung an, könnte der betrunkene Fahrer für eine allfällige Gefährdung seines Beifahrers durch seine beeinträchtigte Fahrweise nicht belangt werden (§ 89). Passiert jedoch ein Unfall, ist der Lenker für die daraus resultierende Verletzung seines Beifahrers strafrechtlich verantwortlich (§ 88, OGH 12 Os 169/81).

444 **Fremdgefährdung mit Einverständnis:** Von einer „einverständlichen Fremdgefährdung" spricht man, wenn die zur Gefährdung, Verletzung oder Tötung führende Handlung von einem Dritten gesetzt wird, das Opfer sich

jedoch bewusst der von diesem drohenden Gefährdung ausgesetzt hat (dominierende Rolle des Dritten). Straflosigkeit ist in diesem Fall nur anzunehmen, wenn der Gefährdete das Risiko im selben Ausmaß überblicken konnte, wie der Gefährdende (OGH 15 Os 68/03). Das **Prinzip** der **Eigenverantwortlichkeit,** wonach bei einverständlicher Fremdverletzung der Täter durch die Einwilligung des Verletzten gerechtfertigt ist, kommt nicht zum Tragen, wenn der Täter im Verhältnis zum Opfer über ein überlegenes Sachwissen verfügt (OGH 13 Os 102/02).

Mitwirkung an der Selbstgefährdung eines anderen: Von einer Mitwirkung an der freiwilligen Selbstgefährdung eines anderen spricht man, wenn das Opfer zwar selbst bewusst eine riskante Handlung vornimmt, die seine Gefährdung, Verletzung oder Tötung zur Folge hat, aber ein Dritter für die riskante Handlung mitursächlich wurde, indem er diese veranlasst, ermöglicht oder gefördert hat (dominierende Rolle des Opfers). Der Mitwirkende geht in diesem Fall nur dann straffrei, wenn ihm keine spezifische Schutzpflicht gegenüber dem Opfer zukommt. Eine solche Pflicht kann sich insbesondere aufgrund von Unterschieden der Verstandesreife, der körperlichen Kräfte oder der Einsichtsfähigkeit hinsichtlich des riskanten Unternehmens ergeben: Zwei Jugendliche, von denen einer wesentlich älter ist, unternehmen gemeinsam eine waghalsige Rodelabfahrt (OGH 15 Os 68/03). Das Überlassen einer Wohnung zum „ungestörten" Suchtgiftkonsum ist hingegen bloß als straflose Mitwirkung an eigenverantwortlicher Selbstgefährdung zu sehen (OGH 12 Os 147/14f). 445

Im Rahmen der Ausübung einer **Sportart**, welche häufig mit Verletzungsfolgen verbunden ist, könnte den einzelnen Teilnehmern nur eine Einwilligung in eine Gefährdung der körperlichen Sicherheit, nicht aber eine Einwilligung in eine Körperverletzung unterstellt werden. Bei leichten Verletzungen, welche im Rahmen der Sportausübung durch einen anderen zugefügt werden, kann nur unter dem Aspekt der Sozialadäquanz der sportlichen Betätigung die Rechtswidrigkeit verneint werden (Rz 309ff). 446

cc) Willenserklärungstheorie – Willensrichtungstheorie

Probleme hat teilweise die Frage aufgeworfen, in welcher Form die Einwilligung zu erfolgen hat. Man unterscheidet zwischen der Willenserklärungstheorie und der Willensrichtungstheorie. 447

Die **Willenserklärungstheorie** verlangt, dass die Einwilligung **ausdrücklich** oder zumindest durch ein **konkludentes Verhalten**, welches ebenfalls Erklärungswert hat, erfolgen muss. Danach würde die Einwilligung nur dann einen Rechtfertigungsgrund darstellen, wenn sie nach außen hin in Erscheinung getreten ist (*Burgstaller* WK-StGB^2 § 90 Rz 30; *Triffterer* AT^2 241). Eine zwar 448 vorhandene, aber nicht geäußerte und zumindest konkludent zum Ausdruck gebrachte Einwilligung wäre danach nicht ausreichend. Im Hinblick auf die Rechtssicherheit mag es angebracht erscheinen, vom Vorliegen einer Einwilligung nur dann auszugehen, wenn diese ausdrücklich erklärt wurde oder aus einem konkludenten Verhalten unzweifelhaft ableitbar ist. Es darf jedoch nicht die Lösung der Rechtsfrage, ob eine rechtfertigende Einwilligung anzunehmen ist oder nicht, von möglichen Beweisführungsproblemen abhängig gemacht werden. Zudem eröffnet auch die Frage, wann von einer konkludenten Einwilligungserklärung zu sprechen wäre, einen breiten, mit Unsicherheiten behafteten Ermessensspielraum. Dem Problem des eindeutigen Nachweises einer Einwilligung wird man daher nie gänzlich entkommen können.

449 Teilweise wird sogar gefordert, dass die nach außen hin ausdrücklich oder konkludent zum Ausdruck gebrachte Einwilligungserklärung dem Täter auch zugegangen ist und dieser in Kenntnis der Einwilligung gehandelt hat (*Kienapfel/Schroll* BT I[5] § 90 Rz 26; *Nimmervoll* in *Leukauf/Steininger* StGB[4] § 90 Rz 9; *Triffterer* AT[2] 243).

450 Vertritt man den Standpunkt, dass der Täter Kenntnis vom Vorliegen einer Einwilligung haben muss, impliziert dies die Annahme, dass in der Einwilligung ein subjektives, das Unrecht ausschließendes Element liegt. Diese Annahme würde jedoch dem auch von der Rechtsprechung geteilten Grundsatz widersprechen, dass sich die Rechtswidrigkeit eines Handelns immer objektiv beurteilen lassen muss. Nach **herrschender Judikatur** reicht allein das **objektive Vorliegen einer rechtfertigenden Situation** aus, die Handlung des Täters als nicht rechtswidrig erscheinen zu lassen (OGH 17 Os 1/12v). Die Kenntnis oder Unkenntnis des Täters von der Existenz eines Rechtfertigungsgrunds kann nicht über die Rechtmäßigkeit oder Rechtswidrigkeit eines Verhaltens entscheiden. Die Kenntnis oder Unkenntnis des Täters vom Vorliegen einer rechtfertigenden Einwilligung ist gleich zu behandeln, wie die Kenntnis oder Unkenntnis des Täters vom Vorliegen eines tatbestandausschließenden Einverständnisses (vgl Rz 430).

451 Es darf in diesem Zusammenhang nicht außer Acht gelassen werden, dass der **Grund** für die Rechtfertigung durch Einwilligung im **Selbstbestimmungsrecht des Verletzten** liegt und demnach allein dessen (innerer) Wille maßgeblich sein muss (*Hinterhofer* Einwilligung, 84). Ob dieser Wille nach außen hin in Form einer Erklärung oder konkludent zum Ausdruck gebracht wird, ist für die Rechtsfrage, ob eine rechtfertigende Einwilligung vorliegt oder nicht, ohne Belang. Es erscheint daher **überzeugender**, von der **Willensrichtungstheorie** auszugehen. Nach der Willensrichtungstheorie genügt es, wenn der von der Rechtsgutverletzung Betroffene überhaupt in die Verletzung seines Rechtsguts eingewilligt hat. Danach könnte eine Einwilligung auch dann wirksam sein, wenn der Handelnde davon gar keine Kenntnis hatte.

Bei Vorliegen einer Einwilligung hat der Täter objektiv kein rechtswidriges Verhalten gesetzt (vgl OGH 14 Os 69, 70/90). Für die rechtfertigende Wirkung einer Einwilligung ist es **gleichgültig**, ob das **Vorliegen der Einwilligung** aufgrund einer ausdrücklichen oder konkludenten Erklärung **für** den **Täter** bzw **Dritte** auch **erkennbar** war. 452

Die Rechtsprechung folgt dieser rein objektiven Sichtweise und nimmt daher gerechtfertigte Notwehr selbst dann an, wenn der Angegriffene in einer objektiv vorliegenden Notwehrsituation seine Abwehrhandlung mit Misshandlungs- oder Verletzungsvorsatz gesetzt hat (OGH 14 Os 69/90). Allein die Tatsache, dass einem Tun eine unredliche Gesinnung oder Motivation zugrunde lag, darf nicht zur Strafbarkeit führen. Nur Taten und nicht das Denken oder Wissen eines Täters dürfen strafbar sein (vgl OLG Wien 23 Bs 166/00). 453

Es gelten daher hinsichtlich der Publizität der Erklärung und der damit zusammenhängenden Kenntnis des Täters vom Vorliegen einer rechtfertigenden Einwilligung die **gleichen Grundsätze**, wie für das bereits ausgeführte **tatbestandausschließende Einverständnis** des Betroffenen in die Rechtsgutverletzung (vgl Rz 429ff): Auch wenn das Einverständnis weder ausdrücklich noch konkludent zum Ausdruck gebracht wurde, kann die Verwirklichung des jeweiligen Tatbestands unter gar keinen Umständen mehr eintreten (absolute Untauglichkeit des jeweiligen Tatobjektes, § 15 Abs 3; Rz 740ff): Wenn der Eigentümer einer Sache mit der Beschädigung dieser einverstanden ist, ist die Sache kein taugliches Objekt einer Sachbeschädigung (§ 125) mehr (OLG Wien 23 Bs 166/00; OGH 12 Os 42/85). 454

dd) Mutmaßliches Einverständnis bzw mutmaßliche Einwilligung

Vom bisher Ausgeführten sind jene Fälle zu unterscheiden, bei denen der Betroffene aktuell selbst gar keinen zustimmenden Willen entwickeln kann. **Unter bestimmten Voraussetzungen kann** selbst die **bloße Mutmaßung**, dass der in seinem Rechtsgut Verletzte sein **Einverständnis** bzw seine **Einwilligung** zur Rechtsgutverletzung **gegeben hätte**, den Täter **rechtfertigen**: 455

Ein bewusstloses Unfallopfer muss rasch operiert werden, um dessen Leben zu retten. In dieser Situation kann der Arzt von einer mutmaßlichen Einwilligung in die Operation ausgehen. Dieser wird man dann rechtfertigende Kraft beimessen müssen, wenn der Eingriff in das fremde Rechtsgut im Interesse des Betroffenen geschieht und daher angenommen werden kann, dass dieser bei entsprechender Erklärungsmöglichkeit eingewilligt hätte. Daher normiert § 110 Abs 2 (Eigenmächtige Heilbehandlung) für diesen Fall auch ausdrücklich einen Rechtfertigungsgrund.

456 Wichtig ist das Kriterium der **Dringlichkeit** des Eingriffs zur Wahrung der Interessen des Betroffenen. Relevanz wird auch die Bedeutung des drohenden Schadens haben, der durch den Eingriff abgewehrt werden soll. Der Arzt ist nur strafbar, wenn er fahrlässig (§ 6) irrtümlich eine Gefahr für Leben und Gesundheit des behandelten Patienten angenommen hat, die keinen Aufschub der Behandlung erlaubt hätte (§ 110 Abs 2).

457 In § 110 Abs 2 spielen die Gedanken der **Geschäftsführung ohne Auftrag** hinein, welche auch in anderen Bereichen eine Rechtfertigung abgeben können. Merkt zB jemand, dass im Haus seines Nachbarn, der sich auf Urlaub befindet, ein Wasserrohrbruch passiert ist und durch die Überschwemmung ein schwerer Schaden am Gebäude droht, ist er gerechtfertigt, wenn er die Türe des Nachbarhauses aufbrechen lässt, um einen größeren Wasserschaden zu verhindern. Der umsichtige Nachbar kann von der Annahme ausgehen, dass der verreiste Hausbesitzer damit einverstanden gewesen wäre, hätte er von der Situation gewusst. Obwohl keine ausdrückliche Einverständniserklärung zum Aufbrechen der Türe vorliegt, könnte der ohne Einwilligung handelnde Nachbar nicht wegen Sachbeschädigung (§ 125) belangt werden, da diese aufgrund der mutmaßlich anzunehmenden Einwilligung als gerechtfertigt anzusehen wäre. Eine Rechtfertigung wäre auch dann anzunehmen, wenn sich der Nachbar nach Rückkehr vom Urlaub dahingehend äußert, dass er nicht einverstanden gewesen wäre, sondern lieber den Schaden getragen hätte, weil er gut versichert ist und damit eine umfassende Renovierung auf Kosten der Versicherung durchführen lassen hätte können.

458 Bei der Geschäftsführung ohne Auftrag ist immer auch das **Ausmaß des zu erwartenden Schadens** relevant. Das Aufbrechen der Wohnungseingangstüre des Nachbarn, um einen tropfenden Wasserhahn abzudrehen, wäre nicht gerechtfertigt. Bei dem nur geringen drohenden Schaden dürfte nicht von einem mutmaßlichen Einverständnis zum Aufbrechen der Türe ausgegangen werden.

459 Dies sind Extremfälle, in denen die Entscheidung einfach ist. Vielfach ist jedoch das mögliche Ausmaß eines Schadens nicht ersichtlich und wird vom übereifrigen Helfer allzu rasch überbewertet. Der fürsorgliche Helfer läuft so leicht Gefahr, zur Haftung herangezogen zu werden. Daher ist es meist besser, sich in fremde Angelegenheiten nicht einzumischen. Wer den Wasserrohrbruch „nicht bemerkt" hat, kann auch nicht zur Haftung herangezogen werden. Soweit es an einer Garantenstellung mangelt und auch keine sonstigen gesetzlichen Hilfeleistungspflichten bestehen, macht das Nichtabwenden eines Schadens von einem anderen nicht strafbar.

d) Einwilligung des Verletzten nach § 90

460 Eine Körperverletzung oder eine Gefährdung der körperlichen Sicherheit erfolgt grundsätzlich nicht rechtswidrig, wenn der Verletzte bzw Gefährdete

darin eingewilligt hat (§ 90). Der Einwilligung in die Tötung kommt hingegen keine rechtfertigende Kraft zu, wie sich aus § 77 (Strafbarkeit der Tötung auf Verlangen) deutlich ergibt. Die Einwilligung in eine Verletzung bzw Gefährdung kann daher nur rechtfertigen, wenn der Erfolg nicht letztlich der Tod ist (OLG Wien 27 Bs 2012/78). Auch wenn der schwer leidende, todkranke Patient seinen Arzt oder seine Verwandten bittet, ihm beim Sterben zu „helfen", wäre eine solche aktive Sterbehilfe grundsätzlich nicht gerechtfertigt (§ 77 StGB). Die bloße Mitwirkung an einem Selbstmord ist jedoch in speziellen Fällen, aufgrund des eingeschränkten Anwendungsbereichs des § 78 Abs 2, nicht strafbar.

Der ausdrückliche Rechtfertigungsgrund des § 90 schränkt den Grundsatz 461 der rechtfertigenden Wirkung der Einwilligung wesentlich ein, indem verlangt wird, dass die **Verletzung** oder Gefährdung **nicht gegen die guten Sitten** verstoßen darf (**Sittenwidrigkeitskorrektiv**). Die Motivation der Verletzung muss einen „wertorientierten" oder zumindest „allgemein verständlichen Grund" haben und darf nicht aus bloßem Mutwillen erfolgen (OGH 12 Os 184/77). Ob die Verletzung vorsätzlich oder fahrlässig zugefügt wird, macht keinen Unterschied.

Gerade bei **schweren Verletzungen** kann es erforderlich sein, den Einzelnen 462 gegen den unbedachten und voreiligen Gebrauch der Freiheit vor sich selbst zu schützen. Solche Verletzungen sind demnach trotz Einwilligung grundsätzlich sittenwidrig und verboten, sofern sie nicht zu einem ethisch wertvollen Zweck erfolgen (OGH 13 Os 102/02). § 90 eröffnet damit der Rechtsprechung einen weiten Ermessensspielraum, der aber auch mit einer erheblichen Rechtsunsicherheit für den „Täter" verbunden ist.

Auch die Einwilligung in bestimmte Handlungsweisen kann als sittenwid- 463 rig und damit nicht rechtfertigend bewertet werden. Die Sittenwidrigkeit hängt hierbei einerseits von der Schwere und Wahrscheinlichkeit der drohenden Verletzung und andererseits vom Beweggrund ab. Gefährliche Handlungen, bei denen die Möglichkeit oder gar die Wahrscheinlichkeit einer schweren Verletzung oder des Todes besteht, können nur dann durch eine Einwilligung gerechtfertigt sein, wenn sie einem allgemein anerkannten, ethisch wertvollen Zweck dienen. Die **Gefährlichkeit der Handlung** ist dabei aus der **ex ante Sicht** zu beurteilen (OGH 13 Os 102/02).

Die Einwilligung eines Arbeitnehmers in die Gefährdung seiner Gesund- 464 heit oder körperlichen Sicherheit unter Missachtung von **Arbeitsschutzvorschriften** hat keine rechtfertigende Wirkung. Einerseits handelt es sich hierbei um öffentliche Interessen, auf deren Wahrung der einzelne Betroffene nicht verzichten kann, weil ihm dazu die Dispositionsbefugnis fehlt, andererseits wäre eine dahingehende Einwilligung unter dem Aspekt der Sittenwidrigkeit ungültig.

Ein Arbeiter beschwert sich nicht, dass die überalterten Maschinen im Betrieb gravierende Sicherheitsmängel aufweisen und Arbeitsschutzvorschriften nicht eingehalten werden, weil er Angst um seinen Arbeitsplatz hat und daher gegenüber seinem Arbeitgeber nicht negativ auffallen möchte. Der Arbeitgeber könnte sich in diesem Fall nicht auf eine rechtfertigende konkludente Einwilligung des Arbeiters in eine Gefährdung seiner körperlichen Sicherheit berufen.

465 Gegen die guten Sitten verstößt jedenfalls auch die Einwilligung in eine Gesundheitsschädigung durch Suchtmittelkonsum. Dies ergibt sich ua daraus, dass Suchtmittel bloß im Rahmen einer ärztlichen Behandlung eingesetzt werden dürfen (OGH 13 Os 102/02).

466 Nicht sittenwidrig wäre es, wenn jemand bei seiner Freundin Mitleid erregen will und sich daher von seinem Sportskameraden mit einem Baseballschläger eine Prellung am Ellbogen zufügen lässt (OGH 14 Os 135/96). Sittenwidrig wäre jedoch das vorsätzliche Zufügen einer Verletzung, damit der Verletzte eine Versicherungsleistung erwirken kann.

467 Der körperliche Eingriff im Zuge einer **kosmetischen Operation** ist ebenfalls selbst bei fehlender medizinischer Notwendigkeit grundsätzlich rechtmäßig, soweit er mit Zustimmung des Betroffenen vorgenommen wird. Wenn sich jedoch ein geflüchteter Verbrecher von einem Chirurgen ein anderes Aussehen geben lassen möchte, damit er der behördlichen Verfolgung entkommt, ist die Operation sittenwidrig. Erfolgt der körperliche Eingriff des Arztes in Kenntnis des Operationsgrundes, handelt er trotz Einwilligung des Betroffenen rechtswidrig.

468 Bei der Frage der **Sterilisation** waren die Ansichten über deren Sittenwidrigkeit umstritten, daher hat der Gesetzgeber ausdrücklich in **§ 90 Abs 2** erklärt, dass die mit Zustimmung des Betroffenen von einem Arzt vorgenommene Sterilisation nur rechtmäßig erfolgt, wenn die betroffene Person das 25. Lebensjahr bereits vollendet hat. Die Motivation zur Sterilisation ist dabei belanglos, weil der Betroffene ab diesem Alter eigentlich in der Lage sein sollte, die Tragweite seiner Entscheidung zu erkennen. Bei Personen unter 25 Jahren wird zu prüfen sein, ob der Eingriff nicht gegen die guten Sitten verstößt.

469 Der Einwilligung in eine **Verstümmelung** oder **sonstige Verletzung der Genitalien**, die geeignet ist, eine nachhaltige Beeinträchtigung des sexuellen Empfindens herbeizuführen (§ 85 Abs 1 Z 2a), versagt der Gesetzgeber ausnahmslos eine rechtfertigende Wirkung (**§ 90 Abs 3**). Wenngleich es sich beim sexuellen Empfinden einer Person wohl kaum um ein schützenswertes Allgemeininteresse handeln kann, erscheint dem Gesetzgeber diese Bestimmung offenbar angebracht, um religiösen oder anders motivierten Traditionen, die von einer zivilisierten Gesellschaft nicht toleriert werden können, entgegenzutreten.

V. Zusammenfassendes Schema zum Punkt „Rechtswidrigkeit“

Grundsätzlich ist davon auszugehen, dass ein tatbestandsmäßiges Handeln 470
auch rechtswidrig ist. Die Tatbestandsmäßigkeit indiziert die Rechtswidrigkeit. Vereinzelt können jedoch Rechtfertigungsgründe die Rechtswidrigkeit eines tatbestandsmäßigen Verhaltens ausschließen, so dass dieses als rechtmäßig anzusehen ist. Auf der **Ebene der „Rechtswidrigkeit“** ist daher nicht die grundsätzlich indizierte Rechtswidrigkeit eines tatbestandsmäßigen Verhaltens (Rz 316f) zu prüfen, sondern **nur** das mögliche **Vorliegen von Rechtfertigungsgründen**, soweit die Sachverhaltskonstellation Anhaltspunkte dafür erkennen lässt. Zusammenfassend werden insb nachfolgende Punkte eine nähere Auseinandersetzung verlangen:

I. Tatbestand		
II. Rechtswidrigkeit	→	**Vorliegen von Rechtfertigungsgründen** (zB Notwehr, § 3; rechtfertigender Notstand; Einwilligung, zB § 90; amtliche Befugnis, zB Festnahmerecht, §§ 170ff StPO) **A. Rechtfertigende Situation** (zB: Angriff, notwehrfähiges Rechtsgut bei § 3; gegenwärtige Gefahr beim rechtfertigenden Notstand; Einwilligung, einwilligungsfähiges Rechtsgut; Festnahmevoraussetzungen, §§ 170ff StPO) **B. Rechtfertigende Handlung** (zB: notwendige Verteidigung, § 3; ev Notwehrüberschreitung, § 3 Abs 2; Güterabwägung beim rechtfertigenden Notstand; Sittenwidrigkeit bei § 90)
III. Schuld		
IV. Strafe		

§ 5. Die Schuld

I. Allgemeines

471 Ein **Schuldvorwurf** kann grundsätzlich nur **gegenüber einer physischen Person** erhoben werden. Das Verbandsverantwortlichkeitsgesetz (VbVG) ermöglicht es darüber hinaus, auch juristische Personen (zB eine Aktiengesellschaft) strafrechtlich zur Verantwortung zu ziehen, obwohl diesen gegenüber eigentlich kein Schuldvorwurf erhoben werden kann (Rz 74ff).

472 **Strafrechtliche Schuld** ist zu unterscheiden von **sittlicher Schuld**. Eine Tat, die jemanden moralisch schuldig macht, muss nicht strafbar sein:

> X sieht, wie sich Y, für dessen Wohlergehen er nicht verantwortlich ist (X besitzt keine Garantenstellung nach § 2 gegenüber Y), aus Dummheit oder Unerfahrenheit in eine lebensgefährliche Situation bringt. X warnt ihn jedoch nicht und hält ihn auch nicht davon ab, da Einmischen nicht seine Sache ist. Moralisch sollte X sich einmischen und Y auf die Gefahr aufmerksam machen. Tut er dies nicht, trifft ihn strafrechtlich jedoch keine Schuld.

A. Schuldbegriff

Zipf Der strafrechtliche Schuldbegriff, JBl 1980, 186.

473 **Psychologischer Schuldbegriff:** Geht man von einem rein psychologischen Schuldbegriff aus, besteht die Schuld nur in der psychischen (subjektiven) Beziehung des Täters zu der von ihm begangenen Straftat. Dieser Ansicht liegt der Gedanke zugrunde, dass alle objektiven Elemente des Deliktes dem Unrecht und alle subjektiven der Schuld zuzuordnen sind. Dabei ist der Vorsatz die eine und die Fahrlässigkeit die andere Schuldform. Während sich der Vorsatz auf die Verwirklichung des kriminellen Erfolges richtet, ist dieser bei Vorliegen von Fahrlässigkeit für den Täter nur voraussehbar. Mit einem rein psychologisch verstandenen Schuldbegriff kann jedoch der Wesensgehalt der strafrechtlich relevanten Schuld nicht voll erfasst werden. So fehlt zB bei der unbewussten Fahrlässigkeit die psychische Beziehung zum deliktischen Erfolg (vgl *Welzel* Strafrecht[11], 139f). Demnach würde eine unbewussten Fahrlässigkeit gar keine Schuld beinhalten. Andererseits würde auch derjenige schuldhaft handeln, der mit vorgehaltener Pistole gezwungen wird, einen anderen zu verletzen, denn er wollte den Verletzungserfolg herbeiführen, wenn auch nicht freiwillig. Die Schuld des Täters erschöpft sich demnach nicht allein in der psychischen Beziehung des Täters zur Tat, was eine Erweiterung des strafrechtlichen Schuldbegriffs erforderlich macht:

Normativer Schuldbegriff: Der psychologische Schuldbegriff wurde erweitert zum normativen Schuldbegriff. Dieser setzt sich aus **drei Elementen** zusammen: Einem **biologischen** Element, der Schuldfähigkeit oder Zurechnungsfähigkeit, einem **psychologischen** Element in der Form des Vorsatzes oder der Fahrlässigkeit und einem **normativen** Element, welches die Zumutbarkeit betrifft. 474

Schuldbegriff nach der finalen Handlungslehre: Der normative Schuldbegriff erfuhr eine Modifizierung durch die finale Handlungslehre, indem diese den Vorsatz bereits dem Tatbestand zuordnete (*Welzel* Strafrecht[11], 140). Vom Wortsinn des Begriffes „Schuld" her kann dies mitunter verwirren. Dennoch sprechen Argumente, wie sie bereits zum finalen Handlungsbegriff ausgeführt wurden, für eine dahingehende Sichtweise (Rz 140ff). Es handelt sich in diesem Punkt um eine „reine Systemfrage". Treffend betont auch der **OGH**, dass die **Einordnung** des Tatvorsatzes als psychologisches Schuldelement oder als personales Unrechtselement des Tatbestands **keinen Einfluss auf** die damit verbundene **Sachfrage** hat. **Beide Auffassungen** sind als **gleichwertig** anzusehen (OGH 12 Os 119/05z). 475

In vorliegende Darstellung des Allgemeinen Teils hat sich in der Systematik an den Grundgedanken der finalen Handlungslehre orientiert. Auf der Ebene der **Schuld** verbleiben damit nur noch die Kriterien **Zurechnungsfähigkeit** (Rz 484ff), **Unrechtsbewusstsein** (Rz 521ff) und **Zumutbarkeit** normgemäßen Verhaltens (Rz 602ff, Schuldausschließungsgründe) zu prüfen. 476

B. Schuldstrafrecht

Bestraft werden darf nur, wer schuldhaft gehandelt hat (§ 4). Neben der Tatbestandsmäßigkeit und Rechtswidrigkeit stellt die **Schuld** ein weiteres **Element im Verbrechensaufbau** dar. Mit § 4 wird deklariert, dass unser Strafrecht ein Schuldstrafrecht und kein Erfolgsstrafrecht ist. Der Grundsatz „die Tat tötet den Mann", der lange Zeit in der Rechtsgeschichte gültig war, gilt nicht mehr. Allein die **Tat als objektives Ereignis macht** den Verursacher eines strafgesetzwidrigen Erfolges noch **nicht strafbar.** Die tatbestandsmäßige und rechtswidrige Verwirklichung eines Deliktes muss vielmehr auch noch verschuldet gewesen sein (Rz 20ff). 477

C. Schuld und Entscheidungsfreiheit

Roeder Die Lehre von der Willensfreiheit in der strafrechtsphilosophischen Doktrin der Gegenwart, JBl 1964, 229.

478 Der Schuldvorwurf besteht darin, dass dem Täter vorgeworfen wird, in einer bestimmten Weise gehandelt zu haben. Ein dahingehender Vorwurf hat zur Voraussetzung, dass der Täter eine Entscheidungsfreiheit besaß und auch anders hätte handeln können. Bei einem Geisteskranken kann zB diese Voraussetzung fehlen.

479 Das StGB geht grundsätzlich von der Fähigkeit des Menschen aus, über seine Taten mehr oder minder frei zu entscheiden. In der Regel wird der Entscheidungsspielraum für eine menschliche Verhaltensweise im Augenblick der Tat durch zahlreiche kausal wirkende Faktoren eingeschränkt und beeinflusst (zB die drückende finanzielle Notlage des Diebes; die rasende Eifersucht des betrogenen Ehemannes). Der Mensch ist diesen Kausalfaktoren jedoch grundsätzlich nicht vollkommen willenlos ausgeliefert. Im Regelfall besitzt jeder die Fähigkeit, die auf ihn einwirkenden Antriebe orientiert an den Wertungen der Gesellschaft und den Normen, denen er unterworfen ist, zu kontrollieren und damit Entscheidungen für oder gegen ein strafbares Verhalten zu treffen. Kausalfaktoren, wie zB das soziale Umfeld, Arbeitslosigkeit und die Familienverhältnisse können zwar sehr bestimmend für ein kriminelles Verhalten sein, sie rufen jedoch nicht zwingend Kriminalität hervor.

D. Einzeltatschuld – Lebensführungsschuld

480 Strafbar sind bestimmte Verhaltensweisen einer Person, welche vom Gesetz für strafbar erklärt werden (Tatstrafrecht). Das Tatstrafrecht bildet den Ausgangspunkt dafür, dass im Bereich der Schuld auch nur von einer Einzeltatschuld auszugehen ist (Tatschuldprinzip). Maßgeblich ist jene Schuld des Täters, die unmittelbar mit einer bestimmten Tat verbunden ist. Der Täter dürfte nicht für seine Lebensführung verantwortlich gemacht werden. Einem Dieb darf nicht als schulderschwerend zum Vorwurf gemacht werden, dass er sich nie um eine redliche Erwerbsquelle bemüht und sich daher in eine finanzielle Notlage gebracht hat, welche auslösend für den Diebstahl war.

481 Das Tatschuldprinzip geht von einem **maßstabgerechten Menschen** aus. Man versucht damit ein objektives Kriterium zu schaffen. Dem Täter wird vorgeworfen, dass er hinter der vom Gericht fiktiv angenommenen Rechtsgesinnung und Willenskraft eines durchschnittlichen Rechtsunterworfenen zurückgeblieben ist. Der Interpretationsspielraum des Gerichtes ist dabei sehr groß. Es wäre kriminalpolitisch nicht sinnvoll, einem Schwerkriminellen, dem jegliche Verbundenheit mit den Pflichten gegenüber der Gemeinschaft fehlt, einen geringeren oder gar keinen Schuldvorwurf zu machen. Der zugrunde gelegte Maßstab macht aber vor allem auch deutlich, dass eine Gesellschaft nicht emotionale Auswüchse von religiösen Fanatikern akzeptieren kann. Gegenüber jemandem, der einen Mord zur Erhaltung der „Familienehre“ als entschuldigt oder gar gerechtfertigt ansieht, kann ein uneingeschränkter straf-

rechtlicher Schuldvorwurf erhoben werden. Keine Gesellschaft darf sich damit abfinden, dass einzelne Gesellschaftsgruppen nur nach ihren eigenen Maßstäben leben, wenn dadurch andere in ihrer strafrechtlich geschützten Sphäre beeinträchtigt werden. In diesem Sinne bringt § 32 Abs 2 für die Strafbemessung deutlich zum Ausdruck, dass eine **ablehnende oder gleichgültige Einstellung** des Täters gegenüber rechtlich geschützten Werten sogar **erschwerend** wirkt.

Teilweise verschwimmen jedoch die Grenzen: Die **Lebensführungsschuld** 482
kann in Form der Tatsache eines **Rückfalls** belastend wirken (§ 33 Abs 1 Z 2 bzw § 39, Strafverschärfung bei Rückfall; vgl *Seiler* AT II[11] Rz 237ff). Die darin enthaltene Täterschuld ist zu berücksichtigen, selbst wenn der Täter für die vorher begangene Tat bereits bestraft worden ist. Meist wird die Schuld bei jenem höher sein, den vorherige Verurteilungen nicht von weiteren strafbaren Handlungen abhalten konnten. Es erscheint daher einleuchtend, innerhalb des vom jeweiligen Tatbestand vorgegebenen Strafrahmens die Strafe höher zu bemessen als bei einem Ersttäter. Bedenken kommen jedoch auf, wenn unter den Voraussetzungen des § 39 bei rückfälligen Straftätern sogar ein höherer Strafrahmen zur Anwendung kommt. Durch die Rückfälligkeit des Täters ändert sich nämlich nichts am Unrechtsgehalt des jeweiligen Deliktes, welcher vom Gesetzgeber vorweg in Form eines Strafrahmens zum Ausdruck gebracht wird.

Auch beim **Rechtsirrtum (§ 9)** kann die Lebensführungsschuld relevant 483
werden, wenn dem Täter jegliches Unrechtsbewusstsein fehlte, ihm aber vorgeworfen wird, es unterlassen zu haben, sich über die für seine Verhaltensweise einschlägigen strafrechtlichen Vorschriften zu informieren.

II. Die Zurechnungsfähigkeit

Bertel Die Zurechnungsfähigkeit, ÖJZ 1975, 622; *Brandstetter* Grundfragen der Deliktsverwirklichung im Vollrausch (1992); *Eder-Rieder* Die freiheitsentziehenden vorbeugenden Maßnahmen (1985); *Juhász* Die strafrechtliche Schuldfähigkeit (2013); *Laubichler* Die Problematik der forensisch psychiatrischen Beurteilung des erweiterten Selbstmordversuches, ÖJZ 1980, 653; *ders* Über die Diskretionsfähigkeit und Dispositionsfähigkeit bei tiefreichenden Bewußtseinsstörungen, ÖJZ 1981, 37; *Medigovic* Freiheitsentziehende vorbeugende Maßnahmen in Österreich (1986).

A. Diskretionsfähigkeit – Dispositionsfähigkeit

Die Zurechnungsfähigkeit ist das biologische Element der Schuld. Das 484
Strafgesetz geht im Normalfall von der Zurechnungsfähigkeit eines jeden Menschen **aus**. Vom Gesetz werden nur jene Gründe angeführt, welche ein

Fehlen der Zurechnungsfähigkeit im Einzelfall annehmen lassen. Auch ein Zurechnungsunfähiger kann eine Willensbetätigung setzen. Die **Zurechnungsfähigkeit** ist daher immer **unabhängig** vom **Vorsatz** bzw der **Fahrlässigkeit** zu **prüfen** (OGH 11 Os 111/15f).

485 Eine Voraussetzung für die Annahme der Zurechnungsfähigkeit ist die **Diskretionsfähigkeit**. Der Täter darf nur dann strafrechtlich zur Verantwortung gezogen werden, wenn er zum Zeitpunkt der Tat in der Lage war, das Unrecht seines geplanten Verhaltens zu erkennen (**intellektuelles Element**).

486 Die Diskretionsfähigkeit allein reicht jedoch nicht für die Annahme einer Zurechnungsfähigkeit aus. Der Täter muss darüber hinaus als zweite Voraussetzung auch noch in der Lage gewesen sein, dieser Unrechtseinsicht entsprechend sein Verhalten zu bestimmen. Man spricht hierbei von seiner **Dispositionsfähigkeit** (**emotionales Element**). In jeder dieser beiden Komponenten können Störungen auftreten, welche unter entsprechenden Bedingungen zu einer Verneinung der Zurechnungsfähigkeit führen (vgl § 4 Abs 2 Z 1 JGG).

487 Die Zurechnungsfähigkeit eines Täters ist nur anzunehmen, wenn dieser die Fähigkeit hat, das Unrecht seiner Tat einzusehen und entsprechend dieser Einsicht zu handeln. Eine bloße Dienst- oder Arbeitsunfähigkeit ist nicht gleichzusetzen mit einer strafrechtlichen Zurechnungsunfähigkeit iSd § 11 (OGH 17 Os 36/15w). Die Zurechnungsfähigkeit muss **im Moment der Tat** (Handlung bzw Unterlassung) vorliegen. Der Zeitpunkt des Erfolgseintrittes oder des Strafverfahrens ist ohne Relevanz. Die **Zurechnungsunfähigkeit** ist ein **Schuldausschließungsgrund** für den Täter und daher ohne Einfluss auf andere Tatbeteiligte. Die Zurechnungsunfähigkeit des Täters ändert nichts an der Rechtswidrigkeit seiner Tat. Das Tatopfer kann gegen die rechtswidrige Tat Notwehr (§ 3) üben.

B. Gesetzliche Annahme des Fehlens der Zurechnungsfähigkeit

Horak Der Rechtsirrtum des Jugendlichen im Strafrecht, JBl 1963, 245; *Schwaighofer* Schuldunfähig durch verzögerte Reife, ÖJZ 2022; 374.

488 **Kinder:** Nach **§ 4 Abs 1 JGG** können **unmündige** Personen für eine strafbare Handlung nicht bestraft werden. Es sind dies Kinder, die das 14. Lebensjahr noch nicht vollendet haben (§ 1 Z 1 JGG, § 74 Abs 1 Z 1). Der Grund hierfür liegt in der biologischen Entwicklung von Personen dieser Altersstufe. Bei Personen, die das 14. Lebensjahr noch nicht vollendet haben, wird ex lege angenommen, dass ihnen die Diskretions- oder Dispositionsfähigkeit bzw beides fehlt, unabhängig davon, wie weit ihre psychische Entwicklung tatsächlich gediehen ist:

Ein 13-Jähriger begeht einen Ladendiebstahl. Aufgrund der gesetzlich angenommenen Zurechnungsunfähigkeit kann er nicht bestraft werden, wenngleich zweifellos ein 13-Jähriger regelmäßig das Unrecht eines Ladendiebstahls erkennen kann.

Auch eine besondere Bosheit bei der Tat, die darauf hindeutet, dass der Täter bewusst eine Straftat begehen wollte, ersetzt nicht das fehlende Alter. Ist das Delikt zweiaktig und wurde der erste Akt vor und der zweite nach Vollendung des 14. Lebensjahres gesetzt, ist das Delikt als Einheit aufzufassen und von der Straftat eines Zurechnungsfähigen auszugehen. 489

Auf einen Erwachsenen, dessen geistiger Entwicklungsstand dem eines minderjährigen Kindes entspricht, findet die gesetzliche Vermutung des § 4 Abs 1 JGG keine Anwendung. Bei einem Erwachsenen ist immer auf den jeweiligen konkreten Einzelfall bezogen die Zurechnungsunfähigkeit iSd § 11 StGB zu prüfen (OGH 14 Os 25/06t). 490

Jugendliche: Bei Jugendlichen, worunter Personen zu verstehen sind, die zwar das 14. Lebensjahr, aber **noch nicht** das **18. Lebensjahr vollendet** haben (§ 1 Z 2 JGG), wird grundsätzlich angenommen, dass sie **zurechnungsfähig** sind. Bei **verzögerter Reife (Retardierung)** kann jedoch auch bei Jugendlichen dieser Altersgruppe im Einzelfall die Zurechnungsfähigkeit fehlen (§ 4 Abs 2 Z 1 JGG; vgl OGH 10 Os 142/71). Von der gesetzlichen Einschränkung des § 4 Abs 2 Z 1 JGG werden Spätentwickler erfasst, die aus besonderen Gründen nicht reif genug sind, das Unrecht der Tat einzusehen oder der Einsicht entsprechend zu handeln (OGH 10 Os 149/63). 491

Die besonderen Gründe der Unreife Jugendlicher können in **ererbten Defekten, Verwahrlosung, Krankheit** ua liegen. Die Fähigkeit, das Unrecht zu erkennen, kann gerade bei Jugendlichen je nach der **Art des Deliktes** verschieden sein. 492

- Jeder Jugendliche wird in der Regel das Unrecht eines Ladendiebstahls erkennen können. Hingegen wird für einen 16-Jährigen das Unrecht des Verwendens eines gefälschten Reisepasses nicht unbedingt erkennbar sein (OGH 10 Os 9/72).
- Einem Jugendlichen von 16 Jahren ist auch das Unrecht eines Schmuggels von Suchtmitteln kaum einsichtig (OGH 13 Os 6/82).

Um Unrechtskenntnis annehmen zu können, genügt es nicht, dass der Täter das Sittenwidrige seines Verhaltens erkannt hat, sondern er muss wissen, dass er mit seiner Handlung **gegen die Rechtsordnung verstößt** (OGH 12 Os 154/79). Die Einsicht in das moralisch Unerlaubte bedeutet noch nicht das 493

Wissen um die soziale Untragbarkeit, aus der dann die strafrechtliche Relevanz abgeleitet wird (OGH 9 Os 177/78). Relevant ist nur eine strafrechtliche Schuld, nicht eine sittliche Schuld. Der Täter muss nicht genau wissen, dass er gegen Normen des StGB verstößt. Es muss für ihn nur zumindest erkennbar sein, dass er ein strafbares Verhalten setzt. Wer das Unrecht eines Raubes (§ 142) erkennen kann, wird sich auch bewusst sein, dass bereits das Verabreden eines Raubes ein strafbares Unrecht (§ 277) darstellt. Entsprechendes gilt, wenn jemand vor einem Fußgängerübergang wegen zu hoher Geschwindigkeit nicht rechtzeitig bremsen kann und einen Passanten niederstößt, wobei dieser leicht verletzt wird. Selbst wenn der Fahrzeuglenker glaubte, damit nur gegen Verwaltungsbestimmungen zu verstoßen und eine bloße Verwaltungsstrafe befürchtet hat, erkennt er das strafbare Unrecht. Der PKW-Lenker muss sich nicht bewusst sein, dass eine fahrlässige Körperverletzung im Zuge eines Verkehrsunfalls eine strafbare Handlung im Sinne des StGB bildet (§ 88) und ein gerichtliches Nachspiel haben kann.

494 Soweit die fehlende Unrechtseinsicht nicht auf besondere Gründe zurückzuführen ist, welche zu einer Verzögerung des Reifeprozesses geführt haben (§ 4 Abs 2 Z 1 JGG), ist nach der allgemeinen Regel des § 9 (Rechtsirrtum, Rz 521ff) vorzugehen.

495 Unabhängig von seiner Fähigkeit zur Unrechtseinsicht ist ein Jugendlicher **vor Vollendung** seines **16. Lebensjahres nicht zu bestrafen**, wenn er nur ein **Vergehen** (§ 17) begangen hat, ihm dabei **kein schweres Verschulden** vorgeworfen werden kann und es nicht aus besonderen präventiven Gründen der Anwendung des Jugendstrafrechts bedarf, um den Jugendlichen vor weiteren strafbaren Handlungen abzuhalten (§ 4 Abs 2 Z 2 JGG, minderschwere Alltagskriminalität).

C. Ausschluss der Zurechnungsfähigkeit (§ 11)

496 Erwachsenen wird grundsätzlich Zurechnungsfähigkeit unterstellt, soweit nicht spezielle Umstände Anhaltspunkte für einen Ausschluss der Zurechnungsfähigkeit zum Zeitpunkt der Tat bieten. Eine psychiatrische Begutachtung ist daher vom Gericht nur dann zu veranlassen, wenn objektive Momente vorliegen, welche die Zurechnungsfähigkeit des Angeklagten in Frage stellen. Neben den gesetzlichen Altersbeschränkungen bei Unmündigen und Jugendlichen (§ 4 JGG) kann gem § 11 die Zurechnungsfähigkeit aus folgenden Gründen ausgeschlossen sein:

1. Geisteskrankheit

Die Zurechnungsfähigkeit des Täters ist zu verneinen, wenn dieser zur Tatzeit wegen einer Geisteskrankheit unfähig war, das Unrecht zu erkennen oder der Unrechtseinsicht entsprechend zu handeln. § 4 Abs 2 JGG und § 11 StGB schließen einander aus. Liegt beim Jugendlichen eine Geisteskrankheit vor, ist die Beurteilung nur nach § 11 vorzunehmen (OGH 11 Os 13/76). Zu den Geisteskrankheiten zählt man ua Psychosen, Schizophrenie, manisch depressives Irresein, progressive Paralyse, Epilepsie, toxisch bedingte Einwirkungen auf das Gehirn. Als Krankheit kann in diese Kategorie wohl auch die **Senilität** einbezogen werden, welche auf altersbedingte Abbauprozesse (cerebrale Arteriosklerose) zurückzuführen ist (*Koller/Schütz* in *Leukauf/Steininger* StGB[4] § 11 Rz 10), denn auch hierin ist eine organische Erkrankung im Bereich des Gehirns zu erblicken. 497

2. Geistige Behinderung

Die geistige Behinderung als Grund für den Ausschluss der Zurechnungsfähigkeit musste im Gesetz gesondert genannt werden, da bei ihr der **Krankheitsprozess fehlt**, welcher für die Gruppe der Geisteskrankheiten charakteristisch ist. Die geistige Behinderung muss eine solche Intensität erreichen, dass beim Täter die Fähigkeit, das Unrecht zu erkennen bzw der Unrechtseinsicht entsprechend zu handeln, ausgeschlossen ist. Daher kann nicht jede Form der geistigen Behinderung hierher gezählt werden. Die Ursache der Intelligenzschwäche muss nicht nachgewiesen werden. In erster Linie gehören hierher die **Idiotie** und **Imbezilität**. Bei der Idiotie nimmt man einen Entwicklungsgrad an, der einem sechsjährigen Kind entspricht, bei der Imbezilität ist der Täter in der Pubertät stecken geblieben. Wurde der Entwicklungsgrad nicht erreicht, der sonst am Abschluss der Pubertät eintritt, spricht man von einer **Debilität**, welche ebenfalls die Zurechnungsfähigkeit ausschließen kann. Grenzdebilität schließt hingegen in der Regel die Schuldfähigkeit noch nicht aus (OGH 12 Os 112/76; *Koller/Schütz* in *Leukauf/Steininger* StGB[4] § 11 Rz 9). 498

3. Tiefgreifende Bewusstseinsstörung

Die tiefgreifende Bewusstseinsstörung kann krankhafter oder nicht krankhafter Natur sein. Diese Fallgruppe des Gesetzes hat große praktische Bedeutung. Ein solcher Zustand kann ua auftreten bei hochgradiger **Übermüdung, Alkoholisierung** (ab ca 3 Promille Blutalkoholgehalt, *Höpfel* WK-StGB[2] § 11 Rz 7), Hypnose, **Vergiftungserscheinungen** durch Alkohol oder andere Suchmittel, bei schweren **Affektzuständen** oder Fieberdelirien. Dabei sind jeweils die Besonderheiten des konkreten Einzelfalles zu berücksichtigen. Chroni- 499 scher Alkoholismus kann eine tiefgreifende Bewusstseinsstörung herbeiführen (OGH 13 Os 87/76). Das Gericht wird zur Unterstützung bei der Entscheidungsfindung regelmäßig einen medizinischen Sachverständigen beiziehen. Es kann zB hinsichtlich einer Alkoholisierung weder aus medizinischer Sicht noch nach der Judikatur ein Erfahrungssatz angenommen werden, wonach bei einem Blutalkoholgehalt von 3 Promille die Zurechnungsfähigkeit jedenfalls ausgeschlossen wäre. Ein derart hoher Blutalkoholgehalt wird nur eine eingehende Überprüfung der Zurechnungsfähigkeit indizieren (OGH 9 Os 48/82).

500 Hochgradige **Triebhandlungen** stellen **keine** Sinnesverwirrungen dar, welche eine **tiefgreifende Bewusstseinsstörung** bewirken (OGH 10 Os 148/74), anders ist es bei hochgradigen Affekten, wenn sie auf eine pathologische (krankhafte) Grundlage zurückzuführen sind (OGH 10 Os 148/74). Ein Unfallschock reicht dazu nicht aus (OLG Wien 26 Bs 92/81), ebenso wenig eine asoziale Veranlagung, Charakterschwäche oder Haltlosigkeit und hemmungslose Affekte (OGH 13 Os 87/76).

4. Seelische Störungen

501 In der Praxis hat sich gezeigt, dass mit den genannten Fallgruppen nicht alle Grundlagen erfasst werden können, welche die Zurechnungsfähigkeit und damit die Schuld ausschließen. Auch seelische Störungen können zur Zurechnungsunfähigkeit führen, wenn sie von so schwerem Gewicht sind, dass sie als vollkommen gleichwertig neben die bereits genannten Fälle gestellt werden können. Eine annähernde Gleichwertigkeit reicht nicht aus (OGH 13 Os 75/75). In diese subsidiäre Gruppe fallen **hochgradige Neurosen**, sonstige Triebstörungen oder Defektzustände und der große Komplex der **Psychopathien**. Sie alle müssen so ausgeprägt sein, dass das Persönlichkeitsbild des Betroffenen völlig zerstört ist und die Diskretions- bzw Dispositionsfähigkeit aufgehoben erscheint (OGH 12 Os 79/75). Die seelischen Störungen müssen den Persönlichkeitskern erfassen und die willentliche Entscheidungsfähigkeit bzw das Gefühls- und Triebleben entscheidend stören. Wird dieser Intensitätsgrad nicht erreicht, ist beim Täter Zurechnungsfähigkeit anzunehmen. Charaktermängel, in denen **bloß Abweichungen von allgemeinen Denk- und Handlungsweisen** zu sehen sind, heben die Schuldfähigkeit **nicht** auf (OGH 10 Os 55/87). Letzteres trifft zB auf die Gruppe der pädophilen Sittlichkeitsverbrecher oder Kleptomanen zu.

D. Konsequenzen eingeschränkter oder fehlender Zurechnungsfähigkeit

502 War beim Täter die Zurechnungsfähigkeit zum Zeitpunkt der Tat ausgeschlossen, kann dieser grundsätzlich mangels Schuld für das begangene Delikt nicht bestraft werden.

Täter mit schwerwiegender psychischer Störung: § 21 Abs 1 bietet die Möglichkeit, Rechtsprecher, die unter dem Einfluss einer schwerwiegenden psychischen Störung ihre Tat begangen haben, in ein forensisch-therapeutisches Zentrum einzuweisen, soweit dies notwendig erscheint, um die Gesellschaft vor ihnen zu schützen (vgl *Seiler* AT II[11] Rz 432ff). 503

Liegen gelindere Formen seelischer Störungen vor, welche die Zurechnungsfähigkeit nicht gänzlich ausschließen, kann der Täter neben einer Bestrafung ebenfalls in einem forensisch-therapeutischen Zentrum eingewiesen werden (§ 21 Abs 2), wenn er die Tat unter dem Einfluss einer schwerwiegenden und nachhaltigen psychischen Störung begangen hatte. Die Zeit der Anhaltung ist dann auf die Strafe anzurechnen. Ist die Strafe länger als die Unterbringungszeit, ist der Rechtsbrecher nach Beendigung der Unterbringung in den Strafvollzug zu überstellen. Die Unterbringung ist jedoch in beiden Fällen auf unbestimmte Zeit anzuordnen (*Seiler* AT II[11] Rz 433; *Tipold* in *Leukauf/Steininger* StGB[4] § 21 Rz 27) und dauert so lange, wie es der Zweck erfordert (§ 25 Abs 1). 504

War die Zurechnungsfähigkeit zum Zeitpunkt der Tat nicht gänzlich ausgeschlossen, kann der Täter bestraft werden. Bei der Sanktionsbemessung ist jedoch der **Milderungsgrund** des § 34 Abs 1 Z 1 zu berücksichtigen, wenn die Tat unter dem Einfluss schwerwiegenden und nachhaltigen psychischen Störung begangen wurde, der Täter bei schwachem Verstand war oder wenn seine Erziehung vernachlässigt worden ist. Ein bestimmtes Maß der Abnormität muss dabei nicht erreicht worden sein, sondern es genügt die Feststellung, dass der Wille des Täters davon beeinflusst wurde. 505

Alkoholisierte Täter: In gleicher Weise erscheint die Schuld des Täters geringer, wenn er die Tat in einem alkoholisierten Zustand, der aber die Zurechnungsfähigkeit nicht gänzlich ausschloss (§ 35), begangen hat. Dies gilt allerdings nur unter der Voraussetzung, dass die Herabsetzung der Zurechnungsfähigkeit nicht durch den Vorwurf aufgewogen wird, dass der Täter unter Umständen berauschende Mittel zu sich nahm, bei denen er mit einer strafbaren Handlung rechnen musste. 506

Es ist nicht als mildernd zu werten, wenn der Täter sich bewusst ist, dass er in alkoholisiertem Zustand regelmäßig aggressiv und gewalttätig wird (OGH 12 Os 107/80). Die Tatsache, dass sich der Täter in diesen Zustand versetzt hatte, wird in diesen Fällen sogar regelmäßig einen Vorwurf gegen den Täter darstellen, der darin besteht, dass man ihm mangelndes soziales Verantwortungsbewusstsein zur Last legt. Die Alkoholisierung wird dann bei der Strafbemessung sogar als erschwerend zu werten sein. Das gilt zB insb beim Lenken eines PKW in alkoholisiertem Zustand. 507

War der Täter **volltrunken** und damit zurechnungsunfähig, kann er nicht wegen des begangenen Deliktes (Rauschtat), sondern nur wegen des schuldhaften Sich-Betrinkens nach **§ 287** bestraft werden. 508

E. Beurteilung der Zurechnungsfähigkeit

509 Die **Zurechnungsfähigkeit** wird als **Rechtsfrage** beurteilt. Eine **Tatfrage** ist es hingegen, ob die entsprechenden **pathologischen** oder **sonstigen Voraussetzungen** für die Annahme einer Zurechnungsunfähigkeit vorliegen. Treten Anhaltspunkte auf, die auf eine mögliche Zurechnungsunfähigkeit des Täters zum Tatzeitpunkt hindeuten, wird das Gericht regelmäßig einen (medizinischen) Sachverständigen beiziehen müssen, um diese Tat- bzw Sachverhaltsfrage zu klären. Dieser beurteilt dann aus medizinischer Sicht, inwieweit (zB aufgrund einer Geisteskrankheit) die Diskretions- bzw Dispositionsfähigkeit des Täters eingeschränkt gewesen sein könnte. Der Sachverständige kann dabei auch eine Wahlfeststellung treffen, indem er dem Beschuldigten eine Geisteskrankheit oder eine schwere seelische Störung, die einer Geisteskrankheit als gleichwertig einzustufen wäre, attestiert (OGH 9 Os 145/79). Auf der Basis dieses Sachverständigengutachtens hat das Gericht die Rechtsfrage zu klären, ob die Voraussetzungen des § 11 gegeben sind und Zurechnungsunfähigkeit im juristischen Sinne anzunehmen ist. Lässt sich diese Frage nicht zweifelsfrei beantworten, ist in dubio die Schuldlosigkeit des Täters anzunehmen. In der Praxis wird der Sachverständige mit seinem Gutachten oft die Beantwortung der Rechtsfrage präjudizieren, wenngleich die Entscheidung formell allein vom Gericht zu treffen ist.

F. Die actio libera in causa

Schmoller Actio libera in causa – Beteiligung an eigener Tat?, in *Joerden*-FS (2023), 46.

510 **Vorsätzliche actio libera in causa:** Grundsätzlich kann nach § 4 nur derjenige strafrechtlich zur Verantwortung gezogen werden, der schuldhaft gehandelt hat. Es gibt jedoch Fallkonstellationen, bei denen auf die genaue Einhaltung des Schuldprinzips aus Billigkeitserwägungen verzichtet wird, um eine Bestrafung des Täters auch dann zu ermöglichen, wenn er zum Zeitpunkt der Tat schuldunfähig war:

> A möchte seinen geizigen Onkel möglichst rasch beerben und ihn deshalb ermorden. In nüchternem Zustand fehlt A der Mut dazu. In volltrunkenem Zustand neigt er jedoch zur Aggressivität und kann seinem Hass gegenüber dem ungeliebten Onkel freien Lauf lassen. Er betrinkt sich daher bis zur Zurechnungsunfähigkeit und verspürt in diesem Zustand die Kraft, seinen Plan in die Tat umzusetzen. Unter diesen Voraussetzungen wäre A zum Zeitpunkt der Tat (der Ermordung des Onkels) zurechnungsunfähig und könnte bei konsequenter Anwendung des § 4 iVm § 11 nicht wegen

Mordes (§ 75) zur Verantwortung gezogen werden. Mit der Konstruktion einer „actio libera in causa" will man dieses unbillige Ergebnis vermeiden:

Im Hinblick darauf, dass der Täter mit dem Betrinken die Kausalkette, welche letztlich zum deliktischen Erfolg geführt hat, noch im schuldfähigen Zustand in Gang gesetzt hatte, wird darauf verzichtet, dass der Täter im Moment der Tat auch noch schuldfähig ist. Die Konstruktion der „actio libera in causa" soll so eine Bestrafung des Täters ermöglichen, obwohl dem Schuldprinzip des § 4 nicht entsprochen wurde. Im Gesetz ist diese Konstellation nicht geregelt. Sie wird aber gewohnheitsrechtlich anerkannt und als mit dem **Schuldprinzip vereinbar angesehen** (OGH 13 Os 106/76f; *Höpfel* WK-StGB[2] § 11 Rz 13). 511

Fahrlässige actio libera in causa: Diese Konstellation kann auch als fahrlässige „actio libera in causa" in Erscheinung treten: Hierbei hat sich der Täter zwar wiederum schuldhaft, also vorsätzlich oder fahrlässig in den Zustand der Volltrunkenheit versetzt, dies geschah aber nicht mit dem Ziel, im volltrunkenen Zustand ein Delikt zu begehen. Der Täter hätte jedoch vorhersehen können, dass er im volltrunkenen Zustand eine Straftat begehen könnte, weil er zB schon öfters im berauschten Zustand zu randalieren begann. 512

Auch bei dieser Konstellation muss der Täter bereits die Art des später verwirklichten Delikts konkret voraussehen können. Der Täter betrinkt sich, obwohl er weiß, dass er im Zustand der Volltrunkenheit zu Aggressionsakten neigt. Kommt es hierauf im Zustand der vollen Berauschung zu einer Schlägerei mit Körperverletzungsfolgen, könnte der alkoholisierte Täter für die herbeigeführten Verletzungen zumindest wegen fahrlässiger Körperverletzung (§ 88) zur Verantwortung gezogen werden. Im Zeitpunkt des Sich-Berauschens hätte er nämlich voraussehen können, dass er, wie ihn seine Erfahrung lehrte, damit eine Kausalkette in Gang setzt, welche möglicherweise später im Zustand der Volltrunkenheit zu einer Angriffshandlung auf die körperliche Integrität Dritter führt. Die Konstruktion einer fahrlässigen „actio libera in causa" ermöglicht es, den Täter wegen **fahrlässiger Begehung des im Vollrausch begangenen Delikts** zur Verantwortung zu ziehen. Dies ist nur möglich, wenn die bloß fahrlässige Deliktsbegehung mit Strafe bedroht ist. Wer bei der dargelegten Konstellation nur zu randalieren beginnt und Sachbeschädigungen (§ 125f) begeht, könnte nicht bestraft werden. 513

Ein Fall der fahrlässigen „actio libera in causa" ist auch anzunehmen, wenn der Täter sich nicht einmal vorsätzlich betrunken hat: 514

A nimmt Medikamente ein. Bei zusätzlichem Konsum von Alkohol wird die Wirkung des Alkohols dadurch wesentlich verstärkt. Ohne den Beipackzettel zu lesen, auf dem sich ein dahingehender Warnhinweis befindet, konsumiert A eine geringe Menge Alkohol, welche aber zusammen mit den Medikamenten zur Folge hat, dass er sich in einen zurechnungsunfähigen Zustand versetzt. In diesem Zustand beginnt er im Lokal zu randalieren, wobei mehrere Personen verletzt werden. Die Strafbarkeit wegen fahrlässiger Körperverletzung setzt jedoch auch in diesem Fall voraus, dass der Täter erkennen hätte können, dass er im Zustand der Trunkenheit zu Gewalttätigkeiten neigt.

515 **Abgrenzung zu § 287 (Begehung einer Straftat im Zustand voller Berauschung):** Von den Fallkonstellationen der „actio libera in causa" sind jene zu unterscheiden, die nach § 287 zu beurteilen sind. Bei den Fällen des § 287 betrinkt sich der Täter zwar auch schuldhaft in einem Maß, dass seine Zurechnungsfähigkeit auszuschließen ist, jedoch war für ihn hier das **Delikt**, welches er dann im Zustand voller Trunkenheit begeht, **nicht einmal konkret voraussehbar**. Es liegt daher nicht einmal eine fahrlässige „actio libera in causa" vor. Die Rauschtat selbst ist somit vom Verschulden des Täters nicht umfasst (OGH 9 Os 167/75).

516 Mit § 287 werden auch Fälle strafrechtlich erfasst, bei denen die Konstruktion der „actio libera in causa" ausscheidet, weil kein entsprechendes Fahrlässigkeitsdelikt vorhanden ist.

A betrinkt sich, obwohl er voraussehen hätte können, dass er im berauschten Zustand regelmäßig das Mobiliar des Wirtshauses zu zertrümmern beginnt. A kann nicht wegen einer fahrlässigen „actio libera in causa" bestraft werden, da es am Tatbestand der fahrlässigen Sachbeschädigung fehlt. Es wäre jedoch unbillig, A straffrei gehen zu lassen. Daher wird man hier auf die Anwendung des § 287 zurückgreifen müssen.

517 Bei Heranziehen des § 287 ist immer darauf zu achten, dass die Rauschtat als Folge der Betätigung des Willens des Täters aufscheint. Die **Rauschtat muss willentlich begangen** worden sein (OGH 9 Os 167/75). Die Rauschtat (objektive Bedingung der Strafbarkeit, Rz 674ff) muss alle objektiven und subjektiven Tatbestandsmerkmale aufweisen. Einzig an der Zurechnungsfähigkeit des Täters darf es fehlen. Je nach Art des Delikts der Rauschtat muss diese demnach vorsätzlich oder fahrlässig begangen worden sein, um den Täter nach § 287 bestrafen zu können. Auch ein Volltrunkener kann einen Willen zur Ausführung einer Straftat und damit einen Vorsatz entwickeln (OGH 15 Os 149/04). Es ist immer zwischen Zurechnungsfähigkeit und Vorsatz zu unterscheiden. Nicht nach § 287 strafbar ist der Betrunkene, der nicht mehr in der Lage ist, gerade zu gehen und in diesem Zustand eine wertvolle Vase umstößt.

Die Sachbeschädigung erfolgt hier nicht willentlich und damit auch nicht vorsätzlich, was eine Strafbarkeit nach § 287 ausschließt.

Die Strafe nach § 287 darf nicht strenger ausfallen als sie das Gesetz für die im Rausch begangene Tat androht (§ 287 Abs 1). 518

Abgrenzung zur Alkoholisierung iSd § 81 Abs 2: Der Unterschied zu dem in der Praxis häufigen Tatbestand des § 81 Abs 2 (grob fahrlässige Tötung) liegt darin, dass der Täter sich zwar bei diesem Tatbestand auch schuldhaft betrunken hat, sein Rauschzustand aber **nicht** von jener Intensität war, dass seine **Zurechnungsfähigkeit ausgeschlossen** wurde: 519

A hat in der Gaststätte eine Alkoholmenge zu sich genommen, welche zu einer ziemlichen Alkoholisierung geführt hat (0,9 Promille). Da er mit seinem Auto zur Gaststätte gefahren ist, ist er sich natürlich auch bewusst, dass er mit seinem Auto wieder die Heimfahrt antreten wird müssen. Auf der Heimfahrt überfährt er einen Passanten, da er aufgrund überhöhter Geschwindigkeit und eingeschränkter Reaktionsfähigkeit nicht rechtzeitig bremsen konnte. Der Passant wird dabei getötet. A verwirklicht damit den qualifizierten Tatbestand des § 81 Abs 2.

Bei einem Blutalkoholwert von über 0,8 Promille ist nach der Judikatur grundsätzlich ein **Minderrausch** iSd § 81 Abs 2 anzunehmen (OLG Wien 23 Bs 149/80). § 81 Abs 2 fordert keinen Kausalzusammenhang zwischen der Alkoholbeeinträchtigung und dem auf der Fahrt verschuldeten Unfall bzw ein Bewusstsein des Täters, durch den vorangegangenen Alkoholkonsum berauscht und in seiner Fahruntüchtigkeit beeinträchtigt zu sein (OGH 10 Os 16/79). Nach § 81 Abs 2 kann auch bestraft werden, wer alkoholisiert einen schweren Verkehrsunfall verschuldet, weil er während der Fahrt telefoniert hat und daher abgelenkt war. 520

III. Unrechtsbewusstsein und Rechtsirrtum (§ 9)

Horak Der Rechtsirrtum des Jugendlichen im Strafrecht JBl 1963, 245; *Kienapfel* Unrechtsbewußtsein und Verbotsirrtum, ÖJZ 1976, 113; *E.Steininger* Der Irrtum über normative Tatbestandsmerkmale, JBl 1987, 205, 287; *Schütz* Tatbestandsirrtum und Verbotsirrtum im Nebenstrafrecht (2000); *Seiler* Unkenntnis schützt nicht vor Strafe – Zur Irrtumsregelung des § 9 FinStrG, ÖStZ 2006, 366ff.

A. Allgemeines

Ein Rechtsirrtum liegt vor, wenn der Täter die rechtlich relevanten Sachverhaltsumstände richtig erkennt und somit in Bezug auf alle Tatbestandsmerk- 521 male vorsätzlich handelt, jedoch über die rechtliche Bewertung seines Verhaltens irrt. Der Rechtsirrtum ist in § 9 geregelt. Entgegen der Überschrift des § 9 wird vielfach auch treffender von einem „Verbotsirrtum" gesprochen.

522 Ob dem Täter der Rechtsirrtum und das damit verbundene mangelnde Unrechtsbewusstsein zum Vorwurf gemacht werden kann, ist im Rahmen der Schuldprüfung zu beurteilen. **Schuldlos** handelt der Täter nur dann, **wenn ihm der unterlaufene Irrtum nicht vorwerfbar** ist. Nur ein nicht vorwerfbarer Rechtsirrtum führt zur Straflosigkeit. Die Bestimmung des § 9 findet auch im Bereich der strafrechtlichen Nebengesetze Anwendung, soweit diese keine eigene Irrtumsregelung enthalten (OGH 10 Os 57/79).

523 **§ 9 folgt der Schuldtheorie** (näher dazu Rz 541ff). Vorsatz und Unrechtsbewusstsein sind dabei immer streng zu trennen (OGH 9 Os 30/75). Es kann jemand vorsätzlich in Bezug auf alle Tatbestandsmerkmale, aber dennoch ohne Unrechtsbewusstsein handeln. Um dem Täter ein Unrechtsbewusstsein unterstellen zu können, ist es nicht erforderlich, ihm die Kenntnis der einschlägigen strafrechtlichen Bestimmungen in ihren Einzelheiten nachzuweisen (OGH 14 Os 163, 164/93). Eine allgemeine Kenntnis des Täters vom rechtlichen Verbotensein seines Verhaltens reicht aus (OGH 12 Os 70/76). Es genügt, wenn der Täter sich bewusst ist, dass sein Verhalten der Gemeinschaftsordnung so sehr widerspricht, dass es deshalb gesetzlich verboten wurde. Der Täter muss den spezifischen Unwert der Rechtsgutverletzung zumindest in laienhafter Weise erfassen (OGH 11 Os 134/93). Es **genügt**, wenn er sich **laienhaft bewusst ist, gegen Rechtsvorschriften zu verstoßen** (OGH 11 Os 66/83).

524 Das bloße **Bewusstsein** der **Sittenwidrigkeit genügt** hingegen **nicht** (OGH 13 Os 113/77). Ein **Rechtsirrtum** ist nicht nur bei der positiven Annahme, etwas sei erlaubt, gegeben, sondern liegt **auch** bei **völligem Fehlen einer Vorstellung über die rechtliche Bewertung** einer Tat vor.

525 Der Täter handelt mit Unrechtsbewusstsein, wenn er von der Telekom Austria die Auskunft erhält, dass er kein Abhörgerät am Telefon anbringen dürfe, um die Gespräche seiner Gattin mit deren Liebhaber abzuhören (§ 119). Auch wenn er sich nicht bewusst ist, dass eine solche Abhörmaßnahme ein strafgerichtliches Nachspiel haben kann, erkennt er, dass sein Verhalten rechtlich verboten ist (OGH 12 Os 143/75).

526 Es ist rechtlich unerheblich, wenn in der Bevölkerung bei bestimmten gesetzlich strafbaren Verhaltensweisen die weit verbreitete Meinung vorherrscht, dass diese eigentlich nicht strafwürdig und nicht sozialschädlich seien. Manche können zB nicht glauben, dass es strafbar ist, wenn jemand als Nichtarzt Untersuchungen durchführt, Diagnosen erstellt und Therapien bzw Medikamente empfiehlt (Strafbarkeit wegen Kurpfuscherei, § 184; OGH 11 Os 42/03). Der Täter muss nur erkennen, dass sein Verhalten formell verboten ist.

Vom Rechtsirrtum ist der **Irrtum über die Strafbarkeit** zu unterscheiden, welche eine Konsequenz des tatbestandsmäßigen, rechtswidrigen und schuldhaften Verhaltens ist. Ein Irrtum darüber, dass ein als rechtwidrig erkanntes Verhalten auch strafbar ist, ist nämlich **ohne Belang** (OGH 11 Os 6/95): 527

- Ein Buchhalter glaubt, dass er für die falsche Steuererklärung (Finanzvergehen, § 33 FinStrG), die er im Auftrag seines Chefs erstellt und beim Finanzamt eingereicht hat, finanzstrafrechtlich nicht zur Verantwortung gezogen werden kann. Dieser Irrtum über die Strafbarkeit ist ohne Belang, denn der Buchhalter hat zumindest erkannt, dass er mit der Erstellung der falschen Steuererklärung gegen Rechtsvorschriften verstößt (OGH 12 Os 154/79).
- Das rechtliche Verbotensein seines Verhaltens erkennt auch, wer glaubt, sich nur verwaltungsbehördlich strafbar zu machen: X verursacht mit überhöhter Geschwindigkeit einen Verkehrsunfall, bei dem ein Passant verletzt wird. Er glaubt, dass zu schnell fahren immer nur „von der Polizei bestraft wird" (verwaltungsbehördlich strafbar ist). Als der Verkehrsunfall wegen des Personenschadens (§ 88) auch ein gerichtliches Nachspiel hat, ist X erstaunt. X hat jedoch zumindest das rechtliche Verbotensein seines Verhaltens erkannt. Sein Irrtum über die rechtlichen Folgen ist ohne Relevanz (OGH 12 Os 150/75).

Auf das Unrecht kann sich ein genaues Wissen und Wollen des Täters richten, wie es beim dolus directus der Fall ist (der Täter weiß, dass er einen Diebstahl begeht und er will diesen auch begehen). Für die Annahme eines Unrechtsbewusstseins **genügt** es jedoch auch, wenn es der Täter **ernsthaft für möglich hält, gegen gesetzliche Bestimmungen zu verstoßen** und es dennoch nicht der Mühe wert findet, sich näher zu erkundigen und sich damit abfindet, allenfalls gegen rechtliche Verbote zu verstoßen. 528

Eine Prüfung des Unrechtsbewusstseins hat erst stattzufinden, wenn begründete Zweifel am Vorliegen der Unrechtskenntnis auftauchen. Gerade bei neu eingeführten Strafbestimmungen erscheint jedoch die **Grundannahme eines bestehenden Unrechtsbewusstseins bedenklich**. Die Existenz mancher Tatbestände wird für die Allgemeinheit überhaupt überraschend sein: 529

Nur die wenigsten werden glauben können, dass das private Glücksspiel im Hinterzimmer eines Wirtshauses nach § 168 verboten ist, wenn sie täglich durch die Medien mit der Werbung für das „staatlich geförderte" Glücksspiel der Casinos Austria AG konfrontiert werden.

530 Ein Unrechtsbewusstsein liegt auch vor, wenn der Täter weiß, dass er gegen ein strafrechtliches Verbot verstößt, dennoch aber von der Nützlichkeit seines Verhaltens für die Gesellschaft aus irgendeinem Missionsbewusstsein heraus überzeugt ist. Selbst ein **Überzeugungstäter besitzt** ein **Unrechtsbewusstsein**, denn er weiß, dass er gegen eine strafrechtliche Bestimmung verstößt, auch wenn er diese aus ideologischen Gründen ablehnt oder für verfassungswidrig hält:

X hält das VerbotsG für verfassungswidrig, da er dadurch das Grundrecht auf freie Meinungsäußerung (Art 10 MRK) verletzt sieht. Er kann daher nichts Unrechtes daran erkennen, wenn er in einem Posting im Internet den nationalsozialistischen Völkermord in Zweifel zieht. Auch wenn X das VerbotsG für verfassungswidrig hält, ist er sich dennoch der darin aufgestellten Verbote bewusst und handelt daher mit formellem Unrechtsbewusstsein.

B. Abgrenzung Tatbildirrtum – Rechtsirrtum (§ 9)

Cernusca Zur Unterscheidung von Tatbestands- und Verbotsirrtum bei Blankettstrafnormen, ÖJZ 2015/99.

531 **1.** Der Vorsatz muss sich nur auf die Verwirklichung des deliktischen Sachverhalts beziehen. Bei einem **Tatbildirrtum erkennt der Täter nicht den Sachverhalt**, der einen Straftatbestand darstellt. Der Täter kann daher nicht wegen vorsätzlicher Tatbegehung zur Verantwortung gezogen werden.

532 Das **Bewusstsein der Rechtswidrigkeit** des Verhaltens steht als **eigenes Schuldmerkmal** neben dem Vorsatz. Fehlt dem Täter das Bewusstsein der Rechtswidrigkeit, kann dies am Vorsatz, einen Tatbestand als Sachverhalt zu verwirklichen, nichts ändern (OGH 9 Os 30/75). Vom Tatbildirrtum ist daher der Rechtsirrtum bzw Verbotsirrtum zu unterscheiden. Beim **Rechtsirrtum irrt der Täter über die rechtliche Bewertung seines gesamten Verhaltens**: Der Täter ist sich aller rechtlich relevanten Tatumstände bewusst und erkennt das Vorliegen aller Tatbestandsmerkmale eines bestimmten Delikts. Er handelt somit vorsätzlich in Bezug auf alle Tatbestandsmerkmale, jedoch hält er sein Tun dennoch für rechtlich zulässig.

533 Irrt der Täter über die Rechtswidrigkeit seines Verhaltens, ist zu prüfen, ob ihm dieser Irrtum vorgeworfen werden kann. Ist der Rechtsirrtum vorwerfbar, kann der Täter dennoch wegen vorsätzlicher Tatbegehung bestraft werden, soweit er den Tatbestand als Sachverhalt vorsätzlich verwirklicht hat. Bei fahrlässig begehbaren Tatbeständen kommt nur eine Strafbarkeit wegen des jeweiligen Fahrlässigkeitsdelikts in Betracht (§ 9 Abs 3).

2. Die **Grenzziehung** zwischen Tatbildirrtum und Rechtsirrtum ist **vielfach schwierig**: 534

Tatbildirrtum: Wer beim Tatbestand des Betruges (§ 146) glaubt, dass er auf den Betrag, den er durch Täuschung erlangt hatte, einen Anspruch hat, unterliegt nicht einem Rechtsirrtum, sondern einem Tatbildirrtum, der seinen Schädigungsvorsatz ausschließt. Beim Diebstahl muss sich der Täter bewusst sein, dass die Sache, welche er wegnimmt, eine fremde (§ 127) ist. Bei der Urkundenfälschung (§ 223) muss sich der Täter bewusst sein, dass der Reisepass, in dem er den Namen ändert, eine Urkunde iSd § 74 Abs 1 Z 7 darstellt. Nimmt jemand ein Autokennzeichen weg, um es auf sein Auto zu montieren, muss ihm klar sein, dass ein KFZ-Kennzeichen als Urkunde angesehen wird (§ 49 Abs 1 KFG, Kraftfahrgesetz, BGBl 1967/267) und er daher eine Urkundenunterdrückung (§ 229) begeht. In vielen Bereichen wird dem Rechtsunkundigen die genaue Bedeutung von einzelnen Tatbestandsmerkmalen nicht bewusst sein. Daher begnügt sich die Rechtsprechung mit einer sog **Parallelwertung in der Laiensphäre:**

Es genügt, wenn der Täter die tatsächlichen Voraussetzungen erkennt, aus 535
welchen man die juristische Wertung, dass zB eine Urkunde iSd § 74 Abs 1 Z 7 vorliegt, treffen kann. Der Täter muss nicht die einschlägigen gesetzlichen Bestimmungen kennen, auf denen eine bestimmte rechtliche Bewertung beruht (zB Urkundenbegriff des StGB in § 74 Abs 1 Z 7). Er muss laienhaft das Vorliegen der Kriterien erkennen, die ein „Schriftstück" im weitesten Sinne zu einer Urkunde machen: Wenn jemand erkennt, dass es sich beim Reisepass, bei dem er gerade den Namen geändert hat, um eine *Gedankenerklärung* in *schriftlicher Form* handelt, welche von *rechtlicher Relevanz* ist und darüber hinaus auch der *Aussteller* dieser Erklärung erkennbar ist, ist er sich laienhaft bewusst, dass er mit seiner Manipulation eine Urkunde iSd § 74 Abs 1 Z 7 verfälscht hat.

Der Täter muss zumindest den sozialen Bedeutungsgehalt bei normativen 536
Tatbestandsmerkmalen erkennen. Fehlt es selbst daran, liegt ein Tatbildirrtum vor: Glaubt ein Schuldner im Zuge eines Exekutions- oder Insolvenzverfahrens, im geforderten Vermögensverzeichnis nur verwertbare Vermögensobjekte angeben zu müssen, nimmt die Rechtsprechung einen vorsatzausschließenden Tatbildirrtum an und nicht einen Rechtsirrtum. Eine Bestrafung wegen § 292a scheidet damit aus (OGH 10 Os 183/82).

Der Rückgriff auf eine Parallelwertung in der Laiensphäre ermöglicht es, 537
dem Rechtsunkundigen ein Unrechtsbewusstsein zu unterstellen, wo tatsächlich keines vorhanden war. Vielfach sind selbst Lehre und Rechtsprechung uneins in der Auslegung bestimmter normativer Begriffe. Eine sog Parallelwertung in der Laiensphäre könnte in diesen Fällen wohl noch weniger zu einem brauchbaren Ergebnis führen. Wenn der Fachmann nicht zweifelsfrei sagen

kann, wie ein normatives Tatbestandsmerkmal zu verstehen ist, kann es der Laie wohl noch weniger. Irrt dieser daher über das Vorliegen dieses Merkmals, darf ihm kein Vorsatz unterstellt werden.

538 **Rechtsirrtum:** Bei manchen Tatbeständen schien der Rechtsprechung dieses Ergebnis unbillig zu sein. Dies vor allem dann, **wenn** ein **normatives Tatbestandsmerkmal den Kern des ganzen Tatbestandes ausmacht**, so dass von der rechtlichen Bewertung dieses einen Merkmals das gesamte Unrechtsbewusstsein abhängt. Es lag daher nahe, einen Irrtum über normative Tatbestandsmerkmale nicht als Tatbildirrtum sondern als Rechtsirrtum (§ 9) zu werten, wenn der Irrtum ein Tatbestandsmerkmal betrifft, welches für das Unrechtsbewusstsein grundlegend ist. Der Irrtum über das normative Tatbestandsmerkmal betrifft dann nämlich das Unrecht der Tat insgesamt, was einem Rechtsirrtum gleich zu halten ist (OGH 17 Os 1/13):

539 Im Ergebnis hat dieser Lösungsansatz weitreichende Konsequenzen. Eine Fehlbewertung des normativen Tatbestandsmerkmals führt dann nämlich nicht sogleich zum Wegfall des deliktspezifischen Tatvorsatzes, was regelmäßig, aufgrund des Fehlens eines korrespondierenden Fahrlässigkeitsdelikts, einen Freispruch nach sich ziehen würde, sondern es muss gem § 9 in einem zweiten Schritt erst geprüft werden, ob der Irrtum dem Täter vorwerfbar ist. Bejaht man die Vorwerfbarkeit des Irrtums, würde der Vorsatz trotz des Irrtums über das normative Tatbestandsmerkmal anzunehmen sein (§ 9 Abs 3). Dabei darf nicht verschwiegen werden, dass die Rechtsprechung bei der Auslegung zahlreicher normativer Begriffe eine klare Linie vermissen lässt und vielfach allein nach den Opportunitäten des Einzelfalles entscheidet (zB insb bei der üblen Nachrede iSd § 111).

540 **3.** Bei **Unterlassungsdelikten** ist danach zu unterscheiden, ob sich der Unterlassende über seine Garantenstellung geirrt hat (Tatbildirrtum) oder seine Stellung zwar richtig erkannt hatte, aber daraus nicht richtig abgeleitet hat, dass ihn eine Pflicht zum Handeln trifft. In letzterem Fall liegt ein Irrtum über seine Garantenpflicht vor und dieser wäre nach den Regeln über den Rechtsirrtum (§ 9) zu beurteilen:

- X kommt an einem Teich vorbei und hört die Hilferufe einer Ertrinkenden, ohne zu wissen, dass es sich dabei um seine Ehegattin handelt. X irrt über seine Garantenstellung, wenn er keine Hilfe leistet. Wegen seines Irrtums über den tatsächlich gegebenen Sachverhalt entfällt der Vorsatz auf Mord (§ 75 iVm § 2). X könnte bloß wegen § 95 (Unterlassung der Hilfeleistung) zur Verantwortung gezogen werden (**Tatbildirrtum**).
- Anders ist es, wenn X zwar erkennt, dass es sich bei der Ertrinkenden um seine Ehegattin handelt, jedoch meint, bei einem Erwachsenen nicht zur

Hilfeleistung verpflichtet zu sein. In diesem Fall irrt X über seine **Garantenpflicht** und unterliegt damit einem **Rechtsirrtum**. Nach den Regeln des § 9 könnte er trotz dieses Irrtums wegen vorsätzlichen Mordes durch Unterlassen (§ 75 iVm § 2) zur Verantwortung gezogen werden, wenn ihm der Irrtum vorwerfbar ist.

C. Schuldtheorie – Vorsatztheorie

Seiler Unkenntnis schützt nicht vor Strafe – Zur Irrtumsregelung des § 9 FinStrG, ÖStZ 2006, 366ff.

Wenngleich das **StGB** mit der Regelung des § 9 dem Rechtsirrtum die **Schuldtheorie** zugrunde legt, soll doch auch ein Blick auf die Gestaltung der Vorsatztheorie geworfen werden, welche teilweise bei strafrechtlichen Nebengesetzen, zB der Irrtumsregelung des § 9 FinStrG (Finanzstrafgesetz) zur Anwendung kommt. 541

1. Die **Vorsatztheorie** sieht im **Unrechtsbewusstsein ein Element des Vorsatzes** selbst. Dies bedeutet, dass bei Fehlen des Unrechtsbewusstseins damit auch der Vorsatz wegfällt. Der Täter weiß nicht, dass der Geschlechtsverkehr mit einer Zwölfjährigen strafrechtlich verboten ist (§ 206, Sexueller Missbrauch von Unmündigen). Er hat dabei die Sachlage, dass das Mädchen zwölf Jahre alt ist, richtig erkannt, irrte sich aber über das Verbotensein. Nach der im StGB nicht geltenden Verbotstheorie würde damit bereits der Tatvorsatz wegfallen. Im Hinblick darauf, dass es keinen Tatbestand des fahrlässigen sexuellen Missbrauchs von Unmündigen gibt, bliebe der Täter straffrei. Die Vorsatztheorie stellt die Wirkung des Rechtsirrtums der Wirkung des Irrtums über Tatumstände (Sachverhaltsirrtum) gleich. Dagegen ist dogmatisch nichts einzuwenden, denn die strengere Bewertung des Rechtsirrtums, wie sie von § 9 vorgenommen wird, indem sich bei vorwerfbarem Irrtum an der Strafbarkeit des Täters nichts ändert, ist bedenklich. Bei vielen Tatbeständen des StGB (insb bei neu geschaffenen Strafbestimmungen) und vor allem bei nebenstrafrechtlichen Tatbeständen wird das Verbotensein schwerer zu erkennen sein als das Gegebensein bestimmter tatsächlicher Umstände, so dass eigentlich für die Berücksichtigung eines Rechtsirrtums nicht höhere Anforderungen gestellt werden dürften als für die Beachtung des Tatbildirrtums. 542

Das **Finanzstrafgesetz** (FinStrG) enthält in **§ 9** eine **Irrtumsregelung**, welche **auf dieser Vorsatztheorie basiert**. Im Bereich des Finanzstrafrechts führt daher jeder glaubhaft gemachte Irrtum zu einem Ausschluss des Vorsatzes, selbst wenn der Irrtum unentschuldbar wäre (§ 9 FinStrG). Bei einem entschuldbaren Irrtum geht der Täter straffrei, bei einem unentschuldbaren Irrtum könnte ihm bloß Fahrlässigkeit zugerechnet werden. Eine Strafbarkeit 543 kann in letzterem Fall jedoch nur dann eintreten, wenn das FinStrG auch die fahrlässige Tatbegehung als eigenen Straftatbestand vorsieht. Andernfalls geht der Täter auch bei einem unentschuldbaren Rechtsirrtum über finanzstrafrechtliche Bestimmungen straffrei. Kann der Täter eines Finanzvergehens demnach einen Irrtum, gleichgültig ob Tatbestands- oder Rechtsirrtum, glaubhaft machen, wirkt sich dies in jedem Fall günstig für ihn aus (vgl *Seiler/Seiler* Finanzstrafgesetz[6], § 9 Rz 1ff).

544 **2.** Das **StGB** wollte demgegenüber mit der auf der **Schuldtheorie** basierenden Bestimmung des § 9 StGB die Konsequenz vermeiden, dass bei Vorliegen eines Rechtsirrtums der Täter, gleich wie bei einem Tatbildirrtum, in Ermangelung eines entsprechenden Fahrlässigkeitstatbestands gänzlich straffrei geht. Nach der Schuldtheorie ist das Unrechtsbewusstsein kein Bestandteil des Vorsatzes, sondern neben diesem ein eigenes Schuldelement. Daher vermag das Fehlen des Unrechtsbewusstseins auch nichts an der Existenz des Vorsatzes zu ändern. Im oben genannten Beispiel ändert daher das Unwissen des Täters, dass der Geschlechtsverkehr mit einer Zwölfjährigen strafrechtlich verboten ist, gar nichts an der Annahme eines vorsätzlich begangenen sexuellen Missbrauchs von Unmündigen (§ 206). Bei Fehlen des Unrechtsbewusstseins bleibt die Tat dennoch eine Vorsatztat und erst in zweiter Linie ist zu prüfen, ob das Fehlen des Unrechtsbewusstseins vorwerfbar ist oder nicht. Ist die fehlende Unrechtskenntnis nicht vorwerfbar, handelt der Täter schuldlos und geht straffrei. Ist der Rechtsirrtum hingegen vorwerfbar, dann bleibt der Täter trotz des fehlenden Unrechtsbewusstseins wegen der Vorsatztat strafbar. **Handeln unter vorwerfbarem mangelndem Unrechtsbewusstsein wird gleichgestellt dem Handeln mit Unrechtsbewusstsein** (OGH 9 Os 149/75).

545 Die verschiedene Behandlung des Tatbildirrtums und des Rechtsirrtums, wie sie von § 9 StGB vorgegeben wird, erweist sich besonders problematisch, wenn der Täter über Tatbestandsmerkmale, die eine spezifisch rechtliche Bewertung verlangen (**normative Tatbestandsmerkmale**) irrt (Urkunde, Unzüchtigkeit, Fremdheit ua). Bei einem Tatbildirrtum ist der Vorsatz zu verneinen und der Täter könnte nur wegen fahrlässiger Deliktsverwirklichung bestraft werden. Bei einem Rechtsirrtum ist zu prüfen, inwieweit dieser vorwerfbar ist. Wird die Vorwerfbarkeit bejaht, ist Strafbarkeit für das Vorsatzdelikt anzunehmen (§ 9 Abs 3). Zählt man normative Tatbestandsmerkmale ausschließlich zum Tatbestand, würde bei einem Irrtum darüber immer der Vorsatz wegfallen und höchstens ein Fahrlässigkeitsdelikt zur Anwendung kommen können, soweit ein solches überhaupt normiert ist. Dies würde nach Meinung des OGH offenbar zu unbilligen Lösungen führen, wenn es kein entsprechendes Fahrlässigkeitsdelikt gibt. Die Rechtsprechung versucht dieser Konsequenz dogmatisch dadurch zu entkommen, dass sie teilweise beim Irrtum über ein normatives Merkmal diesen wie einen Rechtsirrtum behandelt (vgl Rz 538; OGH 17 Os 1/13, aA OGH 12 Os 36/79). Dieser Weg erscheint nur in jenen wenigen Fäl-

len vertretbar, in denen das normative Tatbestandsmerkmal praktisch **allein den Unwert des Tatbestands ausmacht**. Im Bereich der Umweltdelikte zB steht und fällt das Unrecht einer Handlung mit den einschlägigen verwaltungsbehördlichen Bestimmungen und Bescheiden. Diese Rechtswidrigkeit muss der Täter erkennen, um sich überhaupt bewusst zu sein, tatbestandsmäßig zu handeln. Ein Irrtum über die einschlägigen Bestimmungen, die den Tatbestand der einzelnen Umweltdelikte ausfüllen, wird daher wie ein Rechtsirrtum iSd § 9 behandelt, was in der Bestimmung des § 183a sogar noch eine gesonderte Verdeutlichung findet.

D. Indirekter Rechtsirrtum (bzw Verbotsirrtum)

1. Der Rechtsirrtum kann in zweifacher Form, als direkter Rechtsirrtum oder als indirekter Rechtsirrtum in Erscheinung treten: 546

Beim direkten Rechtsirrtum erkennt der Täter nicht das Verbotensein seines Verhaltens. 547

X weiß nicht, dass bereits das Misshandeln eines anderen Menschen (§ 115) verboten ist (**direkter Rechtsirrtum**).

Beim indirekten Rechtsirrtum erkennt der Täter zwar richtig den von ihm verwirklichten Sachverhalt als verboten, meint aber, dass ausnahmsweise eine **Gegennorm als Rechtfertigungsgrund eingreift**, welche dieses Verhalten im konkreten Fall erlaubt: 548

X wird bei einem Diebstahl auf frischer Tat von einer Privatperson betreten und festgehalten (§ 80 Abs 2 StPO). X glaubt, nur einem Polizisten sei es erlaubt, jemanden festzuhalten, nicht aber einer Privatperson, und schlägt daher diese in vermeintlicher Notwehr nieder (**indirekter Rechtsirrtum**).

2. Zu einem Irrtum über eine rechtfertigende Gegennorm kann es auf verschiedene Weise kommen: 549

a) Der Täter ist der Meinung, dass sein Verhalten, welches er an sich als verboten erkennt, **im Ausnahmefall durch eine Gegennorm erlaubt** wird. Der Lehrer glaubt aufgrund seiner über die Schüler bestehenden Erziehungsgewalt, diese aus pädagogischen Gründen auch schlagen zu dürfen. Er nimmt somit einen Rechtfertigungsgrund an, den die Rechtsordnung nicht kennt. Darin liegt eine deutliche Parallele zum direkten Rechtsirrtum, nur eben in der Form, dass es sich um einen Irrtum über einen Erlaubnissatz handelt, der das Verbotensein ausnahmsweise nach Meinung des Täters aufhebt. Ein Lehrer ist 550 jedoch verpflichtet, sich mit den einschlägigen Schulgesetzen vertraut zu machen und daraus hätte er erkennen können, dass ihm seine Erziehungsgewalt nicht das Recht einräumt, die anvertrauten Schüler zu schlagen. Damit wäre dem Lehrer sein Irrtum über diesen vermeintlichen Erlaubnissatz als Rechtsirrtum vorwerfbar (§ 9 Abs 2) und er könnte gegebenenfalls wegen vorsätzlicher Körperverletzung bestraft werden (§ 9 Abs 3).

551 **b)** Beim zweiten Fall eines indirekten Rechtsirrtums hält der Täter sein an sich als verboten erkanntes Verhalten ebenfalls ausnahmsweise für erlaubt, weil er eine **Gegennorm** annimmt. Eine solche existiert in diesem Fall auch tatsächlich, nur **verkennt der Täter deren Reichweite:** Der Überfallene wehrt sich gegen den Angreifer und schlägt diesen in rechtfertigender Notwehr (§ 3) nieder. Die dabei zugefügte Körperverletzung erfolgte rechtmäßig. Nun glaubt der ursprünglich Angegriffene aber auch noch, dass er im Rahmen der Notwehr berechtigt sei, dem Angreifer aus Vergeltung eine Tracht Prügel als Denkzettel zu verabreichen. Dazu ist er aber nicht mehr berechtigt. Der Angegriffene irrt sich in diesem Fall über die Reichweite eines bestehenden Rechtfertigungsgrundes. Auch dies ist ein Rechtsirrtum, der nach § 9 zu beurteilen ist. Das zur Verteidigung nicht mehr erforderliche Verprügeln erfolgt vorsätzlich. Kann dem Täter das Verkennen der Grenzen der Notwehrbefugnis vorgeworfen werden, hat er für die beim Verprügeln zugefügte Körperverletzung als Vorsatztat strafrechtlich einzustehen.

E. Vorwerfbarkeit des Rechtsirrtums

Schick Die Vorwerfbarkeit des Verbotsirrtums bei Handeln auf falschen Rat, ÖJZ 1980, 595.

552 Sowohl beim direkten als auch beim indirekten Rechtsirrtum erkennt der Täter nicht, dass er etwas Unerlaubtes tut. Die Vorsätzlichkeit seines Verhaltens bleibt davon unberührt und es ist nur zu prüfen, ob ihm die Rechtsunkenntnis vorgeworfen werden kann.

1. Allgemeines

553 Der Täter handelt schuldlos und geht damit straffrei, wenn ihm der Rechtsirrtum nicht vorgeworfen werden kann. Ist hingegen der Irrtum vorwerfbar, findet die für das Vorsatzdelikt vorgesehene Strafdrohung Anwendung, wenn der Täter vorsätzlich gehandelt hat. Hat der Täter bloß fahrlässig gehandelt, ist er nur wegen des jeweiligen Fahrlässigkeitsdelikts zu bestrafen (§ 9 Abs 3).

554 Vorwerfbar ist ein Rechtsirrtum, wenn dem Täter zum Vorwurf gemacht werden kann, dass er das Verbotensein seines Verhaltens erkennen hätte können.

Die Rechtsunkenntnis war demnach für ihn vermeidbar. Dies läuft auf die Prüfung hinaus, ob der Täter sich fahrlässigerweise über das Verbotensein seines Verhaltens geirrt hat oder nicht. Erstaunlich ist dabei die Konsequenz des § 9 Abs 3, wonach bei einem **vorwerfbaren Rechtsirrtum** dem Täter die **gleich hohe Strafe droht**, wie wenn er im Bewusstsein des Verbotenseins seines Handelns die Tat gesetzt hat. Das Minus, welches bei Vorliegen eines vorwerfbaren Rechtsirrtums gegeben ist, hätte eigentlich eine Zwangsmilderung erwarten lassen. Der vorwerfbare, die Schuld nicht ausschließende Rechtsirrtum stellt bloß den **Milderungsgrund** des **§ 34 Abs 1 Z 12** dar. § 34 Abs 1 Z 12 weist dabei ausdrücklich darauf hin, dass dieser Milderungsgrund insbesondere zu gelten habe, wenn der Täter ohnedies wegen der Vorsatztat bestraft wird.

In den Fällen des vorwerfbaren Rechtsirrtums wird dem Täter nicht eine 555
(nicht vorhandene) Unrechtskenntnis unterstellt, sondern es wird ihm die Tat bei erwiesenem Rechtsirrtum nur vorgeworfen, weil er das Verbot hätte erkennen können oder eine Erkundigung über die Verbotsmaterie unterlassen hat. Darin liegt eine Rechtsfahrlässigkeit, welche gem § 9 Abs 3 aber dennoch zur Bestrafung wegen einer Vorsatztat führt, was sich als unbillig erweist.

2. Kriterien für die Vorwerfbarkeit (§ 9 Abs 2)

Für das Merkmal der Vorwerfbarkeit statuiert der Gesetzgeber **zwei Maß-** 556
kriterien.

a) Unrecht ist für jedermann leicht erkennbar

Die meisten Tatbestände des StGB stellen Verhaltensweisen unter Strafe, 557
bei denen das Unrecht für jeden leicht erkennbar sein sollte. Hierzu zählen insb Delikte wie Mord (§ 75), Diebstahl (§§ 127ff) oder Körperverletzung (§§ 83ff), welche zum Kernbereich des StGB gehören. Wer ein derartiges Delikt begeht, wird nur schwer einen Rechtsirrtum glaubhaft machen können. Der Täter müsste sich zumindest vorhalten lassen, dass das Unrecht seines Verhaltens für jedermann leicht erkennbar war und ihm daher ein potenzieller Irrtum zum Vorwurf gemacht werden kann. Ob das Unrecht für jedermann leicht erkennbar war, ist unter Anlegung eines objektiv-subjektiven Doppelmaßstabes zu prüfen (OGH 13 Os 97/93):

Ein Rechtsirrtum ist auch vorwerfbar, wenn jemand als religiöser Funda- 558
mentalist aus einem **Gesellschaftskreis** kommt, in dem **andere Wertvorstellungen** herrschen, die zB einen Mord zur Rettung der „Familienehre" als gerechtfertigt ansehen. Der Vorwurf besteht dann darin, dass sich der Täter nicht mit den allgemeinen Lebensverhältnissen und Wertvorstellungen der Bevölkerung des Staates, in dem er sich aufhält, vertraut gemacht und angepasst hat.

559 **Vorwerfbarer Rechtsirrtum:** Die primäre Hilfeleistungspflicht eines Unfallverursachers kann als allgemein bekannt vorausgesetzt werden. Ein dahingehender Irrtum (§ 94, Strafbarkeit des Imstichlassens eines Verletzten) könnte selbst einem 16-jährigen Mopedlenker zum Vorwurf gemacht werden (OGH 12 Os 87/80).

560 Auch ein **Ausländer**, der sich bereits seit vier Jahren in Österreich aufhält, hätte sich in dieser Zeit längst mit den einschlägigen österreichischen (Straf-) vorschriften bekannt machen müssen. Ein behaupteter Rechtsirrtum hinsichtlich grundlegender Bestimmungen des österreichischen Strafrechts wäre jedenfalls vorwerfbar (OGH 15 Os 35/23w).

561 Nach Meinung der Rechtsprechung sollte auch das Unrecht des „Ansammelns von Kampfmitteln" (§ 280) für jedermann leicht erkennbar sein, wenngleich es sich dabei um einen eher ausgefallenen Tatbestand handelt (OGH 10 Os 99/78). Auch das bereits vor 60 Jahren (im Verfassungsrang) aufgestellte Verbot der nationalsozialistischen Wiederbetätigung (Verbotsgesetz, StGB 1945/13 idgF) sollte grundsätzlich jedem erwachsenen Österreicher bekannt sein (OGH 13 Os 62/95). Das Verbot von Selbstjustiz sollte ebenfalls offenkundig sein (OGH 11 Os 120/84). Wer Selbstjustiz übt, weil er der staatlichen Justiz kein Vertrauen schenkt, dem wird ein behauptetes fehlendes Unrechtsbewusstsein jedenfalls vorwerfbar sein.

562 **Nicht vorwerfbarer Rechtsirrtum:** Als allgemein bekannt kann die Strafbarkeit grenzüberschreitender Suchtmittelkriminalität angesehen werden (OGH 11 Os 15/79). Einem 16-Jährigen wird jedoch noch nicht zugemutet, die Strafbarkeit eines Suchtmittelschmuggels zu erkennen (OGH 13 Os 6/82). Auch Jugendlichen, die gewaltsam einen Zimmergenossen, der sich nur zögerlich der Körperpflege hingibt, einer Waschung unterziehen (Freiheitsentziehung, § 99; Nötigung, § 105), wird kein Unrechtsbewusstsein unterstellt werden dürfen (OGH 13 Os 121/78). Einem nicht vorwerfbaren Rechtsirrtum unterliegt, wer glaubt, heimlich Tonaufnahmen von Gesprächen seiner Ehegattin mit Dritten machen zu dürfen (§ 120), um diese in einem Scheidungsverfahren zum Nachweis von Eheverfehlungen verwenden zu können (OGH 10 Os 22/76). Ein Rechtsirrtum wird sich jedoch in diesem Fall nicht mehr glaubhaft machen lassen, wenn der abhörende Ehegatte zuvor von der Telekom Austria die Auskunft erhalten hatte, dass er keine Abhöreinrichtung am Telefon installieren dürfe und damit das generelle Unrecht seines Verhaltens erkennen musste (OGH 12 Os 143/75).

563 Das **Unrecht** ist **nicht erkennbar**, wenn sogar schon **Juristen** und **Gerichte verschiedene Auffassungen vertreten** haben, was zB in einer divergierenden Judikatur zum Ausdruck kommen kann (vgl OGH 12 Os 15/77).

b) Erkundigungspflicht

Bei manchen Tatbeständen wird dem Täter ein derartiges allgemeines Unrechtsbewusstsein nicht so leicht unterstellt werden können. Hierzu zählen vor allem Straftatbestände in Nebenstrafgesetzen. Die Strafbarkeit eines bestimmten Verhaltens ergibt sich dabei erst aus der Kenntnis der einschlägigen Gesetzes- bzw Strafbestimmungen. 564

In diesen Fällen kommt regelmäßig das zweite Kriterium des § 9 Abs 2 zum Tragen. Ist das Unrecht nicht für jedermann leicht erkennbar, kann dem irrenden Täter seine Rechtsunkenntnis primär nicht vorgeworfen werden. Ein Vorwurf kann hier in zweiter Linie nur daraus abgeleitet werden, dass der Täter sich **nicht mit den einschlägigen Vorschriften bekannt gemacht** hatte (OGH 13 Os 124/86). 565

Eine Vernachlässigung der Erkundigungspflicht ist dem Täter aber **nur** dann **vorwerfbar, wenn** man von ihm erwarten hätte können, dass ihm bei seinem Handeln **Zweifel über die Rechtmäßigkeit kommen**. Nur wer an der Rechtmäßigkeit seines Verhaltens zweifelt, müsste auf den Gedanken kommen, sich über die einschlägigen Vorschriften zu erkundigen (OGH 13 Os 171/86): 566

Lebensfremd erscheint die Ansicht der Rechtsprechung, wonach zu erwarten sei, dass jemand, der Anleitung zur Ausführung eines Selbstmordes gibt (§ 78), sich auch vorher mit der einschlägigen Rechtslage vertraut macht und sich so der Strafgesetzwidrigkeit seines Tuns bewusst wird (OGH 13 Os 114/06y): Es dürfte allgemein bekannt sein, dass Selbstmörder nicht bei der erfolglosen Umsetzung ihres Vorhabens bestraft werden. Für den Rechtsunkundigen liegt daher wohl näher der Schluss, dass er ebenfalls straffrei ist, wenn er einem qualvoll dahinsiechenden Todkranken hilfreiche Tipps gibt, wie er seinem Leiden ein Ende setzen könnte (**Sterbehilfe**). Die Bestimmung des § 78 wird den juristischen Laien eher überraschen, da die Sterbehilfe in vielen Ländern (teilweise eingeschränkt) erlaubt ist (zB Schweiz, Belgien, Niederlanden). 567

Erkundigungspflicht besteht insb bei Bereichen, in denen erfahrungsgemäß davon ausgegangen werden kann, dass einschlägige konkrete Rechtsvorschriften existieren (OLG Innsbruck 3 Bs 423/78). Es liegt zB eine verschuldete Rechtsunkenntnis vor, wenn jemand Antiquitäten ins Ausland transferiert und sich nicht über die rechtliche Zulässigkeit (Denkmalschutzgesetz, BGBl 1923/533 idgF) informiert hat (OGH 13 Os 48/80). 568

Als Anknüpfungspunkt für eine Erkundigungspflicht nennt § 9 den **Beruf** und die **Beschäftigung** (OGH 13 Os 96/89), aber auch als Generalklausel **sonstige Umstände**. Bei Letzteren wird es auf die Gestaltung des Einzelfalles ankommen: 569

570 Der Kassier einer Bank unterliegt einem vorwerfbaren Rechtsirrtum, wenn er glaubt, eingegangene Gelder vorläufig für sich verwenden zu dürfen (vgl OGH 12 Os 115/78). Es gehört zu den Berufspflichten eines Geschäftsführers, dass er sich mit den einschlägigen Bestimmungen seines Geschäftszweiges vertraut macht und die in diesem Zusammenhang maßgebliche Rechtslage kennt. Ein Verstoß gegen einschlägige Bestimmungen wäre grundsätzlich vorwerfbar und kann strafrechtliche Konsequenzen nach sich ziehen.

571 Die **Vorwerfbarkeit** eines Verbotsirrtums ist dann **ausgeschlossen**, wenn der Täter **fachkundigen Rat bei** einer **verlässlichen** und **sachlich kompetenten Stelle** eingeholt hat. Der Ratsuchende muss jedoch die Auskunft erteilende Person über den rechtlich relevanten Sachverhalt vollständig informieren, damit er auf eine richtige Auskunft vertrauen darf (OGH 15 Os 103/94).

IV. Irrtümliche Annahme eines rechtfertigenden Sachverhaltes (§ 8)

Schmoller Die irrtümliche Annahme eines rechtfertigenden Sachverhalts – Auswirkungen auf Unrecht und Schuld, in: *Fuchs*-FS (2014), 453; *E.Steininger* Der Putativnotwehrexzeß, ÖJZ 1986, 747.

572 Ob ein **Verhalten rechtswidrig ist oder nicht**, muss sich **objektiv eindeutig bestimmen** lassen. Soweit eine rechtfertigende Situation gegeben ist und die Handlungsweise des Täters sich damit als rechtmäßig erweist, erübrigt sich eine Auseinandersetzung mit der subjektiven Vorstellung des Täters.

573 Nimmt der Täter jedoch irrtümlich einen Sachverhalt an, der die Rechtswidrigkeit seiner Tat ausschließen würde, fehlt ihm die Intention, eine Rechtsgutverletzung zu begehen. Dieser **Irrtum kann** zwar **an der objektiven Rechtswidrigkeit seiner Handlungsweise nichts ändern**, seine **Schuld erscheint jedoch in** einem **milderen Licht.** Das Unrechtsbewusstsein des Täters steht nämlich grundsätzlich im Einklang mit den gesetzlichen Bestimmungen. Läge der von ihm irrtümlich angenommene Sachverhalt tatsächlich vor, wäre er gerechtfertigt gewesen, so zu reagieren. Der Täter handelt in der Vorstellung, sich rechtstreu zu verhalten. Darauf nimmt das StGB mit der Bestimmung des § 8 privilegierend Rücksicht:

574 Die irrtümliche Annahme eines rechtfertigenden Sachverhaltes **schließt die Haftung wegen einer Vorsatztat aus.** Beruht der unterlaufene Irrtum auf Fahrlässigkeit, kann der Täter wegen fahrlässiger Tatbegehung bestraft werden, soweit ein entsprechendes Fahrlässigkeitsdelikt normiert ist. Man wird daher jeweils zu prüfen haben, ob der Täter aufgrund der gegebenen Situation erkennen hätte können, dass kein rechtfertigender Sachverhalt vorliegt.

Die Polizei verfolgt einen mit weit überhöhter Geschwindigkeit fahrenden Fahrzeuglenker, wobei es zu mehreren gefährlichen Situationen für andere Verkehrsteilnehmer, Passanten und die verfolgenden Polizeibeamten kommt. Dennoch darf die Polizei auch in dieser Situation nicht leichtfertig von der Schusswaffe Gebrauch machen (vgl § 7 WaffGG). Wird von den Polizisten in dieser Stresssituation die Gefährlichkeit der Lage überbewertet und ungerechtfertigt auf den flüchtenden Fahrzeuglenker geschossen, wobei dieser verletzt wird, ist die irrtümliche Annahme eines rechtfertigenden Sachverhaltes iSd § 8 StGB zu prüfen (OGH 12 Os 140/09v).

Wurde **leichtfertig ein rechtfertigender Sachverhalt angenommen**, kann der Täter wegen des jeweiligen Fahrlässigkeitsdelikts bestraft werden. Konnte der Täter in der gegebenen Situation nicht erkennen, dass er sich über den real gegebenen Sachverhalt irrt, bleibt er straffrei. Bei einem Irrtum nach § 8 kann der Handelnde daher höchstens wegen Fahrlässigkeit zur Verantwortung gezogen werden, wenn der Irrtum auf Fahrlässigkeit beruht und ein entsprechendes Fahrlässigkeitsdelikt vorhanden ist. 575

Aus der Irrtumsregelung des § 8 kann nicht in Form eines Umkehrschlusses abgeleitet werden, dass der Täter immer eine Kenntnis des rechtfertigenden Sachverhalts haben muss. Die Bestimmung regelt bloß den Fall, wenn jemand subjektiv eine falsche Vorstellung von den objektiven Gegebenheiten hat. Wenn objektiv eine rechtfertigende Situation gegeben ist, ist die subjektive Vorstellung des Täters irrelevant, da er in jedem Fall gerechtfertigt ist. Eine objektiv rechtmäßige Tat kann nicht durch eine subjektive Fehlvorstellung des Täters zu einer rechtswidrigen Tat mutieren. **Wer glaubt, rechtswidrig zu handeln, sich in Wirklichkeit jedoch rechtskonform verhält, tut eben gerade nichts, wofür er strafbar sein könnte.** Aus § 8 lässt sich daher nicht die Existenz „subjektiver Rechtfertigungselemente" ableiten. 576

Wer **irrtümlich** das Vorliegen einer **Einwilligung** in die Rechtsgutverletzung annimmt, irrt sich über eine Sachlage, die, wenn sie gegeben wäre, das Unrecht ausgeschlossen hätte. Wer glaubt, von jemandem die Zustimmung zu einer Körperverletzung bekommen zu haben, kann höchstens wegen fahrlässiger Körperverletzung zur Verantwortung gezogen werden, wenn die Zustimmung nie erteilt wurde und die irrtümliche Annahme auf eine Fahrlässigkeit des Handelnden zurückzuführen war (§ 88). 577

Der eifrige Nachbar, der die Eingangstüre aufbricht, um den nicht vorhandenen Wasserrohrbruch zu stoppen, könnte hingegen für die Sachbeschädigung (§ 125) nicht belangt werden, da eine fahrlässige Sachbeschädigung nicht gerichtlich strafbar ist. Er hat jedoch zivilrechtlich Schadenersatz zu leisten.

578 **Putativnotwehr**: Wenn jemand **irrtümlich glaubt, angegriffen zu werden**, den vermeintlichen Angreifer niederschlägt und diesen dabei verletzt, liegt ein Fall von Putativnotwehr vor. Der Täter wollte sich grundsätzlich rechtstreu verhalten, denn er dürfte im Falle eines wirklich gegen ihn geführten Angriffes aufgrund von Notwehr (§ 3) den Angreifer verletzen. Er irrte demnach nicht über ein Verbotensein seines Verhaltens, sondern über die sachliche Grundlage für die Beurteilung des Verbotenseins. Dieser Irrtum über Tatsachen, nämlich dass ein Angriff gegen ihn geführt wird, lässt ebenfalls gem § 8 den Vorsatz hinsichtlich der im Zuge der Abwehr zugefügten Verletzung wegfallen. Es kommt daher nur mehr noch die Bestrafung wegen fahrlässiger Körperverletzung (§ 88) in Betracht, wenn man dem vermeintlich Angegriffenen vorwerfen könnte, dass er die tatsächliche Situation richtig hätte erkennen können.

579 Wer in Putativnotwehr handelt, darf zur Verteidigung nicht mehr tun als derjenige, der sich wirklich in einer Notwehrsituation befindet. Kommt es zur Notwehrüberschreitung findet § 3 Abs 2 eine analoge Anwendung: Erfolgt die Notwehrüberschreitung aus Zorn oder Rache, ist der Täter für sein vorsätzliches Handeln verantwortlich. Wird hingegen das vermeintliche Notwehrrecht aus Bestürzung, Furcht oder Schrecken überschritten, könnte der Täter nur wegen fahrlässiger Deliktsbegehung bestraft werden, wenn die Nichteinhaltung der Grenzen angemessener Verteidigung auf Fahrlässigkeit beruht. Dies gilt selbst dann, wenn der Irrtum über den rechtfertigenden Sachverhalt unverschuldet bewirkt worden ist (OGH 11 Os 144/83).

580 **Zusammenfassend** lässt sich festhalten: Ein **Irrtum über einen rechtfertigenden Sachverhalt (§ 8)** hat rechtlich die **gleichen Konsequenzen** wie ein **Tatbildirrtum**. In beiden Fällen geht der Täter von einer falschen Sachverhaltsannahme aus. Der Unterschied zum Tatbildirrtum (Rz 204ff) liegt bloß darin, dass sich der Täter bei § 8 über eine Sachverhaltskonstellation irrt, die auf der Rechtfertigungsebene relevant ist (zB Vorliegen einer Notwehrsituation). Demgegenüber irrt sich der Täter bei einem Tatbildirrtum über eine Sachverhaltskonstellation, die auf der Tatbestandsebene relevant ist (zB versehentliche Wegnahme einer fremden Sache, im Glauben, es sei die eigene).

581 Dem Wissen und Wollen in Bezug auf die Tatumstände (Tatbestandsmerkmale) wird hinsichtlich des Vorsatzes das Wissen vom rechtfertigenden Sachverhalt gleichgestellt: Wer nicht weiß, dass er durch sein Verhalten einzelne Tatbestandsmerkmale verwirklicht und auch keinen Tatbestand verwirklichen will, **handelt ohne Vorsatz**. Wer glaubt, dass ein rechtfertigender Sachverhalt vorliegt, kann ebenfalls nicht wegen vorsätzlicher Begehung bestraft werden (§ 8). In beiden Fällen liegt die Wurzel des Irrtums in einer **falschen Annahme von Sachverhaltsumständen.**

582 Von diesen beiden Konstellationen ist der **Rechtsirrtum zu unterscheiden**. Beim (direkten bzw indirekten) Rechtsirrtum (§ 9) werden die **rechtlich rele-**

vanten Sachverhaltsumstände als solche **richtig erkannt, jedoch rechtlich falsch bewertet**. Der Täter hält sein Handeln für erlaubt, weil er sich nicht bewusst ist, dass es von einer Norm unter Strafe gestellt wird. Derartige Irrtümer betreffen direkt das Unrechtsbewusstsein des Täters und sind nach § 9 zu beurteilen (vgl Rz 521ff).

V. Sonstige Irrtümer

A. Subsumtionsirrtum

Der Rechtsirrtum nach § 9 ist vom Subsumtionsirrtum zu unterscheiden. 583
Ein Subsumtionsirrtum liegt vor, wenn der Täter zwar erkennt, dass er gegen Normen des Strafgesetzes verstößt, sein Verhalten jedoch unter den falschen Tatbestand des StGB subsumiert: Er glaubt zB sein Verhalten sei als Unterschlagung (§ 134) zu beurteilen, in Wirklichkeit ist es als Diebstahl (§ 127) zu werten. Ein derartiger Irrtum ist rechtlich irrelevant (OGH 11 Os 176/86).

Relevant ist hingegen ein Irrtum über die gerade aktuelle Rechtsprechung 584
der Höchstgerichte. War ein Verhalten nach bisher herrschender Rechtsprechung nicht strafbar, kann von den Rechtsunterworfenen nur erwartet werden, dass sie ihr Verhalten darauf einstellen. Ändert sich die Rechtsprechung, so wäre zumindest im Anlassfall ein dahingehender „Irrtum" nicht vorwerfbar (*E. Steininger* SbgK § 9 Rz 79).

B. Irrtum über Privilegierungen oder Qualifizierungen

Ein Irrtum über Privilegierungen ist nach der Rechtsprechung **belanglos**. 585
Es entlastet den Täter nicht, wenn er bei einem Diebstahl irrtümlich glaubt, dass die gestohlene Sache seinem Vater gehört und seine Tat als Diebstahl im Familienkreis privilegiert wäre (§ 166 Abs 1) und nur auf Verlangen des Vaters verfolgt werden könnte (§ 166 Abs 3 Privatanklagedelikt, OGH 12 Os 60/84). Entscheidend ist, dass der Täter sich bewusst war, eine fremde Sache wegzunehmen. Ist diese Voraussetzung gegeben, kann der Täter wegen Diebstahls (§ 127) bestraft werden (bezüglich Betrug: OGH 9 Os 33/80).

Auch ein **Irrtum** über die rechtlichen **Voraussetzungen oder die objek-** 586
tiven Gegebenheiten eines Strafaufhebungs- bzw Strafausschließungsgrunds (zB Tätige Reue, § 167) sind **unbeachtlich** (OGH 11 Os 108/86). Die irrtümliche Annahme eines Strafausschließungsgrunds ist weder für die Schuldfrage noch für die Bestrafung von Relevanz. Die Vorstellung, die ein Beschuldigter vom Vorliegen der Voraussetzungen eines gesetzlich vorgesehenen Strafausschließungsgrunds hat, ist ohne Belang.

X, der in vier Monaten seinen 17. Geburtstag feiert, glaubt, dass seine Freundin, mit der er Geschlechtsverkehr hat, in zwei Wochen 14 Jahre alt wird, weil sie sich ihm gegenüber als älter ausgegeben hat, um nicht als „Kind" zu erscheinen. In Wirklichkeit ist seine Freundin jedoch gerade 13 Jahre alt geworden. Folgt man der Vorstellung des X, käme der Strafausschließungsgrund des § 206 Abs 4 zum Tragen. Der 17-jährige Beschuldigte handelt jedoch strafbar, denn beim Strafausschließungsgrund des § 206 Abs 4 kommt es allein auf die objektive Tatsachengrundlage an und nicht auf die Vorstellung des Täters (OGH 12 Os 110/10h).

587 Ebenso unbeachtlich ist es, wenn der Täter zwar die genauen Sachverhaltsumstände und die Rechtswidrigkeit seines Verhaltens erkannt hatte, sich jedoch über die erhöhte Strafbarkeit (zB Verwirklichung eines qualifizierten Tatbestands) irrte (OGH 11 Os 6/95).

VI. Besonderheiten auf der Schuldebene bei Fahrlässigkeitsdelikten

A. Allgemeines

588 Der Fahrlässigkeitsbegriff des § 6 setzt sich aus objektiven und subjektiven Kriterien zusammen. Die objektiven Kriterien (objektive Sorgfaltswidrigkeit und objektive Voraussehbarkeit des Erfolges) sind auf der Ebene des Tatbestands zu prüfen (Rz 232ff).

589 Wird ein objektiver Sorgfaltsverstoß angenommen und die objektive Voraussehbarkeit des Taterfolgs bejaht, ist auf der Ebene Schuld zu prüfen, ob der **Täter** auch aufgrund seiner **geistigen** und **körperlichen Verhältnisse befähigt** war, den an ihn gestellten Sorgfaltsanforderungen zu entsprechen (**subjektive Sorgfaltswidrigkeit**, Rz 590ff) und mögliche Folgen eines Sorgfaltsverstoßes vorauszusehen (**subjektive Voraussehbarkeit** des Erfolges, Rz 599ff). Zudem muss ein **sorgfaltsgemäßes Handeln** dem Täter auch **zumutbar** gewesen sein (Rz 607ff).

B. Subjektive Sorgfaltswidrigkeit

Moos Die subjektive Sorgfaltswidrigkeit bei der Fahrlässigkeit als Unrechtselement, in: *Burgstaller*-FS (2004), 111; *Schmoller* Der „subjektive Tatbestand" des Fahrlässigkeitsdelikts, in: *Kühl*-FS (2014), 433.

1. Allgemeines

Der Täter muss aufgrund seiner geistigen und körperlichen Verhältnisse die Fähigkeit besitzen, den objektiven Sorgfaltsanforderungen zu entsprechen. Der Einzelne kann nicht zu mehr verpflichtet werden, als er subjektiv imstande ist zu leisten. Im **Regelfall** stellt die **Verletzung** der **objektiven Sorgfaltspflicht** ein **Indiz** dafür dar, dass der **Täter auch subjektiv sorgfaltswidrig** gehandelt hat. Aus dem Vorliegen einer objektiven Sorgfaltsverletzung kann daher meist auch auf das Vorliegen der Fahrlässigkeitsschuld geschlossen werden (OGH 11 Os 61/91). Auf das Kriterium der subjektiven Sorgfaltswidrigkeit ist nur dann einzugehen, wenn Anhaltspunkte darauf hindeuten, dass der Täter aufgrund seiner verminderten geistigen oder körperlichen Fähigkeiten subjektiv nicht in der Lage gewesen sein könnte, den objektiven Sorgfaltsanforderungen zu entsprechen. 590

Die subjektive Sorgfaltswidrigkeit ist **vom Kriterium** der **Zumutbarkeit zu trennen**. Erst wenn festgestellt werden konnte, dass der Täter geistig und körperlich die Fähigkeit besaß, sich normgemäß zu verhalten, kann geprüft werden, ob ihm ausnahmsweise trotz des nicht sorgfaltsgemäßen Handelns daraus kein Vorwurf gemacht werden kann, weil ein anderes (sorgfaltsgemäßes) Verhalten nicht zumutbar war. 591

2. Geistige und körperliche Verhältnisse

Bei der Prüfung der subjektiven Sorgfaltswidrigkeit finden bloß **Einschränkungen** Berücksichtigung, welche der **geistigen** oder **körperlichen Sphäre** des Täters zuzurechnen sind. Jemand handelt nicht subjektiv sorgfaltswidrig, wenn er schlecht hört, kurzsichtig ist, körperlich zu schwach ist, eine bestimmte Fähigkeit nicht besitzt oder ihm zur Bewältigung einer Situation die erforderlichen Kenntnisse fehlen, wenngleich diese bei anderen üblicherweise vorhanden sind. Für die Beurteilung der subjektiven Sorgfaltswidrigkeit ist im Gegensatz zur objektiven Sorgfaltswidrigkeit ein **individueller Maßstab** anzulegen. Die subjektive Sorgfaltswidrigkeit ist daher nur zu prüfen, wenn die objektive Sorgfaltswidrigkeit bereits bejaht worden ist. Die subjektive Sorgfaltswidrigkeit kann zB durch ein **plötzliches Kreislaufversagen** oder eine Unterzuckerung **ausgeschlossen** sein. 592

- Ein Autofahrer erleidet während der Fahrt in der Stadt einen Herzinfarkt, kommt dabei auf die Gegenfahrbahn und verursacht beim Zusammenstoß mit einem entgegenkommenden Fahrzeug einen Verkehrsunfall mit schwerem Personenschaden. Strafrechtlich kann er für diese (fahrlässige) Körperverletzung nicht zur Verantwortung gezogen werden.

- Ein Klimaaktivist springt plötzlich auf die Fahrbahn, um ein Transparent auszubreiten. Dieses unerwartet grob verkehrsordnungswidriges Verhalten eines Fußgängers könnte bei einem Autofahrer zu einem **plötzlichen Schreck** führen und ihn kurzzeitig vom übrigen Verkehrsgeschehen ablenken. Die dadurch bewirkte Verlängerung der üblichen Reaktionszeit könnte einen Auffahrunfall zur Folge haben. Subjektiv wäre die verlängerte Reaktionszeit des Autofahrers dann im konkreten Fall aber nicht sorgfaltswidrig (OLG Innsbruck 3 Bs 104/77).

593 Für den **emotionalen Bereich** findet immer ein objektiver Maßstab Anwendung. Aggressivität, Jähzorn, Eifersucht oder sonstige Charaktermängel betreffen nicht die „geistigen und körperlichen Verhältnisse" des Täters iSd § 6 Abs 1 und bewirken daher **keine Einschränkung der subjektiven Sorgfaltspflicht** (OGH 9 Os 163/82).

3. Einlassungs- bzw Übernahmefahrlässigkeit

594 Die Rechtsprechung ist sehr restriktiv und versucht zu verhindern, dass auf der Ebene der subjektiven Sorgfaltswidrigkeit uferlose Möglichkeiten eröffnet werden, sich auf subjektive Mängel auszureden. Selbst in Fällen, in denen der Täter nachweislich subjektiv nicht in der Lage war, den objektiven Sorgfaltsanforderungen zu entsprechen, wird diesem von der Rechtsprechung teilweise ein subjektiver Sorgfaltsverstoß zur Last gelegt:

- Es wäre unbillig, einen alkoholisierten Fahrzeuglenker, der einen Unfall mit Personenschaden (zB § 88) verursacht hat, weil er in seinem alkoholisierten Zustand körperlich und geistig nicht mehr in der Lage war, seine Geschwindigkeit richtig einzuschätzen und in einer angemessenen Zeit zu reagieren, mangels subjektiver Sorgfaltswidrigkeit straffrei gehen zu lassen.
- Entsprechendes gilt, wenn jemand vollkommen übermüdet eine Autofahrt antritt und trotz erster Einschlaferscheinungen nicht stehen bleibt, sondern weiterfährt, wobei es zu einem Unfall mit Personenschaden kommt.

595 In Fällen, in denen ein PKW-Lenker zum Zeitpunkt des Unfalles subjektiv nicht in der Lage war, sorgfaltsgemäß zu reagieren, argumentiert die Rechtsprechung vielfach mit einer sog Einlassungs- bzw Übernahmefahrlässigkeit und versucht damit empfindliche Strafbarkeitslücken zu schließen: Dem Täter wird dabei zum **Vorwurf** gemacht, dass er **sich auf eine gefahrgeneigte Tä-**

tigkeit (zB Autofahren) **eingelassen** hat, **obwohl** er **nicht imstande** gewesen ist, den geforderten **objektiven Sorgfaltsanforderungen zu entsprechen**. Der Schuldvorwurf bezieht sich damit nicht auf die unmittelbar zum Erfolg führende Verhaltensweise (zB ein zu spätes Reagieren), sondern bereits auf eine vorangehende Phase, in welcher sich der Täter auf die gefahrgeneigte Tätigkeit (zB das Autofahren) eingelassen hat. Die Handlungsweise, welche auf diese Weise mit einer einleitenden Fahrlässigkeit belastet ist, muss noch nicht als tatbestandsmäßige Handlung qualifiziert werden können.

Einer Einlassungsfahrlässigkeit macht sich auch schuldig, wer sich trotz 596 mangelnder Sachkunde zur Übernahme einer risikogeneigten Tätigkeit überreden lässt: Ein gelernter Maurer, der sich auf die Übernahme der Geschäftsführung eines Bauunternehmens einlässt, könnte daher im Falle der Insolvenz wegen § 159 (grob fahrlässige Beeinträchtigung von Gläubigerinteressen) zur Verantwortung gezogen werden (OGH 11 Os 181/84). Entsprechendes gilt auch für einen Betriebsmitarbeiter, der sich zum Brandschutzbeauftragten bestellen lässt, obwohl er über keinerlei einschlägige Kenntnisse auf diesem Gebiet verfügt.

Der Hinweis auf eine Einlassungs- bzw Übernahmefahrlässigkeit kann nur 597 dann überzeugen, wenn sich der Täter bewusst war oder es für ihn zumindest erkennbar gewesen ist, dass er den objektiven Sorgfaltsanforderungen, die ihm bevorstehen, nicht gewachsen sein könnte. Es müssen daher auch in Bezug auf die Übernahmefahrlässigkeit die objektiven und subjektiven Kriterien der Fahrlässigkeit geprüft werden. Die Übernahme einer Tätigkeit, der man infolge unzureichender geistiger oder körperlicher Voraussetzungen nicht gewachsen ist, kann **nur dann** einen **Fahrlässigkeitsvorwurf** beinhalten, **wenn** dem **Handelnden** seine **fehlende Eignung** und das daraus resultierende Risiko entweder selbst bekannt war oder nach seinen individuellen, geistigen Fähigkeiten **zumindest erkennbar** gewesen ist (OLG Innsbruck 4 Bs 394/80).

Sehr kulant zeigt sich die Rechtsprechung, wenn sie eine Übernahme 598 fahrlässigkeit dann nicht zum Vorwurf macht, wenn jemand dazu neigt, Wissensmängel gegenüber sich und anderen zu verdrängen und zu beschönigen: Jemand ist zB Mitglied einer Lawinenwarnkommission, obwohl seine Kenntnisse auf dem Gebiet der Lawinenkunde objektiv bloß sehr dürftig sind. Da er jedoch einen theoretischen Grundlagenkurs besucht hat, hält er sich subjektiv für hinreichend qualifiziert (OLG Innsbruck 4 Bs 394/80). Regelmäßig müsste jedoch auch eine unbewusste Einlassungsfahrlässigkeit ausreichen, um eine Strafbarkeit wegen des jeweiligen Fahrlässigkeitsdelikts zu begründen. Eine Einlassungsfahrlässigkeit wird daher auch dann anzunehmen sein, wenn dem Handelnden im Hinblick auf seine geistigen und körperlichen Verhältnisse seine fehlende Eignung erkennbar war (zB mangelnde einschlägige Ausbildung) und er daher das daraus folgende Risiko erkennen hätte müssen.

C. Subjektive Voraussehbarkeit des Taterfolgs

599 Als Pendant zur objektiven Voraussehbarkeit des Erfolges (objektive Zurechnung) auf der Tatbestandsebene ist auf der Ebene der Schuld bei Fahrlässigkeitsdelikten die subjektive Voraussehbarkeit des Erfolges zu prüfen. In der Regel wird man davon ausgehen können, dass objektiv voraussehbare Erfolge auch subjektiv für den Täter erkennbar sind. Die **objektive Voraussehbarkeit** des Erfolges **indiziert** grundsätzlich die **subjektive Voraussehbarkeit** des Erfolges. Den **Beurteilungsmaßstab** bieten auch hierbei wiederum die **geistigen** und **körperlichen Verhältnisse des Täters**. Emotionale Unzulänglichkeiten bleiben außer Betracht. Die Vorhersehbarkeit ist **ex ante zu beurteilen**.

600 Für den Täter muss der eingetretene Erfolg als Folge seines sorgfaltswidrigen Verhaltens vorhersehbar gewesen sein, damit er ihm auch subjektiv zugerechnet werden kann (OLG Wien 23 Bs 59/80). Dabei wird nicht zu verlangen sein, dass der Täter vorweg eine genaue Vorstellung über den Kausalverlauf bis hin zum Erfolg hatte (OGH 12 Os 75/86). Es genügt, wenn der Täter voraussehen konnte, dass sein Verhalten (zB Fahren mit überhöhter Geschwindigkeit) zu einer Verletzung oder Tötung eines Passanten führen könnte. Die Verletzung von Verkehrsvorschriften (zB StVO) indiziert regelmäßig die Annahme, dass der Täter auch damit zusammenhängende Verletzungen voraussehen konnte.

601 Bei Prüfung der subjektiven Voraussehbarkeit ist auf die individuellen Fähigkeiten des Täters abzustellen. Es ist zu prüfen, ob er nach seinen geistigen und körperlichen Fähigkeiten den Erfolg seines Verhaltens, dessen Herbeiführung objektiv den Anforderungen des Adäquanz- und Risikozusammenhanges entsprach, vorhersehen konnte (OGH 9 Os 163/82). Im Regelfall wird eine subjektive Vorhersehbarkeit gegeben sein, wenn bereits die subjektive Sorgfaltswidrigkeit bejaht wurde. Die subjektive Voraussehbarkeit wird von der Rechtsprechung sogar teilweise mit der subjektiven Sorgfaltswidrigkeit gleichgestellt (OLG Wien 23 Bs 59/80):

- Eine Mutter stellt ihr Auto auf einer abschüssigen Stelle mit eingelegtem Gang, aber ohne Anziehen der Handbremse ab und lässt ihr zweijähriges Kind im Auto zurück, während sie einkaufen geht. Das Kind vertreibt sich die Langeweile mit Herumklettern im Fahrzeug. Dabei löst es den Gang, wodurch das Auto abwärtsrollt und sich überschlägt. Für eine Mutter sollte es regelmäßig auch subjektiv voraussehbar sein, ob ihr Kind im Auto ruhig sitzen bleibt, oder sich durch Herumklettern die Langeweile vertreiben wird, wobei es ua zum Lösen des Ganges kommen kann. Die Verletzungen des Kindes wurden vom Gericht daher als für die Mutter subjektiv voraussehbar beurteilt (OLG Wien 25 Bs 293/87).

- Einem 15-jährigen Amateurradrennfahrer wird ebenfalls die subjektive Einsichtsfähigkeit in die Gefährlichkeit und Risikoträchtigkeit des sog „Windschatten- oder Pulkfahrens“ unterstellt werden dürfen (OGH 12 Os 46/85).

VII. Schuldausschließungsgründe

A. Allgemeines

Wenngleich jeder formell verpflichtet ist, sich normgemäß zu verhalten, 602
kann es Situationen geben, in denen es menschlich nicht zumutbar wäre, die Erfüllung dieser Verpflichtung einzufordern. Das Strafrecht ist daher in engen Grenzen gezwungen, menschliche Schwächen zu berücksichtigen. Es wäre in bestimmten Situationen lebensfremd, vom Einzelnen Übermenschliches zu verlangen, nur um der Rechtstreue Genüge zu tun:

Zwei schwer verletzte Bergsteiger hängen hilflos an einem provisorischen altersschwachen Kletterhaken in der Felswand. Beide sind sich bewusst, dass der Haken nicht lange das Gewicht von zwei Personen tragen wird können. Bevor beide in den Tod stürzen, schneidet einer das Seil durch und rettet damit sein Leben auf Kosten des anderen.

Die Zumutbarkeit rechtmäßigen Verhaltens wird als normatives Schuldele- 603
ment bei einzelnen Ausnahmefallkonstellationen näher zu prüfen sein. Wird die **Zumutbarkeit** rechtmäßigen Verhaltens verneint, kann dem Täter kein Schuldvorwurf mehr gemacht werden. Es handelt sich um einen **Schuldausschließungsgrund**. Die Handlungsweise des Täters bleibt jedoch rechtswidrig. Darin liegt der wesentliche Unterschied zu den Rechtfertigungsgründen. Bei Vorliegen eines Rechtfertigungsgrunds wird die rechtsgutverletzende Tat ausnahmsweise von der Rechtsordnung gebilligt: Der Täter handelt rechtmäßig. Diese Unterscheidung ist wichtig, weil **gegen** eine bloß **entschuldbare**, jedoch rechtswidrige **Handlungsweise Notwehr zulässig** ist.

Die Unzumutbarkeit, sich rechtmäßig zu verhalten, ist eine Konzession an 604
menschliche Schwächen. Der Schuldausschlussgrund der Unzumutbarkeit kommt daher nur jenem zugute, der von seiner **Notsituation Kenntnis** hat. Bei Personen, die sich objektiv in einer Zwangslange befinden, ohne sich dessen bewusst zu sein, fehlt die psychische Ausnahmesituation, die ein rechtmäßiges Handeln nicht zumutbar erscheinen lässt:

Keine entschuldbare Handlungsweise liegt vor, wenn man das oben genannte Beispiel dahingehend modifiziert, dass die Bergsteiger zwar grundsätzlich auf die Festigkeit des altersschwachen Hakens vertrauen, einer jedoch dennoch das Seil durchtrennt, da er in seinem Leben immer auf Nummer sicher gehen möchte. In diesem Fall erfolgt die Tat nicht unter einem so großen psychischen Druck, dass ein anderes Verhalten unzumutbar und die Tötung des anderen Bergsteigers entschuldbar wäre.

605 Die **Zumutbarkeit** rechtmäßigen Verhaltens ist **bei vielen Tatbeständen ausdrücklich gesondert zu prüfen**: zB in den § 94 Abs 3, § 95 Abs 1 (Zumutbarkeit der Hilfeleistung), § 286 Abs 2 (Zumutbarkeit der Verhinderung einer Straftat), § 290 Abs 3 (Zumutbarkeit einer wahrheitsgemäßen Beweisaussage).

606 Die Rechtsprechung legt dabei einen restriktiven Maßstab an: Ein **Unfallschock** befreit zB nur in besonders gravierenden Ausnahmefällen von der Hilfeleistungspflicht. Ein Kraftfahrer, der die Risiken der Teilnahme am Straßenverkehr auf sich nimmt, hat im Falle eines Unfalls grundsätzlich ein solches Maß an Charakter- und Willensstärke aufzubringen, dass er den Schrecken über den Unfall, die wahrgenommenen Unfallfolgen, die Angst vor den ihm nunmehr drohenden Nachteilen überwindet und seiner im § 94 Abs 1 normierten Überzeugungs- und Hilfeleistungspflicht nachkommt. Nur eine **gravierende psychische Ausnahmesituation kann** das **Unterlassen der Hilfeleistung entschuldigen**. An der Zumutbarkeit kann es auch mangeln, wenn sich der Täter bei Einhaltung seiner Pflicht selbst in eine ernstzunehmende Gefahr bringen würde.

B. Zumutbarkeit beim Fahrlässigkeitsdelikt (§ 6 Abs 1)

607 Die Zumutbarkeit ist gem § 6 Abs 1 generell auch bei allen Fahrlässigkeitsdelikten als selbständiges Schuldmerkmal zu prüfen. Ein sorgfaltsgemäßes Verhalten muss dem Täter immer zumutbar gewesen sein. In der Praxis wird die Zumutbarkeit nur eine untergeordnete Rolle spielen, da ein objektiv und subjektiv sorgfaltswidriges Verhalten mit voraussehbarem nachteiligen Erfolg dem Täter regelmäßig auch zum Vorwurf gemacht werden kann. Es könnte jedoch zB eine verständliche starke Erregung über ein wahrgenommenes Geschehen ein sorgfaltsgemäßes Verhalten unzumutbar erscheinen lassen. Dieses Merkmal des § 6 Abs 1 stellt daher ein Korrektiv dar (OLG Wien 21 Bs 92/89), wenn aus menschlich verständlichen Gründen ein überstürztes Fehlverhalten gesetzt wird.

608 Die Zumutbarkeit eines sorgfaltsgemäßen Verhaltens ist immer erst dann zu prüfen, wenn vorweg die objektive Sorgfaltswidrigkeit und die subjektive Sorgfaltswidrigkeit des zu beurteilenden Verhaltens bejaht wurde. Konnte be-

reits eine objektive bzw subjektive Sorgfaltswidrigkeit verneint werden, erübrigt es sich, die Zumutbarkeit rechtmäßigen Verhaltens zu prüfen.

- Dem Beifahrer, der bei einem von der Straße abgekommenen Fahrzeug ins Lenkrad greift, wird dies auch dann nicht zum Vorwurf gemacht werden können, wenn darin im konkreten Fall eine objektiv falsche Reaktion lag. Es wäre dem Beifahrer in einer derartigen Situation nicht zumutbar, tatenlos zuzusehen (OLG Wien 25 Bs 14/79).
- Einem Autofahrer sind auch nicht gleichzeitig zwei Abwehrhandlungen zumutbar, um eine Gefahrsituation zu meistern. Ein gleichzeitiges Ausweich- und Bremsmanöver wird von einem Autofahrer regelmäßig nicht erwartet werden können (OLG Wien 26 Bs 13/85).
- Kam es **hingegen** zu einer verfehlten Reaktion, weil sich zB eine Biene ins Auto verirrt hatte, wird dem Fahrer zugemutet, bedacht zu reagieren (OLG Wien 25 Bs 108/81).

Die **Zumutbarkeit** wird, obwohl sie die subjektive Seite des Täters betrifft 609
und die Schuld auszuschließen vermag, **objektiv beurteilt**. Maßgeblich ist, was zB einem durchschnittlichen Autofahrer zumutbar wäre. Es ist zu prüfen, wie ein wertverbundener Mensch reagiert hätte (OGH 9 Os 115/81).

C. Entschuldigender Notstand (§ 10)

Kostal Der entschuldigende Notstand im Verwaltungsstrafrecht, AnwBl 2000, 70, 132.

Die Frage der **Zumutbarkeit** rechtmäßigen Verhaltens stellt sich auch **bei** 610
Vorsatzdelikten. Das Kriterium der Zumutbarkeit findet sich hierbei negativ umschrieben in der Bestimmung des entschuldigenden Notstands (§ 10). Die Voraussetzungen für den entschuldigenden Notstand nach der generellen Regelung des § 10 sind enger als bei jenen Bestimmungen, die pauschal auf die Zumutbarkeit normgemäßen Verhaltens abstellen. Die einschränkenden Kriterien des **§ 10** finden **nur bei Vorsatztaten** Anwendung. Bei Fahrlässigkeitsdelikten ist die analoge Problematik im Rahmen der Zumutbarkeit rechtmäßigen Verhaltens (§ 6 Abs 1) zu beurteilen (OGH 13 Os 142/85).

1. Voraussetzungen

Mit rechtlich geschützten Werten verbundener Mensch: Nach § 10 ist 611
eine rechtswidrige Tat nur dann entschuldigt, wenn auch von einem mit „den rechtlich geschützten Werten verbundenen Menschen" kein anderes Verhalten

zu erwarten gewesen wäre. Die Unzumutbarkeit eines anderen Verhaltens ist in diesem Sinne nach **objektiven Gesichtspunkten** zu beurteilen. Subjektive Empfindungen oder die individuelle Eigenart der Täterpersönlichkeit haben außer Betracht zu bleiben (OGH 15 Os 106/92). Damit soll klargestellt werden, dass als Maßstab nicht der besonders Ängstliche oder der rücksichtslose Egoist gilt. Tatsächlich wird mit der Berufung auf die Maßfigur des § 10 Abs 1 jedoch bloß der Anschein einer Objektivierung erweckt. De facto werden vielfach die jeweiligen subjektiven Wertvorstellungen des Richters entscheiden, was ein „mit rechtlich geschützten Werten verbundener Mensch" in der Situation des Täters getan hätte oder nicht.

612 Die **Rechtsprechung** ist bei der Annahme eines entschuldigenden Notstands **sehr restriktiv**:

- Durch Notstand ist nicht entschuldigt, wer glaubt, bestechen zu müssen, um den Zuschlag in einem öffentlichen Ausschreibungsverfahren zu erhalten, um so sein Unternehmen und damit auch Arbeitsplätze zu retten (OGH 12 Os 121/82). Es mag zwar eine wirtschaftliche Realität sein, dass öffentliche Aufträge ohne Bezahlung von Bestechungsgeldern schwerer zu erlangen sind, doch darf die Rechtsprechung in einem Rechtsstaat einem solchen Umstand keine entschuldigende Wirkung beimessen.
- Es entschuldigt auch nicht, wenn der betrogene Ehegatte die Telefonate seiner vermutlich untreuen Gattin abhört (§ 119), um gegen sie ein Beweismittel für ihren Ehebruch zu erhalten (OGH 12 Os 143/75). Der damit abgewendete Vermögensschaden im Scheidungsverfahren wird den Ehegatten allerdings die strafrechtliche Verurteilung leichter verschmerzen lassen.
- Notstand ist auch nicht gegeben, wenn jemand eine Straftat begeht, um die Entdeckung oder Verfolgung einer anderen Straftat zu verhindern (OGH 10 Os 133/78).
- Ein drohender Strafvollzug schafft ebenfalls keinen Notstand für die Begehung eines weiteren Rechtsbruches, um sich diesem Strafvollzug zu entziehen (OGH 13 Os 35/77).

613 Personen, die sich aufgrund ihres Berufes in **höherem Maße Gefahren aussetzen müssen**, wie zB **Soldaten**, **Feuerwehrleute**, **Polizisten**, sind diese höheren Gefahren auch zumutbar. Von ihnen wird erwartet, dass sie ihrem Selbsterhaltungstrieb weniger schnell folgen als der Durchschnittsbürger. Daher dürfen sie sich bis zu einem berufsadäquaten Maß nicht auf Notstand berufen, wenn sie zur eigenen Rettung in fremde Rechtsgüter eingreifen.

Bedeutender Nachteil: Der unmittelbar drohende Nachteil muss ein bedeutender sein. Bei einem geringen Nachteil kann man vom Durchschnittsmenschen verlangen, dass er diesen erträgt, ohne in fremde Rechtsgüter einzugreifen. 614

Der Nachteil, der aus der Verfolgung wegen einer Verwaltungsübertretung droht (zB Fahren mit überhöhter Geschwindigkeit) entschuldigt nicht die Verleumdung des Polizisten, der die Übertretung protokolliert hat (OLG Wien 23 Bs 190/95). Ebenso entschuldigt Existenzangst aufgrund mehrerer Exekutionsverfahren grundsätzlich nicht das Beiseiteschaffen von Vermögenswerten (§ 156, Betrügerische Krida, OGH 13 Os 210/83). 615

Selbst wenn ein bedeutender Nachteil droht, ist die Abwehrhandlung nicht entschuldigt, wenn der daraus drohende Schaden noch unverhältnismäßig schwerer wiegt als der Nachteil, der einem Rechtsgut des Abwehrenden drohte. Damit wird zwar keine generelle Proportionalität verlangt, im Fall eines krassen Missverhältnisses kann aber eine solche Güter- bzw Interessenabwägung einen entschuldigenden Notstand ausschließen. 616

Kein Missverhältnis ist gegeben, wenn sich die Notstandshandlung auf ein gleichwertiges Rechtsgut bezieht. Der oben erwähnte Bergsteiger bleibt daher entschuldigt, wenn er zur Rettung seines eigenen Lebens das Leben seines Bergkameraden opfert. Entschuldigender **Notstand** kann jedoch **auch** dann zum Tragen kommen, **wenn** ein **geringerwertiges Rechtsgut** auf Kosten eines höherwertigen **gerettet wird**. Es darf nur kein grobes Missverhältnis zwischen beiden Rechtsgütern bestehen. Hierbei zeigt sich deutlich der **Unterschied zum rechtfertigenden Notstand**, bei dem immer eine Güterabwägung vorzunehmen ist und eine Tat nur dann gerechtfertigt und damit rechtmäßig erscheint, wenn sie zur Rettung eines höherwertigeren Rechtsguts erfolgte als jenes, welches durch die zur Rettung vorgenommene Tat verletzt wurde. 617

Schonendste Weg: Zur Rettung der eigenen Rechtsgüter ist immer der schonendste Weg zu wählen. Wenngleich das Gesetz diese Einschränkung nicht ausdrücklich anführt, wird ein solches Verhalten doch von einem mit den rechtlich geschützten Werten verbundenen Menschen zu erwarten sein. In diesem Sinne verlangt der OGH, dass eine Notstandshandlung zu wählen ist, die fremde Rechtsgüter „möglichst wenig" beeinträchtigt (OGH 15 Os 38/18d). Der Täter hat primär die Verletzung geringerwertiger Rechtsgüter zu wählen, wenn ihn dies bereits aus seiner Notlage befreien kann. Eine Rechtsgutverletzung ist nicht entschuldigt, wenn die Rettung des gefährdeten Rechtsguts auch ohne Eingriff in fremde Rechtsgüter Erfolg versprechend gewesen wäre. Das Rettungsmittel darf im Hinblick auf oberste Prinzipien und Wertbegriffe der Rechtsordnung nicht unangemessen sein. Daher scheiden Freiheitsbeschränkungen, die schon ihrer Art nach unangemessen sind, weil sie mit besonderen Qualen verbunden sind (zB Einsperren eines Kindes in einem fensterlosen verliesartigen Keller zu Erziehungszwecken), als entschuldigende Notstandshandlung aus (OGH 11 Os 58/86). 618

2. Bedrohte Rechtsgüter

619 Im Gegensatz zur Notwehr (§ 3) kennt § 10 **keine Einschränkung auf bestimmte gefährdete Rechtsgüter**. Eine rechtsgutverletzende Handlung kann auch entschuldigt sein, wenn dadurch die Gefährdung des guten Rufes oder von familienrechtlichen Interessen abgewendet werden soll. Notstandsfähige Güter sind jedoch nur solche, die dem einzelnen zuzuordnen sind (**Individualrechtsgüter**, OGH 15 Os 50/92). Woher die Gefahr droht, ist gleichgültig. Sie kann ihren Ursprung in einem **Naturereignis** oder im **Handeln eines Dritten** haben. Auch die wirtschaftliche Notlage kann eine entschuldigende Gefahrensituation schaffen.

620 **Staatsnotstand** kann **nicht** zur Entschuldigung strafrechtswidriger Eingriffe in Rechtsgüter des Einzelnen dienen: Die Folterung mutmaßlicher Terrorverdächtiger, um mögliche Hintermänner auszuforschen, ist nie entschuldbar. Auch das Verlieren einer verlässlichen Informationsquelle für die polizeiliche Ermittlungstätigkeit ist kein notstandsfähiges Rechtsgut (OGH 15 Os 50/92).

621 § 10 anerkennt den entschuldigenden Notstand, wenn der **Nachteil dem Täter selbst oder einem anderen droht**. Diese allgemeine Fassung überrascht. Es könnte damit fälschlich der Anschein erweckt werden, dass der Täter auch dann durch Notstand entschuldigt sein könnte, wenn er in fremde Rechtsgüter eingreift, um Personen zu retten, denen gegenüber er in keiner Nahebeziehung steht. Aus der Gefahrensituation für einen unbekannten Dritten wird sich für den Täter regelmäßig kaum eine so zwingende Motivationskraft ergeben können, wie wenn eine Person in Gefahr ist, die ihm persönlich nahesteht:

622 Entschuldigender Notstand ist anzunehmen, wenn ein Kindesvater im Ausland zum Einfuhrschmuggel mit der Drohung genötigt wird, dass bei Zuwiderhandeln seinen Kindern ein Leid zugefügt werde (OGH 9 Os 58/75 – 12). Andererseits wird von der Rechtsprechung ein entschuldigender Notstand verneint, wenn jemand zum Diebstahl gezwungen wird, aber die Polizei rufen hätte können (OGH 13 Os 135/79), was wohl auch im zuvor zitierten Beispiel möglich gewesen wäre.

623 Kein entschuldigender Notstand liegt vor, wenn jemand einem ertrinkenden Ausländer die Schwimmweste wegnimmt, um sie einem ertrinkenden Landsmann zu geben, wenn für ihn beide Personen Fremde sind.

624 Als problematisch erweisen sich Straftaten, die auf **Weisung eines Arbeitgebers** erfolgen: Der Verlust des Arbeitsplatzes wird grundsätzlich als bedeutender Nachteil anzusehen sein. Die Rechtsprechung verneint jedoch das Vorliegen eines entschuldigenden Notstands, wenn der Angestellte nur die Vorstellung hatte, dass die Nichtbefolgung der Weisung des Firmenchefs möglicherweise seine Entlassung oder Kündigung zur Folge haben könnte:

Mit der Weisung des Arbeitgebers, Unterlagen für Umsatzsteuervoranmeldungen (vgl § 21 Umsatzsteuergesetz, UStG, BGBl 1994/663 idgF) in gesetzwidriger Weise derart zu erstellen, dass sich ein Gesamtrechnungsbetrag nur in jener Höhe ergibt, wie er zum betreffenden Zeitpunkt auch jeweils bezahlt werden kann, wird der Angestellte aufgefordert, an einer Abgabenverkürzung mitzuwirken (§ 33 FinStrG). Im Hinblick auf das Vorliegen eines entschuldigenden Notstands durch den Angestellten sieht der OGH es als relevant an, ob dem Angestellten bei Zuwiderhandeln ausdrücklich oder konkludent mit einer Entlassung gedroht worden ist (OGH 11 Os 8/84).

Die Rechtsprechung bürdet damit dem einzelnen Angestellten einen kaum zu führenden Beweis auf. Es werden sich in der Praxis wohl nur schwer Fälle finden lassen, in denen einem Angestellten nachweisbar mit seiner Entlassung gedroht wurde, falls er nicht bereit sei, falsche Abgabenerklärungen zu verfassen und sich somit am Finanzvergehen seines Vorgesetzten zu beteiligen. Wohl kein Arbeitgeber wird eine derartige Drohung schriftlich übermitteln oder vor Zeugen aussprechen. Die bloße Furcht vor einer Entlassung, die wahrscheinlich jeden Arbeitnehmer befällt, dem man mangelnde Loyalität oder zu geringen Einsatz für das Unternehmen nachsagen könnte, begründet noch keinen entschuldigenden Notstand. 625

3. Irrtümliche Annahme eines entschuldigenden Sachverhaltes (§ 10 Abs 2)

Nimmt der Täter fälschlich eine Notstandssituation an, weil er sich über tatsächliche Voraussetzungen irrt, ist seine psychische Belastung grundsätzlich genau die gleiche, wie wenn tatsächlich eine Notstandssituation besteht. Daher müsste grundsätzlich auch in diesem Fall entschuldigender Notstand zum Tragen kommen. Nach dem Gesetz (§ 10 Abs 2) kann der Täter jedoch für sein Verhalten **nur** dann **entschuldigt** werden, **wenn** sein **Irrtum nicht auf Fahrlässigkeit beruht.** Dem Täter darf nicht vorwerfbar sein, dass er die Sachlage verkannt hat. § 10 Abs 2 entspricht der vergleichbaren Regelung des § 8 (irrtümliche Annahme eines rechtfertigenden Sachverhaltes). Bei vorwerfbarem Irrtum kann der Täter für die fahrlässige Tatbegehung bestraft werden, soweit ein entsprechendes Fahrlässigkeitsdelikt normiert ist: Der in Bergnot geratene Bergsteiger kappt das Seil, mit dem auch sein Bergkamerad gesichert ist, obwohl er erkennen hätte können, dass dieses Vorgehen nicht nötig war, um sein eigenes Leben zu retten. Er verantwortet in diesem Fall fahrlässige Tötung (§ 80). Ein Irrtum über die rechtlichen Grenzen des entschuldigenden Notstands wird durch § 10 Abs 2 nicht erfasst (OGH 13 Os 106/07y). 626

4. Selbstverschuldete Notsituation (§ 10 Abs 2)

627 Ein entschuldigender Notstand wird grundsätzlich nicht anerkannt, wenn sich der Täter selbst **bewusst der Gefahrsituation ausgesetzt** hat. Wer aus dem Gefängnis ausbricht und sich nun gezwungen sieht, einen Ausweis zu fälschen, um seine Identität zu verschleiern, kann sich nicht auf entschuldigenden Notstand berufen (OGH 13 Os 131/77). Gleiches gilt für einen Einbrecher, der bei der Tat von einem Zeugen beobachtet wurde und diesen nun niederschießt, um der Gefahr einer Tatüberführung zu entgehen.

628 § 10 Abs 2 nimmt eine Einschränkung dahingehend vor, dass die Berufung auf Notstand nur demjenigen verweigert wird, der sich der Gefahr **ohne einen von der Rechtsordnung anerkannten Grund** bewusst ausgesetzt hat. Gefahren, die bloß erkennbar gewesen wären (unbewusste Fahrlässigkeit), jedoch nicht erkannt wurden, schließen eine Berufung auf schuldausschließenden Notstand nicht aus. Die Regelung steht in einem Spannungsverhältnis zum Erfordernis eines wertverbundenen Menschen (§ 10 Abs 1). Von jemandem, der sich unbewusst, aber immerhin fahrlässig, in die Notstandslage gebracht hat, sollte man erwarten können, dass er zur Rettung aus dieser Notlage nicht auch noch in fremde Rechtsgüter eingreift.

629 Fraglich ist, ob die Berufung auf Notstand für den Handelnden auch dann ausgeschlossen ist, wenn nicht er, sondern eine ihm nahestehende Person sich in einer selbstverschuldeten Notsituation befindet. Da das Gesetz nur jenem die Berufung auf Notstand versagt, der sich selbst bewusst der Gefahr ausgesetzt hat, muss dem Helfer wohl eine Berufung auf Notstand zugebilligt werden. Der Vater darf sich daher auf entschuldigenden Notstand berufen, wenn er zur Rettung seines aus eigenem Verschulden in Not geratenen Sohnes eine Rettungsmaßnahme setzt, die in fremde Rechtsgüter eingreift.

630 Die Berufung auf Notstand bleibt auch gewahrt, wenn sich der Täter zwar bewusst in Gefahr gebracht hat, dies aber aus einem von der **Rechtsordnung anerkannten Grund** geschah. Es betrifft dies zB eine **Bergrettungsmannschaft**, welche trotz hoher Lawinengefahr zu einem Einsatz gerufen wird und dabei eine Lawine auslöst, die einige von ihnen verschüttet und verletzt.

VIII. Zusammenfassendes Schema zum Punkt „Schuld“

631 Grundsätzlich ist davon auszugehen, dass ein tatbestandsmäßiges und rechtswidriges Handeln auch schuldhaft erfolgt ist. Bei der strafrechtlichen Beurteilung einer konkreten Sachverhaltenskonstellation ist daher das mögliche Fehlen eines Schuldvorwurfs nur dann näher zu prüfen, wenn Anhaltspunkte darauf hindeuten.

632 Auf die Zurechnungsfähigkeit des Täters (§ 11) ist zB nur dann näher einzugehen, wenn der Sachverhalt Angaben über eine mögliche Alkoholisierung

des Täters zum Tatzeitpunkt enthält. Zusammenfassend werden bei Vorliegen entsprechender Anhaltspunkte insb nachfolgende Punkte eine nähere Auseinandersetzung auf der Schuldebene verlangen:

A. Grundschema

I. Tatbestand

II. Rechtswidrigkeit

III. Schuld →

A. Zurechnungsfähigkeit
1. Diskretionsfähigkeit – Dispositionsfähigkeit (§ 11);
   ev actio libera in causa bzw § 287
2. Deliktsfähigkeit (Alter des Täters, § 4 Abs 1 JGG)

B. Unrechtsbewusstsein (§ 9)
1. direkter – indirekter Rechtsirrtum
2. Vorwerfbarkeit des Irrtums (Unrecht für jedermann leicht erkennbar oder Erkundigungspflicht)

C. Irrtümliche Annahme eines rechtfertigenden Sachverhaltes (§ 8)

D. Schuldausschließungsgründe
1. Unzumutbarkeit (zB § 94 Abs 3; § 95 Abs 1)
2. Entschuldigender Notstand (§ 10; ev irrtümliche Annahme eines entschuldigenden Sachverhaltes oder selbstverschuldete Notsituation, § 10 Abs 2)

IV. Strafe

B. Modifizierung des Schemas bei Fahrlässigkeitsdelikten

Beim Fahrlässigkeitsdelikt ist auf der Ebene der Schuld insb zu prüfen, ob 633
der Täter auch aufgrund seiner geistigen und körperlichen Verhältnisse befähigt war, den an ihn gestellten (objektiven) Sorgfaltsanforderungen gerecht

zu werden (subjektive Sorgfaltswidrigkeit) und mögliche Folgen eines Sorgfaltsverstoßes vorauszusehen (subjektive Voraussehbarkeit des Erfolges). In der Regel wird die objektive Sorgfaltswidrigkeit und die objektive Voraussehbarkeit des Erfolges indizieren, dass der Täter auch subjektiv sorgfaltswidrig gehandelt hat und befähigt war, mögliche Folgen seines Handelns vorauszusehen. Ein näheres Eingehen auf diese Punkte ist daher bei der strafrechtlichen Beurteilung einer konkreten Sachverhaltskonstellation nur erforderlich, wenn sich aus dem Sachverhalt dahingehende Zweifel ergeben.

I.
Tatbestand

II.
Rechtswidrigkeit

III.
Schuld →

A. Zurechnungsfähigkeit
1. Diskretionsfähigkeit – Dispositionsfähigkeit (§ 11);
   ev actio libera in causa bzw § 287
2. Deliktsfähigkeit (Alter des Täters, § 4 Abs 1 JGG)

B. Unrechtsbewusstsein (§ 9)
1. direkter – indirekter Rechtsirrtum
2. Vorwerfbarkeit des Irrtums (Unrecht für jedermann leicht erkennbar oder Erkundigungspflicht)

C. Irrtümliche Annahme eines rechtfertigenden Sachverhaltes (§ 8)

D. Subjektive Sorgfaltswidrigkeit
1. geistige und körperliche Verhältnisse des Täters;
   emotionale Mängel (zB Aggressivität) bleiben außer Betracht
2. Einlassungs- bzw Übernahmefahrlässigkeit

E. Subjektive Voraussehbarkeit des Taterfolges

F. Schuldausschließungsgründe
Zumutbarkeit (§ 6 Abs 1)

IV.
Strafe

§ 6. Die Strafe

In der Strafe liegt das **vierte Element** des Verbrechensaufbaus. Es gibt Gründe, welche ausnahmsweise trotz Vorliegens aller anderen bisher genannten Elemente (Tatbestand, Rechtswidrigkeit, Schuld) die Strafbarkeit der Tat ausschließen bzw aufheben können. Auf der vierten Ebene des Verbrechensaufbaus ist daher das mögliche Vorliegen von sog **Strafaufhebungs- und Strafausschließungsgründen** zu prüfen. 634

I. Strafaufhebungsgründe

A. Allgemeines

Strafaufhebungsgründe bewirken, dass ein mit der Tat bereits **entstandener Strafanspruch** durch ein später eintretendes Ereignis oder den Zeitablauf **wieder wegfällt**. Die Gründe ergeben sich vielfach aus dem Zweck, der mit einer Sanktion verfolgt werden soll. Bei Vorliegen bestimmter Umstände kann die Bestrafungsnotwendigkeit entfallen. 635

Ein wichtiger Strafaufhebungsgrund ist zB der sog **Rücktritt vom Versuch (§ 16)**, auf den an späterer Stelle (Rz 755ff) näher einzugehen sein wird: Der Täter wird nicht bestraft, wenn er die Tat bloß versucht hat und freiwillig die weitere Ausführung aufgibt. 636

Auch bei **vollendeten Delikten** besteht für den Täter vielfach noch die Möglichkeit, Straffreiheit zu erlangen. Bei zahlreichen Vermögensdelikten entfällt die Strafbarkeit, wenn der Täter „**Tätige Reue**" (**§ 167**) übt. Die Strafbarkeit wegen Sachbeschädigung (§ 125), Diebstahl (§ 127) etc wird zB aufgehoben, wenn der Täter, noch bevor die Polizei von seinem Verschulden erfahren hat, den ganzen aus der Tat entstandenen Schaden gutmacht. Auch viele andere Tatbestände sehen eine Straffreiheit bei tätiger Reue vor (zB §§ 226, 227 Abs 2, 240, 241d, 271 Abs 3, 277 Abs 2). 637

Die **Verjährung** der Tat kann ebenso dazu führen, dass ein Straftäter nicht mehr bestraft werden kann (§ 57). Wenngleich die Tat tatbestandsmäßig, rechtswidrig und schuldhaft gesetzt wurde, hebt die Verjährung die Strafbarkeit auf (dazu *Seiler* AT II[11] Rz 569ff). 638

Strafaufhebungsgründe wirken nur zugunsten jenes Täters, bei dem alle vom Gesetz geforderten Voraussetzungen vorliegen. So kann sich zB auf den Strafaufhebungsgrund des Rücktritts vom Versuch (§ 16) nur jemand berufen, der selbst freiwillig zurückgetreten ist und damit den Erfolgseintritt vereitelt hat, während dem Komplizen, der wegen des Rücktritts nicht mehr sinnvoll weiterhandeln konnte, trotz fehlenden Erfolgseintritts der Rücktritt nicht zugutekommt. Entsprechendes gilt bei der tätigen Reue (§ 167). Im Folgenden soll 639 exemplarisch auf die „Tätige Reue" nach § 167 näher eingegangen werden, da sie gerade im Bereich der Vermögensdelikte den wohl häufigsten Strafaufhebungsgrund darstellt.

B. Tätige Reue (§ 167)

Bertel Die freiwillige Herausgabe der Beute, AnwBl 1979, 383; *Brandstetter* Die tätige Reue in der Judikatur des OGH, JBl 1987, 545; *ders* Tätige Reue ohne Reue, RdW 1987, 365; *Bugelnig* Tätige Reue als Strafaufhebungsgrund oder als bloßer Strafmilderungsgrund?, in: Strafrechtsfreie Räume in Österreich und Deutschland, Hrsg *Lagodny* (2015), 19; *Burgstaller* Aktuelles zur tätigen Reue gemäß § 167 StGB, in: *Platzgummer*-FS (1995), 97; *Eder-Rieder* Schadensgutmachung im Strafrecht und Nebenstrafrecht, JBl 1990, 341; *Freudenthaler* Der zivilrechtliche Vergleich nach § 1380 ABGB als Vereinbarung für die tätige Reue nach § 167 Abs 2 Z 2 StGB – Entscheidungsbesprechung zu 11 Os 97/16y, JSt 2017, 293; *Huber/Brandstetter* Zum Umfang der „Schadenersatzpflicht" bei tätiger Reue (§ 167 StGB), in: *Moos*-FS (1997), 129; *Müller-Dietz* Kriminalpolitische und dogmatische Probleme des Strafaufhebungsgrundes der tätigen Reue (§ 167), ÖJZ 1977, 343; *Schroll* zu den reuefähigen Delikten des Vermögensstrafrechts, ÖJZ 1985, 357; *E.Steininger* Wiedergutmachung als dritte Spur neben Strafen und Maßnahmen, JBl 1990, 137; *Tipold* Rücktritt und Reue (2002).

1. Allgemeines

640 § 167 zählt **taxativ** jene **Delikte** auf, bei denen durch tätige Reue die Strafbarkeit wieder aufgehoben wird. Es sind dies ua Sachbeschädigung, Diebstahl, Veruntreuung, Unterschlagung, Betrug, Untreue, betrügerische Krida, Schädigung fremder Gläubiger, Begünstigung eines Gläubigers, grob fahrlässige Beeinträchtigung von Gläubigerinteressen, Hehlerei. Der Strafaufhebungsgrund bezieht sich nicht nur auf das jeweilige Grunddelikt. Tätige Reue kann **auch** bei den **jeweiligen Qualifikationstatbeständen** geübt werden (*Birklbauer* PK-StGB § 167 Rz 4), **vorausgesetzt**, dass **nicht** neben dem primär angegriffenen Vermögensobjekt **zusätzlich ein weiteres Rechtsgut angegriffen** wurde: Bei Raub (§ 142), räuberischem Diebstahl (§ 131) oder Erpressung (§ 144) ist zB keine tätige Reue vorgesehen, da hierbei der Täter auch in die körperliche Integrität bzw die Willensfreiheit seines Opfers eingreift.

641 Beim Einbruchsdiebstahl (§ 129) ist auch eine Schadensgutmachung hinsichtlich der Sachbeschädigung (§ 125) zu verlangen, die regelmäßig mit einem Einbruch einhergeht. Der Einbrecher muss daher nicht nur die gestohlenen Sachen zurückstellen, sondern auch Schadenersatz für das Beschädigen der Eingangstüre leisten, um tätige Reue für sich geltend machen zu können (OGH 9 Os 20/81).

642 Der Strafaufhebungsgrund der tätigen Reue kommt nur in Betracht, wenn eines der genannten Vermögensdelikte vollendet in Erscheinung getreten ist.

Das Tatopfer muss bereits eine vermögensrechtliche Beeinträchtigung durch das Delikt erlitten haben. Auf **versuchte Straftaten** kann **§ 167 keine Anwendung** finden. Eine – grundsätzlich zulässige – Analogie zugunsten des Beschuldigten („in bonam partem") kommt nicht in Betracht, weil dies eine unfreiwillige Gesetzeslücke zur Voraussetzung hätte, welche bei einem Versuch aber nicht vorliegt. Für versuchte Delikte sieht § 16 nämlich die Möglichkeit eines strafbefreienden Rücktritts vor. Die Sichtweise des OGH (11 Os 97/98) kann dabei zu unbilligen Ergebnissen führen, welche vor allem den Interessen des Tatopfers zuwiderlaufen:

Der Einbrecher (X) versucht mit einem Brecheisen die Terrassentüre einer Villa aufzubrechen. Als er dabei die Alarmanlage auslöst, verlässt er fluchtartig den Tatort. Am nächsten Tag überkommt X die Reue. X stellt sich der Polizei und erklärt, den Schaden an der Terrassentüre zu ersetzen.

Da die bereits vollendete Sachbeschädigung an der Terrassentüre (§ 125) durch den versuchten Einbruch konsumiert wird, käme bei der gegebenen Sachverhaltskonstellation nur eine Tätige Reue vom Einbruchsversuch in Betracht (§§ 15, 129). Der Tätigen Reue in Bezug auf § 129 steht jedoch entgegen, dass dieses Delikt nur versucht wurde. Ein strafbefreiender Rücktritt vom Versuch scheidet wiederrum aus, weil er nicht freiwillig erfolgte. X wurde nämlich von der ausgelösten Alarmanlage an seinem weiteren Tun gehindert (vgl Rz 781ff; OGH 11 Os 97/98).

Über die in § 167 genannten Delikte hinaus ist **tätige Reue auch bei anderen Tatbeständen ausdrücklich als Strafaufhebungsgrund vorgesehen**. 643
Darunter befinden sich ua Delikte, die keinen Schadenseintritt zur Voraussetzung haben und die tätige Reue daher nicht in einer Schadensgutmachung bestehen kann. Hierher zählt zB die tätige Reue beim Versicherungsmissbrauch (§ 151 Abs 2): Der Täter geht straffrei, wenn er freiwillig von der weiteren Verfolgung seines Vorhabens Abstand nimmt, noch bevor die Versicherungsleistung erbracht wurde und eine Strafverfolgungsbehörde von seiner Tat Kenntnis erlangt hat. Ähnliches gilt beim Verbrecherischen Komplott (§ 277) oder bei der Kriminellen Vereinigung (§ 278).

Grund für die Schaffung des Strafaufhebungsgrundes der tätigen Reue wa- 644
ren in erster Linie die Interessen des Tatopfers, welches viel eher eine Chance auf Schadensgutmachung hat, wenn der Täter dafür Straffreiheit erhält. Die tätige Reue stellt für den Täter eine goldene Brücke dar, um in die Legalität zurückzukehren und straffrei zu gehen. Aus spezialpräventiver Sicht scheint eine Bestrafung auch nicht mehr notwendig zu sein, wenn der Täter tätige Reue geübt hat. Ein inneres Empfinden von Reue ist beim Strafaufhebungsgrund des

§ 167 nicht erforderlich (OGH 13 Os 177/78). Dies zeigt sich deutlich darin, dass **bloße Reue allein** ohne Ersetzen des angerichteten Schadens **nicht** zur Strafaufhebung ausreicht. Strafaufhebungsgrund ist **nur** die **„tätige" Reue**.

2. Voraussetzungen für die Straffreiheit nach § 167

645 Voraussetzung für die Annahme tätiger Reue ist, dass der Täter, **ohne** dazu **gezwungen zu sein, vollständig** und **rechtzeitig** den **aus seiner Tat entstandenen Schaden ersetzt**.

646 Bei mehreren zusammenhängenden Handlungen eines Täters muss sich die Schadensgutmachung auf den gesamten Schaden erstrecken. Der **Begriff „Tat"** in § 167 Abs 2 Z 1 ist nach der Rechtsprechung sehr weit auszulegen und erfasst im Zusammenhang mit einer Strafaufhebungsnorm die gesamte Schadensursache. Bei Vorliegen mehrerer Untreuehandlungen (§ 153), die auf einen einheitlichen Willensentschluss des Täters zurückgehen, kommt demnach tätige Reue nur dann in Betracht, wenn der gesamte Schaden gutgemacht wurde. Dabei spielt die Frage, ob die einzelnen Handlungen rechtlich unterschiedlich zu beurteilen sind, keine Rolle (OGH 15 Os 174/09s).

Eine Buchhalterin, die über einen längeren Zeitraum immer wieder Beträge vom Firmenkonto auf ihr Privatkonto überweist (§ 153, Untreue) oder Kunden ihre private Kontonummer als Firmenkonto angibt (§ 146, Betrug), hat daher alle dadurch widerrechtlich erlangten Beträge zurückzuzahlen, um Straffreiheit nach § 167 erlangen zu können.

647 Das Risiko für eine hinreichende Schadensgutmachung trägt der Täter. Wird der Täter durch höhere Gewalt daran gehindert, Schadenersatz zu leisten, geht dies zu seinen Lasten. Auf ein Verschulden kommt es dabei nicht an. Eine Schadensgutmachung kann auf verschiedene Weise erfolgen:

a) Direkte Schadensgutmachung (§ 167 Abs 2 Z 1)

648 Der Täter macht den Schaden direkt gut, indem er die gestohlene Sache in dem Zustand, in dem er sie entzogen hatte, dem Eigentümer zurückstellt oder an Stelle der gestohlenen Sache einen entsprechenden **Schadenersatz** leistet. Unternahm der Täter mehrere diebische Angriffe, denen ein einheitlicher Handlungsentschluss zugrunde lag, müssen **alle Gegenstände zurückgestellt** oder ersetzt werden (OGH 15 Os 159/96). Eine vollständige Schadensgutmachung ist immer dann notwendig, wenn die Vermögensangriffe von einem Gesamtvorsatz getragen sind und somit eine Einheit darstellen. Dies ist der

Fall, wenn die Einzelakte der schrittweisen Verwirklichung eines tatbestandsmäßigen Enderfolgs dienten oder auf einem einheitlichen Willensentschluss des Täters basierten (OGH 13 Os 142/02). Tätige Reue durch Rückgabe der gestohlenen Sache wird nicht dadurch ausgeschlossen, dass der Bestohlene inzwischen an Stelle der gestohlenen Sache eine andere gleichwertige gekauft hat (OGH 11 Os 74/77).

Die Schadenersatzverpflichtung nach § 167 erstreckt sich auf den „ganzen aus der Tat" entstandenen Schaden. Dieses Schadensverständnis deckt sich nicht unbedingt mit dem weitergehenden zivilrechtlichen Schadensbegriff, der bei vorsätzlich verursachten Schäden zur Leistung voller Genugtuung verpflichtet (§ 1324 ABGB). Die täterbezogene Komponente des Strafaufhebungsgrundes der tätigen Reue führt zu einer Beschränkung der Ersatzpflicht auf das dem Täter objektiv überschaubare Ausmaß des aus der Tat entstandenen Gesamtschadens unter Heranziehung zivilrechtlicher Begriffe. Es ist der positive Schaden auf Grund objektiv-abstrakter Schadensberechnung zu ersetzen (OGH 12 Os 153/94): 649

Für den Schaden ist nur der Wert der gestohlenen Sache selbst maßgeblich. Ein durch das begangene Delikt **entgangener Gewinn** oder **Ersatzaufwendungen** (zB Kosten für den Leihwagen des bestohlenen Fahrzeugbesitzers) sind **nicht zu ersetzen**. Zur Schadensgutmachung muss der Täter auch **keinen Ersatz für entgangene Zinsen** leisten (OGH 12 Os 102/88). 650

Verweigert der **Geschädigte** die **Annahme** des Schadenersatzes in der vollen geschuldeten Höhe, kann er dadurch nicht die rechtzeitige Schadensgutmachung und damit die tätige Reue verhindern. Das Opfer muss nur in die Lage versetzt werden, jederzeit den Schadenersatz zu beheben. Es reicht daher aus, wenn der Täter den Betrag bei gleichzeitiger Benachrichtigung des Geschädigten zur sofortigen Ausfolgung bereithält. Das bloße Anbot einer Schadensgutmachung ist jedoch zu wenig. Der Täter kann auch die Sache bzw den Schadenersatz bei Gericht oder der Polizei **hinterlegen** (§ 1425 ABGB, OGH 15 Os 161/95). 651

Strafaufhebende **tätige Reue** liegt auch vor, **wenn** dem Opfer der volle **Schadenersatz angeboten** wird, das **Opfer jedoch** gänzlich oder teilweise **schenkungsweise darauf verzichtet** (OGH 13 Os 177/78). Es muss sich dabei jedoch um ein realistisches Angebot handeln. Mit dem Angebot, den Schaden in Raten in den nächsten 240 Jahren zu ersetzen, wird kein solches Angebot auf vollen Schadenersatz gemacht (OGH 11 Os 97/16y). Tätige Reue durch einen „Vergleich" zwischen Täter und Opfer ist nur denkbar, wenn der Täter einen vollständigen Schadenersatz angeboten hat, der Geschädigte jedoch freiwillig, schenkungsweise auf einen Teil verzichtet (OGH 10 Os 103/83). Kein Ersatz des Schadens ist anzunehmen, wenn der flüchtende Dieb die gestohlene Aktentasche einfach wegwirft, diese aber später von einem Dritten gefunden und dem Eigentümer zurückgestellt wird (OGH 13 Os 29/80). Aus soziale- 652 thischen Erwägungen wird keine strafbefreiende Schadensgutmachung angenommen werden können, wenn der Schadenersatz erst durch die Begehung eines weiteren Delikts, um das Geld dafür zu beschaffen, ermöglicht wurde. Tätige Reue ist daher nicht anzunehmen, wenn der Sohn seinen Vater bestiehlt, um mit dem Geld eine Schadensgutmachung leisten zu können.

653 Wurde die **Tat von mehreren begangen**, **haften alle** zur **gesamten Hand** für den angerichteten Schaden. Für eine strafbefreiende tätige Reue Einzelner genügt es nicht, wenn jeder nur seinen Anteil ersetzt.

b) Vertragliche Schadensgutmachung (§ 167 Abs 2 Z 2)

654 Die tätige Reue kann auch in der Form erfolgen, dass sich der Täter nur vertraglich verpflichtet, dem Verletzten binnen einer bestimmten Frist Schadenersatz zu leisten. Sehr häufig wird es sich dabei um eine **Ratenzahlungsvereinbarung** handeln. Diese genügt nur dann zur tätigen Reue, wenn die Raten **ziffernmäßig bestimmt** und die Abstände der Teilzahlungen **zeitlich festgelegt** werden. Nicht ausreichend ist es daher, wenn nur allgemein die Vereinbarung getroffen wird, den Schaden, der in der Höhe erst festgelegt werden soll, irgendwann zu ersetzen. Ratenzahlungsvereinbarungen, die realistischerweise nicht erfüllt werden können, da der Rückzahlungszeitraum die durchschnittliche Lebensdauer eines Menschen überschreiten würde (zB 240 Jahre), gelten ebenfalls nicht als strafbefreiend (OGH 12 Os 97/16y). Die schriftliche Mitteilung des Täters an den Geschädigten, volle Schadensgutmachung zu leisten, stellt noch keine vertragliche Verpflichtung zur Schadensgutmachung dar. Zu einer Vereinbarung gehört, dass der Vorschlag (ausdrücklich oder schlüssig) vom Geschädigten angenommen wird (OGH 11 Os 21/95).

Der **Geschädigte** ist **nicht verpflichtet**, **sich** auf eine bloß **vertraglich vereinbarte Schadensgutmachung einzulassen**. Wird das Angebot einer vertraglichen Vereinbarung von ihm abgelehnt, bleibt dem Täter dieser Weg der tätigen Reue (§ 167 Abs 2 Z 2) verschlossen. Der Täter hat keinen Anspruch auf Gewährung von Zahlungserleichterungen (Stundung, Ratenzahlungen). Dazu bedarf es der Zustimmung des Geschädigten (OGH 13 Os 95/95).

655 Ein zivilrechtlicher Vergleich (§ 1380 ABGB) stellt regelmäßig keine vollständige Schadensgutmachung iSd § 167 Abs 2 dar und kann dann auch keine Straffreiheit bewirken. Oft nimmt der Geschädigte ein Vergleichsangebot nur deswegen an, weil er sich eine langwierige Feststellung der genauen Höhe des Schadenersatzanspruches im Zivilrechtsweg nicht leisten kann und so wenigstens einen Teil seiner behaupteten Ansprüche bekommen möchte. Andererseits kann eine Schadensgutmachung auch durch Aufrechnung des Ersatzanspruches gegen eine fällige Forderung des Täters erfolgen. In diesem Fall bedarf es eines ausdrücklichen oder konkludenten Übereinkommens zwischen Täter und

Geschädigtem (OGH 9 Os 134/82). Verträge über die Schadensgutmachung können von den Vertragspartnern geändert werden. Straffreiheit wird jedoch immer erst zugestanden, wenn die Voraussetzungen des § 167 Abs 2 erfüllt worden sind.

Das Risiko der rechtzeitigen Schadenersatzleistung trägt der Täter. Es geht zu seinen Lasten, wenn er **ohne Verschulden nicht mehr in der Lage ist**, den vereinbarten Ratenzahlungen (zB infolge Arbeitslosigkeit) nachzukommen (OGH 11 Os 90/96). 656

c) Schadensgutmachung durch Dritte (§ 167 Abs 4)

Tätige Reue ist auch dann anzunehmen, wenn gar nicht der Täter selbst Schadenersatz leistet, sondern ein Dritter für ihn. Nach dem Gesetzeswortlaut tritt in diesem Fall die Strafaufhebung nur ein, wenn sich der **Täter zumindest ernstlich um die Schadensgutmachung bemüht** hat. Die Rechtsprechung ist in diesem Punkt jedoch sehr großzügig. Es wird bereits als ausreichend angesehen, wenn der Täter durch konkludentes Handeln sein Einverständnis zur Schadenersatzleistung durch einen Dritten ausdrückt, was wohl regelmäßig der Fall sein wird (OGH 13 Os 91/85). Der Dritte muss den Schaden im Namen des Täters gutmachen. 657

In erster Linie werden hier wohl **Angehörige** tätig werden, welche auf diese Weise den Täter vor Strafe schützen wollen: 658

X hat aus Langeweile und Frust das Auto des Nachbarn zerkratzt. Der Vater von X ersetzt dem Tatopfer den vom Sohn angerichteten Schaden, um eine Strafverfolgung seines Sohnes zu verhindern.

Tätige Reue kommt dem Täter auch dann zugute, wenn er sich ernstlich darum bemüht hat, dass ein **am Delikt ebenfalls Beteiligter zur Gänze den Schaden ersetzt** und dieser Ersatz auch tatsächlich erfolgte (§ 167 Abs 4). 659

d) Rechtzeitigkeit der Schadensgutmachung

Die Schadensgutmachung – gleich in welcher Form – muss erfolgen, **bevor** die **Behörde** vom **Verschulden des Täters erfahren** hat. § 167 Abs 2 verweist auf § 151 Abs 3. Gemeint sind demnach zur **Strafverfolgung berufene Behörden**. In erster Linie sind dies die **Staatsanwaltschaft** und die **Polizei,** wohl aber auch **Strafgerichte**. 660

Wird ein Schadenersatz im Bankwege überwiesen, muss der entsprechende Betrag vor Kenntnis der Behörde auf dem Konto des Geschädigten gutgeschrieben worden sein (OGH 14 Os 159/03). 661

662 Eine strafbefreiende tätige Reue ist **ausgeschlossen, wenn** die Strafverfolgungsbehörde bereits **gegen** den **Täter** einen **konkreten Verdacht geschöpft** hat. Es genügt, wenn die Behörde von Tatsachen erfährt, die den Verdacht begründen, der Täter sei an einem bestimmten Vermögensdelikt in strafbarer Weise beteiligt gewesen. Die Kenntnis aller für die rechtliche Beurteilung der Tat im Einzelnen maßgebenden Umstände ist nicht erforderlich. Es ist auch nicht erforderlich, dass auf Grund dieses Verdachts bereits Ermittlungshandlungen eingeleitet worden sind (OGH 11 Os 203/82).

663 Maßgeblich ist, dass sich wegen einer entdeckten Tat gegen den Täter ein konkreter hinreichender Verdacht richtet. Der **strafbefreienden tätigen Reue steht nicht entgegen**, dass bei einem Delikt **gegen unbekannte Täter Anzeige** erstattet wurde und die Behörde, ohne gegen den Täter einen konkreten Verdacht zu haben, bereits ermittelt.

664 Keine rechtzeitige tätige Reue ist anzunehmen, wenn beim Verdächtigen auf Grund einer Anzeige eine Hausdurchsuchung gemacht wird und der Täter dem einschreitenden Kriminalbeamten das in diesen Räumen befindliche Deliktsobjekt sofort von sich aus aushändigt.

e) Schadensgutmachung ohne Zwang

665 Der Täter muss die Schadensgutmachung leisten, ohne dazu gezwungen zu sein. Es wird zwar nicht ausdrücklich Freiwilligkeit verlangt, wie beim Rücktritt vom Versuch (§ 16), aber inhaltlich läuft die Formulierung des § 167 Abs 2 weitgehend auf dasselbe hinaus. Freiwilligkeit liegt dann vor, wenn der Täter die Schadensgutmachung auch verweigern könnte. Ob eine solche Weigerung vernünftigerweise auch anzuraten wäre, ist ohne Belang.

666 Eine „freiwillige" Schadensgutmachung ist auch anzunehmen, wenn diese erst **auf Andringen des Verletzten** erfolgt. Die Initiative zur Schadensgutmachung muss nicht vom Täter ausgehen. Wenngleich das Gesetz von einem Andringen des Verletzten spricht, wird dem gleichzustellen sein, dass ein Dritter den Täter zur Schadenersatzleistung auffordert, vorausgesetzt, dass es sich dabei nicht um eine Strafverfolgungsbehörde handelt.

667 Eine Schadensgutmachung wirkt auch strafbefreiend, wenn sie erst auf „massiven Druck" des Arbeitgebers hin erfolgt (OGH 15 Os 59/09d). Das **Drohen mit** einer **Anzeige** durch den Verletzten **schließt die Freiwilligkeit noch nicht aus** (OGH 12 Os 1/89). Opportunitätserwägungen des Täters stehen einer tätigen Reue nicht entgegen. Das Motiv des Täters, einer Anzeige oder strafgerichtlichen Verfolgung vorzubeugen, hindert somit die Annahme einer „freiwilligen" Schadensgutmachung nicht (OGH 13 Os 91/85).

Der Bilanzbuchhalter einer Steuerberatungskanzlei veruntreut Gelder. Nachdem sein Arbeitgeber massiven Druck auf ihn ausgeübt und mit einer Anzeige gedroht hatte, ersetzt der Bilanzbuchhalter den entstandenen Schaden. Der Täter hätte vernünftigerweise auch keine andere Möglichkeit, weil er sonst als „Bilanzbuchhalter" in der gesamten Steuerberatungsbranche keine Anstellung mehr bekommen würde, sobald sich seine Untreuehandlungen (§§ 133, 153 StGB) herumgesprochen haben. Die Schadensgutmachung wird dennoch als freiwillig geleistet angesehen und wirkt strafbefreiend (OGH 15 Os 59/09d).

Freiwilligkeit ist anzunehmen, wenn der Täter die Beute in Sicherheit gebracht hat und dann auf Andringen des Verletzten herausgibt. An der Freiwilligkeit mangelt es jedoch, wenn der Dieb auf der Flucht von einem couragierten Passanten gestellt wird und diesem die Beute überlässt, da er befürchtet, dass dieser sie ihm sonst gewaltsam abnehmen würde. Eine freiwillige Schadensgutmachung liegt ebenso nicht vor, wenn der Täter die Rückgabe des entzogenen Gutes davon abhängig macht, dass ihm der Eigentümer dafür eine Belohnung gibt (OGH 9 Os 170/84). 668

Nicht ganz nachvollziehbar ist es, dass für die tätige Reue im Hinblick auf die Freiwilligkeit **weniger verlangt wird als beim Rücktritt vom Versuch** (§ 16, Rz 777ff), obwohl der Täter durch die Vollendung des Deliktes mit seiner kriminellen Handlungsweise viel weiter gekommen ist. 669

Es wäre zB kein strafbefreiender Rücktritt vom Versuch (§ 16) anzunehmen, wenn der Ladendieb im Kaufhaus vom Verkäufer beim Diebstahl ertappt wird und die gestohlene Ware herausgibt. Andererseits kann sich ein Dieb, der seine Beute bereits nach Hause in Sicherheit gebracht hat, auf strafbefreiende tätige Reue (§ 167) berufen, wenn er auf Andringen des Bestohlenen diese wieder zurückbringt.

Freiwilligkeit nimmt das Gesetz auch an, wenn der Täter den ganzen aus seiner Tat entstandenen Schaden im Zuge einer **Selbstanzeige bei der Behörde durch Erlag** bei dieser gutmacht (§ 167 Abs 3). Der Täter muss im Zuge der Selbstanzeige die ganze Beute zurückgeben oder Schadenersatz in vollem Umfang leisten. Ein bloßer Vorschlag zur Schadensgutmachung im Wege einer Vereinbarung reicht nicht aus. Dazu hätte sich der Täter an den Geschädigten direkt wenden müssen (OGH 10 Os 144/77). Es wird jedoch als hinreichend angesehen, wenn der Täter mit der Selbstanzeige seine Bereitschaft erklärt, dass der Schaden aus seinem Lohnguthaben bei jener Firma gedeckt wird, welche er durch seine Tat geschädigt hat (OGH 12 Os 192/78). 670

671 Die Behörde selbst kann dem Täter nicht eine Frist zur Schadensgutmachung gewähren. Eine Schadensgutmachung vier Tage nach der Selbstanzeige würde daher zu spät erfolgen. Da das Gesetz verlangt, dass durch die Selbstanzeige das Verschulden des Täters offenbar wird, genügt es nicht, wenn dieser die Beute zur Polizei bringt, sich aber als Finder derselben ausgibt.

II. Strafausschließungsgründe

672 Bei Strafausschließungsgründen entsteht der **Strafanspruch** des Staates von vornherein **erst gar nicht.** Es werden hierbei entlastende Umstände berücksichtigt, die bereits zum Zeitpunkt der Tatbegehung vorlagen. Zahlreiche Tatbestände sehen solche Strafausschließungsgründe vor.

673 So wird zB die Entwendung zum Nachteil eines nahen Verwandten (§ 141 Abs 3) oder die Begünstigung eines Verwandten (§ 299 Abs 3) von vornherein für straflos erklärt. Bei einer fahrlässigen leichten Körperverletzung ist eine Bestrafung ausgeschlossen, wenn die Voraussetzungen des § 88 Abs 2 vorlagen:

- Ein Vater verletzt seinen Sohn beim gemeinsamen Heimwerken leicht am Körper. Wenn er dabei nicht grob fahrlässig gehandelt hat (§ 6 Abs 3), hat er keine strafrechtlichen Konsequenzen zu befürchten (§ 88 Abs 2 Z 1).
- Der Firmenchauffeur verwendet das schicke Firmenauto unbefugter weise auch privat, indem er damit seine Freundin zum Essen ausführt (§ 136 Abs 4).

III. Objektive Bedingungen der Strafbarkeit

674 Vereinzelt verlangen Tatbestände als Voraussetzung für eine Strafbarkeit das Vorliegen bestimmter Umstände (sog objektive Bedingungen der Strafbarkeit). Derartige Bedingungen finden sich zB in den Tatbeständen des § 91 (Raufhandel) und § 287 (Begehung einer mit Strafe bedrohten Handlung im Zustand voller Berauschung).

675 Die schwere Körperverletzung beim Raufhandel (§ 91 Abs 1) oder die Begehung eines Deliktes (Rauschtat) im Zustand voller Berauschung (§ 287) sind objektive Bedingungen für die Strafbarkeit nach § 91 bzw § 287. Der Täter haftet bei § 91 Abs 1 nicht für die schwere Körperverletzung bzw bei § 287 nicht für die Rauschtat, sondern nur für das Schaffen der gefährlichen Lage (Raufhandel bzw Alkoholisierung), aus der dieser Erfolg resultierte.

Ebenfalls eine objektive Bedingung der Strafbarkeit liegt in der Forderung nach Gegenseitigkeit für die Bestrafung von Hochverrat an fremden Staaten (§ 316 iVm § 318 Abs 2). 676

Raufhandel (§ 91): Die Beteiligung an einer Schlägerei ist grundsätzlich nicht strafbar. Der Täter wird jedoch für das Sich-Beteiligen am Raufhandel strafrechtlich zur Verantwortung gezogen, wenn die Schlägerei eskaliert und die schwere Verletzung eines Beteiligten zur Folge hat. Die schwere Verletzung ist objektive Bedingung für eine Strafbarkeit nach § 91 Abs 1. Bei § 91 erstreckt sich der Vorsatz nur auf die tätliche Teilnahme an einer Schlägerei. Es fehlt jedoch ein Verletzungs- oder Misshandlungsvorsatz. Entsprechendes gilt für die tätliche Beteiligung an einem Angriff mehrerer iSd § 91 Abs 2. 677

Begehung einer mit Strafe bedrohten Handlung im Zustand voller Berauschung (§ 287): Auch das sinnlose Sich-Betrinken ist grundsätzlich nicht strafbar. Das Strafrecht greift erst ein, wenn jemand im Zustand der Volltrunkenheit eine Straftat begeht. 678

Nachdem sich X im Wirtshaus vollkommen betrunken hatte, wird er ausfällig und beginnt zu randalieren. Dabei beschädigt er die Einrichtung des Lokals. Für die Sachbeschädigung könnte X nicht bestraft werden, da er im Zustand der Volltrunkenheit zurechnungsunfähig ist und ihm daher in Bezug darauf kein Schuldvorwurf gemacht werden könnte. X kann nur dafür bestraft werden, dass er sich in einen Vollrausch versetzt und in diesem Zustand eine Sachbeschädigung begangen hat (§ 287).

Die Rauschtat (zB die Sachbeschädigung, § 125) ist nur eine objektive Bedingung für die Strafbarkeit nach § 287. Die Rauschtat selbst wird vom Verschulden des Täters nicht erfasst. Es ist auch nicht erforderlich, dass der Täter damit rechnen musste, er könnte im Rausch diese oder irgendeine strafbare Handlung begehen. 679

Die **Rauschtat** muss jedoch alle objektiven und subjektiven Tatbestandsmerkmale (zB Tatvorsatz) aufweisen. In Bezug auf die Rauschtat **darf** es **nur an** der **Zurechnungsfähigkeit** des Täters **fehlen**. Andernfalls könnte nicht einmal unterschieden werden, ob die Rauschtat ein Diebstahl (§ 127) oder eine dauernde Sachentziehung (§ 135), ein Mordversuch (§§ 15, 75) oder eine versuchte schwere Körperverletzung (§§ 15, 87) ist. 680

X wankt volltrunken torkelnd aus dem Lokal und stößt dabei eine wertvolle Vase im Eingangsbereich um, welche dabei zu Bruch geht. X begeht keine (vorsätzliche) Sachbeschädigung (§ 125) als Rauschtat. Eine fahrlässige Sachbeschädigung ist keine gerichtlich strafbare Handlung und kann daher auch nicht eine Rauschtat iSd § 287 sein. X könnte nicht wegen § 287 bestraft werden.

681 Auch hinter der im Zustand voller Berauschung begangenen Tat muss demnach ein entsprechender Wille zur Tat stehen. Was dem Volltrunkenen fehlt, ist nicht der Willensentschluss (die Willensreaktion), sondern die Diskretionsfähigkeit bzw Dispositionsfähigkeit (OGH 13 Os 37/80). Nach § 287 wird der Täter bei Vorliegen einer Rauschtat als objektive Bedingung der Strafbarkeit bloß für das sich Berauschen bestraft.

682 **Objektive Bedingung der Strafbarkeit und Schuldprinzip:** Um einen Widerspruch zum Schuldprinzip zu vermeiden, dürften nur solche Merkmale zu objektiven Bedingungen der Strafbarkeit gemacht werden, die auf den Unrechtsgehalt der Tat keinen Einfluss haben. Objektive Bedingungen der Strafbarkeit sind daher nicht auf der Ebene des Tatbestands, sondern auf der vierten Ebene des Verbrechensaufbaus („Strafe") zu prüfen. Haben derartige Merkmale Einfluss auf das Gewicht des Unrechts, müssten sie als Tatbestandsmerkmale angesehen werden, mit allen sich daraus ergebenden Konsequenzen.

683 Es ist daher inkonsequent, wenn bei § 91 die Höhe der Strafe danach abgestuft wird, was passiert ist. Der Strafrahmen dürfte nicht höher sein, wenn der Raufhandel iSd § 91 Abs 1 zum Tod bzw der Angriff iSd § 91 Abs 2 zu einer schweren Körperverletzung oder Tod eines Beteiligten geführt hat, da der Täter bei § 91 nur für die Beteiligung am Raufhandel bestraft wird. Der Grad eines solchen Verletzungserfolges darf sich nach § 7 Abs 2 grundsätzlich nur dann auf die Höhe der Strafe auswirken, wenn er wenigstens voraussehbar, also von der Fahrlässigkeit umfasst war. Der Tod eines am Raufhandel Beteiligten müsste demnach voraussehbar gewesen sein, um den Täter nach dem strengeren Strafsatz des § 91 Abs 1 bestrafen zu können. Das verlangt § 91 jedoch gerade nicht und die Rechtsprechung sieht daher in der Frage, ob der Raufhandel den Tod oder nur die schwere Körperverletzung eines Beteiligten zur Folge hatte, bloß einen Umstand, der sich auf die Höhe des Strafrahmens auswirkt (OGH 13 Os 26/10p).

IV. Zusammenfassendes Schema zum Punkt „Strafe"

684 Das Vorliegen von Strafaufhebungs- bzw Strafausschließungsgründen ist nur näher zu prüfen, wenn sich aus dem Sachverhalt Anhaltspunkte dafür ergeben. Es sind dabei zusammenfassend insb nachfolgende Möglichkeiten in Betracht zu ziehen:

I.
Tatbestand

II.
Rechtswidrigkeit

III.
Schuld

IV.
Strafe →

A. Strafaufhebungsgründe
(zB: Rücktritt vom Versuch, § 16; Tätige Reue, § 167; Verjährung, § 57ff)

B. Strafausschließungsgründe
(zB: bei der fahrlässigen Körperverletzung, § 88 Abs 2; Begünstigung eines Angehörigen, § 299 Abs 3)

C. Objektive Bedingungen der Strafbarkeit
(zB: schwere Körperverletzung, § 91 Abs 1; Rauschtat, § 287)

Hat der Täter tatbestandsmäßig, rechtswidrig und schuldhaft gehandelt 685
und stehen einer Bestrafung auch keine Strafaufhebungs- bzw Strafausschließungsgründe entgegen, so hat das Gericht eine Strafe im Rahmen der einschlägigen gesetzlichen Bestimmungen zu verhängen (§§ 18ff; zB Geldstrafe, Freiheitsstrafe). Welche **Möglichkeiten der Sanktionsverhängung** es gibt und welche Grundsätze bei der **Strafbemessung** zu beachten sind, wird im sog **„Allgemeinen Teil II"** behandelt (siehe *Seiler* Strafrecht AT II[11]).

§ 7. Die Erscheinungsformen der Straftaten

I. Der Tatversuch (§ 15)

Bertel Die hereingelegten Haschischschmuggler, AnwBl 1986, 159; *Burgstaller* Der Versuch nach § 15 StGB, JBl 1976, 113; *ders* Strafbarer oder strafloser Versuch?, JBl 1986, 76; *Fuchs* Probleme des Deliktsversuchs, ÖJZ 1986, 257; *ders* Tatentschluß und Versuchsbeginn, in: *Triffterer*-FS (1996), 73; *ders* Überlegungen zu Fahrlässigkeit, Versuch, Beteiligung und Diversion, in: *Burgstaller*-FS (2004), 41; *Hirsch* Die subjektive Versuchstheorie, ein Wegbereiter der NS-Strafrechtsdoktrin, JZ 2007, 494; *Roxin* Über den Tatentschluß, in: *Schröder*-GS (1978), 145; *ders* Der fehlgeschlagene Versuch – eine kapazitätsvergeudende, überflüssige Rechtsfigur?, NStZ 2009, 319; *Sautner* Der Beginn der Strafbarkeit beim Versuch, JBl 2013, 753.

A. Begriff und Strafgrund

686 **Begriff:** Der Gesetzgeber konnte sich nicht damit begnügen, nur jenes Verhalten für strafbar zu erklären, welches ein gesetzliches Tatbild des Besonderen Teils vollständig erfüllt. Aus kriminalpolitischen Gründen musste die Strafbarkeit auch auf Verhaltensweisen ausgedehnt werden, welche bloß den Versuch eines Deliktes darstellen.

687 Der Versuch einer Tat unterscheidet sich von deren Vollendung nur auf der objektiven Tatseite und zwar dadurch, dass das **Tatbild nicht zur Gänze verwirklicht** worden ist. Es **genügt** schon das **Fehlen eines einzigen objektiven Tatbestandsmerkmals**. Nach der Vorstellung des Täters (subjektiv) hätte hingegen die Verhaltensweise zur Verwirklichung des gesamten Tatbildes führen sollen. Der Täter hatte daher den Vorsatz die Tat auch zu vollenden.

688 Ein **Tatversuch** muss **rechtswidrig** und **schuldhaft** sein. Mögliche Rechtfertigungsgründe wie Notwehr, rechtfertigender Notstand oder Einwilligung sind daher zu berücksichtigen.

689 Ein Tatversuch ist begrifflich **nur bei Vorsatztaten** denkbar (§ 15 Abs 1), da sich beim Versuch der Vorsatz auf die Herbeiführung des deliktischen Erfolges richten muss (OGH 12 Os 185/81). Bei Fahrlässigkeitstaten fehlt diese Art der subjektiven Beziehung zum Erfolg. Der Erfolg ist hierbei für den Täter nur voraussehbar, ohne dass er dessen Verwirklichung auch will. Ein Verhalten kann daher nicht als Versuch bestraft werden, wenn es äußerlich zwar dem Versuch eines Erfolgsdelikts gleicht, aber nicht vom Vorsatz getragen ist, den deliktischen Erfolg auch herbeizuführen.

690 **Strafgrund:** Die Notwendigkeit, bereits den bloßen Tatversuch unter Strafe zu stellen, ließe sich damit begründen, dass mit dem Versuch der Tat bereits eine Gefährdung des angegriffenen Rechtsguts eintritt (**objektive Sichtweise**). Der Erfolgsunwert des Deliktes in Form der Verletzung des geschützten Rechtsguts wird damit zwar noch nicht verwirklicht, aber mit dessen konkreter Gefährdung verbindet sich die reale Möglichkeit kommender Erfolgsherbeiführung. Bei einer dahingehend rein objektiven Sichtweise ist nicht der verbrecherische Täterwille maßgeblich, sondern die nahe liegende Möglichkeit, dass das Deliktsobjekt durch die Handlung des Täters verletzt werden könnte. Dieser Sichtweise folgend müsste der Versuch jedoch erheblich milder bestraft werden als das vollendete Delikt, da Gefährdungsdelikte in der Regel einen niedrigeren Strafrahmen aufweisen. Zwischen Vollendungsstrafdrohung und Versuchsstrafdrohung müsste ein Unterschied bestehen, der die Unwertdifferenz zwischen Verletzung und Gefährdung eines Rechtsguts adäquat zum Ausdruck bringt. Das Gesetz (§ 15 Abs 1) macht jedoch beim Strafrahmen keinen Unterschied zwischen einem versuchten und einem vollendeten Delikt.

Die Strafbarkeit des Tatversuchs ließe sich auch damit begründen, dass der Tatversuch bereits die Betätigung eines rechtsfeindlichen Willens darstellt (**subjektive Sichtweise**). Da dieser Wille unabhängig davon, ob die Handlung zum Erfolg führen kann oder nicht, gleich verwerflich ist, müsste nach einer konsequent fortgedachten subjektiven Sichtweise auch ein absolut untauglicher Tatversuch strafbar sein. Nach § 15 Abs 3 ist dieser jedoch nicht strafbar. 691

Die Bestimmung des § 15 verschreibt sich somit keinem der dargelegten Begründungsansätze. 692

Strafausdehnung: Mit der Regelung des **§ 15 Abs 1** wird die **Strafbarkeit jedes Vorsatzdelikts auf den Versuch erweitert** (OGH 15 Os 25/89). § 15 hat den Charakter eines Strafausdehnungsgrunds. Für die versuchte Tat ist dabei die gleiche Strafdrohung vorgesehen wie für die vollendete Tat. Die geringere Strafwürdigkeit der versuchten Tat ist erst bei der Strafbemessung als Milderungsgrund (§ 34 Abs 1 Z 13) zu berücksichtigen. 693

B. Definition des Versuchs (§ 15 Abs 2)

Fuchs Tatentschluss und Versuchsbeginn, in: *Triffterer*-FS (1996), 73; *Sautner* Der Beginn der Strafbarkeit beim Versuch, JBl 2013, 753; *Wach* Versuchsbeginn bei nachfolgender, unbewusst selbstschädigender Opfermitwirkung, ÖJZ 2002, 791.

Nach § 15 Abs 2 wird eine Tat versucht, sobald der Täter seinen **Entschluss**, sie auszuführen oder einen anderen dazu zu bestimmen (§ 12 zweiter Fall), durch eine der Ausführung unmittelbar vorangehende **Handlung** betätigt. Damit wird der Versuch definiert und von der straflosen Vorbereitungshandlung abgegrenzt. 694

1. Entschluss

Ein Tatentschluss iSd § 15 Abs 2 ist erst anzunehmen, wenn der **Täter** sich **entschieden** hat, seinen **Plan** tatsächlich **zu realisieren und die Tat zur Vollendung zu bringen**. Die bloße Geneigtheit zur Durchführung, die nur in einer Handlungsbereitschaft, einem unentschlossenen Abwarten oder einem bedingten Handlungswillen zum Ausdruck kommt, reicht nicht aus (*Roxin* in: *Schröder*-GS, 146). Ebenso ist der Täter, der es bei einem Versuch bewenden lassen möchte, nicht zur Ausführung der Tat entschlossen, da es ihm am Vollendungswillen fehlt. 695

Nicht strafbar ist das Handeln eines „**Lockspitzels**" (agent provocateur), der sich nur scheinbar mit einem anderen auf eine Straftat einlässt, als Vertrauensmann der Polizei jedoch nur erreichen möchte, dass sein „Komplize" vor der Erfolgsherbeiführung bei der Tatbegehung durch die Polizei ertappt wird (§§ 129 Z 3, 132 StPO, vgl *Seiler* StPO[20] Rz 489ff). Dies gilt selbst dann, wenn aufgrund einer Panne die Polizei zu spät am Tatort erscheint und das Delikt inzwischen doch vollendet wurde. Dem agent provocateur fehlt der Entschluss auf Herbeiführung des Taterfolges.

696 Ist für einen bestimmten Deliktstyp ein einfacher Vorsatz (dolus eventualis, § 5 Abs 1) ausreichend, genügt dieser auch für den Versuch. Sind Absicht (§ 5 Abs 2) oder Wissentlichkeit (§ 5 Abs 3) erforderlich, muss ein dahingehender **Vorsatz** schon im Stadium des Deliktsversuchs gegeben sein. Setzt ein bestimmtes Delikt einen erweiterten Vorsatz voraus, hat sich der Tatentschluss auch auf die überschießende Innentendenz zu erstrecken:

Ein Einbrecher transportiert den erbeuteten Tresor als Ganzes ab, um ihn an einem geeigneten Ort in Ruhe zu öffnen und die darin befindlichen Wertgegenstände an sich zu nehmen. Den Tresor will er in einem See versenken. Hinsichtlich des Tresors fehlt dem Einbrecher von Anfang an der Vorsatz auf unrechtmäßige Bereicherung (§ 127). Wenn der Täter bei der Tatbegehung erwischt wird, hat er bezüglich des Tresors keinen versuchten Diebstahl zu verantworten, sondern nur hinsichtlich des Tresorinhalts (OGH 9 Os 171/75).

697 Tatentschluss und Tatvorsatz werden regelmäßig inhaltlich deckungsgleiche Begriffe sein.

2. Handlung

698 Die Betätigung des Entschlusses muss zumindest durch eine der Ausführung unmittelbar vorangehende Handlung erfolgen. Eine nach außen hin erkennbare bloße Manifestation des kriminellen Tatentschlusses reicht nach dem Wortlaut des § 15 Abs 2 noch nicht aus, um von einem strafbaren Verhalten zu sprechen (OGH 10 Os 6/83):

Nach einigen Bier verkündet X lautstark am Stammtisch seines Wirtshauses, dass er nun nach Hause gehen und dem ehebrecherischen Treiben seiner Frau ein Ende setzen werde, indem er ihr den Hals umdreht. Die bloße Ankündigung eines Eifersuchtsmordes ist kein strafbarer Mordversuch.

Die Tat wird erst mit dem Setzen einer Ausführungshandlung oder zumindest einer ausführungsnahen Handlung versucht (OGH 12 Os 66/77). 699

a) Ausführungshandlung

Als Ausführungshandlung ist jene Handlung zu bezeichnen, die bereits zumindest eine teilweise Verwirklichung des Tatbildes darstellt: 700

- X legt der Versicherung eine inhaltlich falsche Schadensmeldung vor, um eine Versicherungsleistung zu bekommen, die ihm nicht zusteht. Es handelt sich dabei um eine Täuschungshandlung gegenüber der Versicherung, welche Ausführungshandlung des Betrugstatbestandes (§ 146) ist.
- Teilweise ist die Rsp in der Grenzziehung unscharf: Ein Ladendieb legt die Diebesbeute bereit, um sie unter der Kleidung bzw am Körper zu verstecken und bei günstiger Gelegenheit aus dem Geschäftslokal zu bringen. Er setzt damit eine Handlungsweise, die dem unmittelbar anschließenden Gewahrsamsbruch dienen soll und damit bloß eine „ausführungsnahe Handlung" (Rz 704ff) ist. Nach Meinung der Rsp stellt dieses Handeln jedoch bereits den Beginn der Ausführungshandlung zum Diebstahl („Wegnahme") dar (OGH 15 Os 7/00).

Vielfach lässt sich erst unter Einbeziehung des Täterplans bestimmen, welches Delikt der Täter begehen wollte bzw ob überhaupt eine Straftat versucht wurde: Wenn jemand ein fremdes Buch an sich nimmt, lässt dieses Verhalten verschiedene Deutungsmöglichkeiten zu: Rein äußerlich könnte darin eine Betätigung liegen, die unmittelbar auf die Entziehung und Zueignung dieses Buches und demnach in einen Diebstahl (§ 127) übergehen soll. Dasselbe Verhalten kann aber auch zu einem bloßen straflosen Gebrauchsdiebstahl werden, wenn der Täter sich das Buch nicht zueignen, sondern bloß lesen und später zurückgeben will. Vollkommen unbedenklich wäre dieselbe Vorgangsweise, wenn der Handelnde das Buch nur kurz durchblättern möchte, um zu entscheiden, ob er es kaufen soll. Der **Tatplan** muss daher **als subjektives Merkmal** meist in die Beurteilung miteinbezogen werden, um den Typus des Deliktes und den Beginn der Ausführungshandlung bestimmen zu können. 701

Unter einer **Ausführungshandlung** ist daher eine Handlung zu verstehen, die bereits **einen Teil des Tatbildes verwirklicht** (objektives Kriterium), wobei die Frage des **Deliktstypus** unter **Zugrundelegung des Tatplanes** (subjektives Kriterium) zu beantworten ist. 702

Ausgehend von der Ausführungshandlung eines konkreten Tatbestands lässt sich beurteilen, ob ein bestimmtes Täterverhalten als der Ausführung unmit- 703 telbar vorangehend iSd § 15 Abs 2 angesehen werden kann. An erster Stelle wird daher immer zu bestimmen sein, was Ausführungshandlung bei einem konkreten Tatbestand ist. Erst danach kann beurteilt werden, ob ein bestimmtes Täterverhalten eine Ausführungshandlung oder eine dieser unmittelbar vorangehende Handlung iSd § 15 Abs 2 darstellt und damit bereits als strafbarer Versuch zu bewerten wäre.

b) Ausführungsnahe Handlung

704 Eine der Ausführung unmittelbar vorangehende Handlung liegt vor, wenn das **Täterverhalten** in einem sinnfälligen Zusammenhang mit der angestrebten Deliktsverwirklichung steht, auf diese direkt ausgerichtet ist und **in unmittelbare Folge in die Ausführung übergehen** soll (OGH 15 Os 67/92).

705 Die Handlung des Täters muss, bezogen auf das jeweilige Tatbild, in zeitlicher und örtlicher Hinsicht **objektiv ausführungsnah** sein (OGH 13 Os 17/98). Die Frage, wann eine ausführungsnahe Handlung vorliegt, ist für jedes Delikt gesondert zu beurteilen. Deliktspezifische Besonderheiten müssen bei der Prüfung Berücksichtigung finden (OGH 9 Os 138/85). Bei zweiaktigen Delikten liegt ein Versuch bereits dann vor, wenn das Verhalten des Täters bezüglich des ersten Deliktsaktes ausführungsnah ist (OGH 14 Os 93/95).

706 Auch der konkrete **Tatplan** und damit die Vorstellung des Täters ist als **subjektives Kriterium** bei der Beurteilung der Ausführungsnähe einer Handlung **mit einzubeziehen** (OGH 12 Os 149/08s).

707 **Ausführungsnähe** ist **nicht gleichzusetzen mit Erfolgsnähe** (OGH 11 Os 131/85). Unter dem Gesichtspunkt der Ausführungsnähe ist es bedeutungslos, ob die zu täuschende Person das betrügerische Vorhaben schon im Vorbereitungsstadium erkannt hat und daher eine spätere Ausführung nicht mehr möglich sein wird. Auch der zeitliche Abstand zwischen der ersten Ausführungshandlung und der Deliktsvollendung bzw dem Erfolgseintritt ist ohne Relevanz, selbst wenn dieser relativ groß ist (OGH 11 Os 136/90).

708 Eine versuchte Anstiftung zur Tat (**versuchte Bestimmungstäterschaft**) setzt in Bezug auf die geforderte Ausführungsnähe nicht die Nähe zur eigentlichen Tat, sondern die **Nähe zur** Anstiftungshandlung **(Bestimmungshandlung)** voraus (OGH 11 Os 86/99).

709 Bei Beurteilung der Ausführungsnähe greift die Rsp auf **drei Kriterien** zurück:

710 **aa) Ohne weitere Zwischenstufen:** Die Handlung muss ohne weitere Zwischenstufen in die Ausführungshandlung übergehen (OGH 13 Os 9/78). Dieses

Kriterium ist nur im Verhältnis zum Ausführungsbeginn von Bedeutung. Hat der Täter bereits die erste Ausführungshandlung gesetzt, ist es ohne Relevanz, wenn noch weitere Ausführungshandlungen zur Deliktsverwirklichung erforderlich sind (OGH 11 Os 136/90).

- Ein Raubversuch (§ 142 iVm § 15) ist bereits anzunehmen, wenn der Täter seinem Opfer auflauert und ihm nachgeht (OGH 10 Os 79/81).
- Der zum Bankraub entschlossene Täter, der seinen PKW 50 Meter vor dem Bankgebäude anhält, die mitgebrachten Raubutensilien (Strumpfmaske, Waffenattrappe) griffbereit auf dem Beifahrersitz legt und zur Tarnung die Kennzeichentafeln seines Fahrzeuges mit Papier überklebt, befindet sich ebenfalls bereits im Stadium des Raubversuches. Durch seine Handlungsweise wurde der Raubentschluss ausführungsnah betätigt. Selbst wenn der Täter sein Vorhaben letztlich wegen des vermehrten Kundenaufkommens und dem Herannahen einer Polizeistreife aufgibt, kann er wegen versuchten Raubes zur Verantwortung gezogen werden (OGH 12 Os 25/98).
- Bereits die Aufforderung an eine unmündige Person, sogleich geschlechtliche Handlungen zu dulden (oder selbst am Täter vorzunehmen), ist eine dem sexuellen Missbrauch von Unmündigen (§ 207) unmittelbar vorangehende Handlung (OGH 14 Os 88/12s).
- **Hingegen:** Das Zerren an der Wagentüre eines Fahrzeuges, in dem sich eine Frau befindet, die der Täter zu vergewaltigen plant, stellt noch keine ausführungsnahe Handlung zu §§ 201 bzw 202 dar. Um Ausführungsnähe zu erreichen, bedarf es noch weiterer Zwischenakte, wie zB dem Öffnen der PKW-Türe, dem Veranlassen des Opfers, das Fahrzeug zu verlassen etc (OGH 9 Os 138/85). Ebenso kann noch nicht von einer ausführungsnahen Handlung in Bezug auf § 212 gesprochen werden, wenn der Täter während einer Autofahrt die Bereitschaft seines Opfers erkundet, sich nach Ansteuern eines Parkplatzes zu geschlechtlichen Handlungen mit ihm bereitzufinden (OGH 13 Os 15/07s). Diese Entscheidungen des OGH zeigen eine eher unangebracht restriktive Sichtweise.

In den Fällen, in denen der Gesetzgeber den Handel mit bestimmten Waren 711
(zB Suchtmittel) unter Strafe stellt, ist bereits das verkehrsgerechte Zurechtrichten der Ware (zB Portionierung des Suchtmittels) als ausführungsnahe Handlung zu werten, wenn der eigentliche Verkauf wenig später erfolgen soll (OGH 13 Os 45/75).

Die ausführungsnahe Handlung muss für den Außenstehenden noch nicht 712
erkennen lassen, worauf der Vorsatz des Täters gerichtet und welchem Deliktstypus sein Verhalten zuzuordnen ist.

713 Die Frage, welchen Deliktstypus der Täter verwirklichen wollte, ist unter Zugrundelegung seines Tatplanes zu beurteilen. Andernfalls könnte zB im oben genannten Beispiel selbst zu dem Zeitpunkt, zu dem der Täter sein Opfer bereits gewaltsam aus dem Wagen zerrt, noch nicht entschieden werden, ob eine Vergewaltigung (§ 201) oder ein Raub (§ 142) des Autos beabsichtigt ist.

714

bb) Zeitliche und räumliche Nähe: Die der Ausführung des Tatbestandes unmittelbar vorangehende Handlung muss zudem in einer zeitlichen und räumlichen Nähe zur Ausführungshandlung stehen (OGH 11 Os 126/10d). Nicht erforderlich ist es, dass das Verhalten des Täters unmittelbar in die Ausführung übergeht, soweit zumindest eine zeitliche Nähe zur Ausführungshandlung besteht (OGH 11 Os 131/85).

- X plant einen Einbruch (§ 129). Die Aneignung eines LKW und die Fahrt zum Tatort, um dort das erhoffte Diebesgut abzutransportieren, steht zum geplanten Diebstahl in einer zeitlich und räumlich so engen Beziehung, dass man bereits von einer ausführungsnahen Handlung sprechen kann (OGH 10 Os 182/77).
- In gleicher Weise ist das Aufsuchen des vorgesehenen Tatortes, unter Mitnahme einer geladenen Schusswaffe, wobei der damit zu begehende Raub sofort und ohne Zwischenphase zur Durchführung gelangen soll, als ausführungsnahe Handlung zu sehen (OGH 13 Os 4/78).
- **Hingegen:** Wenn X in einem Villenviertel bloß die örtlichen Gegebenheiten (zB Überwachungskameras, Fluchtwege) erkundet, um geeignete Objekte für einen späteren Einbruch zu finden, ist diese zeitliche und räumliche Nähe zur (konkreten) Tat noch nicht gegeben (OGH 13 Os 4/78).

715 Noch kein versuchter Gebrauch einer verfälschten Urkunde (§§ 223 Abs 2, 224 iVm § 15) kann angenommen werden, wenn der Lenker eines PKW einen verfälschten Führerschein mit sich führt, um ihn bei einer möglichen Verkehrskontrolle vorzuweisen. Wenngleich ein PKW-Lenker jederzeit mit einer Verkehrskontrolle rechnen muss, bei der er seinen gefälschten Führerschein vorzuweisen hätte, wird sein Verhalten nur unter das Vorbereitungsdelikt des § 224a zu subsumieren sein (OGH 13 Os 47/05v).

716 **cc) Überwinden der Hemmschwelle:** Das Täterverhalten ist **subjektiv ausführungsnah**, wenn es in ein Stadium tritt, in dem der Täter die entscheidende Hemmschwelle vor der Tatbegehung bereits überwunden hat (OGH 15 Os 156/93). Dadurch wird der Vorsatz spezifisch vorwerfbar. Das Überschreiten der Hemmschwelle ist aus objektiver Sicht zu beurteilen (OGH 15

Os 7/88). Es ist nicht relevant, ob der Täter selbst sein Verhalten als den entscheidenden Schritt zur Tatbegehung empfindet. Es kommt auf die Beurteilung seines Tatplanes durch einen objektiven Dritten an.

- Bei einem Einbruchsdiebstahl (§ 129) wird bereits mit dem Aneignen eines LKW und der Fahrt zum Tatort, um dort das Diebesgut abzutransportieren, die entscheidende Hemmschwelle zur Tat als überwunden angesehen (OGH 10 Os 182/77).
- Entsprechendes wird beim Räuber, der seinem Opfer auflauert und ihm nachgeht, angenommen (OGH 10 Os 79/81).
- **Hingegen:** Der Ankauf von Kunstwein in der Absicht, ihn später betrügerisch zu veräußern, ist noch keine ausführungsnahe Handlung des geplanten Betruges. Die entscheidende Hemmschwelle zur Tat wurde damit noch nicht überschritten (OGH 14 Os 126/87).

Die Nachweisbarkeit einer versuchten Straftat erweist sich als schwierig, 717
wenn das nach außen hin erkennbare Verhalten des Täters vollkommen unverfänglich erscheint: Die Rsp nimmt zB bereits einen Diebstahlsversuch an, wenn der Täter geparkte Autos durch das Autofenster danach inspiziert, ob Wertgegenstände darin liegen. Eine ausführungsnahe Handlung wird dem Täter jedoch in diesem Fall nur unterstellt werden können, wenn er zugibt, dass er sofort die Scheibe eingeschlagen hätte, wenn in einem Auto ein Wertgegenstand gelegen wäre (OGH 13 Os 145/80). Nur wenn der Täter auf diese Weise offenherzig seine Absichten offenbart, steht das Inspizieren der Autos in einer Nähe zur Ausführung des geplanten Einbruchs.

Das Überwinden der entscheidenden Hemmschwelle stellt ein sehr unsiche- 718
res subjektives Abgrenzungskriterium dar. Das Heranziehen dieses Kriteriums stößt daher teilweise zu Recht auf Ablehnung (OGH 12 Os 1/03).

3. Abgrenzung zur Vorbereitungshandlung bzw zur Deliktsvollendung

a) Abgrenzung zur Vorbereitungshandlung: Die erste Abgrenzung ist 719
besonders bedeutsam, da **Vorbereitungshandlungen grundsätzlich straffrei** sind, während der Versuch eines Deliktes durch § 15 allgemein für strafbar erklärt wird.

Alle Handlungen, die der Täter zur Verwirklichung des Tatentschlusses 720
setzt, ohne damit das Stadium der Ausführungsnähe zu erreichen (vgl Kriterien Rz 704ff), sind bloße Vorbereitungshandlungen. Soweit Vorbereitungshandlungen nicht ausdrücklich unter Strafe gestellt werden, sind sie straflos.

721 Nur in wenigen Fällen hat das Gesetz Verhaltensweisen, welche bezogen auf das Rechtsgut, das angegriffen werden soll, als **Vorbereitungshandlungen** einzustufen wären, mit **eigenen Straftatbeständen** erfasst:

722 So war zB die besondere Gefährlichkeit des verbrecherischen Komplotts (§ 277) Anlass, diese Verhaltensweise unter Strafe zu stellen, obwohl die Verabredung eines Mordkomplotts das Opfer noch nicht in konkrete Gefahr bringt, da der Angriff erst zu einem späteren Zeitpunkt erfolgen soll. Entsprechendes gilt für das ausdrücklich strafbare Vorbereitungsdelikt der kriminellen Vereinigung (§ 278). Auch § 151 (Versicherungsmissbrauch) soll straflose Vorbereitungshandlungen im Vorfeld eines Versicherungsbetruges als selbständige strafbare Handlungen pönalisieren: Grundsätzlich darf jeder sein Eigentum auch zerstören. Der Landwirt, der seinen alleinstehenden Bauernhof anzündet, um einen Neubau mit dem Geld der Brandschadenversicherung finanzieren zu können, macht sich jedoch bereits wegen Versicherungsmissbrauch nach § 151 strafbar.

723 **b) Abgrenzung zur Deliktsvollendung:** Logische, im Gesetz nicht genannte, Voraussetzung für das Vorliegen eines Tatversuchs ist das Unterbleiben der Deliktsvollendung. Bei der Abgrenzung zwischen Versuch und Vollendung ist ebenfalls auf tat- und deliktspezifische Besonderheiten Bedacht zu nehmen. Praktische Konsequenzen hat diese Unterscheidung, da die versuchte Tat milder zu bestrafen ist (§ 34 Abs 1 Z 13). Zudem kann der Täter vom versuchten Delikt strafbefreiend zurücktreten (§ 16 Abs 1; Rz 755ff). Nach der Vollendung kommt eine Strafbefreiung nur in Ausnahmefällen in Form der tätigen Reue (§§ 167, 226, 240 ua) in Betracht (Rz 640ff).

724 Nur versuchter Ladendiebstahl (§§ 15, 127) ist zB anzunehmen, wenn der Gewahrsamsbruch vom Bestohlenen selbst oder einem Detektiv des Kaufhauses beobachtet worden ist (OGH 12 Os 143/95). Auch bei einer elektronisch gesicherten Ware verliert der berechtigte Gewahrsamsinhaber (zB der Geschäftsinhaber) durch das bloße Einstecken noch nicht die Verfügungsgewalt darüber, weil seine Zugriffsmöglichkeit weiterhin gegeben ist. Dem Ladendieb kann daher bloß versuchter Diebstahl zur Last gelegt werden, wenn er beim Verlassen des Geschäftes nach Ertönen des Warntones von einem Bediensteten des Kaufhauses gestellt wird (OGH 14 Os 81/95). Der Täter haftet jedoch nach der Rsp für einen vollendeten Diebstahl, wenn er zwar beim Diebstahl von einem Polizisten beobachtet wird, dieser ihn jedoch erst nach Verlassen des Tatortes und einer anschließenden Verfolgung mit der Beute festnimmt (OGH 12 Os 143/95), was im Hinblick auf die oben angeführte Judikatur inkonsequent ist, denn solange der Dieb verfolgt wird, ist die Zugriffsmöglichkeit auf die Beute ebenso weiterhin gegeben.

C. Der absolut untaugliche Versuch (§ 15 Abs 3)

1. Allgemeines

Ein untauglicher Versuch liegt vor, wenn **tatsächliche Gründe** ein Hindernis dafür bilden, dass die vom Täter auf die Verwirklichung eines Straftatbestands abzielende Handlung zum Erfolg gelangt. Die Ursachen für die Untauglichkeit eines Tatversuchs können mannigfaltig sein: 725

- Ursache **Tatsubjekt:**
  Die Reinigungskraft in einem Gemeindeamt durchstöbert die Akten und lässt dabei Aktenbestandteile verschwinden. Sie glaubt, damit einen Missbrauch der Amtsgewalt (§ 302) zu verwirklichen, übersieht jedoch, dass sie gar keine Beamtin (§ 74 Abs 1 Z 4) ist.
- Ursache **Tathandlung bzw Tatmittel:**
  Der tiefgläubige X betet jeden Tag zum Herrgott, dass sein Vorgesetzter einem tödlichen Herzinfarkt erliegt, damit er dessen Stelle einnehmen kann.
- Ursache **Tatobjekt:**
  Einem Suchmittelschmuggler wird im Ausland von Betrügern anstatt des Suchmittels eine Mischung aus Stärkemehl und Zucker verkauft, die er dann nach Österreich einführt.

Abhängig davon, worin man die Notwendigkeit der Strafbarkeit eines Tatversuchs begründet sieht (Rz 690ff), lassen sich die genannten Fälle verschieden lösen. Stellt man darauf ab, dass ein strafrechtlich geschütztes Rechtsgut durch den Tatversuch gefährdet worden sein muss, wird man zB das Beten, um einen anderen zu töten oder die Einfuhr von Stärkemehl und Zucker für straflos ansehen müssen. Stellt man hingegen allein auf den Willen des jeweils Handelnden ab, welcher darin besteht, eine Straftat zu begehen, was auch nach außen hin manifestiert wird, müsste es in allen genannten Fällen notwendig sein, den Täter zu bestrafen. Da die jeweilige Sichtweise zu diametralen Ergebnissen führt, haben sich in Rsp und Lehre verschiedene Theorien mit vermittelnden Modifikationen herausgebildet. Sie bringen das Bestreben zum Ausdruck, ein allgemein billigenswertes Ergebnis zu finden, was vielfach nur unter Opferung dogmatischer Konsequenz möglich ist. 726

Das **Gesetz** erklärt den **„absolut“ untauglichen Versuch** für **straflos**. Ein bloß „relativ“ untauglicher Tatversuch ist strafbar. 727

Beim absolut untauglichen Versuch ist die **Vollendung schlechthin unmöglich**, wobei die Unmöglichkeit in einer der drei oben genannten Sphären 728 begründet sein kann: Durch Verwünschungen oder Totbeten kann niemand ermordet werden. Hingegen ist beim relativ untauglichen Versuch der Täter nur im konkreten Fall nicht zum Ziel gelangt, obwohl er grundsätzlich unter den von ihm gewählten Voraussetzungen sein Ziel sehr wohl erreichen hätte können: Der Täter schießt in Tötungsabsicht auf seinen Nachbarn, verfehlt diesen aber.

729 Es ist demnach zu prüfen, ob die Tat unter keinen Umständen zum Erfolg führen hätte können (strafloser absolut untauglicher Versuch) oder ob nur im konkreten Fall Hindernisse die Erfolgsherbeiführung vereitelt haben, in abstracto betrachtet ein solches Vorgehen jedoch durchaus geeignet gewesen wäre, den angestrebten Erfolg herbeizuführen (strafbarer relativ untauglicher Versuch):

- **Absolut untauglich:** Die naive schwangere X trinkt Unmengen von Kamillentee, um damit ihr Kind abzutreiben. Sie denkt, da der Tee so schlecht schmeckt, wird er dem Kind auch nicht gut bekommen. Diese Handlungsweise kann jedoch unter keinen Umständen einen Schwangerschaftsabbruch bewirken und wird daher als „absolut" untauglich zu bezeichnen sein.
- **Relativ untauglich:** X verabreicht Y eine grundsätzlich tödliche Menge Gift. Y ist jedoch von so guter körperlicher Konstitution, dass er den Giftanschlag überlebt. Die Handlungsweise des X ist dennoch eine grundsätzlich taugliche und damit strafbare Tötungshandlung. Einzig aufgrund der Besonderheiten des Einzelfalles (die gute körperliche Konstitution des Y – relative Untauglichkeit) ist der Tötungserfolg unterblieben.

730 Die genannten Extrembeispiele erscheinen unstrittig. Vielfach lässt sich jedoch nur schwer eine genaue Trennlinie zwischen einem absolut und einem relativ untauglichen Versuch ziehen. Gegen manche Ergebnisse tauchen auch kriminalpolitische Bedenken auf. Die einzelnen Beispiele aus der Judikatur zeigen, dass der Unterscheidung von absolut und relativ untauglichem Versuch oft eine gewisse Willkürlichkeit anhaftet. Vielfach scheint das beabsichtigte Ergebnis den Weg der Lösung diktiert zu haben.

731 Die Untauglichkeit kann im Tatsubjekt, der Tathandlung bzw dem Tatmittel oder dem Tatobjekt begründet sein. Die Rsp differenziert bei der Prüfung zwischen diesen drei Bereichen.

2. Untauglichkeit des Tatsubjektes

732 Die Untauglichkeit des Tatsubjektes kommt begrifflich nur bei **Sonderdelikten** in Betracht. Sie ist dann gegeben, wenn der Handelnde irrig der Mei-

nung ist, dass entweder er selbst oder (im Fall des § 14 Abs 1) ein anderer die persönlichen Eigenschaften oder Verhältnisse aufweist, die das Delikt beim Handelnden voraussetzt (OGH 11 Os 4/76). Der **Täter irrt** damit **über** die **Täterqualität, die der betreffende Tatbestand verlangt**.

Das objektive, von einem ex-post Standpunkt aus beurteilte Fehlen der tatbestandsmäßigen Subjektqualität macht einen Versuch auf jeden Fall straflos (OGH 10 Os 95/85). Es ist daher **auf die wahre Sachlage abzustellen**, die zum Zeitpunkt der Versuchshandlung vorgelegen hat: 733

Die Reinigungskraft, die im Gemeindeamt die Akten durchstöbert und dabei Aktenbestandteile verschwinden lässt, könnte nie wegen (versuchten) Missbrauchs der Amtsgewalt (§ 302) strafbar sein, da sie gar keine Beamtin iSd § 74 Abs 1 Z 4 ist und daher als (unmittelbares) Tatsubjekt nicht in Betracht kommt. 734

3. Untauglichkeit der Tathandlung bzw des Tatmittels

Ist eine Handlung von der Art, wie der Täter sie unternommen hat, **unter keinen Umständen geeignet**, das **Tatbild zu erfüllen**, liegt eine Untauglichkeit der Handlung vor (OGH 10 Os 36/76). Eine Handlung ist auch dann ihrer Art nach untauglich, wenn es nur an einer wesentlichen Handlungsmodalität fehlt. Die Strafbarkeit wird jedoch nicht ausgeschlossen, wenn von mehreren Tathandlungen die eine Einheit bilden, nur eine einzelne als absolut untauglich zu bewerten wäre (OGH 11 Os 178/96). 735

Im Gegensatz zur Beurteilung der Untauglichkeit des Tatsubjektes kommt es bei der Prüfung der Tauglichkeit der Tathandlung nicht bloß auf deren konkrete Eignung zum Erreichen der Deliktsvollendung an (OGH 10 Os 95/85). Scheitert die Deliktsvollendung an der Qualität der Handlung, ist von einer „hypothetisch-abstrahierenden" Betrachtung auszugehen. **Ausschlaggebend** ist der **Eindruck,** den ein mit **Durchschnittswissen ausgestatteter fiktiver außenstehender Beobachter** hat, der sowohl den **Tatplan,** als auch die für dessen **Ausführung bedeutsamen Umstände** in Bezug auf Subjekt, Objekt und Handlung **kennt (Eindruckstheorie**; OGH 12 Os 32/11i): 736

- X fertigt eine schwarz/weiß Kopie eines Hundert-Euroscheins an und versucht damit an der Kassa eines Supermarktes zu zahlen. Der Täuschungsversuch kostet die Angestellte an der Kassa nur ein müdes Lächeln, da sie an einen Scherz denkt. Von einer absoluten Täuschungsuntauglichkeit falschen oder verfälschten Geldes kann gesprochen werden, wenn dieses wegen der Primitivität der Fälschung gänzlich ungeeignet ist, den Anschein der Echtheit oder Unverfälschtheit hervorzurufen (entsprechendes gilt bei Urkunden; OGH 12 Os 195/81).

- **Hingegen:** X versucht mit einem sehr gut gefälschten Hundert-Euroschein, bei dem nur einige Sicherheitsmerkmale fehlen, zu zahlen. Die einschlägig geschulte Angestellte an der Kassa des Supermarktes bemerkt jedoch nach näherer Prüfung die Fälschung. Wenn die Tatausführung nur an der besonderen Vorsicht des Opfers scheitert, kann noch nicht von einem absolut untauglichen Versuch gesprochen werden (OGH 11 Os 106/07h).

737 Ein **bloß relativ untauglicher** Versuch ist anzunehmen, wenn die Tatvollendung nur infolge der zufälligen Modalitäten des konkreten Einzelfalls gescheitert ist (OGH 12 Os 32/11i). Ein Tatmittel ist demnach nur relativ untauglich, wenn es der Qualität nach zwar zum Erfolg führen könnte, wegen mangelnder Quantität jedoch nicht zum Erfolg geführt hat (zB die verabreichte Menge des Giftes war zu gering; OGH 12 Os 214/71). Bei der Beurteilung ist ein **ex-ante Standpunkt** zugrunde zu legen (OGH 12 Os 32/11i). Eine ex-post Betrachtung wird abgelehnt, weil eine solche mangels präzisierender Hinweise im Gesetz letzten Endes bloß willkürlich vorgenommen werden könnte. Es bliebe unklar, welches und wie viele Merkmale von der Tathandlung und den verwendeten Tatmitteln zu abstrahieren seien (OGH 10 Os 95/85). Entsprechendes gilt jedoch in gleicher Weise auch für eine ex ante Betrachtung durch einen fiktiven außenstehenden Beobachter. Es könnte nie exakt festgelegt werden, was unter einem „Durchschnittswissen" zu verstehen ist und welche maßgeblichen Umstände diesem bekannt sein müssen.

738 Die Rsp bringt mit ihrem Standpunkt bloß zum Ausdruck, dass hinsichtlich der Untauglichkeit der Handlung offenbar der Unwertgehalt der Handlungsweise im Vordergrund steht. Dieser liegt darin, dass der Täter einen auf die Verwirklichung eines tatbestandsmäßigen Unrechts gerichteten Tatplan umsetzen möchte. Die mangelnde konkrete Gefährlichkeit ist scheinbar nicht maßgeblich (OGH 10 Os 95/85). **Absolut untauglich** sind somit nur **Tatmittel, die selbst bei richtiger Anwendung die beabsichtigte Wirkung unter keinen Umständen herbeizuführen vermögen** (OGH 12 Os 119, 120/92): Jemand versucht zB den Tresor einer Bank mit einer Zange zu öffnen (OGH 9 Os 106/71). Der Täter, der bei seiner Tatausführung nur ungeschickt vorgegangen ist, setzt jedoch keine absolut untaugliche Handlung (OGH 13 Os 183/76). Relativ untauglich und damit strafbar handelt daher ein unerfahrener Ersttäter, der versucht, eine einfache Geldkassette mit einem Dietrich zu öffnen, dabei jedoch scheitert (OGH 12 Os 214/71). Dieses Mittel wäre nur dann absolut untauglich, wenn selbst ein gewandter Fachmann die Geldkassette damit nicht hätte öffnen können. Der Versuch, die Zahlenkombination eines Tresors durch Probieren zu erraten, ist ebenfalls nicht absolut untauglich (OGH 15 Os 83/95). Immerhin werden oft leicht merkbare und daher auch leicht zu erratende Kombinationen (zB Geburtsdatum) verwendet.

Ein strafbarer bloß **relativ untauglicher Versuch ist** zB in folgenden Fällen **anzunehmen**: 739

- Der Täter wird von der Polizei am Tatort vorerst beobachtet. Erst nachdem klar ist, worauf es der Täter mit seiner Tat konkret abgesehen hat, greift die Polizei ein und vereitelt die Tatausführung (OGH 14 Os 16/23v).
- X versucht von einem Sparbuch ohne Kenntnis des Losungswortes Geld zu beheben. X ist wegen versuchten Betruges strafbar, denn die Ausrede, das Losungswort nur im Moment vergessen zu haben, ist in abstracto geeignet, den strafgesetzwidrigen Erfolg herbeizuführen, wenn man auf einen verständnisvollen Bankangestellten trifft (OGH 15 Os 72/00). Gleiches gilt bei der Angabe eines falschen Losungswortes (OGH 12 Os 84/82). Die Rsp geht sogar so weit, dass selbst der Versuch, ohne Kenntnis des Legitimationscodes mit einer Bankomatkarte Geld von einem Bankomaten zu beheben, nicht als absolut untauglich gewertet wird. Denkbar wäre nämlich, dass ein Softwareproblem diesen Kontrollmechanismus außer Kraft setzt (OGH 12 Os 113/91). In diesem Sinne ist es auch nicht vollkommen aussichtslos, von einem gesperrten Konto abzuheben, denn der Bankmitarbeiter könnte die Prüfung einer allfälligen Kontosperre unterlassen (OGH 11 Os 35/12z).
- Ein Handwerker behauptet wider besseres Wissen nicht erbrachte Leistungen und schickt dem Kunden eine anwaltliche Zahlungsaufforderung unter Androhung weiterer zivilrechtlicher Schritte, um eine rasche Bezahlung zu erwirken. Es handelt sich dabei um einen strafbaren Betrugsversuch. Nach allgemeiner Lebenserfahrung ist es gerade bei geringeren Beträgen nämlich nicht ausgeschlossen, dass sich ein Rechtsunkundiger durch die Zahlung aus Rechtsstreitigkeiten heraushalten will (OGH 9 Os 158/84).
- Ein Suchtmittelhändler versucht einem verdeckten Fahnder der Polizei Mehl als Suchtmittel zu verkaufen. Ein relativ untauglicher Betrugsversuch liegt in diesem Fall selbst dann vor, wenn der Polizist auch bei der Übergabe von wirklichem Suchtmittel nicht zu einer tatsächlichen Kaufpreiszahlung ermächtigt und bereit gewesen wäre (OGH 12 Os 61/99).
- Ein unfrankierter Erpresserbrief stellt kein absolut untaugliches Drohungsmittel dar, da es nicht ausgeschlossen ist, dass ihn der Adressat unter Zahlung einer Nachgebühr annimmt (OGH 15 Os 194/96).
- Mehrere Einbrecher versuchen einen Tresor als Ganzes mitzunehmen, um ihn an einem anderen Ort in Ruhe zu öffnen. Sie lassen diesen jedoch nach wenigen Metern stehen, weil er ihnen zu schwer ist (OGH 11 Os 4/76).

4. Untauglichkeit des Tatobjektes

740 Eine Untauglichkeit des Objektes liegt vor, wenn das **Tatobjekt für die Herbeiführung des tatbildmäßigen Erfolges in abstracto ungeeignet** ist und demnach die pönalisierte Rechtsverletzung oder Gefährdung unter keinen Umständen eintreten kann (OGH 11 Os 4/76):

- Eine beabsichtigte Nötigung (§ 105) erweist sich zB nach der Rsp als **absolut untauglich**, wenn ein Ausländer Mitglieder der österreichischen Botschaft mit einem Sprengstoffanschlag bedroht, wenn nicht sein festgenommener Sohn enthaftet werde. Da Botschaftsangehörige keinen Einfluss auf Enthaftungen haben, richtet sich die Drohung in diesem Fall gegen ein absolut untaugliches Nötigungsobjekt (OGH 14 Os 31/03). Dieser Standpunkt erscheint verwunderlich, da durch die Drohung zumindest indirekt Druck auf die entscheidungsbefugten Organe ausgeübt werden kann.
- Ein nur **relativ untauglicher** Raubversuch (§ 142 iVm § 15) liegt hingegen vor, wenn der Täter ein konkret bestimmtes Tatopfer zu Hause überfallen wollte, sich jedoch in der Adresse geirrt hatte (OGH 13 Os 124, 143/98). Entsprechendes gilt, wenn sich das auserkorene Tatopfer bloß rein zufällig zur Tatzeit nicht am Tatort befand (OGH 11 Os 68/87). Ein bloß relativ untauglicher Versuch der unbefugten Ingebrauchnahme eines Fahrzeuges (§ 136) ist anzunehmen, wenn das Auto keinen Treibstoff hatte oder einen momentanen Defekt aufwies, der jedoch von einem Sachkundigen ohne besonderen materiellen Aufwand und ohne einen ins Gewicht fallenden Zeitverlust hätte behoben werden können (OGH 11 Os 155/87).

741 Hinsichtlich der Beurteilung der Untauglichkeit des Objektes hat sich die Rsp mehrfach geändert und dabei vielfach unklare Differenzierungen vorgenommen: Teilweise wurde als Maßstab der Eindruck eines fiktiven, mit Durchschnittswissen ausgestatteten besonnenen Beobachters herangezogen. Dabei wurde unterstellt, dass dieser Beobachter sowohl den Tatplan als auch die für dessen Ausführung in Bezug auf Subjekt, Objekt und Handlung bedeutsamen Umstände kennt und ex ante die Tauglichkeit eines Tatversuchs beurteilt (OGH 10 Os 95/85). Unklar bleibt dabei jedoch immer, was alles zu den sog „bedeutenden Umständen“ zu zählen ist, von denen der fiktive Beobachter Kenntnis hat: Einem Suchtmittelschmuggler wird im Ausland, ohne dass er davon wusste, Plastiksprengstoff anstatt des vereinbarten Suchtmittels übergeben. Unterstellt man, dass sich der fiktive außenstehende Beobachter auch des Umstandes bewusst ist, dass es sich bei der geschmuggelten Ware nicht um Suchtmittel handelt, ist die Vollendung eines Suchmitteldelikts nach

§ 28a SMG generell denkunmöglich (OGH 13 Os 104, 105/85). Dem fiktiven Beobachter wird damit nämlich die Kenntnis eines Umstandes unterstellt, der eigentlich erst ex post bekannt wurde. Dieser Gedankenlinie folgend nahm die Rsp im oben geschilderten Fall einen straflosen absolut untauglichen Versuch an (OGH 13 Os 104, 105/85).

Verstärkter Senat des OGH: Durch die Entscheidung eines verstärkten Senates hat der OGH versucht, bestehende Unklarheiten zu beseitigen (OGH 13 Os 45/86; OGH 12 Os 151/21d): Darin wurde zur Leitlinie erklärt, dass eine absolute Untauglichkeit des Tatobjektes anzunehmen ist, wenn es bei generalisierender, von den Besonderheiten des Einzelfalles losgelöster **Betrachtung, ex post** bei diesem **„Gegenstand" geradezu denkunmöglich** erscheint, dass es jemals zur **Vollendung der Tat** kommt. 742

Im gegenständlichen Fall wollte der Täter Heroin nach Österreich schmuggeln, in Wirklichkeit führte er aber eine Mischung aus Stärkemehl, Staubzucker und Speisesoda mit sich, da man ihn beim Erwerb des Suchtmittels im Ausland betrogen hatte. Der OGH ging davon aus, dass ein Suchtmitteldelikt (§ 28a SMG) nur bei Vorliegen eines Suchtmittels vollendet werden kann. Ist der Gegenstand, an dem die Versuchstat begangen wurde, seiner Art nach ein anderer als der im Tatbestand vorausgesetzte, ist die Vollendung der Tat „unter keinen Umständen möglich" (§ 15 Abs 3) und der Versuch somit nicht strafbar. Auf das (unsichere) Urteil eines fiktiven außenstehenden Beobachters kann dabei verzichtet werden. Mit seiner Entscheidung ist der OGH von der Eindruckstheorie und einer ex ante Beurteilung der Tauglichkeit des Tatobjektes durch einen fiktiven außenstehenden Dritten abgegangen (OGH 13 Os 45/86 verst Senat; OGH 13 Os 59/07m). Der Fall wäre jedoch anders zu beurteilen, wenn man die Sachverhaltskonstellation dahingehend modifiziert, dass das Suchtmittel erst während des Transports durch die Polizei aus kriminaltaktischen Gründen ohne Wissen des Täters gegen eine harmlose Substanz ausgetauscht wurde. Auch jene Tathandlungen, die nach dem Substanzaustausch erfolgen, sind als strafbarer, relativ untauglicher Versuch zu bewerten, da der Versuch in diesem Fall nur am zufälligen Einschreiten der Polizei gescheitert ist (OGH 12 Os 75/99). 743

Bei Beurteilung der Untauglichkeit des Objektes steht demnach die Gefährlichkeit der Tat und nicht die Gefährlichkeit des Täters im Vordergrund. Absolute Untauglichkeit des Versuchs ist anzunehmen, wenn das Objekt, auf das sich der diebische Vorsatz des Täters richtet, überhaupt nicht vorhanden ist: Jemand bricht in ein Museum ein, um ein bestimmtes wertvolles Gemälde zu stehlen. Dieses befindet sich jedoch gar nicht in der Sammlung (OGH 13 Os 74/77). Wenn das Objekt, auf das der Tatvorsatz gerichtet ist, zur Tatzeit hingegen nur zufällig nicht zur Stelle war, liegt ein relativ untauglicher Versuch vor (OGH 13 Os 74/77). Daraus ergeben sich eigenartige Differenzierungen: 744

Wenn für den Dieb nichts zum Stehlen im Haus war, weil das Haus bereits für einen zukünftigen Abriss entrümpelt wurde, muss nach der Rsp ein absolut untauglicher Diebstahlsversuch angenommen werden. Wenn jedoch Wertgegenstände vorhanden waren, diese aber im Moment weggeräumt wurden, ist der Versuch bloß relativ untauglich und damit strafbar. Das Aufschweißen eines Tresors ist daher ein relativ untauglicher Diebstahlsversuch, wenn am Abend vorher das ganze Geld aus dem Tresor herausgenommen wurde (OGH 9 Os 106/71). Relativ untauglich ist auch der Mordversuch, wenn der Ehegatte mit der Pistole nach Hause kommt, um seine Gattin zu ermorden, diese sich jedoch im Moment woanders befindet (OGH 9 Os 113/77).

745 Mitunter erscheint es bedenklich, wenn auf diese Weise, abhängig von Zufallsmomenten, differenziert wird. Andererseits darf nicht außer Acht gelassen werden, dass die Gefahr eines Willensstrafrechts besteht, wenn allein die Gefährlichkeit des Täters als relevant angesehen wird, obwohl dessen bisherige Handlungsweise vollkommen ungefährlich war. Auch wenn der Täter einen einschlägigen Tatvorsatz besitzt, darf nicht auf die Erfüllbarkeit des objektiven Tatbestands verzichtet werden (OGH 13 Os 104, 105/85).

746 In konsequenter Fortführung dieser Judikatur und der ihr zugrunde liegenden Erwägungen müsste dann jedoch auch bei der Beurteilung der Untauglichkeit der Handlung von einem ex post Standpunkt ausgegangen und der objektiven Theorie gefolgt werden. Der verstärkte Senat des OGH (13 Os 45/86) hat mit seiner Entscheidung für diesen Bereich die Eindruckstheorie aber nicht explizit abgelehnt. Die zitierten Beurteilungskriterien für die Tauglichkeit der Handlung (Rz 735ff) stehen daher nicht im Widerspruch zur Entscheidung des verstärkten Senates.

747 **Zusammenfassend** kann daher festgehalten werden: Absolut untauglich ist ein Versuch, wenn es bei einer **ex post-Betrachtung** nach der **Art des Tatobjektes** bzw **des Tatsubjektes** oder bei einer **ex ante-Betrachtung** nach der **Art der Tathandlung** geradezu **denkunmöglich** ist, dass eine **Vollendung der Tat** erreicht wird (OGH 15 Os 88, 89/96). Diese Differenzierung lässt sich jedoch sachlich nicht begründen und ist dogmatisch fragwürdig. Eine gleiche Beurteilung aller Varianten der absoluten Untauglichkeit wäre dogmatisch einleuchtender.

D. Besonderheiten bei einzelnen Deliktsarten

1. Versuch bei erfolgsqualifizierten Delikten

Schmoller Ist die versuchte Herbeiführung einer qualifizierenden Folge strafbar?, JBl 1984, 654; *Schwaighofer* Kann eine schwere Körperverletzung nach § 84 Abs 4 StGB versucht werden?, JSt 2017, 286.

Bei erfolgsqualifizierten Delikten iS einer Vorsatz- Fahrlässigkeitskombination (zB §§ 84 Abs 1, 85, 86) ist ein Versuch nicht denkbar (OGH 13 Os 79/22z). Wenn jedoch bei einer Körperverletzung der Eventualvorsatz (§ 5 Abs 1) des Täters auch auf die Schwere der Verletzung gerichtet war (§ 84 Abs 4), handelt es sich um ein reines Vorsatzdelikt, womit ein Tatversuch sehr wohl möglich ist (OGH 13 Os 136/16y). Entsprechendes gilt auch bei § 85 Abs 2 (OGH 13 Os 79/22z). Nur so kann bei erfolgsqualifizierten Konstellationen, bei denen sich der dolus eventualis des Täters auch auf den Erfolg bezieht, dem erhöhten Unwert der Handlung Rechnung getragen werden. 748

Bei manchen Qualifikationstatbeständen wie zB der Körperverletzung mit tödlichem Ausgang (§ 86) scheidet die Annahme eines Tatversuchs bereits denklogisch aus: Der Vorsatz ist bei § 86 nur auf die Körperverletzung gerichtet. Nur wenn es zum schweren Erfolg, nämlich zum Todeseintritt kommt, ist der Täter wegen § 86 strafbar, soweit der Erfolg für ihn vorhersehbar gewesen ist. Ein Versuch ist bei diesem Delikt nicht denkbar, da nur eine vollendete Verletzung zum Tode führen kann, nicht aber eine bloß versuchte. Wurde das Opfer verletzt und trat der Tod ein, ist das Delikt des § 86 jedoch bereits vollendet. War der Vorsatz nicht auf eine Verletzung, sondern auf eine Tötung gerichtet, kommt nur versuchter Mord (§§ 15, 75) in Betracht. 749

2. Versuch bei Unterlassungsdelikten

Wegscheider Versuch und Rücktritt beim schlichten Unterlassungsdelikt, JBl 1976, 353.

a) Der Versuch eines **echten Unterlassungsdelikts** ist **nicht vorstellbar**. Im Falle des Nichthandelns, obwohl ein Tun geboten wäre, ist das Delikt sogleich vollendet, so dass kein Raum für ein Versuchsstadium bleibt: Ein Fahrzeuglenker, der zunächst die Unfallstelle ohne Hilfeleistung verlässt (§ 94), sich später aber doch entschließt zurückzukehren und die erforderliche Hilfe zu leisten, hat das Delikt des § 94 bereits vollendet. Ein strafbefreiender Rücktritt vom Versuch (§ 16, Rz 755ff) wäre damit auch nicht mehr möglich (OLG Wien 23 Bs 293/80). Wenn der Unfallverursacher jedoch bereits nach 100 Meter umdreht und zur Unfallstelle zurückkehrt, wird von der Judikatur noch keine Verletzung der Hilfeleistungspflicht angenommen und eine Bestrafung wegen § 94 (auch ein Versuch des § 94) scheidet aus diesem Grund aus (OGH 13 Os 155/74). Im Hinblick auf die Interessen des Unfallopfers will man offenbar für den Fahrerflüchtigen einen Anreiz schaffen, sich nach kurzer Überlegungsfrist doch noch zur Hilfeleistung zu entscheiden. Hätte der Unfallverursacher bereits bei einem anfänglichen Weiterfahren, ohne Hilfe zu leisten, eine Bestrafung wegen § 94 zu befürchten, besteht für ihn weniger Anlass, es sich noch anders zu überlegen und zur Unfallstelle zurückzukehren. 750

751 **b)** Bei **unechten Unterlassungsdelikten** ist die Möglichkeit eines **Versuchs** allgemein **anerkannt** (*Durl/Schütz* in *Leukauf/Steininger* StGB[4] § 15 Rz 27). Zu denken ist an Fälle, in denen der Garant vorsätzlich untätig geblieben ist, obwohl er eigentlich erkannt hatte, dass er aufgrund seiner Garantenpflicht einschreiten müsste, der Erfolg jedoch durch Zufall oder aufgrund des Eingreifens Dritter unterblieben ist:

Ein Kindesvater verweigert die Zustimmung zur lebensrettenden Operation an seinem schwerkranken Kind. Der zuständige Arzt setzt sich darüber hinweg und operiert das Kind dennoch, wodurch das Leben des Kindes gerettet werden kann.

Problematisch ist bei dieser Deliktsgruppe jedoch die Abgrenzung zwischen strafbarem Versuch und strafloser Vorbereitung bzw zwischen „Ausführungshandlung" und „ausführungsnaher Handlung". Eine Handlungspflicht wird man ab jenem Zeitpunkt annehmen können, ab dem die tatbestandsmäßige Situation vorliegt und ein weiteres Zuwarten das Abwenden des Erfolges durch den Handlungspflichtigen erschweren würde.

3. Versuch bei Versuchsdelikten

752 Bei manchen Delikten liegt formell bereits eine Vollendung vor, obwohl die Handlung erst den Versuch eines Deliktes iSd § 15 Abs 2 darstellen würde (sog Versuchsdelikte). Dadurch wird nicht die Strafbarkeitsgrenze, sondern der Zeitpunkt der Vollendung der Tat vorverlagert.

753 Zu dieser Deliktsgruppe gehört zB § 263 (Täuschung bei einer Wahl). Ein **Versuch** kommt bei dieser Deliktsgruppe **nicht in Betracht** (*Huber* in *Leukauf/Steininger* StGB[4] § 242 Rz 8). Dies führt dazu, dass die allgemeinen Privilegien, die bei Tatversuchen zum Tragen kommen und zur Straffreiheit (§§ 15 Abs 3, 16) oder zur Milderung der Strafe des Täters (§ 34 Abs 1 Z 13) führen, nicht herangezogen werden können.

4. Versuch bei Vorbereitungsdelikten

Wieser Der Versuch beim Vorbereitungsdelikt, JBl 1987, 497, 556.

754 Ausgeschlossen ist der Versuch bei allen Tatbeständen, die klar als Vorbereitungsdelikte zu erkennen sind, weil der Gesetzgeber sie ausdrücklich als solche deklariert hat (zB § 227, Vorbereitung der Urkundenfälschung; § 239, Vorbereitung der Geldfälschung). Strafbar ist dagegen der Versuch bei Delik-

ten, die zwar vorbereitende Handlungen strafrechtlich erfassen, in materieller Hinsicht jedoch selbständige Delikte mit einem eigenen Unwertgehalt darstellen (OGH 9 Os 117/75; *Bauer/Plöchl* WK-StGB² §§ 15, 16 Rz 12; *Durl/Schütz* in *Leukauf/Steininger* StGB⁴ §15 Rz 40). Zu dieser Deliktsgruppe wäre zB der Versicherungsmissbrauch (§ 151) oder das verbrecherische Komplott (§ 277) zu zählen. Gelangt der Täter bereits in das Stadium des Versuchs bei jenem Delikt, welches er bisher nur vorbereitete, tritt das betreffende Vorbereitungsdelikt subsidiär zurück (OGH 13 Os 4/78). Der Versicherungsmissbrauch (§ 151) tritt daher zurück, wenn der Täter bereits das Stadium des Versicherungsbetruges (§ 15 Abs 2 iVm § 146) erreicht hat (§ 151 Abs 1 aE).

- A zündet sein gegen Brandschaden versichertes denkmalgeschütztes Haus an, um mit dem Geld der Versicherung am selben Ort eine moderne Architektenvilla zu errichten. Er bereitet damit einen Versicherungsbetrug vor, was bereits als eigenständiges Delikt, nämlich als (vollendeter) Versicherungsmissbrauch nach § 151 strafbar ist.
- Davor hat A ein Fenster aufgebrochen und Benzin im Haus verschüttet, um eine Brandstiftung vorzutäuschen. Auch dies wäre bereits als versuchter Versicherungsmissbrauch strafbar (§ 15 Abs 2 iVm § 151).
- Sobald A in der Folge die inhaltlich falsche Schadensmeldung, bei der er natürlich verschweigt, dass er sein Haus selbst angezündet hat, bei der Versicherung einreicht, befindet er sich bereits im Stadium des versuchten Versicherungsbetrugs (§ 15 Abs 2 iVm § 146). Der Tatbestand des Versicherungsmissbrauchs (§ 151) kann ab diesem Zeitpunkt nicht mehr zur Anwendung kommen, da er subsidiär zurücktritt.
- Wenn die Versicherung sich täuschen lässt und den Schaden ersetzt, ist A wegen vollendetem Versicherungsbetrug (§ 146) strafbar.

E. Der strafbefreiende Rücktritt vom Versuch (§ 16)

Bertel Die freiwillige Herausgabe der Beute, AnwBl 1979, 383; *Burgstaller* Versuch und Rücktritt vom Versuch, StPdG 1975, 7; *Kienapfel* Probleme des unvermittelt abgebrochenen Versuchs, in: *Pallin*-FS (1989), 205; *Lewisch* Zur Endgültigkeit und Freiwilligkeit beim Versuchsrücktritt, ÖJZ 1990, 396; *E.Steininger* Der Anwendungsbereich des Putativrücktritts nach § 16 Abs 2 StGB beim Einzeltäter, ÖJZ 1985, 266; *Tipold* Rücktritt und Reue (2002); *Wegscheider* Versuch und Rücktritt beim schlichten Unterlassungsdelikt?, JBl 1976, 353.

1. Allgemeines

§ 16 statuiert einen **Strafaufhebungsgrund** (OGH 9 Os 55/75): Straffrei geht, wer freiwillig vom Deliktsversuch zurücktritt und die Erfolgsherbeifüh- 755 rung verhindert. Handlungen, die bis dahin gesetzt wurden, sind jedoch tatbestandsmäßig und rechtswidrig, so dass dagegen in jeder Phase Notwehr (§ 3) geübt werden kann. Da ein Versuch bei Fahrlässigkeitsdelikten ausgeschlossen ist, kommt auch ein Rücktritt vom Versuch bei dieser Deliktsgruppe nicht in Betracht (OGH 12 Os 185/81).

756

- **§ 16 Abs 1** gewährt Straffreiheit, wenn die **Vollendung infolge des Rücktritts unterblieben** ist.
- **§ 16 Abs 2** geht darüber noch hinaus. Danach wird dem Täter selbst dann Straffreiheit zugestanden, wenn die **Ausführung** oder der **Erfolg ohne** sein **Zutun unterbleibt**, er sich jedoch **in Unkenntnis** dessen **freiwillig** und ernstlich **bemüht**, die **Ausführung zu verhindern** oder den **Erfolg abzuwenden**.

757 Der Täter muss seinen konkret gefassten Tatplan freiwillig endgültig aufgeben.

758 Bei einem formell **vollendeten Delikt** kommt ein strafbefreiender Rücktritt vom Versuch nicht mehr in Betracht (OGH 13 Os 129/81). Bei vollendeten Delikten ist nur an die Möglichkeit einer Straffreiheit aufgrund **tätiger Reue** (zB § 167; Rz 640ff) zu denken.

759 Die Möglichkeit, Straffreiheit zu erlangen, sollte für den Täter einen Anreiz darstellen, von der Erfolgsherbeiführung abzusehen („Lehre von der goldenen Brücke“). Da der Täter jedoch in der Regel von derartigen Details der Rechtsordnung keine Kenntnis hat, wird er die unerwartete Straffreiheit meist im Nachhinein als „Prämie“ dafür auffassen, dass er sich nach einem rechtswidrigen Verhalten doch wieder eines Besseren besonnen hat. Für den „Prämiengedanken“ scheint auch zu sprechen, dass der Täter selbst dann mit Straffreiheit belohnt wird, wenn er sich bloß ernstlich bemüht hat, die Erfolgsherbeiführung zu verhindern, obwohl der Erfolg auch ohne sein Zutun unterblieben wäre (§ 16 Abs 2).

760 Die Straffreiheit bei einem freiwilligen Rücktritt vom Tatversuch ließe sich auch damit begründen, dass der Täter offenbar keinen sehr intensiven Willen zur Straftat gehabt hat. Aus spezialpräventiver Sicht besteht keine Notwendigkeit mehr, eine Strafe zu verhängen, da der Täter von sich aus wieder rechtstreu geworden ist.

2. Rücktritt nach § 16 Abs 1

761 § 16 Abs 1 unterscheidet **zwei Formen** des Versuchs: Den **beendeten** und den **unbeendeten Versuch**. Bei der Abgrenzung ist grundsätzlich von der subjektiven Vorstellung des Täters im Zeitpunkt der Setzung der Versuchshandlung auszugehen (OGH 12 Os 109/04). Der Unterscheidung kommt insoweit

Bedeutung zu, als für die Erlangung von Straffreiheit durch freiwilligen Rücktritt verschiedene Voraussetzungen erforderlich sind.

a) Beendeter Versuch

Ein Versuch ist beendet, wenn vom Täter alles unternommen worden ist, um den Erfolg herbeizuführen und nun die Kausalkette allein ohne weitere Einflussnahme des Täters fortlaufen kann, um zum Erfolg zu gelangen. Der Täter hat alles getan, was nach seinem Plan zur Vollendung des Delikts erforderlich ist (OGH 10 Os 89/80): Der Mörder hat seinem Opfer eine tödliche Menge Gift eingeflößt und nun bedarf es nur noch des Eintritts der Wirkung und damit des Todes. 762

Will der Täter in dieser Phase des deliktischen Geschehens zurücktreten, hat er einen **contrarius actus** zu setzen und auf diese Weise in das laufende Geschehen einzugreifen, damit der Erfolg verhindert wird („tätiger Rücktritt"). Er hat im oben angeführten Fall das Opfer rasch in das Krankenhaus zu bringen, damit diesem rechtzeitig der Magen ausgepumpt werden kann. Überlebt das Opfer aufgrund der eingeleiteten Maßnahmen, entfällt eine Bestrafung wegen Mordversuchs (§§ 15 Abs 2, 75). Unabhängig davon kann allerdings eine durch das bisherige Handeln vollendet eingetretene Körperverletzung bzw Gesundheitsschädigung aufgrund der bisherigen Vergiftungswirkungen strafbar bleiben (§§ 83ff; Rz 793). 763

> Ein strafbefreiender Rücktritt vom Diebstahlsversuch ist anzunehmen, wenn der Dieb ein gestohlenes Fahrrad nur einige Meter trägt, danach ein schöneres Fahrrad erblickt, das bereits gestohlene daraufhin wieder abstellt und das attraktivere Diebstahlsobjekt mitnimmt. Der Täter ist in diesem Fall nur wegen des letzteren Fahrraddiebstahls strafbar. (OGH 13 Os 94/04).

Der Täter kann sich zur Erfolgsverhinderung auch eines Gehilfen bedienen oder jemanden damit beauftragen, den Eintritt des Erfolges zu vereiteln: Der Täter verständigt einen Arzt oder die Polizei und durch deren Tätigkeit unterbleibt die Deliktsvollendung. 764

Gelingt dem Täter die Erfolgsabwendung trotz seiner Bemühungen nicht, ist er wegen vollendeter Deliktsbegehung strafbar, denn alle Rücktrittsvarianten haben zur Voraussetzung, dass der Erfolgseintritt verhindert wird. Das **Risiko der Erfolgsabwendung trägt der Täter** (OGH 14 Os 89/22b). Dieser haftet auch dann für die vollendete Tat, wenn er den Versuch für unbeendet hielt, seine Handlungsweise aber bereits zum Erfolg geführt hatte. Der Täter hat das Risiko der Erfolgsherbeiführung auch bei einer falschen Vorstellung vom 765

Grad der Deliktsverwirklichung zu tragen. Insoweit sind allein die objektiven Gegebenheiten und nicht die subjektive Vorstellung des Täters maßgeblich.

766 Bei einem **zweiaktigen Delikt** ist ein beendeter Versuch und damit auch ein Rücktritt davon nicht denkbar. Ist bei dieser Deliktsgruppe der erste Akt gesetzt, liegt ein unbeendeter Versuch vor, da der Täter noch einen zweiten Akt zur Erfolgsverwirklichung setzen muss. Hat der Täter aber auch den zweiten Akt gesetzt, ist das Delikt zugleich vollendet. Für die Annahme eines beendeten Versuchs bleibt hier kein Raum (OGH 13 Os 162/82):

> Der **Raub** (§ 142) ist zB ein zweiaktiges Delikt. Erster Akt ist die Anwendung von Gewalt, zweiter Akt die Wegnahme der abgenötigten Sache. Ist nur der erste Akt gesetzt, ist der Versuch unbeendet, weil der Täter noch den zweiten Akt für die Erfolgsverwirklichung setzen muss. Wird auch der zweite Akt gesetzt, ist der Raub zugleich vollendet.

767 Wenn ein Delikt bereits **vollendet** ist, kommt ein strafbefreiender Rücktritt vom Versuch begrifflich nicht mehr in Betracht (OGH 13 Os 129/81).

768 **Fehlgeschlagener Versuch:** Schlug der Versuch fehl, weil zB eine versuchte Täuschung als solche erkannt wurde (OGH 12 Os 74/88) oder der Schuss des Mörders das Opfer nicht getroffen hat oder das Opfer den vergifteten Kaffee nicht in einer für die Herbeiführung des Todes erforderlichen Menge trank, ist ein **Rücktritt** vom Versuch ebenfalls **nicht mehr möglich** (vgl OGH 9 Os 134/82).

769 Als gescheitert ist ein Versuch auch dann anzusehen, wenn zur Durchführung eines Delikts die Tätigkeit von zwei Personen erforderlich ist, einer jedoch bereits vor Vollendung die weitere Ausführung aufgibt und der andere nun nicht mehr zum Taterfolg gelangen kann:

> Bei einem Einbruch will der für das Ausschalten der Alarmanlage qualifizierte Fachmann nicht mehr weitermachen und verlässt den Tatort. Seinen Komplizen bleibt damit nichts anderes übrig, als ihr Vorhaben aufzugeben. Für die Komplizen ist der Versuch gescheitert und ein strafbefreiender Rücktritt nicht mehr möglich. Der qualifizierte Fachmann kann sich hingegen auf einen freiwilligen Rücktritt, der die Vollendung der Tat verhindert hat, berufen und Straffreiheit erlangen.

770 Ebenso gescheitert ist ein Tatversuch, wenn ein zur Erfolgsherbeiführung objektiv geeigneter Angriffsakt den Erfolg nicht herbeigeführt hat und der **Täter** es **unterlässt**, **weitere** derartige **Akte zu setzen,** obwohl er dies könnte (**Einzelakttheorie**):

X will sein Opfer erschießen. Nach mehreren Fehlschüssen, die nur zu einer Verletzung führten, nimmt X von der Abgabe weiterer Schüsse Abstand. Es wäre nicht sachgerecht, darin einen strafbefreienden Rücktritt vom Mordversuch (§ 75) zu sehen. Durch die Abgabe eines Schusses, der das Opfer töten sollte, hat X bereits alle Voraussetzungen für den Erfolgseintritt geschaffen. Ist der Erfolg nicht eingetreten und konnte er aus der konkreten Tathandlung auch nicht eintreten, liegt ein fehlgeschlagener Versuch vor, von dem ein Rücktritt nicht denkbar ist (OGH 13 Os 78/06d). Auf die Möglichkeit, weitere Schüsse abzugeben, die vielleicht eher zum Erfolg führen, kommt es nicht an.

Die **gegenteilige Ansicht** (*Kienapfel/Höpfel/Kert* AT[16] Kap 24.4; *Fuchs/Zerbes* AT[12] Kap 30 Rz 31ff, 37), wonach noch kein fehlgeschlagener, sondern ein unbeendeter Versuch vorliegt, wenn der Täter glaubt, die Deliktsvollendung noch durch weitere Ausführungshandlungen in unmittelbarem räumlichen und zeitlichen Zusammenhang erreichen zu können (**Gesamtbetrachtungslehre**), würde dazu führen, dass jener Täter besser gestellt wäre, der sich bewusst ist, dass ihm noch weitere Handlungen zur Tatbildverwirklichung offen stehen und diese nicht vornimmt. Der Täter, der sich vor der Tat die Ausführung genau überlegt und auch alternative Begehungsvarianten einplant wäre damit bessergestellt als der Täter, der sich weniger Gedanken vor der Tat gemacht hat. Die praktische Umsetzung dieses Standpunktes würde Probleme aufwerfen: Jeder Täter müsste sich nur nach Scheitern seines Tatversuchs alternative Ausführungsvarianten überlegen. Durch die Behauptung, diese nicht genutzt zu haben, könnte er sich die Möglichkeit eines strafaufhebenden Rücktritts wahren. 771

b) Unbeendeter Versuch

Unbeendet ist der Versuch, wenn der Täter noch nicht alles getan hat, um den Erfolg herbeizuführen, sondern es noch einer weiteren Tätigkeit bedarf, um die Tat zu vollenden (OGH 10 Os 89/80). Tritt der Täter in dieser Situation zurück, braucht er nur die zur Erfolgsherbeiführung noch nötigen Handlungen nicht zu setzen: Der Mörder, der mit dem Gewehr seinem Opfer auflauert, braucht zum strafbefreienden Rücktritt einfach nicht abzudrücken, wenn er das Opfer ins Visier bekommt. Es liegt jedoch noch kein strafbefreiender Rücktritt vor, wenn der Täter bloß auf eine bessere Gelegenheit wartet, bei der das Opfer von weniger Personen umgeben ist. Der Täter ist auch noch nicht von der Tat zurückgetreten, wenn er die Tatausführung bloß kurz unterbricht, um sich eine Erholungspause zu gönnen und danach in tatplanmäßiger Weise fortzufahren. 772

773 Ein **Gesinnungswandel** wird vom Täter aber **nicht** zu verlangen sein. Es könnte auch der gewerbsmäßig handelnde Täter von der Ausführung eines konkreten Delikts strafbefreiend zurücktreten. Die Aufgabe der Ausführung muss sich nur auf die konkret versuchte Tat beziehen. Der Vorbehalt, irgendwann bei anderer Gelegenheit erneut einen Tatentschluss zu fassen und die Tat zu versuchen, darf dem Täter nicht angelastet werden. Für seine negative Gesinnung allein kann niemand bestraft werden (OGH 12 Os 173/97).

774 **Kein** strafbefreiender **Rücktritt** ist anzunehmen, wenn der **Täter** nur deswegen nicht weiterhandelt, weil er **irrig meint, dass der Versuch bereits beendet ist**:

X hat auf sein Opfer in Tötungsabsicht geschossen und sieht dieses zusammenbrechen. Er verlässt daraufhin schleunigst den Tatort. X dachte, sein Opfer getroffen zu haben und erwartet, dass dieses in wenigen Minuten sterben werde. In Wirklichkeit ist das Opfer durch den Schuss nur verletzt worden und hat dabei das Bewusstsein verloren. Der Versuch ist gescheitert. Er wurde jedoch vom Täter als beendet angesehen, obwohl er objektiv nur unbeendet war. Das Nichtweiterhandeln hat damit zwar objektiv genügt, um den Erfolg nicht eintreten zu lassen. Das Nichtweiterhandeln des Täters allein genügt in diesem Fall aber nicht, um einen strafbefreienden Rücktritt anzunehmen. Das gesetzliche Kriterium der „Freiwilligkeit" macht deutlich, dass **auch** die **subjektive Vorstellung des Täters** von der Beendigung oder Nichtbeendigung seines Tatversuchs für die Erlangung der Straffreiheit **maßgeblich** ist.

3. Rücktritt nach § 16 Abs 2

775 § 16 Abs 2 will die gewandelte Einstellung des Täters zum Besseren auch dann mit Straffreiheit belohnen, wenn der Versuch objektiv gescheitert ist (fehlgeschlagener Versuch, vgl Rz 768ff). Es betrifft dies aber nur Fälle, in denen der Täter von der Erfolglosigkeit seines Tatversuchs nichts weiß und sich daher **überflüssigerweise bemüht**, die Herbeiführung des Erfolges zu verhindern (**Putativrücktritt**). Hat der Täter erkannt, dass sein Versuch gescheitert ist, könnte er von diesem nicht mehr zurücktreten (Rz 768).

Gedacht wird hierbei immer nur an relativ untaugliche Tatversuche. Ein absolut untauglicher Versuch ist nach dem Gesetz von vornherein straflos (§ 15 Abs 3, vgl Rz 725ff). Es bedarf bei diesem keines Rücktritts, um Straffreiheit zu erlangen.

776 Bei Beteiligung mehrerer an der Tatausführung tritt derjenige strafbefreiend zurück, der sich freiwillig und ernstlich um die Verhinderung der Ausführung bemüht, obwohl diese bereits unterblieben ist. Dies wäre der Fall, wenn die

anderen Tatbeteiligten bereits die Ausführung aufgegeben haben, der Rücktrittswillige davon aber noch nichts weiß.

4. Freiwilligkeit

Der Rücktritt vom Versuch bildet nur dann einen Strafaufhebungsgrund, wenn er freiwillig erfolgt ist. Dies gilt für sämtliche Rücktrittvarianten des § 16 Abs 1 und 2. Der Täter muss in der **Vorstellung von seinem Vorhaben ablassen**, dass er den **Erfolg** zwar **noch herbeiführen könnte**, aber dies nun nicht mehr will (OGH 10 Os 79/81). Der Rücktritt darf nicht durch zwingende Hinderungsgründe veranlasst worden sein (OGH 13 Os 181/94). 777

Bei einem Rücktritt nach § 16 Abs 2 wird ein freiwilliges und ernstliches Bemühen um Erfolgsabwendung nur anzunehmen sein, wenn der Täter in der Vorstellung handelt, dass eine Verhinderung des Taterfolges noch möglich ist. Sein Handeln muss zudem mit der Überzeugung gesetzt werden, dass es zur Erfolgsabwendung geeignet ist (OGH 14 Os 53/04). 778

Die **Motivation** für diesen Meinungsumschwung ist **belanglos**. Es ist daher ohne Relevanz, ob der Rücktritt darauf zurückzuführen ist, dass der Täter sich wieder auf moralische Werte besinnt oder einfach nur Angst vor einer möglichen Aufklärung der Tat und einer drohenden Bestrafung hat. 779

Freiwilliger Rücktritt:

- Ein freiwilliger Rücktritt liegt vor, wenn der Täter die Ausführung der Tat unterlässt, weil ihm das Opfer leidtut (OGH 12 Os 4/77).
- Sogar bei einem Appell des Opfers an den Täter wäre ein Rücktritt freiwillig, wenn der Täter noch die Vollendungsmöglichkeit für gegeben ansieht (OGH 11 Os 67/75).
- Freiwillig handelt auch der Täter, der aus Furcht vor Entdeckung und Strafe vom Versuch zurücktritt. Es muss in ihm jedoch zumindest die Vorstellung erhalten bleiben, dass er seinen Tatplan noch vollenden könnte (OGH 10 Os 79/81).

Der Grund für den Rücktritt darf nicht darin liegen, dass der Täter eine Erfolgsherbeiführung nicht mehr für möglich hält und daher gar keine andere vernünftige Alternative hätte. Kein strafbefreiender Rücktritt ist daher anzunehmen, wenn die Umsetzung des Tatplanes aussichtslos ist. 780

Die Freiwilligkeit des Rücktritts eines Anstifters zu einem Delikt (eines Bestimmungstäters, § 12 zweiter Fall) ist daher auch zu verneinen, wenn dessen Motivation für den Rücktritt nur darin besteht, dass die Tat, zu der er an- 781 gestiftet hat, für sein weiteres Vorhaben sinnlos geworden ist (OGH 13 Os 181/94).

782 Entsprechendes gilt, wenn der Täter nur glaubt, sein Ziel nicht mehr erreichen zu können (OGH 13 Os 2/22a). Selbst die irrtümliche Annahme des Täters, dass der Deliktsvollendung ein Hindernis entgegensteht, führt dazu, dass sein Rücktritt nicht freiwillig ist (OGH 10 Os 176/64). Die Flucht des Opfers schließt daher die Freiwilligkeit des Rücktritts aus, wenn sie Grund dafür ist, dass der Täter von seinem Vorhaben Abstand nimmt. Der Täter, dem es zu mühsam ist, seinem Opfer nachzulaufen, tritt nicht strafbefreiend von seiner versuchten Tat zurück (OGH 15 Os 60/07y).

783 Kein strafbefreiender Rücktritt liegt vor, wenn der Täter die Ausführung aufgibt, weil er mit den angewendeten Mitteln nicht zum Ziel gelangt und von der Heranziehung möglicher anderer Mittel Abstand nimmt (OGH 13 Os 110/80). Es ist kein strafbefreiender Rücktritt anzunehmen, wenn der Täter vor allzu gewaltvollen Mitteln zurückschreckt.

784 Ausschlaggebend ist nicht, dass der Täter glaubt, den Erfolg überhaupt nicht herbeiführen zu können. Der Tatversuch bleibt immer strafbar, wenn das ursprünglich geplante Tatvorhaben misslungen ist und der Täter sich erst zu einem neuen Unternehmen entschließen müsste (OGH 9 Os 181/85), dies aber nicht tut.

Kein freiwilliger Rücktritt:

- Ein Dieb fühlt sich ertappt und gibt daher widerstandslos die Beute heraus (OGH 12 Os 76/87).
- Der Täter fühlt sich am Tatort beobachtet und gibt daher sein Vorhaben auf (OGH 10 Os 79/81). Dies gilt selbst dann, wenn diese Vorstellung falsch war (OGH 10 Os 182/77).
- Dem Raubopfer gelingt es, den Täter davon zu überzeugen, dass es gerade kein Geld bei sich hat (OGH 11 Os 67/75). Im Täter wird damit die Vorstellung der Aussichtslosigkeit seines Vorhabens erweckt. An der Freiwilligkeit des Rücktritts mangelt es auch, wenn der Täter von der Vergewaltigung seines Opfers (§ 201) ablässt, weil dieses vorgibt, an einer Infektion im Intimbereich zu leiden (OGH 13 Os 150/09x).
- Das Opfer leistet so großen Widerstand, dass der Täter glaubt, diesen nicht überwinden zu können (OGH 11 Os 2/06p).
- Ein Komplize lässt seine Tatkollegen am Tatort im Stich und den verbleibenden Täter fehlt alleine der Mut zur Tat (OGH 11 Os 106/74).

5. Rücktritt bei mehreren Tatbeteiligten

785 **a) Mittäter:** Die strafbefreiende Wirkung des § 16 kommt nur dem Täter zugute, der die Voraussetzungen dafür unmittelbar erfüllt. Andere Tatbeteiligte bleiben strafbar. Für den Zurücktretenden genügt es jedoch nicht, dass er im Rahmen des unbeendeten Versuchs einfach nicht weiterhandelt. Er muss **verhindern, dass seine Komplizen** die Tatausführung fortsetzen und dadurch den **Erfolg herbeiführen** (§ 16 Abs 1). Der zurücktretende Tatbeteiligte hat daher beim unbeendeten Versuch die Erfolgsherbeiführung genauso zu verhindern wie beim beendeten Versuch.

786 Fordert ein Mittäter seinen Komplizen bloß auf, die Tat nicht auszuführen, darf er noch nicht darauf vertrauen, dass dieser die Ausführung auch tatsächlich unterlässt. Die Bestrebungen des Rücktrittswilligen müssen so weit gehen, dass er die subjektive Gewissheit erlangt, die übrigen Beteiligten vom Tatplan abgebracht zu haben (OGH 10 Os 23/81). Ein Verlassen des Tatortes reicht nur dann als Rücktrittshandlung aus, wenn bereits dadurch die weitere Ausführung der Tat verhindert wird, weil die anderen Komplizen alleine gar nicht in der Lage sind, die Tat zum Erfolg zu bringen.

787 Es belastet den Zurücktretenden allerdings nicht, wenn seine Komplizen zu einem späteren Zeitpunkt aufgrund eines neugefassten Entschlusses die Tat wiederum versuchen. Vom Zurücktretenden kann nicht verlangt werden, dass er auch zukünftige Taten seiner einstigen Komplizen verhindert.

788 Gibt ein Tatbeteiligter die Ausführung auf und wird dadurch eine Verwirklichung des Tatplanes für die anderen Beteiligten unmöglich, könnten diese nur noch unter den Voraussetzungen des § 16 Abs 2 strafbefreiend zurücktreten, wenn sie sich über die Aussichtslosigkeit ihres alleinigen Vorgehens geirrt haben.

789 **b) Bestimmungstäter:** Der Bestimmungstäter (§ 12 zweiter Fall) muss den unmittelbaren Täter von der Tat erfolgreich abhalten und erreichen, dass dieser den gefassten Tatentschluss vollständig aufgibt (OGH 10 Os 79/82). Das bedeutet nicht, dass der Bestimmungstäter nun auch für alle Zukunft die Tat, zu der er einmal aufgefordert hat, verhindern muss.

790 Ist der unmittelbare Täter bereits strafbefreiend von der versuchten Tat zurückgetreten, kann der Bestimmungstäter nur nach § 16 Abs 2 Straffreiheit erlangen, solange er vom Unterbleiben der Ausführung oder des Erfolges noch keine Kenntnis hat. Der Bestimmungstäter muss sich in diesem Fall freiwillig und ernstlich, wenn auch überflüssig, um eine Verhinderung der Ausführung oder Abwendung des Erfolges bemühen (OGH 12 Os 36/79). Andernfalls haftet er für die versuchte Tat (§ 15 Abs 2). Das bloße Abstandnehmen von weiteren Anstiftungsversuchen, nachdem der erste Versuch keinen Tatentschluss

wecken konnte, ist noch nicht als strafbefreiender Rücktritt zu werten (OGH 12 Os 71/99).

791 **c) Beitragstäter:** Der Beitragstäter (§ 12 dritter Fall) hat seinen Beitrag rückgängig zu machen. Er muss zB die geliehene Pistole dem unmittelbaren Täter wieder wegnehmen. Liegt die Beitragshandlung nur in einer psychischen Bestärkung des Tatentschlusses des unmittelbaren Täters, wird diese Ermunterung zur Tat wieder rückgängig zu machen sein.

792 Tritt der unmittelbare Täter vom Versuch zurück, kommt die strafbefreiende Wirkung nur diesem zugute. Der Beitragstäter bleibt für die Beteiligung am Versuch strafbar. Für ihn kommt in diesem Fall nur ein Rücktritt unter den Voraussetzungen des § 16 Abs 2 in Betracht. Hat sich der Beitragstäter bemüht, die Tat zu verhindern (§ 16 Abs 2), geht er auch dann straffrei, wenn der unmittelbare Täter unabhängig davon sich eines Besseren besonnen hat oder der Ausführungsversuch fehlschlug. Der Beitragstäter muss nur die subjektive Gewissheit bekommen haben, dass er den unmittelbaren Täter von der Vollendung der möglichen Tat abhielt (OGH 10 Os 23/81). Dabei ist zu beachten, dass die Frage eines Rücktritts vom Versuch beim Beitragstäter nur in Betracht kommt, wenn der unmittelbare Täter die Tat versucht hat, da bis dahin die Beitragstäterschaft gar nicht strafbar wäre (Rz 880ff).

6. Qualifizierter Versuch

793 Der Rücktritt befreit als persönlicher Strafaufhebungsgrund nur von der Zurechnung des Delikts, das auf diese Weise nicht zum Erfolg gelangt war. Führte die bisherige Handlung bereits zur Vollendung eines anderen Deliktes, hat der Täter dieses Delikt strafrechtlich zu verantworten. Man spricht vom sog qualifizierten Versuch. Ein qualifizierter Versuch ist anzunehmen, wenn in der Handlung, die vom Täter vorgenommen wurde, um den von ihm angestrebten Erfolg herbeizuführen (Versuchshandlung), bereits sämtliche Tatbestandsmerkmale eines anderen Deliktes enthalten sind. Das so bereits enthaltene vollendete Delikt würde bei Ausbleiben eines Rücktritts durch das bis dahin nur versuchte Delikt infolge Scheinkonkurrenz verdrängt werden:

> Im Zuge eines Eifersuchtsdramas schießt X auf seine Ehegattin, um sie zu töten. Die Ehegattin bricht lebensgefährlich verletzt zusammen. Durch die Tat geschockt kommt X zur Besinnung, leistet erste Hilfe und verständigt umgehend den Notarzt. Das Leben der Ehegattin kann gerettet werden. X ist in diesem Fall zwar vom Mordversuch strafbefreiend zurückgetreten (§§ 15, 16, 75), die geschehene und vollendete Körperverletzung (§§ 83ff) bleibt jedoch strafbar.

Bei einem **zweiaktigen Delikt** haftet der Täter, wenn er nach Beendigung des ersten Aktes freiwillig vom Versuch zurücktritt, dennoch für die bis zu diesem Zeitpunkt gesetzten Tathandlungen (zB gefährliche Drohung oder Gewaltanwendung, OGH 12 Os 4/77). Ist im Versuch der Erpressung (§ 144) bereits die vollendete Straftat der gefährlichen Drohung (§ 107 Abs 1) enthalten, wirkt sich ein freiwilliger Rücktritt nur dahingehend aus, dass der Täter vom Versuch der Erpressung straffrei geht. Er ist aber weiterhin für das darin enthaltene Vergehen der gefährlichen Drohung nach § 107 Abs 1 strafrechtlich zur Verantwortung zu ziehen (OGH 10 Os 26/77). 794

F. Zusammenfassendes Schema zum versuchten Delikt

Zusammenfassend sind bei der Prüfung der Strafbarkeit eines Tatversuchs insbesondere nachfolgende Punkte zu untersuchen. Bei der strafrechtlichen Beurteilung ist auf die einzelnen Punkte nur dann näher einzugehen, wenn die zu prüfende Sachverhaltskonstellation dies nahelegt: Wenn zB der Täter in Mordabsicht mit einer Pistole einen gezielten Schuss auf sein Opfer abgibt, dieses jedoch verfehlt, wird eine mögliche absolute Untauglichkeit des Mordversuchs wohl nicht in Betracht gezogen werden müssen. 795

I. Tatbestand	**A. Objektive Tatbestandsseite** 1. Tatsubjekt (insb bei Sonderdelikten) 2. Nichterfüllung des objektiven Tatbestandes (zB Ausbleiben des Taterfolges) 3. a) Ausführungshandlung oder zumindest b) ausführungsnahe Handlung (§ 15 Abs 2); Kriterien: • keine weiteren Zwischenstufen zur Ausführungshandlung • zeitliche und räumliche Nähe zur Ausführungshandlung • Überwindung der entscheidenden Hemmschwelle zur Tat 4. Tauglichkeit des Versuchs a) absolute Untauglichkeit des Tatsubjektes b) absolute Untauglichkeit der Tathandlung c) absolute Untauglichkeit des Tatobjektes **B. Subjektive Tatbestandsseite** 1. auf Vollendung gerichteter Tatvorsatz 2. erweiterter Vorsatz (zB bei § 127) oder Tatbildirrtum
II. Rechts- widrigkeit	**Vorliegen von Rechtfertigungsgründen** (zB Notwehr; rechtfertigender Notstand; Einwilligung) **A. Rechtfertigende Situation** (zB Angriff, § 3; gegenwärtige Gefahr beim rechtfertigenden Notstand; Einwilligungserklärung) **B. Rechtfertigende Handlung** (zB notwendige Verteidigung, § 3; Güterabwägung beim rechtfertigenden Notstand; Sittenwidrigkeit, § 90)
III. Schuld	**A. Zurechnungsfähigkeit** (Diskretionsfähigkeit – Dispositionsfähigkeit, § 11; Deliktsfähigkeit, § 4 Abs 1 JGG) **B. Unrechtsbewusstsein (§ 9)** (direkter – indirekter Rechtsirrtum; Vorwerfbarkeit des Irrtums) **C. Irrtümliche Annahme eines rechtfertigenden Sachverhaltes (§ 8)** **D. Schuldausschließungsgründe** (zB entschuldigender Notstand)
IV. Strafe	**A. Strafaufhebungsgründe** 1. Rücktritt vom Versuch (§ 16) a) fehlgeschlagener Versuch b) beendeter Versuch (§ 16 Abs 1) c) unbeendeter Versuch (§ 16 Abs 1) d) Putativrücktritt vom Versuch (§ 16 Abs 2) e) Freiwilligkeit 2. Verjährung (§§ 57ff) **B. Strafausschließungsgründe** (zB Begünstigung eines Angehörigen, § 299 Abs 3)

II. Die Lehre von den Beteiligungsformen

Bauer-Raschhofer Zeitliche Grenzen einer strafbaren Beteiligung, ZWF 2022, 88; *Bertel* Mitschuld an Kridadelikten, RdW 1991, 134; *Burgstaller* Vollendung oder Ende der Einheitstäterschaft, RZ 1982, 216; *Durl* Kettenbeteiligungsversuch (2019); *Friedrich* Zur Beteiligung an einem Versuch (§ 15 Abs 1 StGB), ÖJZ 1995, 9; *ders* Strafbare Beteiligung – akzessorische oder originäre Täterschaft?, in: *Triffterer*-FS (1996), 43; *Fuchs* Probleme der Beteiligung mehrerer, StPdG 1986, 1; *ders* Überlegungen zu Fahrlässigkeit, Versuch, Beteiligung und Diversion, in: *Burgstaller*-FS (2004), 41; *Höpfel* Einige Fragen der subjektiven Tatseite bei Beteiligung mehrerer, ÖJZ 1982, 314; *Kienapfel* Der Einheitstäter im Strafrecht (1971); *ders* Probleme der Einheitstäterschaft, JBl 1989, 407; *ders* Der Oberste Gerichtshof und das Prinzip der funktionalen Einheitstäterschaft, in: *Steininger*-FS (2003), 157; *Lewisch* Probleme der Einheitstäterschaft, JBl 1989, 294, mit Anmerkung *Kienapfel* JBl 1989, 407; *Mayerhofer* Keine Mitschuld des Gläubigers an der Krida des Schuldners, ÖJZ 1989, 238; *Nowakowski* Zur Einheitstäterschaft nach § 12 StGB insbesondere im Hinblick auf § 15 Abs 2 StGB und § 314 StPO, RZ 1982, 124; *Roeder* Der Unbegriff des „extranen" Täters und der „eigenhändigen" Delikte (zu § 14 Abs 1 StGB), JBl 1975, 561; *Roxin* Täterschaft und Tatherrschaft[8] (2006); *Schallmoser* Zur strafrechtlichen Verantwortlichkeit des Host Providers für „Hasspostings", ÖJZ 2018/26, 205; *Schick* „Keine Mitschuld des Gläubigers an der Krida des Schuldners"?, ÖJZ 1990, 205; *Schmoller* Grundstrukturen der Beteiligung mehrerer an einer Straftat – die objektive Zurechnung fremden Verhaltens, ÖJZ 1983, 337, 379; *ders* Sukzessive Beteiligung und Einheitstäterschaft, in: *Zipf*-GS (1999), 295; *Schwaighofer* Die Strafbarkeit der (versuchten) Anwerbung eines Komplizen – Anmerkung zur Entscheidung des OGH 15 OS 102/98, ÖJZ 2000, 881; *Seiler* Die strafrechtliche Haftung von Gemeindefunktionären, in: Beiträge zum Kärntner Gemeinderecht (1998), 227; *Triffterer* Die österreichische Beteiligungslehre (1983); *Wegscheider* Zur Konkurrenz von Bestimmungstäterschaft und Beitragstäterschaft (§ 12 2. und 3. Alt StGB), RZ 1979, 165; *Zipf* Die mittelbare Täterschaft und ihre Einordnung in § 12 StGB, ÖJZ 1975, 617; *ders* Probleme der versuchten Bestimmung zu einer Straftat, RZ 1980, 141; *Zöchbauer* Keine Strafbarkeit des Hostproviders (hier: Facebook Ireland) wegen Hasspostings – Beitragstäterschaft, MR 2018, 59.

A. Ausgangssituation

Delikte werden nicht immer von einem Täter allein begangen, sondern der kriminelle Erfolg wird häufig erst durch das Zusammenwirken mehrerer herbeigeführt. Bei einem solchen arbeitsteiligen kriminellen Vorgehen können die von den einzelnen Beteiligten geleisteten Beiträge sehr verschiedener Natur sein. 796

Im Regelfall hat der Gesetzgeber bei Normierung der einzelnen Tatbestände im Besonderen Teil des StGB an einen Täter gedacht, der diesen Tatbestand durch seine Handlungsweise erfüllt. Der Tatbestand erfasst daher seiner Formulierung nach nur jenen, der eine dem Wortlaut des **Tatbestands entsprechende Handlungsweise** setzt. Er kann als sog **unmittelbarer Täter** bezeichnet werden (OGH 12 Os 1/03). 797

798 Die Festlegung einer deliktischen Verhaltensweise kann verschieden genau vorgenommen werden:

a) Es kann das Vorgehen bildhaft durch Aufzählung einer ganzen Reihe von Handlungsmerkmalen beschrieben werden:
§ 129 Abs 1 Z 2, Einbruchsdiebstahl: „…, wer einen Diebstahl begeht, indem er zur Ausführung der Tat ein Behältnis aufbricht …“.

b) Eine nähere Konkretisierung der Tatbestandshandlung kann jedoch auch gänzlich entfallen:
§ 75, Mord: „Wer einen anderen tötet …“.
In diesem Fall legt sich der Gesetzgeber nicht fest, welche Handlungsweisen als Tötungshandlungen in Betracht gezogen werden können und unter Strafe gestellt sind.

799 In der Regel erfährt das Tatbild der einzelnen Tatbestände eine so eingehende Umschreibung der Handlung, dass es bloß von einem unmittelbaren Täter erfüllt werden kann, nicht aber von einem entfernten Beteiligten, wie im oben zitierten Beispiel vom Einbruchsdiebstahl (§ 129 Abs 1 Z 2). Nur wenn die Beschreibung des deliktischen Verhaltens im Tatbestand so stark reduziert ist, dass de facto jede kausale Verhaltensweise zur Erfolgsherbeiführung genügt, wie zB beim Mord (§ 75), könnte der Täterkreis auch auf entfernte Beteiligte ausgedehnt werden, die nach der Äquivalenztheorie („conditio sine qua non“) für die Erfolgsherbeiführung kausal waren. Doch selbst in solchen Fällen werden als tatbestandserfüllend nur Handlungsweisen anzusehen sein, die dem Wortsinn entsprechend eine spezifisch für den Erfolg kausale Handlung darstellen: Das bloße Herleihen einer Pistole ist noch keine Tötungshandlung, obwohl es nach der Äquivalenztheorie kausal für einen Mord sein kann. Als Tötungshandlung wird man dem Wortsinn nach nur ein Erschießen, Erstechen, Erwürgen etc bezeichnen können: Wenn Jago Othello zum Eifersuchtsmord treibt, indem er Mutmaßungen über einen möglichen Ehebruch von Othellos Ehefrau Desdemona anstellt, begeht er keinen Mord. Jago löst zwar mit seinen Mutmaßungen die Mordhandlung aus Eifersucht aus (er ist kausal), in seiner verbalen Andeutung ist jedoch keine Tötungshandlung iSd § 75 zu erblicken. Nur wer eine Tötungshandlung setzt, kann als unmittelbarer Täter eines Mordes bezeichnet werden.

800 **Kriminalpolitisch** erscheint es natürlich **sinnvoll**, auch **Personen strafrechtlich zu erfassen**, die keine Handlung setzen, welche unmittelbar einem Tatbestand subsumiert werden könnte, die jedoch in bestimmter Weise einen wesentlichen **Beitrag** oder **Anstoß zur Tat liefern**.

801 **Regelungsmöglichkeiten des Gesetzgebers:** Der Gesetzgeber hat zwei Möglichkeiten, bei der dargestellten Ausgangslage zu einer kriminalpolitisch überzeugenden Lösung zu gelangen:

a) Der Gesetzgeber kann entweder zwischen verschiedenen **Beteiligungsformen differenzieren** und diese gesetzlich genau festlegen.
b) Er kann aber auch **jede kausale Erfolgsherbeiführung** als mögliche Täterschaft bewerten. Allenfalls angebrachte gesetzliche Einschränkungen der Strafbarkeit wären in diesem Fall gesondert zu normieren.

ad a) Erste Auffassung: Die Differenzierung zwischen verschiedenen Beteiligungsformen knüpft eng an die Bestimmung des gesetzlichen Tatbestands an. Unmittelbarer Täter kann danach nur sein, wer die einzelnen Merkmale des Tatbestands erfüllt. Alle anderen sind Beteiligte, aber nicht unmittelbare Täter eines bestimmten Tatbestands, da ihr Verhalten nicht dem Tatbestand subsumiert werden könnte. Der **Täterbegriff** wird dabei **restriktiv ausgelegt**. Für andere **Tatbeteiligte** müsste der Gesetzgeber, soweit er ihre Beiträge unter Strafe stellen möchte, eigene **Strafausdehnungsgründe** schaffen, denn ihr Handeln liegt außerhalb des gesetzlichen Tatbestands. Der Aufpasser beim Einbruchsdiebstahl (§§ 127, 129) nimmt keine fremde bewegliche Sache weg im Sinne dieses Tatbestands. 802

Diese restriktive Auffassung vom Täterbegriff führt zur Herausbildung von Beteiligungsformen wie der **Anstiftung** bzw **Bestimmungstäterschaft**, wenn der unmittelbare Täter dazu veranlasst wird, eine strafbare Handlung zu begehen und der **Beihilfe** bzw **Beitragstäterschaft**, wenn dem unmittelbaren Täter bloße Hilfestellung bei dessen Tatausführung geleistet wird. 803

ad b) Zweite Auffassung: Die zweite Auffassung geht von einer Kausalbetrachtung aus. Danach ist **jeder Täter**, der für den strafgesetzwidrigen **Erfolg kausal ist**. In welcher Form dieser Kausalzusammenhang besteht, ist ohne Belang. Der **Täterbegriff** wird dabei **extensiv ausgelegt**. Eine Differenzierung zwischen verschiedenen Beteiligungsformen erübrigt sich. Jeder, der für die strafgesetzwidrige Erfolgsherbeiführung kausal war, kann als Täter des Tatbestands betrachtet werden. Dies wäre die **extreme Form des Einheitstäterbegriffs**. Damit würden aber auch vollkommen die Konturen der jeweiligen Tatbestände verschwimmen. 804

B. Die Regelung des StGB (§ 12)

Geht man vom Tatbestand aus, sind Personen, die diesen Tatbestand nicht selbst verwirklichen, grundsätzlich nicht strafbar. Es muss daher für die Strafbarkeit von Personen, welche den Tatbestand nicht verwirklichen, sondern an der Erfolgsherbeiführung nur einen sonstigen Anteil haben, erst eine **Strafausdehnung statuiert** werden. Dies ist der Fall, wenn nach § 12 neben dem unmittelbaren Täter auch Bestimmungstäter und Beitragstäter für strafbar erklärt 805 werden. Es werden damit Personen strafrechtlich erfasst, die den Straftatbestand streng genommen nach dem Gesetzeswortlaut nicht erfüllen.

806 Die **Überschrift zu § 12** – „*Behandlung aller Beteiligter als Täter*" – bringt zum Ausdruck, dass dem StGB der **Einheitstäterbegriff** zugrunde liegt: Alle Tatbeteiligten sind als Täter zu behandeln. Dennoch differenziert § 12 zwischen einzelnen Beteiligungsformen. Ganz im Sinne des Einheitstäterbegriffs wird jedoch erklärt, dass nicht nur der unmittelbare Täter die strafbare Handlung „begeht", sondern auch jeder, der einen anderen dazu bestimmt, sie auszuführen oder der sonst zu ihrer Ausführung beiträgt. In widersprüchlicher Weise vermengt der Gesetzgeber die beiden oben (Rz 801ff) genannten Regelungsmöglichkeiten:

807 Der **Einheitstäterbegriff des § 12** betrachtet **jeden Beteiligten**, der einen kausalen Beitrag zur Deliktsverwirklichung leistet, **als Täter des Tatbestands**. Die Rechtsprechung meint daher, dass alle Erscheinungsformen **rechtlich gleichwertig** sind (OGH 14 Os 101/97). Daran knüpft sich die gleiche Strafdrohung für alle Beteiligten.

808 Durch den Einheitstäterbegriff geht das spezifische Handlungsunrecht, welches in jedem Tatbestand umschrieben ist, verloren. Die verschiedenen **Beteiligten** werden **nicht** nur ***„wie"*** der **unmittelbare Täter bestraft, sondern *„als"* Täter** schlechthin. Der Wert, den eine bestimmte Tatbestandsfassung zur Feststellung der Täterschaft erbringen soll, wird verwässert, wenn in jedem Fall auch alle „sonstigen Beiträge zur Ausführung" pauschal unter Strafe gestellt werden und selbst derjenige, der nur zur Tat beiträgt, als Täter des Deliktes bezeichnet wird: Die genaue Umschreibung des Einbruchsdiebstahls in § 129 erübrigt sich, wenn auch der Aufpasser am Tatort, der nichts von dem macht, was in § 129 geschildert ist, als Täter des § 129 bezeichnet wird.

809 Es verbleibt damit dem richterlichen Ermessen, das Gewicht der einzelnen Tatbeiträge zu bestimmen. Dieses weite Ermessen erscheint auch in gewisser Weise sinnvoll:

Ein Oberarzt beauftragt in Mordabsicht die Krankenschwester, dem Patienten, mit dem er seit Jahren verfeindet ist, ein Herzmittel zu verabreichen, welches in der angeordneten Dosis tödlich ist. Die Krankenschwester ist mangels einschlägiger Fachkenntnis gutgläubig und führt die Anordnung pflichtgemäß aus. Der Patient stirbt. Die Aufforderung des Arztes hat in diesem Fall das Gewicht einer Täterhandlung. Er beherrscht durch das Erkennen der wahren Situation voll und ganz das Tatgeschehen (Tatherrschaft), während die Krankenschwester nichts ahnend die Tötungshandlung vornimmt. Für den Arzt erscheint damit jedenfalls eine gleich hohe Strafe angemessen, wie sie zu verhängen wäre, wenn er selbst unmittelbar die Tötungshandlung ausgeführt hätte.

Nur die Beteiligung an einem Delikt in untergeordneter Weise wird ex lege als Milderungsgrund gewertet (§ 34 Abs 1 Z 6). 810

Die Formulierung des **§ 12** erweist sich als **Legalinterpretation** der einzelnen **Straftatbestände im Sinne der Äquivalenztheorie**. Dem Wortsinn nach logisch nachvollziehbar ist dies aber eigentlich nur bei Tatbeständen, welche keine nähere Beschreibung des deliktischen Handelns vornehmen, sondern nur auf die kausale Herbeiführung des Erfolges abstellen (zB Mord, § 75: „Wer einen anderen tötet …"). Es überschreitet jedoch den Rahmen herkömmlicher Interpretationsregeln, wenn im Sinne der Gleichstellung aller Deliktsbeteiligten auch derjenige, der den Schlüssel für einen Einbruchsdiebstahl zurechtfeilt, sich jedoch nie am Tatort aufhält, genauso als Täter des Einbruchsdiebstahls bezeichnet wird (Beitragstäter), wie jener, der damit selbst einbricht. 811

Der **formelle Einheitstäterbegriff** dürfte überhaupt nicht zwischen verschiedenen Beteiligungsformen unterscheiden. § 12 folgt eher einem **funktionalen Einheitstäterbegriff**, wenn einerseits gleichwertige Beteiligungsformen unterschieden, andererseits aber doch wieder alle als Täter des konkreten Deliktes bezeichnet werden. Damit wird die ganze Konstruktion des Einheitstäters in ihrem Wert fragwürdig. Folgt man der Theorie von der Einheitstäterschaft, dürfte genau genommen jeder Beteiligte nur als Täter der strafbaren Handlung verurteilt werden, ohne Bezugnahme auf seine Form der Beteiligung. Die Judikatur folgt diesem Ansatz, indem sie in der Feststellung der jeweiligen Beteiligungsform keine „entscheidende Tatsache" iSd § 281 Abs 1 Z 5 StPO sieht (OGH 13 Os 137/00). Es kann ein Urteil, in dem eine falsche Beteiligungsform an einem Delikt angenommen wurde, auch nicht bekämpft werden (siehe *Seiler* StPO[20] Rz 1071, 1125; OGH 13 Os 179/01). 812

Es ist daher erstaunlich, dass das Gesetz in § 12 eine Unterscheidung nach verschiedenen Beteiligungsformen vornimmt. **§ 12 differenziert** zwischen:

- einem **unmittelbaren Täter** (§ 12 erster Fall),
- einem, der einen anderen dazu bestimmt, die Tat auszuführen (**Bestimmungstäter:** § 12 zweiter Fall) und
- einem, der sonst zur Ausführung der Tat beiträgt (**Beitragstäter:** § 12 dritter Fall).

C. Beteiligung am Fahrlässigkeitsdelikt

Bei Fahrlässigkeitsdelikten **erübrigt sich** eine **Unterscheidung** zwischen unmittelbarer Täterschaft und Beteiligung. Lässt sich jemand eine **Sorgfaltspflichtverletzung** im Sinne des Tatbestands eines Fahrlässigkeitsdelikts zu Schulden kommen, ist er **unmittelbarer Täter** des jeweiligen Fahrlässigkeitsdelikts (OGH 12 Os 15/81). Mangelt es an einer Sorgfaltspflichtverletzung, kommt eine Strafbarkeit wegen eines Fahrlässigkeitsdelikts überhaupt nicht in 813

Betracht. Begriffe wie Beitragstäterschaft oder Bestimmungstäterschaft sind hier nicht denkbar, da bei diesen Erscheinungsformen ein Abzielen auf den deliktischen Erfolg gegeben sein müsste, und gerade dies fehlt bei einem Fahrlässigkeitsdelikt. Die Zielrichtung des Fahrlässigkeitstäters geht in eine andere Richtung:

814 Der Beifahrer, der den Lenker auffordert, schneller zu fahren, tut dies, um schneller ans Ziel zu kommen, nicht aber, um aufgrund des verlängerten Bremsweges einen Passanten, der die Straße überqueren wollte, zu überfahren. Sieht man in der konkreten Aufforderung schneller zu fahren eine Sorgfaltspflichtverletzung iSd § 88, ist der Beifahrer genauso unmittelbarer Täter des jeweiligen Fahrlässigkeitsdelikts wie der Lenker des Unfallfahrzeuges.

D. Täterschaftsformen

1. Unmittelbare Täterschaft (§ 12 erster Fall)

815 Unmittelbarer Täter ist, wer eine dem Wortlaut des jeweiligen Tatbestandes entsprechende Ausführungshandlung setzt. Das Verhalten muss der Beschreibung der Tathandlung des jeweiligen Tatbestands entsprechen (OGH 12 Os 1/03).

Der Einbrecher bricht mit einem Brecheisen die Terrassentüre des Einfamilienhauses auf, nimmt die im Haus befindlichen, leicht transportierbaren Wertgegenstände an sich und sucht das Weite (§ 129 Abs 2 iVm § 12 erster Fall).

816 Der Begriff Ausführung wird in § 12 gezielt zur Bezeichnung von unmittelbarer Täterschaft (§ 12 erster Fall) zum Unterschied von Bestimmungs- und Beitragstäterschaft (§ 12 zweiter und dritter Fall) verwendet (OGH 15 Os 36/05s).

817 **Mittäterschaft**: Die Mittäterschaft wird in § 12 nicht ausdrücklich als Erscheinungsform erwähnt. Sie liegt dann vor, wenn mehrere gemeinsam ein Delikt begehen. Die Willenseinigung kann vor der Tat oder spontan während der Ausführung der Tat erfolgen (OGH 12 Os 35/89). Es ist dabei keine ausdrückliche Erklärung, gemeinsam vorgehen zu wollen, notwendig. Die Übereinkunft kann auch stillschweigend oder durch schlüssiges einvernehmliches Handeln während der Tatausführung zustande kommen (OGH 12 Os 94/22y).

818 **Mittäter** ist **nur**, wer **direkt an der Ausführung der Tat beteiligt** ist (OGH 9 Os 78/83). Jeder Mittäter muss dabei eine vom gemeinsamen Vorsatz getragene Ausführungshandlung im Sinne des Wortlautes des Tatbestands

setzen. Unmittelbarer Täter und damit **Mittäter** kann demnach **nur** sein, **wer zumindest einen Teil der Ausführungshandlung setzt** (OGH 12 Os 1/03). Es muss nicht jeder einzelne alle Merkmale des Tatbildes verwirklichen. Selbst wenn ein Mittäter nur an einem Teil des Tatbildes mitwirkt, haftet dieser nicht nur wegen Versuchs und der andere wegen Vollendung der Tat, sondern beide sind für die vollendete Deliktsbegehung strafrechtlich als Mittäter zur Verantwortung zu ziehen (OGH 11 Os 20/82). Da alle Ausführungshandlungen rechtlich gleichwertig sind, muss in einem Urteil nicht einmal eine konkrete Zuordnung der einzelnen Ausführungshandlungen zu den einzelnen Mittätern erfolgen (OGH 15 Os 76/22y). Bei arbeitsteiligem Vorgehen haften die einzelnen Mittäter für ihre Mitwirkung an der Tatausführung jeweils wechselseitig. Jedem werden die Tatbeiträge des anderen zugerechnet (OGH 14 Os 127/89).

Dennoch ist bei einem arbeitsteiligen Vorgehen die Unterscheidung zwi- 819
schen unmittelbarer Täterschaft und bloßer Beitragstäterschaft mitunter schwierig. Das Kriterium, dass jeder Mittäter zumindest einen Teil der Ausführungshandlung setzen muss, wird von der Judikatur teilweise sehr weit ausgelegt:

Arbeitsteiliges Vorgehen: Vielfach wird innerhalb der Mittäterschaft mit 820
verteilten Rollen vorgegangen, wenn zB bei der Vergewaltigung (§ 201) einer Gewalt gegen das Opfer ausübt, während der andere den Beischlaf vollzieht (OGH 9 Os 108/82). Bei mehraktigen Delikten wie zB Raub (§ 142) ist jeder Beteiligte, der einen der Teilakte (Gewaltanwendung bzw Wegnahme) unmittelbar ausführt, Mittäter (OGH 11 Os 83/11g). Mittäterschaft liegt auch vor, wenn zwei Personen unbefugterweise ein Fahrzeug in Betrieb nehmen (§ 136), jedoch nur einer das Auto tatsächlich lenkt, während sich der andere mit der Rolle des Beifahrers begnügt (OGH 12 Os 62/87). Als Mittäter an der Körperverletzung wird von der Judikatur sogar auch gesehen, wer das Opfer bloß festhält, während der andere zuschlägt. Festhalten allein ist jedoch keine Ausführungshandlung eines Körperverletzungsdeliktes nach §§ 83ff (OGH 11 Os 140/01). Entsprechendes gilt für denjenigen, der die Geisel bei einer erpresserischen Entführung (§ 102) nur bewacht (OGH 11 Os 194/78).

Hingegen: Die bloße Anwesenheit am Tatort (OGH 15 Os 76/22y) oder das Warten im Fluchtauto reicht nicht aus, Mittäterschaft anzunehmen (OGH 13 Os 62, 63/92). Gleiches gilt für denjenigen, der den Täter bloß zum Tatort begleitet, selbst wenn er bereit ist, jederzeit bei der Tatausführung unterstützend einzugreifen, ohne dass es aber dazu kommt (aM OGH 13 Os 5/89). Keine Ausführungshandlung des Raubes setzt, wer bei diesem nur dadurch behilflich ist, dass er einen Helfer davon abhält, dem Opfer zu Hilfe zu kommen (aM OGH 10 Os 47/75). Als bloße Beitragstäterschaft zum Ladendiebstahl und nicht als Mittäterschaft ist daher auch die Anwesenheit am Tatort und das Ablenken des Angestellten zu werten (aM OGH 13 Os 34/77).

821 **Sukzessive Mittäterschaft:** Die Beiträge können auch sukzessive erfolgen oder zeitlich und örtlich auseinanderliegen (OGH 13 Os 68/81). Die Judikatur will eine strafrechtliche Haftung als Mittäter auch dann annehmen, wenn dieser erst im Laufe der Ausführung der strafbaren Handlung durch einen anderen mit der Vornahme einer eigenen Ausführungshandlung hinzutritt (OGH 11 Os 31, 33 – 35/95). Diese Konstruktion einer sukzessiven Mittäterschaft erscheint jedoch eher fragwürdig, denn dem Mittäter wird damit nachträglich ein Vorsatz in Bezug auf Verhaltensweisen unterstellt, an denen er nicht mitgewirkt hat und die auch nicht von einem vorangegangenen gemeinsamen Tatentschluss zu einem arbeitsteiligen Vorgehen umfasst waren. Ein Vorsatz kann rein denklogisch immer nur hinsichtlich einer zukünftigen Vorgangsweise gefasst werden. Jemand kann als Mittäter für das zur Verantwortung gezogen werden, was im Zuge einer vorangegangenen Planung zum Gegenstand eines gemeinsamen Tatvorsatzes gemacht wurde. Ein Täter, der erst später zum Tatgeschehen hinzukommt, kann nicht rückwirkend den Vorsatz fassen, an einer gemeinsamen Tatausführung als „Mittäter" mitzuwirken. Er kann bloß den Vorsatz fassen, einen „Beitrag" zu dem bereits in Ausführung befindlichen Tatgeschehen zu leisten. Er kann daher auch nur wegen Beitragstäterschaft (§ 12 dritter Fall, siehe Rz 848ff) und nicht wegen unmittelbarer Täterschaft (§ 12 erster Fall) zur Verantwortung gezogen werden. Dies setzt aber voraus, dass er bei seinem Hinzutreten erkannt hat, welche Handlungsweisen von den anderen Tätern vorweg bereits gesetzt wurden:

Ausgangsfall: Bei seinem abendlichen Spaziergang bemerkt X, wie zwei Jugendliche (Y und Z) in einen Supermarkt eingebrochen sind. X findet die Aktion nicht schlecht, gesellt sich zu Y und Z und hilft ihnen beim Abtransport der Beute. Y und Z sind unmittelbare Täter des Einbruchs (§ 129 iVm § 12 erster Fall). X ist nur wegen Beitragstäterschaft zum Einbruch (§ 129 iVm § 12 dritter Fall) strafbar.

Variante I: Anders sieht die rechtliche Beurteilung aus, wenn X, Y und Z eine gemeinsame Ausführung des Einbruchs in den Supermarkt geplant haben, X jedoch zu spät am Tatort erscheint, weil er verschlafen hat und daher nur mehr noch beim Abtransport der Beute helfen kann. In diesem Fall ist X wegen Mittäterschaft am Einbruch (§ 129 iVm § 12 erster Fall) strafbar.

Variante II: X kommt bei seinem abendlichen Spaziergang beim aufgebrochenen Supermarkt vorbei. Y und Z haben den Tatort bereits verlassen. X betritt nun den Supermarkt durch die aufgebrochene Türe und nimmt einige Zigarettenpackungen aus dem Regal an der Supermarktkassa mit. Ein Tatbeitrag kann denklogisch nur bis zur Vollendung des Deliktes gesetzt werden (OGH 12 Os 100/22f). X begeht daher in diesem Fall nur einen einfachen Diebstahl (§ 127) an den Zigaretten, da er mit dem Einbruch nichts zu tun hat.

Bei **Sonderdelikten** (zB § 302, Missbrauch der Amtsgewalt) muss jeder **unmittelbare Täter** und damit auch jeder Mittäter die **besondere Qualifikation aufweisen**, die der Tatbestand beim Täter verlangt (zB Beamteneigenschaft bei § 302). Bei Fahrlässigkeitsdelikten kommt eine Mittäterschaft mangels eines gemeinsamen auf den deliktischen Erfolg gerichteten Willens nicht in Betracht (OGH 12 Os 15/81). 822

Gemeinsame Haftung für den Erfolg: Die Mittäter haften für den gesamten gemeinsam bewirkten Erfolg (OGH 10 Os 181/78). Auch wenn die Einbruchsbeute unter ihnen aufgeteilt wird, haftet jeder für die volle Summe der gestohlenen Wertgegenstände, was vor allem bei Überschreiten einer Wertqualifikationsgrenze (zB § 128 Abs 1 Z 5) Relevanz erlangen kann. Der gesamte Erfolg muss nur vom Vorsatz eines jeden einzelnen Mittäters getragen worden sein (OGH 13 Os 68/81). Daher haftet nicht nur derjenige Tatbeteiligte wegen qualifizierten Raubes unter Verwendung einer Waffe (§ 143 Abs 1 zweiter Fall), der die Waffe beim Raubüberfall verwendet, sondern auch derjenige, der die Verwendung einer Waffe durch einen anderen Tatbeteiligten kennt und billigt. Die Zustimmung zum Waffeneinsatz kann dabei auch konkludent oder erst während der Tatausführung erfolgen (OGH 11 Os 83/11g). 823

Exzess einzelner Tatbeteiligter: Geht ein Mittäter über das gemeinsam Geplante hinaus, haften die anderen nicht für diesen Exzess (OGH 11 Os 20/82), weil sich der Vorsatz der anderen darauf nicht erstreckt hat. Es kann dabei zwischen einem sog quantitativen und einem qualitativen Exzess unterschieden werden. Bei Ersterem tut der unmittelbare Täter mehr, als gemeinsam vereinbart war. 824

X und Y brechen in eine Villa ein (§ 129). X führt ohne das Wissen des Y eine geladene Pistole mit sich, die er gegebenenfalls auch zu gebrauchen beabsichtigt. Als sie während des Einbruchs vom Eigentümer der Villa überrascht werden, schießt X ohne zu zögern den Villenbesitzer und tötet ihn. Für diesen (Raub)mord des X kann Y (§ 143 Abs 2) nicht zur Verantwortung gezogen werden, sondern nur wegen des Einbruchs (§ 129).

Das Mehr kann auch in einer Qualifikation liegen, die von der Schuld des Beteiligten nicht umfasst ist. Beim qualitativen Exzess tut der unmittelbare Täter etwas anderes, als mit seinen Beteiligten vereinbart war (OGH 11 Os 1/95): 825

Zwei Einbrecher verschaffen sich Zugang zu einer Villa. Einer von ihnen überrascht dabei die schlafende Hausbesitzerin und vergewaltigt sie, während der andere die Wertgegenstände wegschleppt. Der mit dem Wegschaffen der Diebesbeute beschäftigte Komplize haftet nur wegen Einbruchs (§ 129) und nicht für das Sexualdelikt (§ 201).

826 Ein **Mittäter** kann für den **Exzess seines Komplizen** nur zur **Verantwortung** gezogen werden, **wenn** er diesen **Exzess ernstlich für möglich gehalten und** sich damit **abgefunden** hat (dolus eventualis, § 5 Abs 1). Nicht ausreichend für die Haftung als Mittäter ist es, wenn der Exzess eines Täters für die anderen nur voraussehbar gewesen ist. Unterschiede im Vorsatz können so bei den einzelnen Mittätern zur Strafbarkeit wegen verschiedener Delikte führen (§ 13, OGH 13 Os 21/03).

827 Keine wesentliche Abweichung vom Tatplan liegt vor, wenn ein Einbruch geplant war, um Bargeld zu erbeuten, ein Mittäter jedoch andere Wertgegenstände mitnimmt, da er kein Bargeld findet. Alle Beteiligten können wegen des geplanten und ausgeführten Einbruchs zur Verantwortung gezogen werden (OGH 11 Os 1/95).

2. Bestimmungstäterschaft (§ 12 zweiter Fall)

a) Erwecken des Tatentschlusses

828 Als zweite Beteiligungsform wird das ***„Bestimmen"* eines anderen zur Tatausführung** genannt. Man versteht darunter nach verständlicherer Terminologie eine Anstiftung zur Tat. Als Bestimmungstäter iSd § 12 zweiter Fall wird bezeichnet, wer vorsätzlich einen anderen zur Ausführung einer strafbaren Handlung veranlasst.

829 **Bestimmungshandlung:** Als Bestimmungshandlung kommen alle Verhaltensweisen in Betracht, durch die beim unmittelbaren Täter der Entschluss zur Tat hervorgerufen wird (OGH 12 Os 95/78). Eine „Bestimmung" bzw Anstiftung zur Tat kann durch Bitten, Befehlen, Bedrängen, Loben, Versprechen, Bedrohen, Täuschen etc erfolgen. Typische Bestimmungshandlungen sind das Anraten, die Aufforderung oder die Überredung des für die Tatausführung in Aussicht genommenen unmittelbaren Täters. Die Bestimmungshandlung kann auch in einer „unschuldigen" Frage, einem scheinbaren Abraten, einem „Wetten, dass", aber auch in sehr subtilen Formen, wie etwa dem Appell an die „Loyalität", der bewussten Aktivierung des Vorausgehorsams, einem gezielten Sticheln und anderen raffinierten „Strategien", um einen anderen, unter Umständen erst nach längerer Beeinflussung, allmählich „herumzukriegen", bestehen. Es kommt dabei entscheidend auf die psychologische Gesamtsituation an:

Das Unternehmen des X befindet sich in finanziellen Schwierigkeiten. X fordert seine Buchhaltungskraft daher auf, unrichtige Steuererklärungen zu verfassen, damit das Unternehmen weniger Abgaben leisten muss. Die Buchhalterin weist X darauf hin, dass dies strafbar wäre. Als X jedoch an ihre Firmenloyalität appelliert, fügt sie sich seinen Wünschen. Die Buchhaltungskraft ist in diesem Fall die unmittelbare Täterin (§ 12 erster Fall) des jeweiligen Finanzvergehens. X ist als Anstifter bzw Bestimmungstäter (§ 12 zweiter Fall) dazu strafbar.

Das Hervorrufen eines Tatentschlusses zur Verübung einer konkreten Tat 830 ist auch noch dann möglich, wenn der Angestiftete bereits eine grundsätzliche Bereitschaft zur Begehung einer individuell noch nicht bestimmten Straftat erkennen lässt (OGH 14 Os 23/90): Ein routinierter Berufseinbrecher wird zB auf die besondere Gelegenheit hingewiesen, in die derzeit urlaubsbedingt leerstehende Villa des A einzubrechen.

Hinreichende Konkretisierung des Delikts: Das Delikt, zu dem ange- 831 stiftet wird, muss hinsichtlich Typus und Individualität (OGH 10 Os 183/75) hinreichend bestimmt werden. Die **Tathandlung** muss zudem zumindest **in groben Umrissen** feststehen. Nur Einzelheiten, wie Zeitpunkt oder Ort der Tat, können erst später konkretisiert werden (OGH 11 Os 41/79). Die allgemeine Aufforderung, Steuern zu hinterziehen, was als Anstiftung zu diversen Finanzvergehen verstanden werden kann, genügt nicht. Die Aufforderung, „einen Einbruch“ zu begehen, ist ebenfalls zu wenig konkretisiert (vgl OGH 9 Os 79/75 bezüglich Beihilfe).

Die Bestimmungshandlung muss nicht direkt gegenüber dem unmittelba- 832 ren Täter erfolgen. Es genügt dazu auch das Einschalten **eines Mittelsmannes** (**Kettenbestimmung**; OGH 12 Os 167/10s). Der Adressat der Bestimmung braucht für den Bestimmenden von der Person her nicht einmal festzustehen (OGH 12 Os 8/04).

b) Bestimmungsvorsatz

Der Bestimmungstäter muss **vorsätzlich** den **Tatentschluss** in einem ande- 833 ren **erwecken** (OGH 10 Os 183/75). Die Art und Weise, wie jemand zu einem deliktischen Verhalten bestimmt wird, ist zwar gleichgültig, vorausgesetzt, dass das Vorgehen des Bestimmungstäters für die spätere Tatausführung kausal war (OGH 12 Os 95/78). Umgekehrt ist nicht jedes kausale Verhalten für das verbrecherische Handeln eines anderen als Bestimmungstäterschaft zu werten. Dazu bedarf es immer des Vorsatzes, zumindest in Form eines dolus eventualis, dass im anderen der Wille zur Tat erweckt wird (OGH 13 Os 90/77): Wer am Wirtshausstammtisch über kriminelle Asylwerber schimpft und damit in einem

Zechkumpanen den Entschluss hervorruft, einen Brandanschlag auf ein Asylwerberheim zu begehen, ist nicht Bestimmungstäter für diese Tat. Der Vorsatz muss auch immer auf eine Vollendung der Tat gerichtet sein. Der Lockspitzel der Polizei (agent provocateur), der nur einen Versuch der Tat veranlassen, die Vollendung aber verhindern will, ist daher nicht strafbar.

834 **Fahrlässigkeit:** Eine fahrlässige Bestimmungstäterschaft scheidet denklogisch aus. Wer fahrlässig dafür ursächlich wird, dass ein anderer eine Straftat begeht, könnte nur als (unmittelbarer) Täter eines entsprechenden Fahrlässigkeitsdeliktes zur Verantwortung gezogen werden (OGH 15 Os 75, 76/93). Der Regelung des § 12 zur Schließung unbilliger Strafbarkeitslücken bedarf es dabei nicht:

X ist ein Waffensammler und hat zu Hause mehrere Pistolen offen herumliegen. Als er von seinem Freund Y Besuch erhält, ruft dies in diesem den Entschluss hervor, sich eine Waffe unbemerkt anzueignen, um damit einen Mord zu begehen.

X ist in diesem Fall zwar kausal für den Mord des Y, er hatte aber nicht vorsätzlich diesen zur Tat bestimmt. Sieht man in der Art und Weise, wie X Waffen aufbewahrt, eine Fahrlässigkeit, könnte X eine fahrlässige Beteiligung an der Vorsatztat des Y zur Last gelegt werden. Dies wäre der Fall, wenn man es ua als objektiv sorgfaltswidrig erachtet, Waffen in dieser Weise aufzubewahren und es zudem auch als objektiv voraussehbar ansieht, dass ein Gast eine Waffe mitgehen lässt und damit einen Mord begeht. Wird dies unterstellt und sind auch die übrigen Kriterien einer Fahrlässigkeit iSd § 6 gegeben, dann handelt es sich nicht mehr um ein Problem der Beteiligungsform, sondern der fahrlässig Handelnde X ist als unmittelbarer Täter des jeweiligen Fahrlässigkeitsdelikts (fahrlässige Tötung, § 80) strafbar. Letztlich wird es im dargelegten Beispiel aber wohl an der (objektiven) Voraussehbarkeit der Tötung mangeln.

c) Problem der Akzessorietät

835 Bei der Bestimmungstäterschaft stellt sich vor allem die Frage, inwieweit die Strafbarkeit des Bestimmungstäters davon anhängig ist, was der unmittelbare Täter letztlich tut (Problem der Akzessorietät). Vorweg wird dabei zu klären sein, was unter der „strafbaren Handlung" zu verstehen ist, zu der iSd § 12 bestimmt werden soll. Ist darunter nur eine (objektiv) tatbestandsmäßige Handlung zu verstehen, oder eine tatbestandsmäßige, rechtswidrige und schuldhafte Handlung. Fraglich ist vor allem, ob beim unmittelbar Handelnden auch ein spezifischer Tatvorsatz hervorzurufen ist:

Erwecken des Handlungsentschlusses: Grundsätzlich reicht es aus, wenn der Bestimmungstäter im unmittelbaren Täter einen bloßen Handlungsentschluss zu einer bestimmten Tat erweckt. Dies ist nicht gleichzusetzen mit dem erwecken eines Tatvorsatzes im unmittelbar Handelnden. Ein **Tatvorsatz** muss im unmittelbaren Täter **nicht** hervorgerufen werden (Ausnahme: Rz 845ff). 836

X drückt Y bewusst ein geladenes Gewehr in die Hand und redet diesem ein, dass es ungeladen sei und er daher ruhig auf den im Nachbarsgarten sitzenden verfeindeten Nachbarn anlegen und abdrücken könne. Y tut dies und tötet dabei den Nachbarn. Y hat in diesem Fall zwar die Tötungshandlung ausgeführt (unmittelbarer Täter). Er ist sich aber der Tragweite seines Handelns nicht bewusst. Y besitzt keinen Tötungsvorsatz. X könnte in diesem Fall als Bestimmungstäter zum Mord zur Verantwortung gezogen werden (§ 75 iVm § 12 zweiter Fall). Y ließe sich hingegen nur der Vorwurf einer fahrlässigen Tötung (§ 80) machen.

Diesem Grundsatz folgend haftet bei der Bestimmung zum Betrug (§ 146) der Bestimmungstäter auch dann für das vollendete Betrugsdelikt, wenn der unmittelbar Handelnde keinen Bereicherungsvorsatz hatte (OGH 13 Os 98/85).

Es **reicht** somit aus, **wenn der unmittelbare Täter zu** einer **objektiv tatbestandsmäßigen** und **rechtswidrigen Handlung veranlasst wird** (**limitierte Akzessorietät**, OGH 10 Os 168/83). 837

Bestimmungstäterschaft ist folglich auch dann anzunehmen, wenn sich der Bestimmungstäter eines schuldlos, fahrlässig, absichtslos oder tendenzlos handelnden Werkzeuges zur Tatausführung bedient (OGH 9 Os 162, 163/79). Man kann in diesem Fall von einem sog „mittelbaren Täter" sprechen (OGH 10 Os 186, 201, 202/77). Selbst ein Geisteskranker oder ein unmündiges Kind kann zu einer strafbaren (tatbestandmäßigen und rechtwidrigen)Handlung bestimmt werden, obwohl diese Personen für ihre Handlungen strafrechtlich nicht einmal zur Verantwortung gezogen werden könnten: 838

X fordert ihren fünfjährigen Sohn im Supermarkt auf, eine bestimmte Sache einzustecken und einfach bei der Kassa durchzulaufen, was dieser auch sofort mit Freude macht. Der Sohn könnte aufgrund seines Alters strafrechtlich nicht belangt werden. Sehr wohl ist die Mutter aber strafbar wegen Bestimmung zum Ladendiebstahl (§ 127 iVm § 12 zweiter Fall).

Bestimmung zum Versuch – versuchte Bestimmung: Dabei geht es um die Frage inwieweit sich Erfolg oder Misserfolg des unmittelbaren Täters bzw des Bestimmungstäters auf die die Strafbarkeit des Letzteren auswirken. Hat 839 der unmittelbare Täter das Delikt vollendet, ist der Bestimmungstäter strafbar für das vollendete Delikt. Gelangte der unmittelbare Täter nur bis zum Tatversuch (§ 15 Abs 2), ist der Bestimmungstäter ebenfalls nur wegen Versuchs strafbar (OGH 12 Os 137/84). Diese sog „Bestimmung zum Versuch" ist begrifflich von der „versuchten Bestimmung" (§ 12 zweiter Fall iVm § 15 Abs 2) zu unterscheiden. Bei der versuchten Bestimmung gelang es dem Bestimmungstäter nicht, im auserkorenen unmittelbaren Täter den Tatentschluss hervorzurufen und ihn zumindest zum Versuch der Tat zu veranlassen. In beiden Fällen ist der Bestimmungstäter wegen des versuchten Deliktes strafbar (§ 12 zweiter Fall iVm § 15; Rz 874ff).

Bestimmung zum Versuch: X fordert Y auf, einen Einbruch in die Villa seines reichen Nachbarn zu begehen, um seine Geldprobleme zu lösen. Y handelt, wie ihm geraten, doch wird er von der Polizei bereits beim Aufbrechen der Eingangstüre zur fremden Villa auf frischer Tat betreten und festgenommen. Es bleibt daher bei Y beim Einbruchsversuch (§ 15 Abs 2 iVm § 129) und X hat die Bestimmung zu diesem Einbruchsversuch zu verantworten (§ 12 zweiter Fall iVm § 15 Abs 2 iVm 129).

Versuchte Bestimmung: X fordert Y auf, einen Einbruch in die Villa seines reichen Nachbarn zu begehen, um seine Geldprobleme zu lösen. Y lehnt dies entrüstet ab. Y ist straflos. X kann aber wegen versuchter Bestimmung zum Einbruch (§ 12 zweiter Fall iVm § 15 Abs 2 iVm § 129) bestraft werden.

840 **Trat** der **unmittelbare Täter vom Versuch zurück** (§ 16) und gab es kein Verhalten des Bestimmungstäters, welches auch für den Rücktritt kausal gewesen wäre, bleibt der Bestimmungstäter ebenso wegen des Versuchs der Tat strafbar (Rz 789f).

841 **Aufforderung zur Leistung eines Tatbeitrages:** Die vorsätzliche Veranlassung eines anderen zur Leistung eines sonstigen Tatbeitrages (§ 12 dritter Fall) ist begrifflich **keine Bestimmung** zur Ausführung einer strafbaren Handlung **iSd § 12 zweiter Fall**. Bestimmungstäter kann nämlich nur derjenige sein, der einen anderen dazu bestimmt, die strafbare Handlung auszuführen, also die tatbestandsmäßige Ausführungshandlung ganz oder zumindest teilweise vorzunehmen, nicht jedoch derjenige, der einen anderen bloß zu einer Handlung bewegen will, welche die Tatausführung fördern soll (OGH 14 Os 15/94). Die Veranlassung zur Leistung eines Tatbeitrages könnte nur ihrerseits von der **Generalklausel des § 12 dritter Fall erfasst** werden, weil auch dadurch letztlich die Tatausführung des unmittelbaren Täters gefördert wird. Daraus ergibt sich, dass das erfolglose Anwerben eines Komplizen straflos ist,

wenn der Angeworbene nur einen Tatbeitrag leisten soll, weil die versuchte Beitragstäterschaft nicht strafbar ist (OGH 12 Os 71/99, Rz 880ff).

d) Subsidiarität zur unmittelbaren Täterschaft

Beteiligt sich der Bestimmungstäter in der Folge an der Ausführung der Tat des unmittelbaren Täters, wird er auch zum unmittelbaren Täter (Mittäter). Die Bestimmungstäterschaft tritt als subsidiäre Beteiligungsform hinter die unmittelbare Täterschaft zurück (OGH 11 Os 83/79). Fungierte jemand als Beitragstäter (§ 12 dritter Fall) und Bestimmungstäter (§ 12 zweiter Fall), tritt die Beitragstäterschaft hinter die Bestimmungstäterschaft zurück (OGH 11 Os 123/77). 842

e) Bestimmung zum Sonderdelikt

Die Bestimmung zur Ausführung eines Sonderdelikts (insb Untreue, § 153 u Missbrauch der Amtsgewalt, § 302) ist ebenfalls **denkbar**, selbst wenn dem Bestimmungstäter die besondere Täterqualifikation (zB Machthaberstellung bei § 153 bzw Beamteneigenschaft bei § 302) fehlt (OGH 13 Os 36/82). 843

X ist als Bürgermeister für Baubewilligungen zuständig. Y bittet X, gegen seinen errichteten Schwarzbau nicht einzuschreiten. Da X und Y seit Kindestagen eng befreundet sind, wird von X gegen den Schwarzbau nichts unternommen. X macht sich daher strafbar wegen Missbrauchs der Amtsgewalt (§ 302). Obwohl nur X als Bürgermeister die von § 302 geforderte Beamtenqualifikation besitzt (§ 74 Abs 1 Z 4), könnte auch Y als Bestimmungstäter zu § 302 zur Verantwortung gezogen werden (§ 12 zweiter Fall iVm § 14 Abs 1 iVm § 302, siehe Rz 886ff).

Handelt es sich um eine Tat, die eine **besondere Vorsatzform** verlangt, was zB bei den angeführten Sonderdelikten der Untreue (§ 153) bzw Missbrauch der Amtsgewalt (§ 302) der Fall ist, muss diese besondere Vorsatzform auch beim nicht qualifizierten Bestimmungstäter vorhanden sein. Der Bestimmungstäter muss zB **wissentlich** (§ 5 Abs 3) **in Bezug auf den Befugnismissbrauch des unmittelbaren Täters** handeln, wenn er einen Beamten zu einem Amtsmissbrauch (§ 302, OGH 12 Os 26/77) oder einen Machthaber zur Untreue (§ 153, OGH 12 Os 50/90) veranlassen möchte. Absichtlich iSd § 5 Abs 2 muss er handeln, wenn er jemanden zu einer Täuschung (§ 108) auffordert (OGH 12 Os 158/76). Glaubt der Bestimmungstäter nur, dass der Beamte als unmittelbarer Täter einen Befugnismissbrauch begehen könnte, mangelt es an dieser Vorsatzvoraussetzung. Auch die Feststellung, dem Bestimmungstäter 844 hätte klar sein müssen, dass er einen Beamten zu einem Befugnismissbrauch bestimmt, ist nicht ausreichend für eine strafrechtliche Haftung nach § 12 zweiter Fall iVm § 302 (OGH 12 Os 131/77).

845 **Vorsatzanforderungen beim unmittelbaren Täter bei § 153 u § 302:** Abweichend von den oben dargelegten Grundsätzen zur Akzessorietät zwischen Bestimmungstäter und unmittelbarem Täter (Rz 835ff), geht die Judikatur einen eigentümlichen Lösungsweg bei den genannten Sonderdelikten der Untreue (§ 153) bzw des Missbrauchs der Amtsgewalt (§ 302). Abweichend von der allgemeinen Regel (Rz 836f) wird bei diesen Tatbeständen auch beim unmittelbaren Täter vorsätzliches Handeln verlangt (OGH 15 Os 16/02). Das ist erstaunlich, denn der Bestimmungstäter wird wohl häufig danach trachten, einen gutgläubigen Beamten (§ 302) bzw Machthaber (§ 153) zu finden, den er leichter zu einer Handlungsweise veranlassen kann, die objektiv einen Missbrauch der Amtsgewalt (§ 302) bzw Befugnismissbrauch (§ 153) darstellen würde. Dem unmittelbar ausführenden qualifizierten Täter (Beamten bzw Machthaber) mangelt es dann am Bewusstsein, dass er seine Befugnis missbraucht und er würde sich auch nicht strafbar machen.

In Bezug auf den Bestimmungstäter zu §§ 153 u 302 meint nun die Rsp, dass das Vorliegen eines „**Missbrauchs**" sowohl sprachlich als auch seinem materiellen Gehalt nach einen **vorsätzlichen Fehlgebrauch verlange** (OGH 15 Os 16/02). Daraus schließt die Judikatur, dass sich der **Vorsatz des Beteiligten** auf eine **zumindest „bedingt vorsätzliche"** (dolus eventualis, § 5 Abs 1) aber nicht „wissentliche" **Mitwirkung des unmittelbaren Täters** erstrecken müsse (OGH 14 Os 138/11t). Der Bestimmungstäter muss daher den Vorsatz haben, dass der unmittelbare Täter (bedingt) vorsätzlich (nicht wissentlich) seine Befugnis missbraucht:

- Der forsch auftretende Jurist Dr X erklärt dem Bürgermeister Y, dass dieser ihm die Baubewilligung für die Aufstockung seines Einfamilienhauses zu erteilen habe, obwohl Dr X weiß, dass damit die zulässige Bauhöhe bei weitem überschritten würde. Dr X rechnet erst gar nicht damit, dass Y die Zulässigkeit seines Ansinnens hinterfragen werde. Der Bürgermeister ist kein Jurist und kennt sich in Baufragen nur wenig aus. Vom autoritären Auftreten des Dr X beeindruckt, glaubt Y dem Juristen und erteilt die Baubewilligung. **Dr X** wäre nach der Rsp **nicht** als Bestimmungstäter zum Amtsmissbrauch **strafbar**, da er nicht den Vorsatz hatte, Y zu einem vorsätzlichen Missbrauch seiner Befugnisse zu veranlassen, sondern auf dessen Gutgläubigkeit bzw Inkompetenz vertraut hat.
- **Variante I:** Trotz seines forschen Auftretens gelingt es Dr X nicht, Y von der Richtigkeit seiner Rechtssicht zu überzeugen. Y hält eine Bewilligung des Bauansuchens für rechtswidrig. Der Hinweis von Dr X auf die

langjährig verbindende Freundschaft aus Kindheitstagen kann Y jedoch dazu bewegen, die Baubewilligung dennoch zu erteilen. In diesem Fall wäre **Dr X** als Bestimmungstäter zum Amtsmissbrauch **strafbar**, da er Y zu einem vorsätzlichen Missbrauch seiner Befugnis veranlassen will (§ 12 zweiter Fall iVm § 302).

- **Variante II:** Trotz seines forschen Auftretens gelingt es Dr X nicht, Y von der Richtigkeit seiner Rechtssicht zu überzeugen. Auch der Hinweis auf die langjährige beiderseitige Freundschaft kann den rechtschaffenen Y nicht dazu bewegen, eine gesetzwidrige Baubewilligung zu erteilen. In diesem Fall wäre **Dr X** nur **wegen versuchter Bestimmung** zum Amtsmissbrauch **strafbar** (§ 12 zweiter Fall, § 15 Abs 2 iVm § 302).
- **Fazit:** Die herrschende Rsp führt somit dazu, dass der geschickt operierende Bestimmungstäter, der im Beamten einen Irrtum über den Missbrauch seiner Befugnisse erwecken kann bzw derjenige, dem das Glück einen minder geschulten oder leichtgläubigen Beamten beschert, durch Straffreiheit bessergestellt ist als der weniger durchtriebene oder glückliche Täter. Trifft der Bestimmungstäter auf einen inkompetenten Beamten, muss er gar nicht mit dem Vorsatz handeln, einen (bedingt) vorsätzlichen Befugnismissbrauch beim unmittelbaren Täter (Beamten) hervorzurufen, um an sein Ziel zu gelangen.

Der Bestimmungstäter muss einen (zumindest) vorsätzlichen Befugnis- 846
missbrauch durch den unmittelbar agierenden Beamten (§ 302) bzw Machthaber (§ 153) für gewiss halten (OGH 11 Os 11/17b). Wer vermeiden will, dass einem Beamten bzw Machthaber die Missbräuchlichkeit seines Verhaltens bewusst wird, hat nach der Rsp nicht den Vorsatz, das Unrecht eines Amtsmissbrauchs oder Untreue zu verwirklichen und daher auch nicht § 302 bzw § 153 als Bestimmungstäter zu verantworten. Die Rsp geht jedoch nicht so weit zu fordern, dass der Beteiligte im unmittelbar tatausführenden Beamten bzw Machthaber auch einen Schädigungsvorsatz erwecken müsse (OGH 15 Os 34/89).

Entgegen der herrschenden Judikatur erschiene es natürlich überzeugender, 847
auch bei Sonderdelikten der §§ 153 u 302 nach den allgemeinen Grundsätzen vorzugehen und ebenso die Bestimmung eines vorsatzlosen Werkzeuges für die Strafbarkeit als Bestimmungstäter ausreichen zu lassen. Missbrauchen der Befugnis bedeutet nach den erläuternden Bemerkungen zur Regierungsvorlage nichts anderes, als dass diese falsch bzw rechtswidrig gebraucht wird (RV 30 BlgNR 13.GP, 455). Eine Vorsätzlichkeit des unmittelbar Ausführenden wird zur Erfüllung dieses Kriteriums nicht verlangt.

3. Beitragstäterschaft (§ 12 dritter Fall)

a) Allgemeines

848 Von der **Generalklausel** des § 12 ***„oder sonst zu ihrer Ausführung beiträgt“*** werden alle Tatbeiträge erfasst, welche nicht als unmittelbare Täterschaft und auch nicht als Bestimmungstäterschaft qualifiziert werden können. Dem Gesetzestext entsprechend kann von einer Beitragstäterschaft als dritter Täterschaftsform gesprochen werden. Die Beitragstäterschaft ist **gegenüber** der **unmittelbaren Täterschaft** (OGH 12 Os 51/88) und der **Bestimmungstäterschaft materiell subsidiär**. Es kann daher nicht jemand wegen Beteiligung an derselben Tat in zwei Täterschaftsformen verurteilt werden (OGH 16 Os 58/91). Die Bestimmung (Anstiftung) zu einem Tatbeitrag ist ebenfalls als Beitragstäterschaft zu werten (OGH 14 Os 15/94).

849 **Beitrag zu einer konkreten Tat:** Die Tat muss zum Zeitpunkt des Tatbeitrages noch nicht in allen Einzelheiten (Zeit und Ort der Begehung) feststehen (OGH 15 Os 156/93). Die Tat braucht bloß ihrer Art nach und in groben Umrissen in der Vorstellung des Beitragstäters individualisiert sein (OGH 9 Os 162/84). Weicht der konkrete Tatablauf von der Vorstellung des Beitragstäters ab, ist dies unbeachtlich, solange der Unterschied zwischen dem tatsächlichen und vorgestellten Verlauf keine andere rechtliche Beurteilung zu Gunsten des Beitragstäters erfordert (OGH 9 Os 169/82).

850 Für den Begriff der Beitragstäterschaft ist es ohne Belang, in welcher realen Entwicklungsstufe sich die Tat befindet, zu der der Beitrag geleistet wird. Der **Beitrag** kann **auch im Vorbereitungsstadium** der Tat geleistet werden (OGH 14 Os 150/88).

X beschafft dem Y eine Pistole, damit dieser den Mord an seiner untreuen Gattin ausführen kann. X leistet damit einen physischen Tatbeitrag zum Mord des Y, obwohl sich Y als unmittelbarer Täter erst im Rahmen der Vorbereitung seines geplanten Mordes befindet.

851 **Nach Vollendung des Delikts** ist eine Beitragstäterschaft **nicht mehr** denkbar. Bei strafbaren Handlungen mit überschießendem Vorsatz kann ein Tatbeitrag bis zur materiellen Vollendung, in dem das über die formale Vollendung hinaus Gewollte einzutreten beginnt, geleistet werden (OGH 14 Os 167/13k). Unterstützungshandlungen von Dritten nach Vollendung der Tat können jedoch möglicherweise zur Verwirklichung eines anderen Tatbestandes führen:

Der Einbrecher X kommt mit seiner Diebesbeute nach Hause. Als sein Bruder Y die Beute sieht, erklärt er sich spontan bereit, beim Verkauf der Beute zu helfen. Wenn Y die Beute von X weiterverkauft, liegt darin keine Beitragshandlung zum Einbruch des X (§ 12 dritter Fall iVm § 129). Y macht sich jedoch wegen Hehlerei als unmittelbarer Täter (§ 12 erster Fall iVm § 164) strafbar.

Der **Tatbeitrag muss vom unmittelbaren Täter tatsächlich genützt** werden und die ausgeführte Tat muss letztlich zumindest bis ins Versuchsstadium fortgeschritten sein. Der Beitragstäter ist daher erst strafbar, wenn der unmittelbare Täter die Tat zumindest versucht hat. Ansonsten liegt nur eine **straflose versuchte Beitragstäterschaft** vor (OGH 9 Os 125/78, Rz 880ff). 852

b) Beitragshandlung

Als Beitragshandlung ist **jede Verhaltensweise** anzusehen, welche die **Ausführung der Tat** durch einen anderen ermöglicht, erleichtert, absichert oder in anderer Weise **fördert** (OGH 12 Os 40/02). Es muss nicht der Nachweis erbracht werden, dass ohne diesen Beitrag eine Ausführung der Tat unmöglich gewesen wäre (OGH 12 Os 147/14f). 853

Ein direkter Kontakt zwischen dem Beitrags- und dem Ausführungstäter ist nicht notwendig. Ein Tatbeitrag kann selbst ohne Wissen des Unterstützten geleistet werden, sofern sich diese Hilfe bei der Tat in irgendeiner Weise (zB durch eine vom unmittelbaren Täter unbemerkt gebliebene Einwirkung auf das Tatopfer oder eine sonstige Erleichterung der Tathandlung) auswirkte (OGH 12 Os 132/07i). 854

Es ist zwischen einer physischen und psychischen Beitragstäterschaft zu differenzieren:

Physischer Tatbeitrag: Für die physische Beitragstäterschaft genügt jede Förderung, welche noch kausal für die Tat ist. Selbst geringste Hilfsdienste werden als strafrechtlich relevant angesehen (zB Beförderung zum Tatort OGH 15 Os 63/95). Eine physische Beitragstäterschaft liegt vor, wenn jemand als Aufpasser fungiert, um rechtzeitig vor einer Polizeistreife oder einer Störung durch Dritte zu warnen (OGH 15 Os 63/95). Die bloße Anwesenheit am Tatort in der Rolle eines Zuschauers reicht noch nicht zur Annahme einer Beitragstäterschaft (OGH 15 Os 76/22y). 855

Jede Handlungsweise, die **noch nicht** einen strafbaren **Versuch des jeweiligen Tatbestands** (§ 15 Abs 2) darstellt, kann als Beitragstäterschaft zu diesem Tatbestand in Betracht kommen (OGH 13 Os 7/80). 856

857 Im Hinblick auf den unmittelbaren Täter muss jedoch beachtet werden, dass die Strafbarkeit wegen Beitragstäterschaft erst eintritt, wenn der unmittelbare Täter zumindest ins Versuchsstadium der Tat (zB des Mordes, § 15 Abs 2 iVm § 75) gelangt ist (Rz 880ff; OGH 12 Os 192/82). Dazu muss es aber noch nicht zu einer Verletzung des geschützten Rechtsguts gekommen sein (OGH 13 Os 7/80).

858 **Psychischer Tatbeitrag:** Die Beitragstäterschaft ist auch in Form einer psychischen Beitragstäterschaft denkbar. Diese besteht darin, dass der Täter in seinem **Tatentschluss bestärkt** wird (OGH 14 Os 122/92). Das Bestärken kann zB durch Ratschläge erfolgen (OGH 15 Os 63/95). Eine Strafbarkeit ist jedoch nur dann anzunehmen, wenn **nachgewiesen** werden kann, dass die **psychische Einflussnahme** auf den unmittelbaren Täter diesen in seinem **bereits vorhandenen Willen zur Tat** (Tatentschluss) **bestärkt** hat. Dabei bedarf es einer strengen Prüfung der Kausalität (OGH 12 Os 40/02): Der unmittelbare Täter hätte vielleicht doch noch geschwankt, die Tat auszuführen, der fördernde Rat oder die Billigung durch den Beitragstäter hat jedoch den Entschluss des Täters endgültig gemacht. Eine psychische Unterstützung liegt auch in der bloßen Zusage, bei einer Tat mitzuwirken (OGH 9 Os 208/83). Ebenso kann eine (psychische) Unterstützung in der Form geleistet werden, dass dem unmittelbaren Täter für die Zeit nach Vollendung der Tat Hilfe bei der Flucht oder beim Absatz der gestohlenen Waren versprochen wird (OGH 14 Os 122/92). Diese günstigen Aussichten können einen Tatentschluss stärken, weil der Täter damit seinem Tun eine größere Erfolgschance einräumt oder einen schnelleren Profit erhofft.

859 Eine psychische oder intellektuelle Beitragstäterschaft ist **nicht anzunehmen, wenn** der **unmittelbare Täter** keiner Bestärkung seines Tatentschlusses bedarf, weil er ohnedies bereits **fest zur Tat entschlossen ist** (OGH 12 Os 40/02). Hat die psychische Einflussnahme den Tatentschluss überhaupt erst erweckt, ist hingegen Bestimmungstäterschaft (§ 12 zweiter Fall) anzunehmen.

860 Auch ein **physischer Beitrag**, der sich auf die **Tat nicht** hilfreich **ausgewirkt** hat, **könnte dennoch** den Täter in seinem **Tatentschluss bestärkt haben** und wäre so als psychische Beitragstäterschaft strafbar:

> X gibt dem Y einen Nachschlüssel für den Einbruch in die Wohnung des Nachbarn. Als Y damit in die Nachbarwohnung gelangen möchte, steht die Eingangstüre der Wohnung bereits offen, sodass er den Nachschlüssel gar nicht benötigt. Die physische Beitragstäterschaft des X wurde für den Einbruch nicht kausal. Der unmittelbare Täter Y hätte aber vielleicht die Tat gar nicht erst versucht, wenn er nicht durch den Besitz des Schlüssels die Erfolgschance höher bewertet hätte. Dass er den Schlüssel dann doch nicht

gebraucht hat, war für ihn ein angenehmer Zufall, die psychische Wirkung der Bestärkung zur Tat blieb aber erhalten. Die psychische Bestärkung des Tatentschlusses muss vom Gericht jedoch konkret nachgewiesen werden können. Gibt Y an, dass er auch ohne Nachschlüssel den Einbruch unternommen hätte, da er bereits fest zur Tat entschlossen war, wird eine psychische Beitragstäterschaft des X zu verneinen sein und X ginge straffrei.

Das bloße Begleiten des Täters zum Tatort, der Aufenthalt in Tatortnähe 861
bzw das schlichte Dabeisein, Mitansehen, Mitwissen und widerspruchslose Dulden der Tatausführung begründen für sich allein grundsätzlich noch keine psychische Beitragstäterschaft (OGH 12 Os 132/07i). Wenn sich jedoch die Begleitung zum Tatort als Bestärkung des Mutes zur Tatausführung erweist, liegt darin eine psychische Beitragstäterschaft (OGH 15 Os 84/88). Das Gericht muss in Bezug auf die Beitragshandlung konkrete Feststellungen treffen, dass der Beitrag zumindest mitkausal für die Ausführung wurde. Ein im Fall fehlender Kausalität vorliegender bloßer Beitragsversuch bliebe nämlich straflos (OGH 12 Os 132/07i).

A weiß, dass sein Freund B, mit dem er vom gemeinsamen Fernurlaub zurück nach Österreich fliegt, Suchtmittel im Koffer versteckt hat. Allein der Umstand, dass A in Kenntnis des Suchtmittelschmuggels durch B diesen bei der Einreise nach Österreich begleitet, begründet für sich allein weder eine physische noch eine psychische Förderung des B. Sofern B dadurch in seinem Tatentschluss nicht bestärkt wird, kann das Verhalten des A nur nach § 286 (Unterlassen der Verhinderung einer mit Strafe bedrohten Handlung) verfolgt werden.

Variante: Anders wäre dieser Fall zu beurteilen, wenn A als Vater eine Garantenstellung gegenüber seinem 17-jährigen Sohn B besitzt. A hätte dann einen Tatbeitrag durch Unterlassen zum Suchtmittelschmuggel des B zu verantworten (OGH 12 Os 167/85).

c) Vorsatz

Der Beitragstäter muss den Vorsatz besitzen, zu einer konkreten Tat physisch 862
oder psychisch einen Beitrag zu leisten, mit dem Ziel, dass der unmittelbare Täter sein geplantes Delikt erfolgreich ausführt und vollendet (OGH 10 Os 49/84). Als Beitragstäter ist nicht strafbar, wer seine Hilfeleistung nur erbringt, damit der unmittelbare Täter ins Versuchsstadium gelangt, den Erfolgseintritt aber letztlich verhindern will. Dies wäre zB bei einem verdeckten Ermittler der Polizei der Fall, der als agent provocateur auftritt (vgl § 132 StPO).

863 Bei Tatbeständen, die eine **bestimmte Vorsatzform** verlangen, **muss** diese **auch bei allen Beteiligten nachgewiesen werden**. Wer einen Beitrag zu einem Missbrauch der Amtsgewalt (§ 302) oder der Untreue (§ 153) leistet, muss wissentlich (§ 5 Abs 3) in Bezug auf die Pflichtverletzung des unmittelbaren Täters handeln (OGH 12 Os 50/90). Ein grundsätzliches Wissen wird dabei als ausreichend angesehen (OGH 12 Os 121/82). Der Beitragstäter zur Untreue muss wissen, dass der Machthaber seine Pflicht verletzen würde (OGH 12 Os 26/77). Der Vorsatz des Beitragstäters muss sich zudem auch auf den damit verbundenen Schaden beim Machtgeber erstrecken (OGH 15 Os 131/87). Mit Ausnahme der Sonderdelikte des Missbrauchs der Amtsgewalt (§ 302) und der Untreue (§ 153) ist auf der Seite des unmittelbar ausführenden Täters kein vorsätzliches Handeln Voraussetzung. Zur **Beitragstäterschaft** an **Sonderdelikten** sei im Detail auf die Ausführungen zur Bestimmungstäterschaft bei Sonderdelikten verwiesen (Rz 843ff), welche in entsprechender Weise auch für die Beitragstäterschaft gelten. Insbesondere muss der Beitragstäter zumindest von einem zumindest bedingt vorsätzlichen Handeln des unmittelbaren Täters ausgehen (OGH 11 Os 11/17b).

864 **Fahrlässige Unterstützung einer Tat:** Wer bloß fahrlässig zum Gelingen einer Tat beiträgt, handelt nicht von vornherein straflos. Es ist hierbei zu prüfen, ob das fördernde Verhalten alle Voraussetzungen eines Fahrlässigkeitsdelikts erfüllt. Ist dies der Fall, kann der „Beitragstäter" als unmittelbarer Täter des jeweiligen Fahrlässigkeitsdelikts zur Verantwortung gezogen werden (OGH 11 Os 123/81). Beteiligt sich jemand fahrlässig an einem Fahrlässigkeitsdelikt, kommt ebenso nur (unmittelbare) Täterschaft in Bezug auf ein eigenes Fahrlässigkeitsdelikt in Betracht (OGH 12 Os 15/81). Voraussetzung dazu ist, dass vom Beteiligten eine **ihn treffende Sorgfaltspflicht verletzt** wurde.

A leiht B sein Auto, obwohl er weiß, dass dieser keinen Führerschein besitzt. B verschuldet einen Unfall, bei dem ein Passant schwer verletzt wird (§ 88). B kann in diesem Fall wegen fahrlässiger Körperverletzung (§ 88) des Passanten zur Verantwortung gezogen werden. Doch auch A hat mit dem Verleihen seines Autos an jemanden, der keinen Führerschein besitzt, eine Sorgfaltspflicht verletzt. Die Voraussehbarkeit eines Unfalls mit Personenschaden wird bei dieser Sachlage regelmäßig gegeben sein. Es kann daher auch A wegen fahrlässiger Körperverletzung (§ 88) des Passanten zur Verantwortung gezogen werden.

865 Wer unvorsichtig seine geladene Pistole liegen lässt und dem Mörder damit die Möglichkeit gibt, zu einer Waffe zu gelangen, trägt zur Ausführung des Mordes bei. Da dieser Beitrag aber nur fahrlässig erfolgt, kommt für den Beitragleistenden nur eine strafrechtliche Verantwortung wegen fahrlässiger

Tötung (§ 80) in Betracht, während der unmittelbar ausführende Täter wegen Mordes (§ 75) strafbar ist (näher zu diesem Bsp Rz 834).

d) Problem der Akzessorietät

Auch bei der Beitragstäterschaft stellt sich die Frage, inwieweit die Strafbarkeit des Beitragstäters davon anhängig ist, was der unmittelbare Täter letztlich tut (Problem der Akzessorietät). 866

Voraussetzungen beim unmittelbaren Täter: Der unmittelbare Täter muss zumindest **tatbildmäßig** und **rechtswidrig gehandelt** haben. Grundsätzlich ohne Relevanz ist hingegen, ob der unmittelbare Täter auch schuldhaft gehandelt hat (limitierte Akzessorietät; OGH 10 Os 168/83). Dem Handeln des unmittelbaren Täters braucht **kein Tatvorsatz** zugrunde zu liegen (OGH 15 Os 165/93). 867

Der unmittelbare Täter muss zumindest rechtswidrig gehandelt haben. Das erkennt man daran, dass die Beitragstäterschaft überhaupt nur strafbar ist, wenn der unmittelbare Täter die Tat wenigstens versucht hatte und dies muss wohl eine strafrechtlich relevante und damit rechtswidrige Tat gewesen sein (OGH 9 Os 125/78). Der Beitragstäter ist jedoch auch dann strafbar, wenn der unmittelbare Täter mangels Zurechnungsfähigkeit nicht schuldhaft gehandelt hat (OGH 11 Os 146, 147/91). 868

Als X in der Nacht von einer Party nach Hause geht, wird sie von zwei Jugendlichen überfallen. Für diesen Ernstfall hat X von ihrem Vater einen Elektroschocker mitbekommen, den sie sofort einsetzt. Ein Angreifer wird dabei schwer verletzt. Diese Körperverletzung (§§ 83f) ist durch Notwehr (§ 3) gerechtfertigt und damit straffrei. Der Vater von X hat zu dieser Verletzung einen Beitrag geleistet, indem er seiner Tochter den Elektroschocker mitgegeben hat. Da die Handlung von X rechtmäßig ist, geht natürlich auch der Vater straffrei.

Die Strafbarkeit des Beitragstäters tritt erst ein, sobald die von ihm geförderte Tat des **unmittelbaren Täters zumindest das Stadium des strafbaren Versuchs** (§ 15 Abs 2) **erreicht** hat (OGH 15 Os 63/23p). Es besteht daher eine Abhängigkeit des Beitragstäters vom unmittelbaren Täter dahingehend, dass der unmittelbare Täter eine tatbestandsmäßige und rechtswidrige Tat wenigstens versucht haben muss (quantitative Akzessorietät). Nur unter dieser Voraussetzung wird der Beitragstäter strafbar. Solange der unmittelbare Täter die Tat nicht einmal versucht hat, bleibt der Beitragstäter straffrei, obwohl sein Beitrag voll geleistet worden ist, nur konnte er eben für die tatbestandsmäßige und rechtswidrige Tat des unmittelbaren Täters noch nicht kausal wir- 869 ken. **Versuchte Beitragstäterschaft** ist nach österreichischem Recht **straffrei** (Rz 880ff), im **Gegensatz zur versuchten Bestimmungstäterschaft** (§ 15 Abs 2, Rz 874ff).

870 Die Bestrafung des **Beitragstäters** wegen des **vollendeten Delikts** setzt die **Tatvollendung** durch den **unmittelbaren Täter** voraus. Der **Beitragstäter** haftet nur wegen **Deliktsversuchs**, wenn die **geförderte Tat** beim **Versuch** geblieben ist (OGH 12 Os 43/03).

871 **Abweichendes Verhalten des unmittelbaren Täters:** Begeht der **unmittelbare Täter** eine **andere Tat** als jene, worauf sich der Vorsatz des Beitragstäters erstreckt hat, ist die **Beitragstäterschaft straflos**. Unter einer anderen Tat versteht man ein solches Tatgeschehen, welches schon rein äußerlich anders in Erscheinung tritt und nicht nur wegen der verschiedenen Gestaltung subjektiver Komponenten anders qualifiziert werden müsste (zB § 75 oder § 80).

X gibt vor, einen Einbruch in die Wohnung seines Nachbarn begehen zu wollen. Y verschafft ihm hierauf einen Nachschlüssel zu dieser Wohnung. In Wirklichkeit plant X jedoch einen Mord am Wohnungsbesitzer und will mit dem Nachschlüssel leichter an das Opfer herankommen. Y leistet damit zwar real einen Beitrag zum Mord, weil X leichter in die Wohnung seines Opfers eindringen kann. Y wollte jedoch nur einen Beitrag zu einem Einbruch erbringen. Damit liegt der bloße Versuch eines Beitrags zum Einbruch (§ 129) vor. Ein Einbruch hat real nicht einmal in Form eines Versuchs stattgefunden. Da die versuchte Beitragstäterschaft nicht strafbar ist, geht Y straffrei.

872 **Anders** ist der Fall **zu beurteilen**, wenn es nur zur **Steigerung** eines der **Art nach gleichen Grunddelikts** kam:

X leistet einen Beitrag zum Diebstahl des Y, indem er diesen genau instruiert, wie er unbemerkt an die Geldtasche seines Opfers gelangen könnte. Als Y den Diebstahl ausführen will, bemerkt das Opfer dessen Vorhaben und setzt sich heftig zur Wehr. Y schlägt daraufhin mit der Faust das Opfer nieder, um an die Geldtasche zu kommen und flieht. Y hat als unmittelbarer Täter in diesem Fall einen Raub zu verantworten (§ 142). X haftet als Beitragstäter bloß für Beitragstäterschaft zum Diebstahl (§ 127), da ein Raub nichts anderes als ein gewaltsamer Diebstahl ist.

873 War das Deliktsobjekt ein anderes Opfer, ist dies ebenso grundsätzlich ohne Bedeutung, wenn es nicht auf dessen Individualität ankam (OGH 13 Os 7/80).

Ansonsten wäre diese Konstellation unter dem Aspekt der aberratio ictus (Rz 218f) zu beurteilen.

E. Versuchte Bestimmungstäterschaft – Versuchte Beitragstäterschaft

Durl Strafloser Beitragsversuch und strafbare Mitwisserschaft – ein vermeidbares Paradoxon, RZ 2010, 220. 244; *Zipf* Probleme der versuchten Bestimmung zu einer Straftat, RZ 1980, 141.

Wie aus den bereits ausgeführten Beispielen teilweise ersichtlich, differenziert der Gesetzgeber zwischen einer versuchten Bestimmungtäterschaft und einer versuchten Beitragstäterschaft, mit erheblichen Auswirkungen auf die Strafbarkeit des jeweiligen Tatbeteiligten: 874

1. Versuchte Bestimmungstäterschaft (§ 12 zweiter Fall iVm **§ 15 Abs 2):** Eine versuchte Bestimmungstäterschaft ist immer dann anzunehmen, wenn es dem Bestimmungstäter nicht gelingt, den unmittelbaren Täter zum Versuch der Tat zu veranlassen. Der Bestimmungstäter ist dann bloß wegen Versuchs jener Tat strafbar (§ 15 Abs 2), zu der er vergeblich bestimmt hat. Durch § 15 Abs 2 wird der Bereich strafbaren Verhaltens sehr weit ausgedehnt, denn derjenige, der einen anderen bloß zur Tat bestimmen will, ist von dieser viel weiter entfernt als derjenige, der sie unmittelbar ausführen soll. Es erscheint daher angebracht, den Beginn des Versuchsstadiums bei einer versuchten Bestimmungstäterschaft restriktiver auszulegen als beim Versuch einer unmittelbaren Tatbegehung. 875

X bringt einen Brief zum Postamt, mit dem er einen Zeugen zu einer falschen Beweisaussage (§ 288) auffordert. Es handelt sich dabei bereits um den strafbaren Versuch einer Bestimmung zu § 288, auch wenn der Zeuge den Brief vollkommen unbeeindruckt in den Papierkorb wirft. Mit dem Versenden des Briefes hat X die entscheidende Hemmschwelle überwunden (OGH 13 Os 112/85) und die Herrschaft über das Geschehen aus der Hand gegeben. Das bloße Verfassen des Briefes wäre hingegen als reine Vorbereitungshandlung dazu noch nicht strafbar.

Fehlender Tatentschluss des unmittelbaren Täters: Die versuchte Bestimmungstäterschaft betrifft in erster Linie Sachverhaltskonstellationen bei denen es dem Bestimmungstäter nicht einmal gelingt, im unmittelbaren Täter den Tatentschluss zu erwecken. Darunter fällt auch der Fall, wenn die Bestimmungshandlung den zu Bestimmenden nicht erreicht hat (OGH 14 Os 90/91). Zur versuchten Bestimmung zu einem Delikt ist es ausreichend, wenn die Tat der Art nach und in groben Umrissen feststeht (OGH 10 Os 140/76). Eine un- 876 mittelbare Nähe zur Ausführungshandlung des unmittelbaren Täters ist nicht erforderlich (OGH 12 Os 107/82).

877 Als **versuchte Bestimmungstäterschaft** wird auch zu werten sein, **wenn** der Bestimmungstäter **im unmittelbaren Täter** zwar den **Tatentschluss erwecken** konnte, dieser **jedoch** (noch) **nicht** bis in das **Stadium** des **strafbaren Tatversuchs gelangt** ist.

878 **Bestimmung zum Versuch** (§ 12 zweiter Fall iVm § 15 Abs 1): Die versuchte Bestimmungstäterschaft ist begrifflich von der Bestimmung zum Versuch zu unterscheiden. Bei einer Bestimmung zum Versuch setzt der unmittelbare Täter zwar eine als Tatversuch strafbare Ausführungshandlung bzw ausführungsnahe Handlung, es kommt jedoch zu keiner Tatvollendung. Die Strafbarkeit der Beteiligung an einem Tatversuch ergibt sich aus § 15 Abs 1. Sowohl bei der versuchten Bestimmungstäterschaft als auch bei der Bestimmung zum Versuch ist der Bestimmungstäter wegen versuchter Deliktsbegehung strafbar (§ 12 zweiter Fall iVm § 15).

879 **Abweichende Tat des unmittelbaren Täters:** Wird zu einem Einbruch aufgefordert (§ 129) und begeht der unmittelbare Täter einen Mord (§ 75), haftet der Bestimmungstäter nicht dafür, sondern bloß wegen versuchter Bestimmung zum Einbruch (§ 129 iVm §§ 12, zweiter Fall, 15 Abs 2). Im Ergebnis schwer einleuchtend führt dies zu einer Bestrafung wegen versuchten Einbruchs, obwohl ein Einbruch eigentlich nie stattgefunden hat, sondern ein Mord passiert ist (vgl jedoch dazu das gleiche Beispiel in Bezug auf die versuchte Beitragstäterschaft, Rz 871). Wird hingegen zu einem Diebstahl aufgefordert (§ 127) und begeht der unmittelbare Täter einen Raub (§ 142), haftet der Bestimmungstäter nur für die Bestimmung zum Diebstahl. Dies ist möglich, weil der Raub die Grundelemente des Diebstahls in sich trägt, und demnach nichts anderes ist als ein gewaltsamer Diebstahl.

880 **2. Versuchte Beitragstäterschaft:** Im Gegensatz dazu wird die versuchte Beitragstäterschaft vom Gesetz nicht ausdrücklich unter Strafe gestellt (OGH 11 Os 21/86). Die **Straflosigkeit** der versuchten Beitragstäterschaft ergibt sich e contrario aus der ausdrücklichen Strafausdehnung für die versuchte Bestimmungstäterschaft in § 15 Abs 2. Das Analogieverbot (§ 1) verbietet es, § 15 Abs 2 analog auch auf Fälle der versuchten Beitragstäterschaft anzuwenden.

881 Kriminalpolitisch ist diese Differenzierung nicht verständlich. Der versuchte Beitrag zu einer Straftat kann hinsichtlich des Handlungsunwertes von gleichem Gewicht sein, wie der Versuch, einen anderen zu einer Straftat zu bestimmen. Der Erfolgsunwert wiederum entfallt bei beiden Konstellationen.

- X gibt Y die Pistole für dessen geplanten Mord. Y erwürgt sein Opfer jedoch im Streit und benötigt die Pistole gar nicht. X kann wegen seiner bloß versuchten Beitragstäterschaft zum Mord nicht bestraft werden.
- **Hingegen:** X fordert Y auf, seine reiche Ehegattin zu ermorden, um an deren Vermögen zu kommen. Y lehnt diesen Vorschlag ab. X ist strafbar wegen versuchter Bestimmung zum Mord (§ 12 zweiter Fall iVm § 75; vgl Rz 871, 877).

Aus der Straflosigkeit der versuchten Beitragstäterschaft ergibt sich, dass die Mitwirkung (Beitragstäterschaft) an einem objektiv pflichtwidrigen Gebrauch einer Befugnis (Untreue, § 153 bzw Missbrauch der Amtsgewalt, § 302) durch einen vorsatzlos handelnden Befugnisträger nie als strafbare Beteiligung (§ 12 dritter Fall) an einer Untreue (§ 153) bzw Amtsmissbrauch (§ 302) zu werten ist (OGH 11 Os 126/16p). Selbst wenn der Vorsatz des Beitragstäters auf einen vorsätzlichen Missbrauch der Befugnis des unmittelbaren Täters gerichtet war, wäre die in diesem Fall bloß versuchte Beitragstäterschaft generell straflos (§ 15 Abs 2, vgl dazu im Detail Rz 845f).

Teilweise wird versucht, diese Strafbarkeitslücke zu schließen, indem die versuchte Beitragstäterschaft unter dem Aspekt des § 286 (Unterlassung der Verhinderung einer mit Strafe bedrohten Handlung) strafrechtlich erfasst wird (dazu *Durl* RZ 2010, 220ff, 244ff). 882

Beitrag zum Versuch (§ 12 dritter Fall iVm § 15 Abs 1): Der **Versuch der Beitragstäterschaft** ist zu **unterscheiden** vom **Beitrag zu einem versuchten Delikt**, der strafbar ist. Dies führt dazu, dass die Beitragstäterschaft ab jenem Moment strafbar wird, ab dem die Tat des unmittelbaren Täters ins Versuchsstadium gelangt. 883

F. Selbständige Strafbarkeit der einzelnen Beteiligten (§ 13)

1. Allgemeines

Nach der Grundregel des § 13 ist **jeder Beteiligte nach seiner Schuld** zu bestrafen. Ein und dasselbe Tatgeschehen kann demnach für einen Beteiligten vorsätzlicher Mord, für den anderen nur fahrlässige Tötung sein, denn äußerlich ist Mord von fahrlässiger Tötung nicht zu unterscheiden, wenn man die unterschiedliche Täterintention außer Betracht lässt. Es besteht daher weitgehend keine Abhängigkeit zwischen der Tat des Beteiligten und dem Typus der vom unmittelbaren Täter ausgeführten Tat. Die Tatbeteiligung ist demnach nicht qualitativ akzessorisch (OGH 15 Os 165/93). Wenn jeder Täter nach seiner eigenen Schuld zu bestrafen ist, kann dies zu Unterschieden in der Deliktshaf- 884 tung führen, wenn verschiedene Schuldformen bei den einzelnen Beteiligten vorliegen. Stimmt das Vorhaben mehrerer gemeinsam handelnder Täter nicht überein, haftet jeder nur nach seinem eigenen Vorsatz (OGH 13 Os 168/87). Aus § 13 folgt, dass mehrere an derselben Tat Mitwirkende auch verschiedene Delikte begehen können (OGH 11 Os 75/96).

885 Handelt bei der (gemeinsamen) Ausübung von Gewalt gegen eine Person ein Beteiligter mit Raubvorsatz, der andere aber nur mit Verletzungsvorsatz, hat ersterer ausschließlich Raub (§ 142), der andere jedoch das entsprechende Körperverletzungsdelikt (§§ 83ff) zu verantworten (OGH 13 Os 168/87). Denkbar ist auch, dass zB der unmittelbare Täter wegen Mordes (§ 75), sein Beitragstäter (§ 12 dritter Fall), dessen Vorsatz nur auf eine Verletzung des Opfers gerichtet war, jedoch bloß wegen Körperverletzung mit tödlichem Ausgang (§ 86) strafbar ist (OGH 10 Os 168/83). Während ein Tatbeteiligter als **Vorsatztäter** haftet, könnte ein anderer Tatbeteiligter auch nur als **Fahrlässigkeitstäter** bestraft werden oder überhaupt als an der Tat schuldlos beteiligte Person straffrei gehen. Es besteht immer nur eine **Haftung im Rahmen der eigenen Erfolgsvorstellung** und bei Fahrlässigkeitsdelikten im Rahmen der **eigenen Sorgfaltspflichtverletzung** und Voraussehbarkeit (OGH 11 Os 20/82).

2. Zusammenwirken mehrerer bei Sonderdelikten (§ 14)

886 Wie bereits oben ausgeführt ist eine Beteiligung als Bestimmungs- oder Beitragstäter auch bei Sonderdelikten möglich, selbst wenn der Tatbeteiligte die besonderen Anforderungen des jeweiligen Sonderdeliktes an den Täter nicht erfüllt (Rz 843ff, 863). Dies gilt jedoch nicht bei allen Sonderdelikten: § 14 differenziert zwischen unrechtsbezogenen und schuldbezogenen Sonderdelikten. Bei den unrechtsbezogenen Sonderdelikten hängt die Strafe oder die Höhe der Strafe von besonderen persönlichen Eigenschaften oder Verhältnissen des Täters ab, die das Unrecht betreffen (§ 14 Abs 1). Bei schuldbezogenen Sonderdelikten hingegen betreffen die besonderen persönlichen Eigenschaften und Verhältnisse ausschließlich die Schuld (§ 14 Abs 2).

887 Durch Interpretation muss bei jedem Sonderdeliktstatbestand festgestellt werden, ob die besonderen persönlichen Eigenschaften oder Verhältnisse, welche beim Täter verlangt werden, nur die Schuld betreffen oder auch das Unrecht. Erst dann kann beurteilt werden, ob der Unrechtscharakter des Deliktes in seinem Gewicht für alle Tatbeteiligten gleich zur Anwendung gelangt oder nur für eine bestimmte daran beteiligte Person.

a) Unrechtsbezogene Sonderdelikte (§ 14 Abs 1)

888 Hängt die Strafbarkeit oder die Höhe der Strafe von besonderen persönlichen **Eigenschaften oder Verhältnissen des Täters** ab, die das **Unrecht der**

Tat betreffen, findet der jeweilige Tatbestand auf alle Beteiligten Anwendung, wenn diese Eigenschaften oder Verhältnisse auch nur bei einem von ihnen vorliegen. Das besondere Gewicht der Tat wirkt sich damit auch auf Tatbeteiligte aus, bei denen die vom Tatbestand verlangten besonderen Eigenschaften nicht vorliegen oder die nicht unter den vom Gesetz verlangten Verhältnissen gehandelt haben (OGH 9 Os 125/78).

Hierbei wird die Terminologie des Einheitstäterbegriffes besonders prob- 889
lematisch. Folgt man dem Wortlaut des § 12 iVm § 14 Abs 1, ist auch ein an einem Sonderdelikt bloß Beteiligter ein Täter dieses Sonderdeliktes, obwohl er die besondere Qualifikation, welche beim unmittelbaren Täter verlangt wird, nicht aufweist. Würde dieser Beteiligte die Tat alleine begehen, könnte er wegen des Sonderdeliktes gar nicht bestraft werden. Nach der Formulierung des § 12 kann zB ein Missbrauch der Amtsgewalt (§ 302) durch einen Bestimmungstäter (§ 12 zweiter Fall) begangen werden, der gar kein Beamter ist (Rz 843ff).

Der Gesetzgeber war sich bewusst, dass der Einheitstäterbegriff bei Sonder- 890
delikten, insb bei eigenhändigen Delikten, zu fragwürdigen Ergebnissen führen könnte, wenn alle Beteiligten als Täter desselben Tatbestandes erscheinen. So müsste zB die Bordellwirtin, die Vater und Tochter wissentlich zusammenführt, als Täterin der Blutschande (§ 211) bestraft werden.

§ 14 Abs 1 zweiter Satz führt daher zu einer **Einschränkung** der allgemei- 891
nen Regel des § 14 Abs 1 erster Satz. Der erste Fall des § 14 Abs 1 zweiter Satz betrifft dabei die sog „eigenhändigen Sonderdelikte", während der zweite Fall sich auf die sog „Sonderpflichtdelikte" bezieht, wobei die Abgrenzung dieser zwei Kategorien von untergeordneter Bedeutung und teilweise auch schwierig ist, da sie sich oft überschneiden:

Eigenhändige Sonderdelikte: Mit dem zweiten Satz des § 14 Abs 1 wurde 892
die gesetzliche Beschränkung getroffen, dass bei Tatbeständen, aus deren Gestaltung sich ergibt, dass gerade der Träger der besonderen Eigenschaften oder Verhältnisse die Tat auszuführen hat (zB Blutschande, § 211), diese von ihm selbst vorgenommen werden muss. Obwohl die besondere persönliche Eigenschaft des Täters hier zum Unrecht gezählt wird, genügt es nicht, dass irgendein Beteiligter derartige Delikte verwirklicht, sondern es muss einen **unmittelbaren Täter** geben, der als solcher tätig wird und die **besondere Eigenschaft in seiner Person besitzt**.

Trotzdem wird damit nicht die eigenartige terminologische Konsequenz 893
beseitigt, dass auch die anderen Beteiligten formell als Täter des jeweiligen Sonderdeliktes verurteilt werden müssten, mag auch ihre Täterschaft nur im Unterstützen der Tätigkeit des eigenhändig Handelnden bestehen. Im Falle der Beteiligung mehrerer an einem Blutschandedelikt (§ 211 iVm § 12 iVm

§ 14 Abs 1) bedeutet dies, dass der Geschlechtsverkehr vom Vater mit seiner Tochter vorgenommen werden muss und nicht von irgendeinem anderen über Geheiß oder Hilfe des Vaters. Sonst wäre Blutschande als Delikt gar nicht gegeben. Verkehrt aber der Vater mit der Tochter, sind die anderen trotzdem nach dem Einheitstäterbegriff des § 12 als Täter des Deliktes der Blutschande zu verurteilen, nur nicht als unmittelbare Täter.

894 **Sonderpflichtdelikte**: Zur Gruppe der Sonderpflichtdelikten wären zB die Untreue (§ 153) oder der Missbrauch der Amtsgewalt (§ 302) zu zählen. Auch hierbei wird die Einschränkung getroffen, dass derjenige, der die besonderen Eigenschaften oder Verhältnisse, welche vom Tatbestand beim Täter verlangt werden, nicht besitzt, **nur Bestimmungstäter** (§ 12 zweiter Fall) oder **Beitragstäter** (§ 12 dritter Fall) sein kann, nicht jedoch unmittelbarer Täter (§ 12 erster Fall). Ein nicht Qualifizierter scheidet auch als Mittäter aus, denn Mittäter kann nur sein, wer auch allein unmittelbarer Täter des Tatbestandes sein könnte:

895 Als unmittelbarer Täter (§ 12 erster Fall) des **Missbrauchs der Amtsgewalt** kommt nur ein Beamter in Betracht und damit eine Person, die über die besondere Subjektqualifikation des **§ 302** verfügt (*Zagler* SK-StGB § 302 Rz 156; aM *Öner/Schütz* in *Leukauf/Steininger* StGB^4 § 14 Rz 8; *Triffterer* AT^2 418). Die Beamtenqualifikation stellt eine besondere Eigenschaft des Täters dar, die iSd § 14 Abs 1 das Unrecht der Tat betrifft und nicht ausschließlich auf der Ebene der Schuld zu finden ist.

- Der Nichtbeamte X verschafft sich Zugang zum Computer der Grundbuchsabteilung bei Gericht und manipuliert Eintragungen im Grundbuch. X begeht mit dieser Handlungsweise keinen Missbrauch der Amtsgewalt nach § 302, sondern nur das jeweils in Betracht zu ziehende allgemeine Delikt (zB Datenfälschung, § 225a).
- **Hingegen:** X überredet den mit ihm befreundeten Grundbuchführer des Gerichtes, diese Manipulationen vorzunehmen. Der Grundbuchführer ist Beamter iSd § 74 Abs 1 Z 4 und begeht damit einen Missbrauch der Amtsgewalt (§ 302). X als Nichtbeamter hat ihn dazu angestiftet und ist daher als Bestimmungstäter (§ 12 zweiter Fall, § 14 Abs 1) zu § 302 strafbar, obwohl sich an seiner fehlenden Qualifikation zu diesem Sonderdelikt nichts geändert hat. Die besondere persönliche Eigenschaft, welche der Tatbestand des § 302 beim Täter verlangt (Beamteneigenschaft) betrifft nämlich das Unrecht dieses Deliktes iSd § 14 Abs 1.

896 Dadurch, dass jemand, der nicht Beamter ist, sich bloß als Bestimmungs- oder Beitragstäter (§ 12 zweiter und dritter Fall) am Sonderdeliktstatbestand des § 302 beteiligen kann, werden zumindest die terminologischen Unge-

reimtheiten des Einheitstäterbegriffs, welche sich daraus ergeben, dass auch ein Nichtbeamter als „Täter" eines Missbrauchs der Amtsgewalt gesehen wird (§ 12), entschärft.

Dem Unrecht zugezählt wird auch die besondere Tätereigenschaft bei der 897
Untreue (§ 153). Gleich wie beim Missbrauch der Amtsgewalt (§ 302) wird auch beim Tatbestand der Untreue der Machthaber (Befugnisinhaber) als unmittelbarer Täter (§ 12 erster Fall) auftreten müssen. Personen, denen keine Machthaberstellung zukommt, können sich nur als Bestimmungs- oder Beitragstäter (§ 12 zweiter bzw dritter Fall) daran beteiligen.

Zusammenfassend kann gesagt werden, dass der Gesetzgeber mit § 14 898
Abs 1 allgemein entschieden hat, dass die an einem Sonderdelikt beteiligten Nichtqualifizierten der gleichen Strafdrohung unterstehen wie die qualifizierten Personen, soweit die gravierenden oder privilegierenden Momente den Bereich des Unrechts oder neben dem Schuldbereich auch dem Unrecht zuzuordnen sind.

Darin liegt eine Bewertungsfrage. Es wäre jedoch sinnvoll gewesen, für den 899
Extraneus eine Zwangsmilderung vorzunehmen, da sein Fehlverhalten wohl von geringerem Gewicht ist. Ihm fehlt die besondere Stellung zum verletzten Rechtsgut bzw die besonderen Pflichten.

b) Schuldbezogene Sonderdelikte (§ 14 Abs 2)

Die besonderen **persönlichen Eigenschaften** und **Verhältnisse**, deren Vor- 900
liegen ein Tatbestand beim **Täter** verlangt, können auch **ausschließlich die Schuld betreffen**:

Angesichts der drohenden Unterhaltsverpflichtungen, die auf ihn zukommen, überredet der Kindesvater X die Kindesmutter Y dazu, ihr Neugeborenes kurz nach der Geburt zu töten. X haftet wegen Bestimmung zum Mord (§ 12 zweiter Fall iVm § 75), während die Kindesmutter Y selbst wegen der verminderten Schuld nur nach § 79 zur Verantwortung gezogen werden kann (OGH 13 Os 90/77).

Diese differenzierende Lösung basiert auf § 14 Abs 2. Macht ein Straftatbe- 901
stand die Strafbarkeit oder die Höhe der Strafe von besonderen persönlichen Eigenschaften oder Verhältnissen des Täters abhängig, die ausschließlich die Schuld betreffen, findet dieser Tatbestand nur auf die Beteiligten Anwendung, bei denen diese Eigenschaften oder Verhältnisse vorliegen. Der Tatbestand des § 79 (Tötung eines Kindes bei der Geburt) berücksichtigt die Ausnahmesituation, in der sich eine Mutter im Zuge des Geburtsvorganges befindet und wertet

diese als schuldmindernd. Der Kindesvater, der angesichts der drohenden Unterhaltszahlungen in Panik verfällt, befindet sich hingegen nicht in einer derartigen Ausnahmesituation und wird daher auch nicht durch § 79 privilegiert. Fordert ein Außenstehender die Kindesmutter zur Tötung des Neugeborenen auf oder trägt er dazu bei, hat er dies als Bestimmung bzw Beitrag zum Mord (§ 75) zu verantworten (OGH 13 Os 90/77).

902 Entsprechendes gilt beim Tatbestand des Totschlages (§ 76): Wer einen anderen, der sich in einer allgemein begreiflichen Gemütsbewegung befindet, durch Anraten dazu bestimmt, einen Menschen zu töten, haftet wegen Bestimmung zum Mord (§ 12 zweiter Fall iVm § 75), während der unmittelbare Täter nach § 76 strafbar ist (OGH 10 Os 131/78).

903 **Gewerbsmäßige Begehung (§ 70):** In gleicher Weise ist die „gewerbsmäßige Begehung" iSd § 70 ein Kriterium, welches einzig die Schuld des Täters betrifft (OGH 10 Os 78/82). Die gewerbsmäßige Begehung einer Tat, welche im Einzelfall zur Verwirklichung eines qualifizierten Tatbestands führen kann (zB § 148, gewerbsmäßiger Betrug), belastet daher immer nur denjenigen, in dessen Person die Merkmale des § 70 vorliegen (OGH 14 Os 22/95).

904 **Strafbare Handlungen unter Ausnützung der Amtsstellung (§ 313):** Die in **§ 313** vorgesehene Strafschärfungsmöglichkeit (vgl *Seiler* AT II[11] Rz 256), wenn ein Beamter ein allgemeines Delikt unter Ausnutzung der ihm durch seine Amtstätigkeit gebotenen Gelegenheit begeht, betrifft ebenfalls nur die Schuld. Auf Tatbeteiligte, die keine Beamten sind und daher die Voraussetzungen des § 313 nicht erfüllen, kommt diese Bestimmung nicht zur Anwendung. Bei ihnen ist bei der Strafbemessung vom allgemeinen Strafrahmen des jeweiligen Deliktes auszugehen (OGH 13 Os 85, 86/76).

905 **Besondere persönliche Eigenschaften oder Verhältnisse**, welche **ausschließlich die Schuld treffen**, **begünstigen** oder **belasten** daher **nur jenen Tatbeteiligten**, bei dem sie **vorliegen** (§ 14 Abs 2). Betreffen die besonderen persönlichen Eigenschaften oder Verhältnisse neben der Schuld auch das Unrecht, liegt hingegen ein Fall des § 14 Abs 1 vor.

G. Zusammenfassendes Schema

906 Bei der strafrechtlichen Beurteilung des Verhaltens von Tatbeteiligten (Bestimmungstäter, Beitragstäter) sind auf Tatbestandsebene zusätzlich insbesondere nachfolgende Punkte näher zu prüfen. Auf den übrigen Prüfungsebenen ergeben sich grundsätzlich keine Abweichungen zu den Schemata für Vorsatzdelikte. Bei mehreren Tatbeteiligten ist es regelmäßig von Vorteil, **zuerst** die **Strafbarkeit des unmittelbaren Täters** zu **prüfen** und erst dann die Strafbarkeit möglicher Tatbeteiligter, da die Strafbarkeit der Tatbeteiligten vielfach

vom konkreten strafbaren Verhalten des unmittelbaren Täters abhängig ist (Akzessorietät, Rz 835ff, 866ff). Eine „fahrlässige Bestimmungstäterschaft" oder „fahrlässige Beitragstäterschaft" ist nach dem Schema für Fahrlässigkeitsdelikte zu prüfen (Rz 834, 864f).

1. Schema für den Bestimmungstäter (§ 12 zweiter Fall)

I. Tatbestand	→	**A. Objektive Tatbestandsseite** 1. Bestimmungshandlung (Erwecken des Tatentschlusses; hinreichende Konkretisierung des auszuführenden Delikts) 2. Tatausführung durch den unmittelbaren Täter (Problem der Akzessorietät: Versuch, Vollendung) 3. versuchte Bestimmungstäterschaft strafbar (§ 15 Abs 2) **B. Subjektive Tatbestandsseite** Bestimmungsvorsatz (Vorsatz auf Hervorrufen eines Tatentschlusses; ev erweiterter Vorsatz) **C. Bestimmung zum Sonderdelikt (§ 14)** 1. unrechtsbezogene Sonderdelikte (§ 14 Abs 1, zB §§ 153, 302) 2. schuldbezogene Sonderdelikte (§ 14 Abs 2, zB § 79) 3. Vorsatz des Bestimmungstäters bzw unmittelbaren Täters bei §§ 153, 302
II. Rechtswidrigkeit		
III. Schuld		
IV. Strafe		

2. Schema für den Beitragstäter (§ 12 dritter Fall)

I. Tatbestand →

A. Objektive Tatbestandsseite

1. Beitragshandlung (Fördern der Tatausführung durch physischen oder psychischen Tatbeitrag)
2. Tatausführung durch den unmittelbaren Täter (Problem der Akzessorietät: Versuch, Vollendung)
3. versuchte Beitragstäterschaft straflos – strafbar jedoch Beitrag zum versuchten Delikt des unmittelbaren Täters

B. Subjektive Tatbestandsseite

Beitragsvorsatz (Vorsatz auf Fördern der Tatausführung, ev erweiterter Vorsatz)

C. Beitrag zum Sonderdelikt (§ 14)

1. unrechtsbezogene Sonderdelikte (§ 14 Abs 1, zB §§ 153, 302)
2. schuldbezogene Sonderdelikte (§ 14 Abs 2, zB § 79)
3. Vorsatz des Beitragstäters bzw unmittelbaren Täters bei §§ 153, 302

II. Rechtswidrigkeit

III. Schuld

IV. Strafe

3. Kapitel

DER GELTUNGSBEREICH VON STRAFGESETZEN

§ 1. Der zeitliche Geltungsbereich

Ambos Nuremberg revisited. Das Bundesverfassungsgericht, das Völkerstrafrecht und das Rückwirkungsverbot, StV 1997, 39; *Durl* Zur Verjährung und zum Dogma der Unbeachtlichkeit von Zwischengesetzen im Strafrecht, RZ 2005, 242, 270; *ders* Bemerkungen zum Rückwirkungsverbot im Strafrecht, ÖJZ 2005, 499; *ders* Strafaufhebungsgrund – aber kein Rückwirkungsverbot?, AnwBl 2009, 314; *ders* Geänderte Verjährungsanlaufhemmung und § 61 StGB, JBl 2010, 156; *ders* Keine Rückwirkung günstigeren Verjährungsrechts bei „rechtzeitiger" Hemmung der Verjährung?, JBl 2011, 91; *Nimmervoll* Zum Günstigkeitsvergleich im Sanktionenbereich, JSt 2017, 166; *Schick* Zeitgesetze, JBl 1969, 639; *R.Seiler* Die zeitliche Geltung von Strafgesetzen, in: *Platzgummer*-FS (1995), 39.

I. Rückwirkungsverbot

Das Strafrecht basiert auf dem Prinzip, dass **nur** jenes Verhalten **strafbar** 907 ist, das vom Strafgesetz **ausdrücklich unter gerichtliche Sanktion gestellt** wurde. Darin dokumentiert sich der Grundsatz **„nullum crimen sine lege"**, welcher in **§ 1 Abs 1** ausdrücklich verankert ist. Dies allein genügt jedoch nicht, denn der Gesetzgeber könnte auch, nachdem er von bestimmten, seiner Meinung nach strafwürdigen Verhaltensweisen Kenntnis erlangt hatte, diese nachträglich unter Strafsanktion stellen (Anlassgesetzgebung). Damit würde die für den Täter wichtige Garantiefunktion des Gesetzes ausgeschaltet werden.

§ 1 Abs 1 betont daher zudem, dass eine Strafe oder Maßnahme nur we- 908 gen einer Tat verhängt werden darf, die schon zum Tatzeitpunkt mit Strafe bedroht war. Das **Rückwirkungsverbot** des § 1 Abs 1 bedeutet, dass niemand für eine Verhaltensweise bestraft werden darf, welche im Zeitpunkt der Begehung noch straffrei war. Diesem Grundsatz entspricht auch **§ 61**, wonach ein Strafgesetz nur auf Taten Anwendung finden darf, welche nach seinem Inkrafttreten begangen worden sind. **Maßgebend** ist jener **Zeitpunkt**, zu dem der **Täter handelte oder es unterließ**, seiner Handlungspflicht nachzukommen. Es kommt **nicht** darauf an, wann der **Erfolg** eintrat. Bei der Wahl eines bestimmten Verhaltens kann für den Täter nämlich nur jene Norm relevant sein, die zum Zeitpunkt in Geltung ist, zu dem er sich für ein bestimmtes Tun oder Unterlassen entschließt.

Wenn der Gesetzgeber in bestimmten Verhaltensweisen plötzlich ein strafwürdiges Unrecht zu erkennen glaubt (zB Stalking) und diesem mit der Schaffung eines neuen Straftatbestandes entgegentreten will (zB § 107a StGB), so werden mit einer derartigen **Anlassgesetzgebung** immer nur zukünftige Fälle erfasst.

909 Bei Dauerdelikten kommt es darauf an, ob das Verhalten des Täters in den Zeitraum der Geltung der Verbotsnorm hineinreicht. Auch eine objektive Bedingung der Strafbarkeit muss im Zeitpunkt der Tat vorliegen (OGH 14 Os 5/89).

910 Das **Rückwirkungsverbot** gilt **nicht hinsichtlich** der **Rechtsprechung** (vgl OGH 1 Ob 212/97a). Das Vertrauen des Rechtsunterworfenen in eine einhellige Judikatur, wonach zB seine Handlungsweise als nicht tatbestandsmäßig angesehen wird, ist nicht geschützt. Ändert der OGH unerwartet seine Rechtsansicht, kann dies für den Rechtsunterworfenen mit unliebsamen Überraschungen verbunden sein. Dieser Standpunkt ist problematisch. Welchen Unrechtsvorwurf kann man gegenüber jemandem erheben, dessen Verhalten im Einklang mit dem Gesetz steht, so wie es zum Zeitpunkt der Tat durch die herrschende Rechtsprechung ausgelegt wurde? Bei einer Änderung der herrschenden Rsp wird zumindest das Vorliegen eines nicht vorwerfbaren Rechtsirrtums, welcher zur Straffreiheit führen würde, zu prüfen sein (§ 9).

II. Rückwirkung nach Art 7 Abs 2 EMRK

911 **§ 1 StGB** steht **nicht im Verfassungsrang**, sondern auf einfachgesetzlicher Ebene. Allerdings kommt **Art 7 Abs 1 EMRK** Verfassungsrang zu, der ebenfalls betont, dass jemand nur wegen einer Handlung verurteilt werden darf, die zur Zeit ihrer Begehung nach inländischem oder internationalem Recht strafbar erklärt war und dass auch für die Höhe der Strafe der Tatzeitpunkt maßgebend ist.

912 **Art 7 Abs 2 EMRK** nimmt jedoch eine gravierende Einschränkung des oben genannten Grundsatzes vor: Danach soll die Verurteilung von Personen zulässig sein, die zwar zur Tatzeit nicht gegen eine positive Verbotsnorm des inländischen Strafgesetzes verstießen, sich aber einer Tat schuldig gemacht haben, welche bereits im Zeitpunkt ihrer Begehung nach den von den **zivilisierten Völkern** allgemein **anerkannten Rechtsgrundsätzen** als strafbar angesehen wurde. In solchen Fälle dürfte eine später geschaffene inländische Verbotsnorm doch belastend zurückwirken. Diese Regelung der EMRK wurde angesichts der Erfahrungen aus dem Zweiten Weltkrieg statuiert (sog Nürnberg-Klausel, *Fuchs* AT I[12] Kap 4 Rz 33). Welche Völker als „zivilisiert" zu gelten haben und was von diesen „zivilisierten Völkern allgemein anerkannte

Rechtsgrundsätze“ sind, ist jedoch relativ, wie die Geschichte uns lehrt und das aktuelle Weltgeschehen tagtäglich demonstriert.

III. Günstigkeitsvergleich

A. Allgemeines

Nach **§ 61** darf ein neues Gesetz nur dann **zurückwirken**, wenn die Rechtslage nach dem zur Tatzeit geltenden **alten Recht** für den Täter **insgesamt nicht günstiger war**. Diese Einschränkung konnte getroffen werden, weil das Rückwirkungsverbot des § 1 als Schutz für den Täter zu verstehen ist. Ist das neue Recht milder oder ist es nur nicht strenger, hat es daher auch auf Taten Anwendung zu finden, welche zur Zeit der Geltung des alten Rechts begangen wurden (OGH 11 Os 83/75). Diesem Prinzip folgend darf es selbst nach einem rechtskräftigen Schuldspruch zu keinem Strafausspruch mehr kommen, wenn in der Zwischenzeit der dem Schuldspruch zugrunde liegende Tatbestand außer Kraft getreten ist (OGH 12 Os 149/00). Dem widerspricht es, wenn andererseits Gesetzesänderungen, welche während des Rechtsmittelverfahrens und damit nach dem Urteil in erster Instanz erfolgen, ohne Relevanz sein sollen (OGH 13 Os 19/12m). Erst nach Rechtskraft eines Schuld- und Strafausspruchs dürfen Gesetzesänderungen keine Auswirkungen auf das rechtskräftige Urteil mehr haben. 913

Gesamtauswirkung: Welches Gesetz günstiger ist, muss nach seiner Anwendung im konkreten Fall beurteilt werden. § 61 stellt auf die Gesamtauswirkung eines Gesetzes ab (OGH 14 Os 88/16x). Damit wird deutlich zum Ausdruck gebracht, dass **nicht allein die Höhe der angedrohten Strafe maßgeblich** ist. Auch eine Änderung der Tatbestandsfassung kann entscheidend sein (OGH 14 Os 28/02): Wird durch eine Gesetzesänderung der Anwendungsbereich eines Tatbestandes eingeschränkt, bewirkt dies für den Täter eine Begünstigung gegenüber einem weiter gefassten Tatbestand. Die Möglichkeit, dass ein bestimmtes Verhalten damit nicht mehr unter den Straftatbestand fällt, ist dadurch größer geworden. Bei der Bestimmung der Reichweite eines Tatbestandes kann es auch notwendig sein, eine ausfüllende Norm außerhalb des Strafrechtes einzubeziehen (OGH 11 Os 130/90). Relevant ist dies vor allem bei Tatbeständen, bei denen die **Verwaltungsakzessorietät** zum Tragen kommt. Es betrifft dies Blankettstraftatbestände wie zB Umweltdelikte (§§ 180 ff), bei denen auf den Verstoß gegen eine außerstrafrechtliche Rechtsvorschrift Bezug genommen wird. 914

Im Einklang mit § 61 steht es, wenn ein Qualifikationstatbestand zur Anwendung kommt, den das alte Recht noch nicht gekannt hatte, soweit die Qualifikation nach neuem Recht sogar mit einer milderen Strafe als der 915

Grundtatbestand des alten Rechtes bedroht ist (OGH 12 Os 7/76). Sind die Strafobergrenzen gleich, die Untergrenzen aber verschieden, ist jene Norm anzuwenden, die eine niedrigere Strafuntergrenze vorsieht. Daher ist ein neuer Tatbestand als milder anzusehen, wenn er im Gegensatz zur Vorgängerbestimmung keine Strafuntergrenze aufweist (OGH 14 Os 138/04). Günstiger ist auch jene Strafbestimmung, die anstatt einer Freiheitsstrafe die Möglichkeit der Verhängung einer Geldstrafe vorsieht. Eine Freiheitsstrafdrohung bis zu sechs Monaten oder Geldstrafe ist wegen der Alternative der beiden Strafen daher vorteilhafter als die bloße Androhung einer Freiheitsstrafe (OGH 11 Os 31/75). Milder ist jene Strafbestimmung, die einen speziellen Rechtfertigungs-, Schuldausschließungs- oder Strafausschließungsgrund kennt, da sich diese für den Täter günstig auswirken könnten. Die Verjährung richtet sich grundsätzlich nach dem im Entscheidungszeitpunkt geltenden Recht. Eine zur Zeit der Entscheidung bereits außer Kraft getretene Verjährungsbestimmung soll nach Meinung des OGH nur dann von Relevanz sein, wenn die Verjährung schon unter der Geltung des früheren Rechts eingetreten war (OGH 11 Os 32/20w). Diese Differenzierung erscheint jedoch sachlich nicht überzeugend (krit dazu *Durl* AnwBl 2009, 314).

916 Der Günstigkeitsvergleich ist auch im Hinblick auf objektive Bedingungen der Strafbarkeit zu beachten. Bei § 286 (Unterlassung der Verhinderung einer mit Strafe bedrohten Handlung) kann zB einer Änderung der Strafdrohung der nicht verhinderten Tat Relevanz zukommen:

> § 286 setzt voraus, dass die Vorsatztat, die zu verhindern unterlassen wird, mit einer ein Jahr übersteigenden Freiheitsstrafe bedroht ist (objektive Bedingung der Strafbarkeit). Ist nach dem Recht im Urteilszeitpunkt die objektive Bedingung des § 286 nicht (mehr) erfüllt, weil die Strafdrohung der nicht verhinderten Straftat herabgesetzt wurde, entfällt die Strafbarkeit nach § 286 (OGH 14 Os 5/89).

Sanktionsbestimmungen: Reine Sanktionsbestimmungen, wie zB die Regelung über den Verfall (§ 20), **unterliegen** ebenfalls einem **Günstigkeitsvergleich**. War nach der Rechtslage zum Zeitpunkt der Tat ein Verfall nicht zulässig, hat dieser zu unterbleiben (vgl OGH 14 Os 135/04).

917 **Prozessvoraussetzungen**: Ebenso ist eine Änderung in den Prozessvoraussetzungen in den Günstigkeitsvergleich einzubeziehen. Wird zB ein Privatanklagedelikt (§ 71 StPO) in ein Offizialdelikt geändert, erweist sich die neue Rechtslage für den Beschuldigten regelmäßig als ungünstiger. Bei einem Privatanklagedelikt hat der Beschuldigte die Möglichkeit, einen Strafprozess abzuwenden, wenn er mit dem Tatopfer eine außergerichtliche Einigung finden kann. Diese Möglichkeit besitzt der Beschuldigte bei Offizialdelikten nicht, weil der StA hierbei von Amts wegen zur Strafverfolgung verpflichtet ist.

Mehrfache Änderung: Hat sich zwischen der Tat und der Urteilsfällung das Gesetz mehrfach geändert, ist nur das Gesetz zur **Tatzeit** mit jenem zur Zeit der **Urteilsfällung zu vergleichen**. Die Fassungen der dazwischen liegenden Gesetze sind ohne Relevanz. 918

Keine Mischung von altem und neuem Recht: Wenn zwei Gesetze einander gegenüberzustellen sind, um zu beurteilen, welches in seiner Gesamtauswirkung günstiger ist, dürfen nicht beiden Gesetzen die jeweils für den Täter günstigsten Teile entnommen werden (OGH 11 Os 83/75). Auf diese Weise würde nämlich ein Tatbestand gebildet, der in Wirklichkeit in dieser Form nie bestanden hat. Es darf daher nicht zu einer Mischung von altem und neuem Recht kommen, indem zB ein Schuldspruch nach altem und ein Strafausspruch nach neuem Recht erfolgt (OGH 11 Os 157/15w). Es darf auch nicht neues Recht mit Einschränkungen aus dem alten Recht angewendet werden, da dies ebenfalls auf eine Mischung hinausliefe (OGH 11 Os 83/75). 919

B. Günstigkeitsvergleich bei Maßnahmen (§ 1 Abs 2)

Während nach § 1 Abs 2 keine schwerere Strafe als die zur Tatzeit angedrohte verhängt werden darf, wird bei vorbeugenden Maßnahmen (dazu *Seiler* AT II[11] Rz 430ff), die erst durch eine neue Rechtlage eingeführt wurden, danach differenziert, ob die neu eingeführte **Maßnahme** ihrer Art nach **mit** einer **Strafe oder Maßnahme** des **alten Rechtes vergleichbar ist oder nicht**. Nur im ersten Fall darf die neue Maßnahme verhängt werden, jedoch darf der Täter dabei keiner ungünstigeren Behandlung unterzogen werden, als dies nach dem alten Recht der Fall gewesen wäre. War die Anlasstat zum Tatzeitpunkt gar nicht strafbar, dann darf natürlich auch keine vorbeugende Maßnahme nach dem neuen Recht für das nunmehr strafbar erklärte Verhalten verhängt werden. Eine Ausdehnung des Rückwirkungsverbots auch auf vorbeugende Maßnahmen war notwendig, da vorbeugende Maßnahmen in ihrer freiheitsbeschränkenden Wirkung große Ähnlichkeit mit einer Strafe aufweisen. Durch die zum Teil unbestimmte Dauer eines Maßnahmenvollzuges kann dieser sogar viel schwerer wiegen als eine zeitlich begrenzte Freiheitsstrafe. 920

C. Günstigkeitsvergleich bei Konkurrenz mehrerer Tatbestände

Wenn mehrere Delikte **idealkonkurrierend** zusammentreffen, darf der Günstigkeitsvergleich nicht gesondert für jeden einzelnen Tatbestand erfolgen. Das strafrechtlich zu beurteilende Geschehen ist als Ganzes entweder dem Recht zum Urteilszeitpunkt oder dem Recht zum Tatzeitpunkt zu unterstellen (OGH 14 Os 54/11i). Nur wenn Delikte **realkonkurrierend** zusammentreffen, 921 ist der Günstigkeitsvergleich gesondert (faktenweise) für jeden einzelnen zu beurteilenden Sachverhalt vorzunehmen (OGH 11 Os 125/21y).

§ 2. Der räumliche Geltungsbereich

Birklbauer Der Prozessgegenstand im österreichischen Strafverfahren (2009); *Ebensperger* Strafrechtliches „ne bis in idem“ in Österreich unter besonderer Berücksichtigung internationaler Übereinkommen, ÖJZ 1999, 171; *Epp* Der Grundsatz der identen Norm und die beiderseitige Strafbarkeit, ÖJZ 1981, 197; *Mayerhofer* Können Kriegsverbrechen auf dem Gebiet des ehemaligen Jugoslawien von österreichischen Gerichten verfolgt werden?, JBl 1994, 567; *Müller* Inhalt und Grenzen des Realprinzips im österreichischen Völkerstrafrecht, ÖJZ 2022/111; *Plöckinger* Zur Zuständigkeit österreichischer Gerichte bei Straftaten im Internet, ÖJZ 2001, 798; *Rainer* Grenzüberschreitender Umweltschutz und Kostenfaktor Umweltschutz im Strafrecht, RZ 1988, 266; *Schedlberger* Die Bestimmungen über die Anwendbarkeit und Gerichtsbarkeit des Tokioter Abkommens, ZfRV 1989, 268; *Thiele* Straftaten im Cyberspace, MR 1998, 219; *Zerbes* Tatort: Internet, ÖJZ 2017/118, 856; *Zöchbauer* Medieninhaltsdelikte im Internet, MR 2002, 363.

I. Allgemeines

922 Mit Fragen der räumlichen Geltung des Strafrechts beschäftigt sich das sog „internationale Strafrecht“. Der Begriff ist insofern irreführend, als es sich dabei nicht um international festgelegte Straftatbestände handelt. Unter Berücksichtigung der Nationalität des Täters, der staatlichen Zuordnung des verletzten Rechtsgutes oder anderer Gesichtspunkte wird die Frage geprüft, ob ein inländisches Gericht zur Entscheidung über eine kriminelle Tat zuständig ist. Als Vergleich könnte das Internationale Privatrecht (IPR-Gesetz, BGBl 1978/304 idgF) herangezogen werden. In beiden Fällen handelt es sich um nationales Recht.

923 Wird ein Täter **in Österreich vor Gericht** gestellt, ist das **Urteil nach österreichischem Recht** zu fällen. Selbst wenn das österreichische Gericht das Strafverfahren stellvertretend für einen anderen Staat führt (Prinzip der stellvertretenden Strafrechtspflege), ist das Urteil ausschließlich nach inländischem Recht zu fällen. Sind die Normen des ausländischen Tatortstaates für den Täter günstiger, ist dies im Einzelfall zu berücksichtigen (OGH 9 Os 85/77; § 65 Abs 2; Rz 952).

924 Was vielfach als „internationales Strafrecht“ bezeichnet wird, ist demnach nichts anderes als nationales Recht, welches die Zuständigkeit Österreichs über im Ausland begangene Straftaten bzw ausländische Straftäter regelt.

925 **Internationales Strafrecht im eigentlichen Sinne:** Internationales Strafrecht in der Form von **übernational geschaffenen und anwendbaren Tatbe-**

ständen wurde zum Teil nach dem Zweiten Weltkrieg durch die Siegermächte zwecks **Aburteilung von Kriegsverbrechern der besiegten Staaten** geschaffen. In letzter Zeit wurde durch das sog **Römische Statut** ein internationaler Strafgerichtshof (**International Criminal Court, ICC**) mit Sitz in Den Haag eingerichtet. Da jedoch maßgebliche Staaten, wie insb die USA, Russland, Indien, China und Israel dem Römischen Statut nicht beigetreten sind, kommt dem „Internationalen" Strafgerichtshof für die Verfolgung und Ahndung von „Verbrechen gegen die Menschlichkeit" und „Völkermord" in der Praxis nur untergeordnete Bedeutung zu. Die Akzeptanz des internationalen Strafgerichtshofes leidet vor allem auch darunter, dass zwar Kriegsverbrechen und „Verbrechen gegen die Menschlichkeit" immer wieder in der ganzen Welt begangen werden, die Täter jedoch regelmäßig nur entsprechend der jeweiligen politischen Opportunitätserwägungen zur Verantwortung gezogen werden oder nicht.

Internationale Abkommen beschränken sich heute vorwiegend darauf, Tat- 926
bestände zu formulieren, für welche ein weltweites Strafbedürfnis angenommen wird, und die einzelnen Vertragspartner zu verpflichten, in ihren nationalen Rechtsordnungen entsprechende Normen vorzusehen. So sieht zB das Übereinkommen zur Bekämpfung der widerrechtlichen Inbesitznahme von Luftfahrzeugen von Den Haag 1970 (ratifiziert von Österreich durch BGBl 1974/249) einen Tatbestand vor, der dann als Luftpiraterie (§ 185) in das österreichische StGB aufgenommen wurde.

II. Prinzipien bei der Beurteilung des Geltungsbereichs von Strafgesetzen

Es haben sich verschiedene Kriterien als Anknüpfungspunkte für die Sta- 927
tuierung inländischer Strafkompetenz herausgebildet. Das Vorliegen inländischen Gerichtsbarkeit ist eine objektive Bedingung der Strafbarkeit (OGH 11 Os 41/19t). Die Begründung einer inländischen strafrechtlichen Zuständigkeit basiert auf folgenden Grundgedanken:

- **Wahrung** der **innerstaatlichen öffentlichen Ordnung** (**Territorialitätsprinzip**).
- Weltweite **Solidarität in der Bekämpfung gewisser Verbrechen** (**Universalitätsprinzip**).
- **Schutz inländischer Rechtsgüter** im In- und Ausland (**Real- oder Schutzprinzip**).
- **Bindung österreichischer Staatsangehöriger** an die inländische Strafrechtsordnung, unabhängig davon, wo die Tat begangen worden ist (**Personalitätsprinzip**).

928 Die meisten Rechtsordnungen berufen sich bei der Schaffung ihrer Strafkompetenz auf mehrere Anknüpfungspunkte, um möglichst gegen alle Täter strafrechtlich vorgehen zu können, deren Verfolgung sie kriminalpolitisch für notwendig erachten.

A. Territorialitätsprinzip (§ 62)

929 Nach diesem Prinzip darf ein **Staat** seiner **Strafgewalt alle Handlungen** unterwerfen, welche **auf seinem Staatsgebiet begangen** wurden. Es macht dabei **keinen Unterschied**, ob der Täter **Inländer** oder **Ausländer** ist. Es spielt auch keine Rolle, ob inländische oder ausländische Rechtsgüter verletzt wurden. Ein inländischer Tatort und damit inländische Gerichtsbarkeit ist auch gegeben, wenn sich jemand in Österreich als Mitglied an einer kriminellen Organisation beteiligt (§ 278a), die von der kriminellen Organisation beabsichtigten strafbaren Handlungen jedoch im Ausland begangen werden sollen (OGH 11 Os 112/94).

930 Zum inländischen Staatsgebiet gehört das gesamte Bundesgebiet mit der über diesem Gebiet befindlichen beherrschbaren Luftsäule. Das Territorialitätsprinzip ist in § 62 verankert. Dieses Prinzip gilt grundsätzlich auch in allen anderen Staaten, mit allen damit verbundenen Konsequenzen:

> Ein Österreicher, der in Thailand wegen Suchmittelschmuggels verhaftet wird, kann dort nach thailändischem Recht abgeurteilt werden, selbst wenn ihm dabei die Todesstrafe droht.

931 **Inland als Tatbegehungsort (§ 67 Abs 2):** Vom Inland als Tatbegehungsort ist dann zu sprechen, wenn der Täter **im Inland gehandelt** hat, wobei eine Teilhandlung des deliktischen Verhaltens genügt. Bereits die Durchfuhr von Suchtmitteln schafft inländische Strafkompetenz. Inland ist auch der Transitraum eines Flughafens (OGH 13 Os 84/81) oder die Zollfreizone (OGH 11 Os 161/81). Eine an mehreren Orten begangene einzelne Tat ist dann als Inlandstat zu beurteilen, wenn wenigstens einer der Tatorte im Inland liegt (OGH 10 Os 124/85).

932 Die Legaldefinition des Ortes der Tat in § 67 Abs 2 stellt klar, dass dem Handlungsort als Anknüpfungspunkt der **Ort, an dem der Erfolg eingetreten ist, gleichgestellt** wird (OGH 11 Os 156/13w). Damit soll eine sinnvolle Abgrenzung des territorialen Geltungsbereichs der einzelnen Straftatbestände im Hinblick auf die im Inland (strafrechtlich) schützenswerten Rechtsgüter bezweckt werden. Dies erlangt vor allem bei Distanzdelikten Relevanz:

- Leistet ein in Österreich beschäftigter Gastarbeiter seinem im Ausland gebliebenen Kind keinen Unterhalt, kann er wegen Verletzung der Unterhaltspflicht (§ 198) in Österreich bestraft werden (OGH 13 Os 78/79). Gleiches gilt für den umgekehrten Fall: Ein Ausländer verletzt die Unterhaltspflicht gegenüber einem in Österreich lebenden Kind. Der Erfolg tritt hier in Österreich ein.
- A versendet von Wien aus eine E-Mail, deren Inhalt eine gefährliche Drohung (§ 107) beinhaltet, nach Berlin. Tatort ist in diesem Fall sowohl der Ort der Handlung (Versendungsort der E-Mail) als auch der Ort des Erfolges (Ort des Empfängers).

Bei einem Tat**versuch** im Ausland ist maßgebend, ob der Erfolg im Inland 933
hätte eintreten sollen. Für **Unterlassungsdelikte** ist jener Ort maßgeblich, an dem der Täter handeln hätte sollen. Eine Inlandstat begeht auch, wer im Inland zu einer Auslandstat beiträgt. Der im Inland handelnde **Beitragstäter** (§ 12 dritter Fall) ist auch dann für seine Tat strafrechtlich verantwortlich, wenn die im Ausland begangene Tat des unmittelbaren Täters (§ 12 erster Fall) nach dem Recht des betreffenden Staates gar nicht strafbar wäre. Es genügt, dass der im Ausland handelnde unmittelbare Täter eine Ausführungshandlung setzt, die dem Wortlaut eines österreichischen Strafgesetzes entspricht (OGH 13 Os 105/15p).

Die **inländische Gerichtsbarkeit** ist **für jeden Tatbestand** anhand der 934
Kriterien des § 67 Abs 2 **gesondert zu prüfen** (OGH 14 Os 160/09z). Dies ergibt sich unmittelbar aus dem Gesetzeswortlaut des § 67 Abs 2, der nicht an ein historisches Tatgeschehen (prozessualer Tatbegriff) sondern an die rechtliche Kategorie des „Tatbildes" des jeweiligen Tatbestands anknüpft. Dadurch kann es bei idealkonkurrierendem Zusammentreffen von Straftatbeständen zu Verfolgungshindernissen kommen. Idealkonkurrierend zusammentreffende Straftatbestände, die gem § 67 Abs 2 nicht unter den örtlichen Geltungsbereich des StGB fallen und daher in Österreich nicht abgeurteilt werden, könnten vielfach dann auch nicht in einem anderen Mitgliedstaat der EU Gegenstand eines Strafverfahrens sein. Für die Verfolgbarkeit nach § 54 SDÜ ist nämlich der wesentlich weiter reichende prozessuale Tatbegriff maßgeblich, der das gesamte historische Tatgeschehen erfasst und nicht zwischen einzelnen Straftatbeständen differenziert (OGH 11 Os 47/22d). Die verbleibenden, nicht abgeurteilten Tatbestände gehören danach zur „selben Tat" iSd Art 54 SDÜ.

Werden **Deliktshandlungen teils** im **Inland** und **teils** im **Ausland** began- 935
gen, gibt jede im Inland liegende Phase des als rechtliche Einheit zu wertenden Gesamtgeschehens die Möglichkeit, den Täter für die ganze Tat, also auch für den im Ausland liegenden Teil, der inländischen Bestrafung zu unterziehen. Führt jemand die Tat nicht selbst aus, sondern nimmt er an ihr nur als Bestimmungs- oder Beitragstäter teil, begeht er dann eine Inlandstat, wenn er

vom Inland aus die Tatausführung im Ausland vorsätzlich veranlasst (Bestimmungstäter, § 12 zweiter Fall) oder fördernd unterstützt (Beitragstäter, § 12 dritter Fall; OGH 11 Os 176/86). Entsprechendes gilt im umgekehrten Fall: Eine Inlandstat begeht auch derjenige, der im Ausland eine Tat vorsätzlich veranlasst oder fördernd unterstützt, deren Erfolg in Österreich eintritt bzw nach der Vorstellung des Täters in Österreich eintreten soll (§ 64 Abs 1 Z 8). Bei der missbräuchlichen Verwendung einer österreichischen Kreditkarte im Ausland trifft der Schaden nicht den Getäuschten, sondern unmittelbar jene inländische Kreditkartenfirma, welche die Kreditkarte ausgegeben hat und dem Berechtigten die Honorierung garantiert (OGH 14 Os 122/87). Die Kompetenz nach dem Territorialitätsprinzip entsteht selbst dann, wenn vom Täter eine ausländische Bank geschädigt wurde, der Schaden aber nach Bankgepflogenheit auf die inländische Bank überwälzt werden kann (OGH 12 Os 11/81).

936 **Flaggenprinzip (§ 63):** Dieses ist mit dem Territorialitätsprinzip eng verwandt. Danach besteht österreichische Strafkompetenz für Taten, welche auf einem **Schiff**, das unter **österreichischer Flagge** fährt oder in einem **Flugzeug**, das in Österreich registriert ist, begangen wurden. Diese Kompetenz besteht unabhängig davon, ob gleichzeitig auch die Kompetenz eines anderen Staates gegeben ist: Ein österreichisches Schiff befindet sich zB zum Zeitpunkt der Tat in den Küstengewässern eines anderen Staates. Unterliegt eine strafbare Handlung österreichischer Gerichtsbarkeit, ist eine Auslieferung grundsätzlich unzulässig (§ 16 Abs 1 Auslieferungs- und Rechtshilfegesetz, ARHG, BGBl 1979/529 idgF).

B. Universalitätsprinzip

937 **1. Begriff:** Im weitesten Sinn verstanden ermächtigt dieses Prinzip jeden Staat, über alle Delikte zu urteilen, gleich an welchem Ort der Welt sie begangen worden sind und ohne Rücksicht auf das Recht am Tatort oder die Nationalität des Täters (**Prinzip der Weltrechtspflege**). Eine so grenzenlose Strafkompetenz ist natürlich in der Praxis undurchführbar. Daher wurde in den nationalen Strafrechtsordnungen eine Einschränkung auf Taten getroffen, die sich gegen Rechtsgüter richten, an deren Schutz ein gemeinsames Interesse aller Staaten besteht. Die gemeinsamen Interessen der Staaten führten zu zahlreichen internationalen Abkommen, mit dem Ziel, Rauschgifthandel, Terrorismus, Geldwäscherei etc effizient zu bekämpfen. Die Umsetzung der Abkommen erfolgt in den Kompetenzbestimmungen der nationalen Rechtsordnungen.

938 **2.** In **§ 64 Abs 1 Z 4, 4a, 4b, 4c** werden eine **Reihe von Delikten** angeführt, welche schon aufgrund internationaler Abkommen durch die nationalen Be-

stimmungen für strafbar zu erklären sind. Die österreichische Strafkompetenz basiert dabei auf dem Gedanken einer weltweiten Solidarität bei der Bekämpfung dieser Verbrechen (Universalitätsprinzip). Die aufgelisteten schwerwiegenden Delikte sind von österreichischen Gerichten strafrechtlich zu verfolgen, gleichgültig ob es sich um einen inländischen oder ausländischen Täter handelt und ohne Rücksicht auf die Gesetze des Tatortes (OGH 12 Os 129/76). Es sind dies im Ausland begangene Delikte, wie zB Geldfälschung (§ 232), kriminelle Organisation (§ 278a) und diverse Straftaten nach dem Suchtmittelgesetz.

Dennoch ist die **Zuständigkeitskompetenz** ist in diesen Fällen **vielfach** 939 **eingeschränkt**. Trotz des weltweiten Bedürfnisses nach einer Bestrafung derartiger Straftaten entsteht österreichische Strafkompetenz meist nur unter der Voraussetzung, dass durch die Tat auch **österreichische Interessen verletzt** worden sind oder der **Täter nicht ausgeliefert** werden kann (OGH 12 Os 145/85). Es fließen damit auch Gedanken des Real- oder Schutzprinzips ein.

Eine im Ausland begangene Geldfälschung von Euro-Banknoten unterliegt der inländischen Gerichtsbarkeit. Durch die Tat werden auch österreichische Interessen verletzt, da der Euro in Österreich gesetzliches Zahlungsmittel und daher Tatobjekt des § 232 ist (OGH 15 Os 37/03).

Interessenverletzung: Mit dem zusätzlichen Merkmal der Interessenver- 940 letzung wird zum Ausdruck gebracht, dass die Verwirklichung der genannten Tatbestände allein noch nicht die Verletzung österreichischer Interessen darstellt. Es muss dieses Merkmal in Form einer konkreten Interessenverletzung (OGH 12 Os 154/80) zur bloßen Tatbestandsverwirklichung hinzukommen. Dies ergibt sich aus einem Vergleich mit den Fällen des § 64 Abs 1 Z 1 bis 3, die dem Schutzprinzip zuzuordnen sind und eine solche Interessenverletzung nicht ausdrücklich verlangen, da die dort angeführten Delikte diese bereits implizieren.

Eine Interessenverletzung wird zB dann angenommen, wenn sich ein Sucht- 941 mittel auf dem Weg vom Ausland ins Ausland vorübergehend in Österreich befindet (OGH 11 Os 161/81). Da Österreich Suchtmitteltransporte zu unterbinden hat, werden auch mit der bloßen Durchfuhr österreichische Interessen verletzt.

Ohne Interessenverletzung ist der **Täter primär auszuliefern** und erst 942 subsidiär stellvertretend an Stelle des Tatortstaates strafrechtlich zu verfolgen (OGH 12 Os 154/80).

Auslieferungshindernisse: Der Täter wird nur dann in Österreich verfolgt, 943 wenn er nicht ausgeliefert werden kann, weil dies unzulässig ist oder dahingehende Bemühungen erfolglos waren (OGH 15 Os 108/08h). Der Grund für die Nichtauslieferung kann zB darin liegen, dass der Täter in Österreich politisches **Asyl** bekommen hat oder mit dem Tatortstaat **kein Auslieferungsabkommen** oder **keine diplomatischen Beziehungen** bestehen. Die Auslieferung ist auch grundsätzlich ausgeschlossen, wenn der Täter österreichischer Staatsbürger ist (OGH 11 Os 115, 116/78).

944 Allein das bloße Desinteresse ausländischer Strafverfolgungsbehörden führt noch nicht zur inländischen Strafverfolgung. Österreich ist nicht zur stellvertretenden Strafverfolgung aufgerufen, wenn ein Täter nur faktisch nicht ausgeliefert werden kann, weil die ausländische Staatsanwaltschaft keine diesbezügliche Initiative ergreift, obwohl eine Auslieferung rechtlich zulässig wäre (OGH 12 Os 111/06z).

945 Zum Universalitätsprinzip sind die genannten Fälle inländischer Kompetenz deshalb zu zählen, weil damit Delikte zu verfolgen sind, gleich wo immer sie begangen worden sind. Stellvertretend bezeichnet man diese Kompetenz, weil an sich der Tatortstaat zur Bestrafung zuständig wäre, dennoch aber österreichische Kompetenz eingreift, da der Täter eben nicht ausgeliefert werden kann.

946 **3.** Auf das Universalitätsprinzip geht auch die inländische Strafkompetenz bei Menschenhandel (§ 104a), verbotener Adoptionsvermittlung (§ 194), Vergewaltigung (§ 201), geschlechtlicher Nötigung (§ 202), sexuellem Missbrauch von Unmündigen (§§ 206, 207), pornographischen Darstellungen von Minderjährigen (§ 207a Abs 1 u 2) ua Delikten zurück (§ 64 Abs 1 Z 4a).

Ebenso bei den Tatbeständen der Folter, des Verschwindenlassens einer Person sowie strafbaren Handlungen nach den §§ 321ff (Völkermord, Verbrechen gegen die Menschlichkeit und Kriegsverbrechen) ist die Tat generell nach österreichischem Recht strafbar, unabhängig davon, ob die Handlung auch nach dem Strafrecht des Tatorts strafbar wäre (§ 64 Abs 1 Z 4c).

Der aus Thailand heimkehrende Sextourist könnte daher in Österreich vor Gericht gestellt werden, wenn ihm ein Beischlaf mit Unmündigen in Thailand nachgewiesen werden kann.

Gleiches gilt für den religiösen Fanatiker, der ins Ausland in den „heiligen Krieg“ zieht, dort Verbrechen iSd §§ 321ff begeht und danach wieder zur Erholung ins friedliche Österreich heimkehrt.

947 Auf das Universalitätsprinzip ist die österreichische Strafkompetenz bei der Herstellung und Verbreitung von Massenvernichtungswaffen (§ 177a iVm § 64 Abs 1 Z 4b) zurückzuführen. Entsprechendes gilt bei der Ahndung von

Luftpiraterie (§ 185) und der Gefährdung der Sicherheit der Luftfahrt (§ 186), wenn das Luftfahrzeug in Österreich landet und der Täter sich noch an Bord befindet (§ 64 Abs 1 Z 5 lit b). Nicht nur die international durch Abkommen statuierte Pflicht, solche Taten zu verfolgen, sondern auch die praktische Möglichkeit des Zugriffs führten zur Schaffung dieser Kompetenz.

4. Generalklausel § 64 Abs 1 Z 6: Die angeführten Bestimmungen und die darin aufgelisteten Delikte werden durch den generellen Hinweis des § 64 Abs 1 Z 6 ergänzt, wonach dem Universalitätsprinzip auch sonstige strafbare Handlungen unterliegen, zu deren Verfolgung sich Österreich verpflichtet hat. Damit wurde die Möglichkeit geschaffen, ohne Textänderung des StGB durch später abgeschlossene internationale Abkommen österreichische Strafkompetenz zu begründen. § 64 Abs 1 Z 6 trifft allerdings **nicht** die **Einschränkung, dass** durch die im Ausland begangene Tat **österreichische Interessen verletzt** worden sein müssen oder der **Täter nicht ausgeliefert** werden kann. Diese Differenzierung ist sachlich nicht verständlich. 948

5. Die in § 64 Abs 1 aufgezählten Delikte sind selbst dann zu verfolgen, wenn sie **im Ausland schon bestraft** worden sind. Die dafür verbüßte Strafe ist allerdings bei einer inländischen Verurteilung **anzurechnen (§ 66)**. Die Staatsanwaltschaft kann jedoch von der Verfolgung dieser Auslandstaten zurücktreten, wenn vom inländischen Gericht keine strengere Strafe zu erwarten ist als die im Ausland bereits verhängte (§ 192 Abs 1 Z 2 StPO). 949

C. Stellvertretende Strafrechtspflege

1. Grundsatz der identen Norm

Die stellvertretende Strafrechtspflege ist in allgemeiner Form in § 65 Abs 1 geregelt. Stellvertretend greift die österreichische Strafverfolgungskompetenz nur dann ein, wenn die Tat **auch im Tatortstaat unter gerichtlicher Strafdrohung** steht (OGH 13 Os 17/04). Dabei können die einzelnen Ausführungshandlungen auch in verschiedenen Staaten gesetzt werden, soweit sie eine tatbestandliche Handlungseinheit bilden. In diesem Fall genügt es, wenn die Tat nur nach einem der in Betracht kommenden Tatortgesetze mit Strafe bedroht ist (OGH 17 Os 30/14m). Eine Einschränkung auf bestimmte Arten von Delikten wird dabei nicht vorgenommen. Darin unterscheidet sich § 65 Abs 1 vom Universalitätsprinzip des § 64 Abs 1 Z 4, 5 u 6, von dem nur bestimmte weltweit zu verfolgende Delikte erfasst werden, wobei es nicht relevant ist, ob diese im Tatortstaat ausdrücklich unter gerichtlicher Strafsanktion stehen. 950

Eine stellvertretende Strafkompetenz kommt nur in Betracht, wenn in beiden Rechtsordnungen eine Identität der Normen besteht. Es ist nicht notwen- 951 dig, dass beide Normen vollkommen deckungsgleich sind. Sie können auch jeweils eine Bestrafung unter anderen Gesichtspunkten vorsehen (OGH 13 Os 139/88). Die Tat muss jedoch in beiden Rechtsordnungen eine gerichtlich strafbare Handlung darstellen (*Tipold* in *Leukauf/Steininger* StGB[4] § 65 Rz 9). Das Prinzip der identen Norm bezieht sich nur auf die beiderseitige Strafbarkeit, nicht auf eine gleichartige Verfolgbarkeit der Tat nach in- und ausländischem Recht. Es ist daher ohne Belang, dass die Straftat im Tatortstaat nur auf Verlangen des Verletzten (Privatanklagedelikt) verfolgt werden kann (OGH 12 Os 47/86).

952 **Ausländer** sind generell für alle **im Ausland begangenen Taten**, welche nicht bereits nach § 64 österreichische Strafkompetenz entstehen ließen, nach ihrer Betretung in Österreich zu verfolgen, wenn sie aus einem **anderen Grund als wegen der Art** oder **Eigenschaft der Tat nicht an das Ausland ausgeliefert** werden können (§ 65 Abs 1 Z 2). Sie unterliegen somit für im Ausland begangene Straftaten der **subsidiären (stellvertretenden) inländischen Strafkompetenz**. Dadurch darf der Ausländer jedoch nicht schlechter gestellt sein: Ist das Tatortrecht in Bezug auf seine konkrete Straftat milder als die entsprechenden österreichischen Strafbestimmungen, muss dies berücksichtigt werden (§ 65 Abs 2). Ist die Tat nach den Gesetzen des Tatorts straffrei oder die Strafbarkeit bereits erloschen, darf der Täter in Österreich nicht verfolgt werden. Darin ist deutlich der Gegensatz zum Universalitätsprinzip zu erkennen. Nach § 65 besteht eine Abhängigkeit und Subsidiarität österreichischer Strafverfolgung gegenüber der ausländischen Strafverfolgung.

953 In den Fällen stellvertretender Strafrechtspflege erfolgt die österreichische **Strafverfolgung** nach den **österreichischen gesetzlichen Bestimmungen**, unabhängig vom jeweiligen Recht des Tatortstaates.

2. Auslieferungshindernisse

954 **Inländische Strafkompetenz** entsteht **nur, wenn** der Täter **aus einem anderen Grund als wegen der Art oder Eigenschaft der Tat nicht an den Tatortstaat ausgeliefert** werden kann (§ 65 Abs 1 Z 2). An einer Auslieferungsmöglichkeit mangelt es, wenn mit dem Tatortstaat überhaupt kein Auslieferungsverkehr besteht, auf die Auslieferung verzichtet wird oder trotz österreichischen Anbots (vgl §§ 15 EU-JZG, § 28 ARHG) von diesem Staat kein Auslieferungsersuchen gestellt wird, die Bemühungen um die Auslieferung demnach erfolglos geblieben sind (OGH 15 Os 108/08h). Es liegt hingegen kein Auslieferungshindernis vor, wenn die Auslieferung bloß deshalb nicht erfolgte, weil die dafür zuständigen Stellen nicht einmal die dafür nötigen Initiativen gesetzt haben. Solange nicht zumindest dahingehende Bemühungen unternommen wurden, um eine Auslieferung zu erwirken, kann keine inländische Strafkompetenz eintreten (OGH 12 Os 111/06z).

Keine inländische Strafkompetenz entsteht, **wenn** der Täter **wegen der Art oder Eigenschaft der Tat nicht ausgeliefert** werden kann (§ 65 Abs 1 Z 2). Es betrifft dies **Auslandstaten**, die **wegen ihrer Strafdrohung nicht auslieferungsfähig** sind. Sie unterliegen nicht der stellvertretenden inländischen Strafrechtspflege (OGH 14 Os 168/87). Ein derartiges Auslieferungshindernis liegt vor, wenn mit dem Tatortstaat zwar ein Auslieferungsabkommen besteht, danach aber nur Taten einer gewissen Schwere auslieferungsfähig sind und das Gewicht der konkreten Tat darunter liegt. Eine Auslieferung kommt zB bei leichten Delikten, die mit einer nicht mehr als einjährigen Freiheitsstrafe bedroht sind, nicht in Betracht (§ 11 Abs 1 ARHG, OGH 11 Os 127/95). 955

Das Auslieferungshindernis kann darin begründet sein, dass es sich um ein politisches Delikt handelt (§ 14 ARHG). Auch eine stellvertretende Bestrafung kommt bei politischen Delikten nicht in Betracht. Es betrifft dies nur Taten, die ausschließlich politischer Natur sind. Meist werden dafür in Österreich auch keine geeigneten Tatbestände vorhanden sein. Davon sind jedoch relativ politische Delikte zu unterscheiden, bei denen auch andere Rechtsgüter als jene des Staates angegriffen wurden. Es betrifft dies allgemein strafbare Handlungen, bei denen der kriminelle Charakter den politischen Charakter der Tat überwiegt (zB ein politisch motivierter Sprengstoffanschlag). Überwiegt der politische Charakter, ist eine Verfolgung genauso wie bei den absolut politischen Delikten auszuschließen. 956

Konnte der Ausländer aus Gründen, die in seiner Person liegen, nicht ausgeliefert werden, entsteht **österreichische Strafkompetenz**. Dazu kann es kommen, wenn vom **Täter** zwar im Ausland ein allgemeines Delikt begangen wurde, er darüber hinaus im Tatortstaat aber auch noch wegen seiner politischen Gesinnung verfolgt wird und nun **in Österreich Asyl** bekommt. In diesem Fall ist er wegen seines im Ausland begangenen allgemeinen Deliktes zu bestrafen. 957

D. Real- oder Schutzprinzip

1. Die **Verletzung** oder **Gefährdung inländischer Rechtsgüter** schafft österreichische Strafkompetenz, **gleichgültig, an welchem Ort** die Tat **begangen** wurde und wie am Tatort die Rechtslage ist. Im Vordergrund steht hierbei das Interesse Österreichs am Schutz eigener Rechtsgüter. Der Staat kann dabei selbst Schutzobjekt sein oder ein einzelnes Individuum als Teil des Staates. Im letzten Fall spricht man vom Individualschutzprinzip, welches zB in der Form des passiven Personalitätsprinzips in Erscheinung tritt (§ 64 Abs 1 Z 7; zB strafbare Handlung eines Österreichers gegen einen Österreicher im Ausland). 958

2. In **§ 64 Abs 1 Z 1 bis 3** werden Delikte aufgezählt, die eine **unmittelbare Verletzung wichtiger österreichischer Interessen** zum Inhalt haben. Die Verletzung österreichischer Interessen ergibt sich dabei direkt aus dem 959

Tatbestand und musste daher als Voraussetzung für das Entstehen inländischer Strafkompetenz gar nicht erst ausdrücklich im Gesetz erwähnt werden. Hierher zu zählen sind Delikte wie zB Auskundschaften eines Geschäfts- oder Betriebsgeheimnisses zugunsten des Auslandes (§ 124), Hochverrat (§ 242), Vorbereitung eines Hochverrates (§ 244), staatsfeindliche Verbindungen (§ 246), Angriff auf oberste Staatsorgane (§§ 249 – 251), Landesverrat (§§ 252 – 258) und strafbare Handlungen gegen das Bundesheer (§§ 252 – 260).

960 In den Fällen des § 64 Abs 1 **Z 1** war eine ausdrückliche Kompetenzbestimmung nötig, da diese Handlungen im Ausland regelmäßig straflos sind, weil es an den entsprechenden Straftatbeständen fehlt. Politische Delikte gegen den Staat Österreich werden vom Ausland grundsätzlich nicht unter Strafe gestellt. Die Rechtslage im Tatortstaat muss daher bei der Strafverfolgung im Inland ohne Belang sein.

961 Die österreichische Strafkompetenz ist auch dann gegeben, wenn die in § 64 genannten Tatbestände wegen der gleichzeitigen Anwendbarkeit strengerer Normen zurücktreten (§ 64 Abs 2). So fällt ein Mord, der im Zusammenhang mit einer Wehrmittelsabotage (§ 260) steht, welche grundsätzlich subsidiär hinter den Mord zurücktreten würde, nach dem Schutzprinzip in die österreichische Strafkompetenz. Das Recht des Tatortes und der Umstand, dass ein im Ausland begangener Mord allein noch keine österreichische Strafkompetenz nach § 64 begründen würde, ist dabei ohne Belang.

962 Wichtige österreichische Interessen werden ebenso verletzt, wenn eine strafbare **Handlung gegen** einen **österreichischen Beamten** (§ 74 Abs 1 Z 4), Amtsträger (§ 74 Abs 1 Z 4a) oder Schiedsrichter (§ 74 Abs 1 Z 4c) während oder wegen der Vollziehung seiner Aufgaben begangen wird (§ 64 Abs 1 **Z 2**, zB Straftaten gegen Botschaftspersonal im Ausland oder gegen Beamte bei internationalen Behörden oder Organisationen im Ausland). Die Straftat muss gegen den Beamten gerichtet sein und damit dessen Schutzbereich verletzen. In Betracht kommen strafbare Handlungen gegen Individualrechtsgüter des Beamten sowie Widerstand gegen die Staatsgewalt (§ 269). Delikte, die nicht die Person des Beamten, sondern andere Rechtsgüter betreffen, werden von § 64 Abs 1 Z 2 nicht erfasst. Der im Ausland durch einen Ausländer begangene Gebrauch einer falschen Urkunde unterliegt auch dann nicht der inländischen Strafbarkeit, wenn er dadurch begangen wird, dass die falsche Urkunde einem österreichischen(Botschaftsbeamten vorgelegt wird (OGH 14 Os 34, 35/96). Auch durch Handlungen, mit denen Amtspflichten verletzt werden, durch Korruption und verwandte Straftaten (§§ 302 bis 309) werden österreichische Interessen verletzt, wenn diese ein Österreicher begeht oder die Tat zugunsten eines österreichischen Amtsträgers oder österreichischen Schiedsrichters begangen wird (§ 64 Abs 1 **Z 2a**). Wenn ein Österreicher im Ausland ausländische Amtsträger besticht, wird daher inländische Strafgerichtskompetenz begründet.

Das Real- und Schutzprinzip begründet eine inländische Strafkompetenz, wenn jemand eine **falsche Beweisaussage** (§ 288) oder eine beeidete falsche Beweisaussage vor einer Verwaltungsbehörde (§ 289) in einem strafprozessualen Ermittlungsverfahren oder in einem Verfahren, das bei einem österreichischen Gericht oder einer österreichischen Verwaltungsbehörde anhängig ist, ablegt (§ 64 Abs 1 **Z 3**). Jemand macht zB diese falsche Aussage vor einer österreichischen Behörde (Botschaft, Konsulat) im Ausland oder vor **ausländischen Gerichten** oder **Verwaltungsbehörden im Zuge** eines **Rechtshilfeersuchens** (§ 71 ARHG). 963

3. Während sich die bisher angeführten Delikte gegen den Staat selbst richten, bietet der **Individualschutz** einen Anknüpfungspunkt im Fall der **Luftpiraterie (§ 64 Abs 1 Z 5 lit a),** wenn österreichische Strafkompetenz unter der Voraussetzung entsteht, dass sich die strafbare Handlung **gegen** ein **österreichisches Luftfahrzeug** richtet oder das Flugzeug ohne Besatzung an jemanden vermietet worden ist, der seinen Geschäftssitz oder ständigen Aufenthalt in Österreich hat (§ 64 Abs 1 Z 5 lit c). Dieser muss zwar nicht Österreicher sein, aber die enge Zugehörigkeit zu Österreich genügt hier als Anknüpfungspunkt für die Entstehung der österreichischen Strafkompetenz ohne Rücksicht auf die Rechtslage im Tatortstaat. Darin ist eine Mischung des passiven Personalitätsprinzips als Angriff auf österreichische Rechtsgüter mit dem Schutzprinzip zu erblicken, weil der Staat offenbar gerade in diesen Fällen besonderes Interesse hat, Rechtsgüter zu schützen, die einen Bezug zu Österreich haben. 964

4. Nach **§ 64 Abs 1 Z 8** entsteht zudem inländische Strafkompetenz bei **Beteiligung an** einer **strafbaren Handlung**, die der **unmittelbare Täter im Inland begangen** hat, sowie Hehlerei und Geldwäscherei (§§ 164, 165) in Bezug auf eine im Inland begangene Tat. 965

E. Personalitätsprinzip

1. Aktives Personalitätsprinzip

Bei diesem Prinzip wird an die Staatsbürgerschaft des Täters angeknüpft. Man spricht auch von einem aktiven Personalitätsprinzip, weil das maßgebliche **Kriterium** der **Täter als Träger der österreichischen Staatsbürgerschaft** ist. Durch sein strafbares Verhalten wird die Voraussetzung für die Entstehung österreichischer Gerichtsbarkeit geschaffen (§ 65 Abs 1 Z 1). 966

In **vollem Umfang** besteht das aktive Personalitätsprinzip nur mehr für **österreichische Beamte, Amtsträger** oder **Schiedsrichter** (§ 64 Abs 1 Z 2 zweiter Fall). Danach unterliegt der Beamte oder Amtsträger ohne Rücksicht auf das Recht des Tatortes dem österreichischen Strafrecht, wenn er im Aus- 967 land einer Amtstätigkeit nachzugehen hat oder im Ausland strafbare Handlungen setzt, welche zu seinem Amt in Beziehung stehen.

968 Hinsichtlich **aller anderen Staatsbürger** ist das Personalitätsprinzip dahingehend **eingeschränkt**, dass die Strafbarkeit österreichischer Staatsbürger für Taten im Ausland nach § 65 davon abhängig gemacht wurde, ob das **Verhalten** auch im **Tatortstaat unter Strafe** gestellt ist (**Identität der Norm**). Aufgrund dieser Einschränkung kann sich ein österreichischer Staatsbürger im Regelfall (vgl die Ausnahmen des § 64) nicht mit Problemen konfrontiert sehen, wenn die Normen des Tatortstaates etwas erlauben, was österreichisches Recht ihm verbietet oder gar, dass das Tatortrecht von ihm das Gegenteil von dem verlangt, was das österreichische Recht ihm gebietet:

In den Niederlanden ist der Besitz von geringen Mengen Cannabis (bis zu 5 Gramm) straffrei. Es wird jedoch auch ein Besitz von bis zu 30 g Cannabis toleriert und strafrechtlich nicht verfolgt. Bereits Letzteres (das bloße Tolerieren) reicht aus, die inländische Strafgewalt nach § 65 Abs 1 Z 1 zu verneinen (OGH 11 Os 106/94).

969 Das aktive Personalitätsprinzip kommt bei Tätern zum Tragen, die zum Tatzeitpunkt österreichische Staatsbürger sind bzw nach der Tat die österreichische Staatsbürgerschaft erworben haben und zur Zeit der Einleitung des Strafverfahrens noch besitzen (§ 65 Abs 1 Z 1). Das Verhalten einer Person, die zur Tatzeit noch Ausländer war, nach österreichischem Recht zu beurteilen, erscheint nicht unbillig, da ohnedies verlangt wird, dass dieses Verhalten auch nach dem Tatortrecht strafbar ist. Die Strafkompetenz nach dem Personalitätsprinzip gilt für alle Taten, die nicht bereits nach §§ 63 oder 64 in die Kompetenz österreichischer Strafgerichtsbarkeit fallen. Bei schwerem sexuellen Missbrauch von Unmündigen (§ 206) würde sich zB die österreichische Strafkompetenz bereits aus § 64 Abs 1 Z 4a ergeben.

970 Eine **Auslieferung österreichischer Staatsbürger an** den **Tatortstaat** kommt **grundsätzlich nicht** in Betracht (**§ 12 ARHG – Verfassungsbestimmung**). Dieser Grundsatz erfährt jedoch eine **Einschränkung** durch **§ 5 EU-JZG**. § 5 EU-JZG regelt die Übergabe österreichischer Staatsbürger an einen anderen EU-Staat aufgrund eines Europäischen Haftbefehls und befindet sich ebenfalls im Verfassungsrang. Die Ausnahmebestimmungen in § 5 Abs 2 u 3 EU-JZG schränken diese Möglichkeit jedoch weitgehend ein (*Hinterhofer/Schallmoser* WK-EU-JZG[2] § 5 Rz 4ff).

971 Sowohl Österreicher als auch Ausländer, die im Ausland eine strafbare Handlung begangen haben, sollen, wenn sie in Österreich bestraft werden, **keinesfalls schlechter gestellt** werden **als** es der Fall gewesen wäre, **wenn sie im Tatortstaat vor Gericht gestellt worden wären** (§ 65 Abs 2). Dabei ist wiede-

rum auf die Gesamtwirkung der Strafe abzustellen. Dies bedeutet nicht, dass in einem österreichischen Strafverfahren milderes ausländisches Recht unmittelbar zur Anwendung kommen kann. Der Täter ist immer nach österreichischem Recht zu verurteilen. Nur bei der Strafbemessung ist das ausländische Recht zu berücksichtigen. Werden vom ausländischen Strafgesetz Sanktionen angedroht, die das österreichische Recht der Art nach nicht kennt, ist auf die tatsächliche Wirkung derartiger Sanktionen abzustellen und danach ein Vergleich zu ziehen.

2. Passives Personalitätsprinzip

Im Gegensatz zum aktiven Personalitätsprinzip steht das passive Personalitätsprinzip. Für die inländische Strafkompetenz ist dabei maßgeblich, dass ein inländisches Individualrechtsgut angegriffen wird. In umfassender und reiner Form wird dieses Prinzip allerdings nicht umgesetzt. 972

Dieses Prinzip hat Ähnlichkeit mit dem Schutzprinzip, da österreichische Strafkompetenz entsteht, weil im Ausland ein österreichisches Rechtsgut angegriffen wurde. Österreichische Strafkompetenz besteht dann, wenn ein **Österreicher gegen einen anderen Österreicher im Ausland** eine strafbare Handlung begeht und beide ihren Wohnsitz oder gewöhnlichen Aufenthalt in Österreich haben (**§ 64 Abs 1 Z 7**). Das **Recht des Tatortes** ist dabei **nicht maßgeblich**. Ausschlaggebend für diese Kompetenzbestimmung war vor allem die verstärkte Bindung an die österreichische Rechtsordnung dadurch, dass Täter und Opfer in Österreich wohnen und damit unter der Herrschaft der österreichischen Rechtsordnung leben. Es findet sich darin eine Mischung von Elementen des Personalitäts- und des Schutzprinzips. Auslandstaten eines Österreichers sind jedoch nicht nach § 64 Abs 1 Z 7 strafbar, wenn der Täter (oder das inländische Opfer) seinen ständigen Aufenthalt im Ausland hat. Kurzfristige Besuche des Täters bzw des Opfers in Österreich sind dabei ohne Belang (OGH 12 Os 134/92). 973

III. Allgemeine Grundsätze bei der Behandlung von Auslandstaten

A. Erledigungsprinzip

Birklbauer Der Prozessgegenstand im österreichischen Strafverfahren (2009); *Zeder* Verbot der Doppelbestrafung (ne bis in idem) in der EU: Fragen, Fragen, Fragen – und einige Antworten, AnwBl 2007, 454.

Ganz im Sinne der Berücksichtigung des milderen Tatortrechts (§ 65 Abs 2) führt **§ 65 Abs 4** aus, dass die Strafbarkeit im Inland entfällt, wenn diese **nach dem Tatortrecht bereits erloschen** ist. Dies wäre der Fall, wenn die Strafe für 974 das Delikt bereits im Ausland verbüßt worden ist oder die Tat bereits verjährt ist, weil im Tatortstaat kürzere Verjährungsfristen zur Anwendung kommen. Es handelt sich dabei um materielle Strafaufhebungsgründe (OGH 10 Os 169/80). Besteht am Ort der Tat keine Strafgewalt, genügt es zur Verfolgung, dass die Tat nach österreichischen Gesetzen strafbar ist (§ 65 Abs 3). Keine Strafgewalt besteht zB in „internationalen Gewässern", außerhalb des Hoheitsgebietes eines Küstenstaates (OGH 11 Os 69/16f) oder der Antarktis.

975 Das Erledigungsprinzip ist **nicht anzuwenden** bei **Taten**, welche nach **§ 64** in die österreichische Strafkompetenz fallen (OGH 15 Os 117/95). In diesen Fällen kommt es **bloß** zur **Anrechnung** einer bereits verbüßten Strafe (§ 66).

976 Als **prozessuales Hindernis** für die inländische Strafkompetenz ist anzusehen, wenn der Täter vom **Gericht des Tatortstaates rechtskräftig freigesprochen** oder **sonst außer Verfolgung gesetzt** wurde. Von einem Freispruch iSd § 65 Abs 4 Z 2 kann nicht gesprochen werden, wenn die Entscheidung des Gerichtes auf der Annahme beruht, dass der Tatort nicht im Urteilsstaat gelegen sei (OGH 15 Os 68/87). Kein außer Verfolgung setzen ist anzunehmen, wenn der Tatortstaat auf die Auslieferung verzichtet (OGH 10 Os 57/75) und die Aburteilung dem anbietenden Staat vorbehält. Hier ist österreichisches Recht anwendbar (§ 65 Abs 1 Z 2).

977 Wurde hingegen nicht das Tatortgericht tätig (§ 65 Abs 4 Z 3), sondern ein anderes **ausländisches Gericht**, ist der Strafanspruch nur erloschen, wenn der **Täter verurteilt** und die Strafe **zur Gänze vollstreckt** worden ist (OGH 10 Os 124/74). Soweit es nicht zur Vollstreckung kam, muss sie zumindest **erlassen** worden oder die Vollstreckbarkeit nach ausländischem Recht bereits verjährt sein. Nach einer Begnadigung ist eine Strafe als „erlassen" anzusehen (OGH 12 Os 48/77). § 65 Abs 4 Z 4 lässt es für die Erledigung auch genügen, wenn die ausländische Strafe hinsichtlich ihrer Vollstreckung ganz oder teilweise ausgesetzt wurde.

978 Die **Übernahme der Vollstreckung** von Strafen, welche ein ausländisches Gericht ausgesprochen hat, ist in eingeschränktem Maße in Österreich zulässig (§ 64 ARHG; §§ 39ff, 53ff EU-JZG).

979 Wichtig erscheint die Einschränkung, welche § 65 Abs 5 hinsichtlich der nach österreichischem Recht zulässigen **vorbeugenden Maßnahmen** trifft. § 65 Abs 2 stellt auf die Verhängung einer Strafe ab, während § 65 Abs 5 StGB dezidiert die Anordnung zulässiger und notwendiger vorbeugender Maßnahmen gegen einen Österreicher wegen einer im Ausland begangenen strafbaren Handlung auch dann für zulässig erklärt, wenn die Gerichtsbarkeit über die Tat bereits von einem anderen Staat ausgeübt worden ist. Die Regelung des Art 4 des 7 ZPEMRK (Verbot der Doppelbestrafung) hindert nicht, dass eine Person in verschiedenen Staaten vor Gericht gestellt und bestraft wird (OGH 15 Os 63/12x). Eine Verhängung der vom österreichischen StGB vorgesehe-

nen Maßnahmen ist danach unabhängig von den Erlöschungsgründen für die Bestrafung zulässig, soweit der Täter Österreicher ist. Selbstverständlich setzt die Anordnung solcher Maßnahmen die Durchführung eines Verfahrens vor einem inländischen Gericht voraus. Dabei haben alle Voraussetzungen für diese Maßnahme, insbesondere das Vorliegen einer Anlasstat, geprüft zu werden.

Das Schengener Durchführungsübereinkommen (SDÜ, BGBl III 1997/90) 980
legt für die einzelnen Vertragsparteien ein weitreichendes **Verbot der Doppelbestrafung** in **Art 54 SDÜ** fest. Danach darf jemand, der durch eine Vertragspartei rechtskräftig abgeurteilt worden ist, durch eine andere Vertragspartei wegen derselben Tat nicht verfolgt werden, vorausgesetzt, dass im Fall einer Verurteilung die Sanktion bereits vollstreckt worden ist, gerade vollstreckt wird oder nach dem Recht des Urteilsstaats nicht mehr vollstreckt werden kann. Dieses Verbot einer Doppelbestrafung nach Art 54 SDÜ gilt auch bei Strafverfahren, in denen die Staatsanwaltschaft eines Mitgliedstaates ohne Mitwirkung eines Gerichts ein in diesem Staat eingeleitetes Strafverfahren eingestellt hat, nachdem der Beschuldigte bestimmte Auflagen erfüllt und insb einen bestimmten, von der Staatsanwaltschaft festgesetzten Geldbetrag entrichtet hatte. Eine **diversionelle Erledigung** kann damit ebenfalls eine weitere Strafverfolgung in einem anderen Vertragsstaat ausschließen (OGH 12 Os 23/04).

B. Anrechnungsprinzip (§ 66)

Die für eine Tat im Ausland verbüßte Strafe ist auf die im Inland für die- 981
se Tat verhängte Strafe anzurechnen. Das Anrechnungsprinzip findet **nur insoweit** Anwendung, **als nicht** bereits das **Erledigungsprinzip eingreift**. Die Anrechnung erfolgt nur bei Tatidentität (OGH 10 Os 38/81). Zu einer Teilanrechnung kann es dann kommen, wenn die im Ausland verhängte Strafe auch Handlungen erfasst hat, die in Österreich nicht gerichtlich strafbar sind (OGH 9 Os 155/78). Keine Anrechnung ist möglich, wenn der Vollzug der ausländischen Strafe auf Bewährung ausgesetzt wurde (OGH 12 Os 191/80). Ist die Bewährungszeit abgelaufen, greift das Erledigungsprinzip ein. Solange die bedingte Strafnachsicht nicht widerrufen worden ist, kann der Täter in Österreich nicht bestraft werden (§ 65 Abs 4 Z 4).

Bei der Anrechnung kommt es nicht darauf an, ob der Täter österreichi- 982
scher Staatsbürger oder Ausländer ist. Es ist auch gleichgültig, ob die Tat eine Inlandstat oder im Ausland begangen wurde. Relevant ist nur, dass der Täter in Österreich überhaupt verfolgt und bestraft werden kann. Es muss eine inländische Strafkompetenz entstanden und diese darf auch nicht nach dem Erledigungsprinzip des § 65 Abs 4 wieder weggefallen sein.

Die Anrechnung einer **ausländischen Vorhaft** hat nach **§ 38** zu erfolgen 983
(OGH 12 Os 191/80), soweit die ausländische Vorhaft nicht bereits auf die ausländische Strafe angerechnet worden ist.

Prüfungsschemata

Die angeführten Schemata dienen der Unterstützung bei der strafrechtlichen Beurteilung eines Sachverhalts. Sie bilden einen Leitfaden bei der Bearbeitung von Diplomklausurfällen und sollen verhindern, dass relevante Punkte übersehen werden. Ein näheres Eingehen bei der Begründung einer Falllösung verlangen dabei vor allem jene Bereiche, bei denen sich aufgrund der gegebenen Sachverhaltskonstellation ein Begründungsbedarf ergibt.

Grobprüfungsschema für die Prüfung eines strafrechtlich relevanten Sachverhalts.	→	**I. Tatbestand** **II. Rechtswidrigkeit** **III. Schuld** **IV. Strafe**

Prüfungsschemata

aus

Seiler Strafrecht Allgemeiner Teil I[5] (2024)

Die angeführten Schemata dienen der Unterstützung bei der strafrechtlichen Beurteilung eines Sachverhaltes. Sie bilden einen Leitfaden bei der Bearbeitung von Diplomklausurfällen und sollen verhindern, dass relevante Punkte übersehen werden. Ein näheres Eingehen bei der Begründung einer Falllösung verlangen dabei vor allem jene Bereiche, bei denen sich aufgrund der gegebenen Sachverhaltskonstellation ein Begründungsbedarf ergibt.

Grobprüfungsschema für die Prüfung eines strafrechtlich relevanten Sachverhaltes.	→	**I. Tatbestand** **II. Rechtswidrigkeit** **III. Schuld** **IV. Strafe**

facultas

I. Vorsatzdelikte

<table>
<tr><td>I.
Tatbestand</td><td>A. Objektive Tatbestandseite
1. Tatsubjekt (insb bei Sonderdelikten, zB Beamteneigenschaft, § 302 iVm § 74 Abs 1 Z 4)
2. Tatobjekt (zB Werteigenschaft der gestohlenen Sache, § 127)
3. Tathandlung (zB Gewahrsamsbruch bei der Wegnahme einer Sache, § 127) bzw Unterlassen (zB § 94)
4. Taterfolg (bei Erfolgsdelikten, zB schwere Körperverletzung, §§ 83ff)
a) Kausalität bzw hypothetische Kausalität bei Unterlassungsdelikten
b) Zurechnung des Taterfolges
B. Subjektive Tatbestandseite
1. Tatvorsatz (zB wissentlicher Befugnismissbrauch, § 302)
2. erweiterter Vorsatz (zB Bereicherungsvorsatz, § 127)
3. Tatbildirrtum (zB Alter des Aktmodells, § 207a)</td></tr>
<tr><td>II.
Rechts-
widrigkeit</td><td>Vorliegen von Rechtfertigungsgründen
(zB Notwehr, § 3; rechtfertigender Notstand; Einwilligung, zB § 90; amtliche Befugnis, zB Festnahmerecht, §§ 170ff StPO)
A. Rechtfertigende Situation
(zB Angriff, notwehrfähiges Rechtsgut bei § 3; gegenwärtige Gefahr beim rechtfertigenden Notstand; Einwilligung, einwilligungsfähiges Rechtsgut; Festnahmevoraussetzungen, §§ 170ff StPO)
B. Rechtfertigende Handlung
(zB notwendige Verteidigung, § 3; ev Notwehrüberschreitung, § 3 Abs 2; Güterabwägung beim rechtfertigenden Notstand; Sittenwidrigkeit bei § 90)</td></tr>
<tr><td>III.
Schuld</td><td>A. Zurechnungsfähigkeit
1. Diskretionsfähigkeit – Dispositionsfähigkeit (§ 11); ev actio libera in causa bzw § 287
2. Deliktsfähigkeit (Alter des Täters, § 4 Abs 1 JGG)
B. Unrechtsbewusstsein (§ 9)
1. direkter – indirekter Rechtsirrtum
2. Vorwerfbarkeit des Irrtums (Unrecht für jedermann leicht erkennbar oder Erkundigungspflicht)
C. Irrtümliche Annahme eines rechtfertigenden Sachverhaltes (§ 8)
D. Schuldausschließungsgründe
1. Unzumutbarkeit
2. Entschuldigender Notstand (§ 10; ev irrtümliche Annahme eines entschuldigenden Sachverhaltes oder selbstverschuldete Notsituation, § 10 Abs 2)</td></tr>
<tr><td>IV.
Strafe</td><td>A. Strafaufhebungsgründe
(zB Rücktritt vom Versuch, § 16; Tätige Reue, § 167; Verjährung, § 57ff)
B. Strafausschließungsgründe
(zB Begünstigung eines Angehörigen, § 299 Abs 3)
C. Objektive Bedingungen der Strafbarkeit
(zB schwere Körperverletzung, § 91 Abs 1; Rauschtat, § 287)</td></tr>
</table>

II. Vorsätzliche unechte Unterlassungsdelikte (§ 2)

I. Tatbestand	**A. Objektive Tatbestandseite** 1. Tatsubjekt (Garantenstellung aus Gesetz, Vertrag od Ingerenz) 2. Unterlassen der gebotenen Handlung (Gleichwertigkeit zwischen Tun und Unterlassen) 3. Taterfolg (Kausalität zwischen Unterlassung und Erfolg) **B. Subjektive Tatbstandsseite** 1. Tatvorsatz (insb hinsichtlich der Garantenstellung) 2. erweiterter Vorsatz
II. Rechts-widrigkeit	**Vorliegen von Rechtfertigungsgründen** (zB Notwehr, § 3; rechtfertigender Notstand; Einwilligung, zB § 90; amtliche Befugnis) **A. Rechtfertigende Situation** (zB Angriff, notwehrfähiges Rechtsgut bei § 3; gegenwärtige Gefahr beim rechtfertigenden Notstand; Einwilligung, einwilligungsfähiges Rechtsgut) **B. Rechtfertigende Handlung** (zB notwendige Verteidigung, § 3; ev Notwehrüberschreitung, § 3 Abs 2; Güterabwägung beim rechtfertigenden Notstand; Sittenwidrigkeit bei § 90)
III. Schuld	**A. Zurechnungsfähigkeit** 1. Diskretionsfähigkeit – Dispositionsfähigkeit (§ 11); ev actio libera in causa bzw § 287 2. Deliktsfähigkeit (Alter des Täters, § 4 Abs 1 JGG) **B. Unrechtsbewusstsein (§ 9)** 1. direkter – indirekter Rechtsirrtum 2. Vorwerfbarkeit des Irrtums (Unrecht für jedermann leicht erkennbar oder Erkundigungspflicht) **C. Irrtümliche Annahme eines rechtfertigenden Sachverhaltes (§ 8)** **D. Schuldausschließungsgründe** 1. Unzumutbarkeit (zB § 94 Abs 3; § 95 Abs 1) 2. Entschuldigender Notstand (§ 10; ev irrtümliche Annahme eines entschuldigenden Sachverhaltes oder selbstverschuldete Notsituation, § 10 Abs 2)
IV. Strafe	**A. Strafaufhebungsgründe** (zB Rücktritt vom Versuch, § 16; Tätige Reue, § 167; Verjährung, § 57ff) **B. Strafausschließungsgründe**

III. Fahrlässigkeitsdelikte

I. Tatbestand	**A. Kausalität zwischen Handlung und Erfolg** **B. Objektive Sorgfaltswidrigkeit der Handlung** 1. Verstoß gegen Rechtsvorschriften (zB StVO) 2. Verstoß gegen allgemein anerkannte Regeln (zB FIS-Regeln) 3. Sorgfaltsmaßstab eines maßstabgerechten Dritten aus dem Verkehrskreis des Täters **C. Objektive Voraussehbarkeit des Erfolges** (Objektive Zurechnung des Erfolges) 1. Adäquanzzusammenhang (typischer – atypischer Kausalverlauf) 2. Rechtswidrigkeitszusammenhang (erlaubtes Risiko, rechtmäßiges Alternativverhalten) 3. Risikozusammenhang
II. Rechtswidrigkeit	**Vorliegen von Rechtfertigungsgründen** (bei Fahrlässigkeitsdelikten von untergeordneter Bedeutung; eventuell: rechtfertigender Notstand; Einwilligung) **A. Rechtfertigende Situation** (zB gegenwärtige Gefahr beim rechtfertigenden Notstand; Einwilligung) **B. Rechtfertigende Handlung** (zB Güterabwägung beim rechtfertigenden Notstand; Sittenwidrigkeit, § 90)
III. Schuld	**A. Zurechnungsfähigkeit** 1. Diskretionsfähigkeit – Dispositionsfähigkeit (§ 11); ev actio libera in causa bzw § 287 2. Deliktsfähigkeit (Alter des Täters, § 4 Abs 1 JGG) **B. Unrechtsbewusstsein (§ 9)** 1. direkter – indirekter Rechtsirrtum 2. Vorwerfbarkeit des Irrtums (Unrecht für jedermann leicht erkennbar oder Erkundigungspflicht) **C. Subjektive Sorgfaltswidrigkeit** 1. geistige und körperliche Verhältnisse des Täters; emotionale Mängel (zB Aggressivität) bleiben außer Betracht 2. Einlassungs- bzw Übernahmefahrlässigkeit **D. Irrtümliche Annahme eines rechtfertigenden Sachverhaltes (§ 8)** **E. Subjektive Voraussehbarkeit des Taterfolges** **F. Schuldausschließungsgründe** Zumutbarkeit (§ 6 Abs 1)
IV. Strafe	**A. Strafaufhebungsgründe** (Verjährung, § 57ff) **B. Strafausschließungsgründe** (zB bei der fahrlässigen Körperverletzung, § 88 Abs 2)

IV. Fahrlässige unechte Unterlassungsdelikte (§ 2)

I. Tatbestand	**A. Kausalität zwischen Unterlassung und Erfolg** **B. Tatsubjekt** (Garantenstellung aus Gesetz, Vertrag od Ingerenz) **C. Objektive Sorgfaltswidrigkeit des Unterlassens** 1. Verstoß gegen Rechtsvorschriften (zB StVO) 2. Verstoß gegen allgemein anerkannte Regeln 3. Sorgfaltsmaßstab eines maßstabgerechten Dritten aus dem Verkehrskreis des Täters **D. Objektive Voraussehbarkeit des Erfolges** (Objektive Zurechnung des Erfolges) 1. Adäquanzzusammenhang (typischer – atypischer Kausalverlauf) 2. Rechtswidrigkeitszusammenhang (erlaubtes Risiko, rechtmäßiges Alternativverhalten) 3. Risikozusammenhang **E. Gleichwertigkeit zwischen Tun und Unterlassen**
II. Rechts-widrigkeit	**Vorliegen von Rechtfertigungsgründen** (bei Fahrlässigkeitsdelikten von untergeordneter Bedeutung; eventuell: rechtfertigender Notstand; Einwilligung)
III. Schuld	**A. Zurechnungsfähigkeit** 1. Diskretionsfähigkeit – Dispositionsfähigkeit (§ 11); ev actio libera in causa bzw § 287 2. Deliktsfähigkeit (Alter des Täters, § 4 Abs 1 JGG) **B. Unrechtsbewusstsein (§ 9)** 1. direkter – indirekter Rechtsirrtum 2. Vorwerfbarkeit des Irrtums (Unrecht für jedermann leicht erkennbar oder Erkundigungspflicht) **C. Subjektive Sorgfaltswidrigkeit** 1. geistige und körperliche Verhältnisse des Täters; emotionale Mängel (zB Aggressivität) bleiben außer Betracht 2. Einlassungs- bzw Übernahmefahrlässigkeit **D. Irrtümliche Annahme eines rechtfertigenden Sachverhaltes (§ 8)** **E. Subjektive Voraussehbarkeit des Taterfolges** **F. Schuldausschließungsgründe** Zumutbarkeit (§ 6 Abs 1)
IV. Strafe	**A. Strafaufhebungsgründe** (Verjährung, § 57ff) **B. Strafausschließungsgründe** (zB bei der fahrlässigen Körperverletzung, § 88 Abs 2)

V. Tatversuch

I. Tatbestand	**A. Objektive Tatbestandseite** 1. Tatsubjekt (insb bei Sonderdelikten) 2. Nichterfüllung des objektiven Tatbestands (zB Ausbleiben des Taterfolges) 3. a) Ausführungshandlung oder zumindest b) ausführungsnahe Handlung (§ 15 Abs 2); Kriterien: • keine weiteren Zwischenstufen zur Ausführungshandlung • zeitliche und räumliche Nähe zur Ausführungshandlung • Überwindung der entscheidenden Hemmschwelle zur Tat 4. Tauglichkeit des Versuchs a) absolute Untauglichkeit des Tatsubjekts b) absolute Untauglichkeit der Tathandlung c) absolute Untauglichkeit des Tatobjekts **B. Subjektive Tatseite** 1. auf Vollendung gerichteter Tatvorsatz 2. erweiterter Vorsatz (zB bei § 127) oder Tatbildirrtum
II. Rechts-widrigkeit	**Vorliegen von Rechtfertigungsgründen** (zB Notwehr; rechtfertigender Notstand; Einwilligung) **A. Rechtfertigende Situation** (zB Angriff, § 3; gegenwärtige Gefahr beim rechtfertigenden Notstand; Einwilligungserklärung) **B. Rechtfertigende Handlung** (zB notwendige Verteidigung, § 3; Güterabwägung beim rechtfertigenden Notstand; Sittenwidrigkeit, § 90)
III. Schuld	**A. Zurechnungsfähigkeit** (Diskretionsfähigkeit – Dispositionsfähigkeit, § 11; Deliktsfähigkeit, § 4 Abs 1 JGG) **B. Unrechtsbewusstsein (§ 9)** (direkter – indirekter Rechtsirrtum; Vorwerfbarkeit des Irrtums) **C. Irrtümliche Annahme eines rechtfertigenden Sachverhaltes (§ 8)** **D. Schuldausschließungsgründe** (zB entschuldigender Notstand)
IV. Strafe	**A. Strafaufhebungsgründe** 1. Rücktritt vom Versuch (§ 16) a) fehlgeschlagener Versuch b) beendeter Versuch (§ 16 Abs 1) c) unbeendeter Versuch (§ 16 Abs 1) 2. Putativrücktritt vom Versuch (§ 16 Abs 2) 3. Verjährung (§§ 57ff) **B. Strafausschließungsgründe** (zB Begünstigung eines Angehörigen, § 299 Abs 3)

VI. Bestimmungstäterschaft

I. Tatbestand	**A. Objektive Tatbestandseite** 1. Bestimmungshandlung (Erwecken des Tatentschlusses; hinreichende Konkretisierung des auszuführenden Delikts) 2. Tatausführung durch den unmittelbaren Täter (Problem der Akzessorietät: Versuch, Vollendung) 3. versuchte Bestimmungstäterschaft strafbar (§ 15 Abs 2) **B. Subjektive Tatbestandseite** Bestimmungsvorsatz (Vorsatz auf Hervorrufen eines Tatentschlusses; ev erweiterter Vorsatz) **C. Bestimmung zum Sonderdelikt (§ 14)** 1. unrechtsbezogene Sonderdelikte (§ 14 Abs 1, zB §§ 153, 302) 2. schuldbezogene Sonderdelikte (§ 14 Abs 2, zB § 79) 3. Vorsatz des Bestimmungstäters bzw unmittelbaren Täters bei §§ 153, 302
II. Rechts-widrigkeit	**Vorliegen von Rechtfertigungsgründen** (zB Notwehr, § 3; rechtfertigender Notstand) **A. Rechtfertigende Situation** (zB Angriff, notwehrfähiges Rechtsgut bei § 3; gegenwärtige Gefahr beim rechtfertigenden Notstand) **B. Rechtfertigende Handlung** (zB notwendige Verteidigung, § 3; ev Notwehrüberschreitung, § 3 Abs 2; Güterabwägung beim rechtfertigenden Notstand)
III. Schuld	**A. Zurechnungsfähigkeit** 1. Diskretionsfähigkeit – Dispositionsfähigkeit (§ 11) 2. Deliktsfähigkeit (Alter des Täters, § 4 Abs 1 JGG) **B. Unrechtsbewusstsein (§ 9)** 1. direkter – indirekter Rechtsirrtum 2. Vorwerfbarkeit des Irrtums (Unrecht für jedermann leicht erkennbar oder Erkundigungspflicht) **C. Irrtümliche Annahme eines rechtfertigenden Sachverhaltes (§ 8)** **D. Schuldausschließungsgründe** Entschuldigender Notstand (§ 10; ev irrtümliche Annahme eines entschuldigenden Sachverhaltes oder selbstverschuldete Notsituation, § 10 Abs 2)
IV. Strafe	**A. Strafaufhebungsgründe** (zB Rücktritt vom Versuch, § 16; Tätige Reue, § 167; Verjährung, § 57ff) **B. Strafausschließungsgründe** (zB Begünstigung eines Angehörigen, § 299 Abs 3)

VII. Beitragstäterschaft

I. Tatbestand	**A. Objektive Tatbestandseite** 1. Beitragshandlung (Fördern der Tatausführung durch physischen oder psychischen Tatbeitrag) 2. Tatausführung durch den unmittelbaren Täter (Problem der Akzessorietät: Versuch, Vollendung) 3. versuchte Beitragstäterschaft straflos – strafbar jedoch Beitrag zum versuchten Delikt des unmittelbaren Täters **B. Subjektive Tatbestandseite** Beitragsvorsatz (Vorsatz auf Fördern der Tatausführung, ev erweiterter Vorsatz) **C. Bestimmung zum Sonderdelikt (§ 14)** 1. unrechtsbezogene Sonderdelikte (§ 14 Abs 1, zB §§ 153, 302) 2. schuldbezogene Sonderdelikte (§ 14 Abs 2, zB § 79) 3. Vorsatz des Beitragstäters bzw unmittelbaren Täters bei §§ 153, 302
II. Rechts-widrigkeit	**Vorliegen von Rechtfertigungsgründen** (zB Notwehr, § 3; rechtfertigender Notstand; Einwilligung, zB § 90) **A. Rechtfertigende Situation** (zB Angriff, notwehrfähiges Rechtsgut bei § 3; gegenwärtige Gefahr beim rechtfertigenden Notstand; Einwilligung, einwilligungsfähiges Rechtsgut) **B. Rechtfertigende Handlung** (zB notwendige Verteidigung, § 3; ev Notwehrüberschreitung, § 3 Abs 2; Güterabwägung beim rechtfertigenden Notstand; Sittenwidrigkeit bei § 90)
III. Schuld	**A. Zurechnungsfähigkeit** 1. Diskretionsfähigkeit – Dispositionsfähigkeit (§ 11) 2. Deliktsfähigkeit (Alter des Täters, § 4 Abs 1 JGG) **B. Unrechtsbewusstsein (§ 9)** 1. direkter – indirekter Rechtsirrtum 2. Vorwerfbarkeit des Irrtums (Unrecht für jedermann leicht erkennbar oder Erkundigungspflicht) **C. Irrtümliche Annahme eines rechtfertigenden Sachverhaltes (§ 8)** **D. Schuldausschließungsgründe** Entschuldigender Notstand (§ 10; ev irrtümliche Annahme eines entschuldigenden Sachverhaltes oder selbstverschuldete Notsituation, § 10 Abs 2)
IV. Strafe	**A. Strafaufhebungsgründe** (zB Tätige Reue, § 167; Verjährung, § 57ff) **B. Strafausschließungsgründe** (zB Begünstigung eines Angehörigen, § 299 Abs 3)

I. Vorsatzdelikte

I. Tatbestand	**A. Objektive Tatbestandsseite** 1. Tatsubjekt (insb bei Sonderdelikten, zB Beamteneigenschaft, § 302 iVm § 74 Abs 1 Z 4) 2. Tatobjekt (zB Werteigenschaft der gestohlenen Sache, § 127) 3. Tathandlung (zB Gewahrsamsbruch bei der Wegnahme einer Sache, § 127) bzw Unterlassen (zB § 94) 4. Taterfolg (bei Erfolgsdelikten, zB schwere Körperverletzung, §§ 83ff) a) Kausalität bzw hypothetische Kausalität bei Unterlassungsdelikten b) Zurechnung des Taterfolgs **B. Subjektive Tatbestandsseite** 1. Tatvorsatz (zB wissentlicher Befugnismissbrauch, § 302) 2. erweiterter Vorsatz (zB Bereicherungsvorsatz, § 127) 3. Tatbildirrtum (zB Alter des Aktmodells, § 207a)
II. Rechtswidrigkeit	**Vorliegen von Rechtfertigungsgründen** (zB Notwehr, § 3; rechtfertigender Notstand; Einwilligung, zB § 90; amtliche Befugnis, zB Festnahmerecht, §§ 170ff StPO) **A. Rechtfertigende Situation** (zB Angriff, notwehrfähiges Rechtsgut bei § 3; gegenwärtige Gefahr beim rechtfertigenden Notstand; Einwilligung, einwilligungsfähiges Rechtsgut; Festnahmevoraussetzungen, §§ 170ff StPO) **B. Rechtfertigende Handlung** (zB notwendige Verteidigung, § 3; ev Notwehrüberschreitung, § 3 Abs 2; Güterabwägung beim rechtfertigenden Notstand; Sittenwidrigkeit bei § 90)
III. Schuld	**A. Zurechnungsfähigkeit** 1. Diskretionsfähigkeit – Dispositionsfähigkeit (§ 11); ev actio libera in causa bzw § 287 2. Deliktsfähigkeit (Alter des Täters, § 4 Abs 1 JGG) **B. Unrechtsbewusstsein (§ 9)** 1. direkter – indirekter Rechtsirrtum 2. Vorwerfbarkeit des Irrtums (Unrecht für jedermann leicht erkennbar oder Erkundigungspflicht) **C. Irrtümliche Annahme eines rechtfertigenden Sachverhalts (§ 8)** **D. Schuldausschließungsgründe** 1. Unzumutbarkeit (zB § 94 Abs 3; § 95 Abs 1) 2. Entschuldigender Notstand (§ 10; ev irrtümliche Annahme eines entschuldigenden Sachverhalts oder selbstverschuldete Notsituation, § 10 Abs 2)
IV. Strafe	**A. Strafaufhebungsgründe** (zB Rücktritt vom Versuch, § 16; Tätige Reue, § 167; Verjährung, § 57ff) **B. Strafausschließungsgründe** (zB Begünstigung eines Angehörigen, § 299 Abs 3) **C. Objektive Bedingungen der Strafbarkeit** (zB schwere Körperverletzung, § 91 Abs 1; Rauschtat, § 287)

II. Vorsätzliche unechte Unterlassungsdelikte (§ 2)

I. Tatbestand	**A. Objektive Tatbestandsseite** 1. Tatsubjekt (Garantenstellung aus Gesetz, Vertrag od Ingerenz) 2. Unterlassen der gebotenen Handlung (Gleichwertigkeit zwischen Tun und Unterlassen) 3. Taterfolg (Kausalität zwischen Unterlassung und Erfolg) **B. Subjektive Tatbstandsseite** 1. Tatvorsatz (insb hinsichtlich der Garantenstellung) 2. erweiterter Vorsatz
II. Rechtswidrigkeit	**Vorliegen von Rechtfertigungsgründen** (zB Notwehr, § 3; rechtfertigender Notstand; Einwilligung, zB § 90; amtliche Befugnis) **A. Rechtfertigende Situation** (zB Angriff, notwehrfähiges Rechtsgut bei § 3; gegenwärtige Gefahr beim rechtfertigenden Notstand; Einwilligung, einwilligungsfähiges Rechtsgut) **B. Rechtfertigende Handlung** (zB notwendige Verteidigung, § 3; ev Notwehrüberschreitung, § 3 Abs 2; Güterabwägung beim rechtfertigenden Notstand; Sittenwidrigkeit bei § 90)
III. Schuld	**A. Zurechnungsfähigkeit** 1. Diskretionsfähigkeit – Dispositionsfähigkeit (§ 11); ev actio libera in causa bzw § 287 2. Deliktsfähigkeit (Alter des Täters, § 4 Abs 1 JGG) **B. Unrechtsbewusstsein (§ 9)** 1. direkter – indirekter Rechtsirrtum (zB hinsichtlich der Garantenpflicht) 2. Vorwerfbarkeit des Irrtums (Unrecht für jedermann leicht erkennbar oder Erkundigungspflicht) **C. Irrtümliche Annahme eines rechtfertigenden Sachverhalts (§ 8)** **D. Schuldausschließungsgründe** 1. Unzumutbarkeit 2. Entschuldigender Notstand (§ 10; ev irrtümliche Annahme eines entschuldigenden Sachverhalts oder selbstverschuldete Notsituation, § 10 Abs 2)
IV. Strafe	**A. Strafaufhebungsgründe** (zB Rücktritt vom Versuch, § 16; Tätige Reue, § 167; Verjährung, § 57ff) **B. Strafausschließungsgründe**

III. Fahrlässigkeitsdelikte

I. Tatbestand	**A. Kausalität zwischen Handlung und Erfolg** **B. Objektive Sorgfaltswidrigkeit der Handlung** 1. Verstoß gegen Rechtsvorschriften (zB StVO) 2. Verstoß gegen allgemein anerkannte Regeln (zB FIS-Regeln) 3. Sorgfaltsmaßstab eines maßstabgerechten Dritten aus dem Verkehrskreis des Täters **C. Objektive Voraussehbarkeit des Erfolgs** (Objektive Zurechnung des Erfolgs) 1. Adäquanzzusammenhang (typischer – atypischer Kausalverlauf) 2. Rechtswidrigkeitszusammenhang (erlaubtes Risiko, rechtmäßiges Alternativverhalten) 3. Risikozusammenhang
II. Rechtswidrigkeit	**Vorliegen von Rechtfertigungsgründen** (bei Fahrlässigkeitsdelikten von untergeordneter Bedeutung; eventuell: rechtfertigender Notstand; Einwilligung) **A. Rechtfertigende Situation** (zB gegenwärtige Gefahr beim rechtfertigenden Notstand; Einwilligung) **B. Rechtfertigende Handlung** (zB Güterabwägung beim rechtfertigenden Notstand; Sittenwidrigkeit, § 90)
III. Schuld	**A. Zurechnungsfähigkeit** 1. Diskretionsfähigkeit – Dispositionsfähigkeit (§ 11); ev actio libera in causa bzw § 287 2. Deliktsfähigkeit (Alter des Täters, § 4 Abs 1 JGG) **B. Unrechtsbewusstsein (§ 9)** 1. direkter – indirekter Rechtsirrtum 2. Vorwerfbarkeit des Irrtums (Unrecht für jedermann leicht erkennbar oder Erkundigungspflicht) **C. Subjektive Sorgfaltswidrigkeit** 1. geistige und körperliche Verhältnisse des Täters; emotionale Mängel (zB Aggressivität) bleiben außer Betracht 2. Einlassungs- bzw Übernahmefahrlässigkeit **D. Irrtümliche Annahme eines rechtfertigenden Sachverhalts (§ 8)** **E. Subjektive Voraussehbarkeit des Taterfolgs** **F. Schuldausschließungsgründe** Zumutbarkeit (§ 6 Abs 1)
IV. Strafe	**A. Strafaufhebungsgründe** (Verjährung, § 57ff) **B. Strafausschließungsgründe** (zB bei der fahrlässigen Körperverletzung, § 88 Abs 2)

IV. Fahrlässige unechte Unterlassungsdelikte (§ 2)

I. Tatbestand	**A. Kausalität zwischen Unterlassung und Erfolg** **B. Tatsubjekt** (Garantenstellung aus Gesetz, Vertrag od Ingerenz) **C. Objektive Sorgfaltswidrigkeit des Unterlassens** 1. Verstoß gegen Rechtsvorschriften (zB StVO) 2. Verstoß gegen allgemein anerkannte Regeln 3. Sorgfaltsmaßstab eines maßstabgerechten Dritten aus dem Verkehrskreis des Täters **D. Objektive Voraussehbarkeit des Erfolgs** (Objektive Zurechnung des Erfolgs) 1. Adäquanzzusammenhang (typischer – atypischer Kausalverlauf) 2. Rechtswidrigkeitszusammenhang (erlaubtes Risiko, rechtmäßiges Alternativverhalten) 3. Risikozusammenhang **E. Gleichwertigkeit zwischen Tun und Unterlassen**
II. Rechts-widrigkeit	**Vorliegen von Rechtfertigungsgründen** (bei Fahrlässigkeitsdelikten von untergeordneter Bedeutung; eventuell: rechtfertigender Notstand; Einwilligung)
III. Schuld	**A. Zurechnungsfähigkeit** 1. Diskretionsfähigkeit – Dispositionsfähigkeit (§ 11); ev actio libera in causa bzw § 287 2. Deliktsfähigkeit (Alter des Täters, § 4 Abs 1 JGG) **B. Unrechtsbewusstsein (§ 9)** 1. direkter – indirekter Rechtsirrtum 2. Vorwerfbarkeit des Irrtums (Unrecht für jedermann leicht erkennbar oder Erkundigungspflicht) **C. Subjektive Sorgfaltswidrigkeit** 1. geistige und körperliche Verhältnisse des Täters; emotionale Mängel (zB Aggressivität) bleiben außer Betracht 2. Einlassungs- bzw Übernahmefahrlässigkeit **D. Irrtümliche Annahme eines rechtfertigenden Sachverhalts (§ 8)** **E. Subjektive Voraussehbarkeit des Taterfolgs** **F. Schuldausschließungsgründe** Zumutbarkeit (§ 6 Abs 1)
IV. Strafe	**A. Strafaufhebungsgründe** (Verjährung, § 57ff) **B. Strafausschließungsgründe** (zB bei der fahrlässigen Körperverletzung, § 88 Abs 2)

V. Tatversuch

I. Tatbestand	**A. Objektive Tatbestandsseite** 1. Tatsubjekt (insb bei Sonderdelikten) 2. Nichterfüllung des objektiven Tatbestands (zB Ausbleiben des Taterfolgs) 3. a) Ausführungshandlung oder zumindest b) ausführungsnahe Handlung (§ 15 Abs 2); Kriterien: • keine weiteren Zwischenstufen zur Ausführungshandlung • zeitliche und räumliche Nähe zur Ausführungshandlung • Überwindung der entscheidenden Hemmschwelle zur Tat 4. Tauglichkeit des Versuchs a) absolute Untauglichkeit des Tatsubjekts b) absolute Untauglichkeit der Tathandlung c) absolute Untauglichkeit des Tatobjekts **B. Subjektive Tatbestandsseite** 1. auf Vollendung gerichteter Tatvorsatz 2. erweiterter Vorsatz (zB bei § 127) oder Tatbildirrtum
II. Rechtswidrigkeit	**Vorliegen von Rechtfertigungsgründen** (zB Notwehr; rechtfertigender Notstand; Einwilligung) **A. Rechtfertigende Situation** (zB Angriff, § 3; gegenwärtige Gefahr beim rechtfertigenden Notstand; Einwilligungserklärung) **B. Rechtfertigende Handlung** (zB notwendige Verteidigung, § 3; Güterabwägung beim rechtfertigenden Notstand; Sittenwidrigkeit, § 90)
III. Schuld	**A. Zurechnungsfähigkeit** (Diskretionsfähigkeit – Dispositionsfähigkeit, § 11; Deliktsfähigkeit, § 4 Abs 1 JGG) **B. Unrechtsbewusstsein (§ 9)** (direkter – indirekter Rechtsirrtum; Vorwerfbarkeit des Irrtums) **C. Irrtümliche Annahme eines rechtfertigenden Sachverhalts (§ 8)** **D. Schuldausschließungsgründe** (zB entschuldigender Notstand)
IV. Strafe	**A. Strafaufhebungsgründe** 1. Rücktritt vom Versuch (§ 16) a) fehlgeschlagener Versuch b) beendeter Versuch (§ 16 Abs 1) c) unbeendeter Versuch (§ 16 Abs 1) d) Putativrücktritt vom Versuch (§ 16 Abs 2) e) Freiwilligkeit 2. Verjährung (§§ 57ff) **B. Strafausschließungsgründe** (zB Begünstigung eines Angehörigen, § 299 Abs 3)

VI. Bestimmungstäterschaft

I. Tatbestand	**A. Objektive Tatbestandsseite** 1. Bestimmungshandlung (Erwecken des Tatentschlusses; hinreichende Konkretisierung des auszuführenden Delikts) 2. Tatausführung durch den unmittelbaren Täter (Problem der Akzessorietät: Versuch, Vollendung) 3. versuchte Bestimmungstäterschaft strafbar (§ 15 Abs 2) **B. Subjektive Tatbestandsseite** Bestimmungsvorsatz (Vorsatz auf Hervorrufen eines Tatentschlusses; ev erweiterter Vorsatz) **C. Bestimmung zum Sonderdelikt (§ 14)** 1. unrechtsbezogene Sonderdelikte (§ 14 Abs 1, zB §§ 153, 302) 2. schuldbezogene Sonderdelikte (§ 14 Abs 2, zB § 79) 3. Vorsatz des Bestimmungstäters bzw unmittelbaren Täters bei §§ 153, 302
II. Rechts-widrigkeit	**Vorliegen von Rechtfertigungsgründen** (zB Notwehr, § 3; rechtfertigender Notstand) **A. Rechtfertigende Situation** (zB Angriff, notwehrfähiges Rechtsgut bei § 3; gegenwärtige Gefahr beim rechtfertigenden Notstand) **B. Rechtfertigende Handlung** (zB notwendige Verteidigung, § 3; ev Notwehrüberschreitung, § 3 Abs 2; Güterabwägung beim rechtfertigenden Notstand)
III. Schuld	**A. Zurechnungsfähigkeit** 1. Diskretionsfähigkeit – Dispositionsfähigkeit (§ 11) 2. Deliktsfähigkeit (Alter des Täters, § 4 Abs 1 JGG) **B. Unrechtsbewusstsein (§ 9)** 1. direkter – indirekter Rechtsirrtum 2. Vorwerfbarkeit des Irrtums (Unrecht für jedermann leicht erkennbar oder Erkundigungspflicht) **C. Irrtümliche Annahme eines rechtfertigenden Sachverhalts (§ 8)** **D. Schuldausschließungsgründe** Entschuldigender Notstand (§ 10; ev irrtümliche Annahme eines entschuldigenden Sachverhalts oder selbstverschuldete Notsituation, § 10 Abs 2)
IV. Strafe	**A. Strafaufhebungsgründe** (zB Rücktritt vom Versuch, § 16; Tätige Reue, § 167; Verjährung, § 57ff) **B. Strafausschließungsgründe** (zB Begünstigung eines Angehörigen, § 299 Abs 3)

VII. Beitragstäterschaft

I. Tatbestand	**A. Objektive Tatbestandsseite** 1. Beitragshandlung (Fördern der Tatausführung durch physischen oder psychischen Tatbeitrag) 2. Tatausführung durch den unmittelbaren Täter (Problem der Akzessorietät: Versuch, Vollendung) 3. versuchte Beitragstäterschaft straflos – strafbar jedoch Beitrag zum versuchten Delikt des unmittelbaren Täters **B. Subjektive Tatbestandsseite** Beitragsvorsatz (Vorsatz auf Fördern der Tatausführung, ev erweiterter Vorsatz) **C. Beitrag zum Sonderdelikt (§ 14)** 1. unrechtsbezogene Sonderdelikte (§ 14 Abs 1, zB §§ 153, 302) 2. schuldbezogene Sonderdelikte (§ 14 Abs 2, zB § 79) 3. Vorsatz des Beitragstäters bzw unmittelbaren Täters bei §§ 153, 302
II. Rechts- widrigkeit	**Vorliegen von Rechtfertigungsgründen** (zB Notwehr, § 3; rechtfertigender Notstand; Einwilligung, zB § 90) **A. rechtfertigende Situation** (zB Angriff, notwehrfähiges Rechtsgut bei § 3; gegenwärtige Gefahr beim rechtfertigenden Notstand; Einwilligung, einwilligungsfähiges Rechtsgut) **B. rechtfertigende Handlung** (zB notwendige Verteidigung, § 3; ev Notwehrüberschreitung, § 3 Abs 2; Güterabwägung beim rechtfertigenden Notstand; Sittenwidrigkeit bei § 90)
III. Schuld	**A. Zurechnungsfähigkeit** 1. Diskretionsfähigkeit – Dispositionsfähigkeit (§ 11) 2. Deliktsfähigkeit (Alter des Täters, § 4 Abs 1 JGG) **B. Unrechtsbewusstsein (§ 9)** 1. direkter indirekter Rechtsirrtum 2. Vorwerfbarkeit des Irrtums (Unrecht für jedermann leicht erkennbar oder Erkundigungspflicht) **C. Irrtümliche Annahme eines rechtfertigenden Sachverhalts (§ 8)** **D. Schuldausschließungsgründe** Entschuldigender Notstand (§ 10; ev irrtümliche Annahme eines entschuldigenden Sachverhalts oder selbstverschuldete Notsituation, § 10 Abs 2)
IV. Strafe	**A. Strafaufhebungsgründe** (zB Tätige Reue, § 167; Verjährung, § 57ff) **B. Strafausschließungsgründe** (zB Begünstigung eines Angehörigen, § 299 Abs 3)

Stichwortverzeichnis

(Fundstellen = Randzahlen)